国家社科基金"国外童年社会学的当代进展研究"（12CSH001）优秀结项成果

浙江师范大学出版基金资助（Publishing Foundation of Zhejiang Normal University）

Sociological Perspective of
Childhood

Research on the Sociology of
Childhood Abroad

童年的
社会学视野

国外童年社会学研究

郑素华　著

社会科学文献出版社
SOCIAL SCIENCES ACADEMIC PRESS (CHINA)

目 录
Contents

导论　社会学中的"儿童/童年问题"

　　自 20 世纪 80 年代以来，许多社会学家认为社会学有关儿童[1]、童年[2]问题的思考存在很大问题。儿童从不被视为社会学研究的中心问题之一，社会学中有关儿童、童年的研究并不真正与儿童、童年相关，它们不过是探讨其他问题，如社会秩序维系、文化传递与习得、社会稳定与整合等的跳板、工具而已，儿童群体的社会经验远未受到应有的重视。在社会学中，社会化理论预设成人世界是一个独立自主的世界，以这种假定的现实为尺度，儿童或多或少被认为是缺乏能力的、非理性的、反社会的。因此特定社会结构下"成为一个儿童"或童年的社会实践常常被忽视。这导致儿童/童年本体论在社会学中的缺失，在帕森斯（Parsons）那里，儿童并没有被特别提及，因为这不是一个问题；在林顿（Linton）的归类中，儿童的身份是先赋的，而不是获得的；在涂尔干（Durkheim）那里，儿童的社

---

[1]　儿童（child）广义上指未成年人。我国《未成年人保护法》中"未成年人"是指未满十八周岁的公民。联合国《儿童权利公约》中"儿童"是指 18 岁以下的任何人。除非对其适用之法律规定成年年龄低于 18 岁。作为国际上保护儿童最全面、最重要、加入国家最多的一个公约，《儿童权利公约》的规定具有极其广泛的影响力。鉴于此，在本书中儿童是指 18 岁以下的任何人，涵盖青少年。

[2]　童年（childhood）通常被理解为生命的早期阶段，儿童是指未成年人。社会学中往往混用，例如在《剑桥社会学词典》[Bryan S. Turner（ed.），*The Cambridge Dictionary of Sociology*（Cambridge：Cambridge University Press，2006）] 中，并无单独的"童年"或"儿童"词条，而只有"childhood/children"词条。本书沿用之，一般不作区分，除非在论及特定学者的思想时。故而，本书亦以"儿童/童年问题"指代琳娜·阿兰宁（Leena Alanen）所说的"儿童问题"。

会关系是机械的而不是有机的。①

英国社会学家克瑞斯·詹克斯（Chris Jenks，又译作"克里斯·简克斯"）指出，长期以来作为社会实践的童年的基本概念，在人文社会科学中是模棱两可的。我们在解释童年时充满悖论：儿童一方面是天真的、纯洁的，另一方面又是野蛮的、堕落的；儿童是熟悉的，但又是陌生的，他们居住在这个世界中，但似乎又不属于这个世界；儿童本质上与我们（成人）一样，但是又展示出不同的存在秩序……这些立场的差异可以概括为社会学童年研究的两个基本信念：一是儿童是不同的，具有特殊性；二是与前者相关，希望将儿童的差异整合进一种被广泛接受的构成成人社会的秩序感与普遍性中去。② 然而，社会学并没有真正探索这些悖论，而是从否定性的方面来定位儿童与童年。对"儿童是什么""儿童是如何可能的"等基本问题常以理论优先的方式做出解答，如同早期人类学家自诩为文明人，"知道"野蛮人是不同的，因而"值得"研究一样——社会学家视自己为理性的成人，意识到儿童是独特的，因而需要被解释。这种立场源于预先设定的儿童缺失的本体论，其基于成人与儿童"差异"相关知识的潜在理论模式，导致将"儿童"定位为"自然"的存在秩序。儿童不过展现了成人的一种未被教化的状态而已，他们并不值得严肃地研究。丹麦学者詹恩斯·库沃特普（Jens Qvortrup）、美国学者巴里·索恩（Barrie Thorne）、加拿大学者安妮－玛丽·安博特（Anne-Marie Ambert）等亦对社会学的这一有缺憾的儿童/童年观进行了反思，具体后文详述。

这些社会学家批评社会学对儿童是无知的、疏忽的，甚至是歧视的、压制的。换言之，这里存在一个芬兰童年研究学者琳娜·阿兰宁（Leena Alanen）所说的"儿童问题"（Child Question）。③ 这一"儿童问题"是指在当代社会学中儿童、童年以何种方法被视为问题，并不是说社会学家从未论及儿童或童年。社会学中的"儿童问题"主要关于社会学家分析、梳理、书写、言说儿童及童年时使用的概念、框架。

---

① Cited in Paul Close and Rosemary Collins (eds.), *Family and Economy in Modern Society* (Hampshire and New York: Palgrave Macmillan, 1985), p. 130.

② Chris Jenks(ed.), *The Sociology of Childhood: Essential Readings*(London: Batsford Academic and Educational Ltd. , 1982), p. 10.

③ Leena Alanen, *Modern Childhood? Exploring the "Child Question" in Sociology*(Jyväskylä: Kasvatustieteiden Tutkimuslaitos, 1992), pp. 1 - 2.

隐藏的儿童

社会学中的"儿童问题"或"童年问题"，始于对传统社会学知识系统中儿童、童年位置的思考：儿童是如何被社会学知识生产排斥的？在一般社会学中，儿童很少作为独立的主体或具有价值的研究对象被关注、调查。奥克利（Oakley）发现官方的统计通常以"家庭"为分析单位，这否定了家庭中个体的真实差异。[1] 库沃特普提醒我们注意，在一般的人口信息统计中，儿童并不作为一个相关的单位被单独统计，他们往往隐含在"家庭"类别中。[2]

儿童处于知识的边缘，索恩批评传统的知识（包括女性知识、儿童知识）是以成人经验为中心建立的。我们对儿童的理解，首先是通过成人的视角、基于成人的利益而被过滤的。儿童像女性一样不是社会学的中心，不是调查的主体，不是知识生产中的积极行动者。[3] 儿童如何增进我们对社会生活包括社会变迁的理解？这个问题不是关键的社会学议题。社会学更关心儿童如何被整合入社会。

在传统的思维中，如库沃特普的批评一样，"家庭""驯养"等概念将儿童、女性封装其中，因此儿童是不被看见的。索恩将传统中概念化儿童的方式分为三种：作为成人社会的威胁、作为成人的受害者、作为成人文化的学习者。[4] 在流行的社会学思想中，儿童很少被作为公共议题，除非他们被界定为"社会问题"。成人要么视儿童为社会的威胁，要么视儿童为成人的受害者。在这两种观点中，儿童的经验被成人的利益所过滤。作为威胁或受害者的儿童图像，在"社会问题"的建构中总是不断重现。媒

---

[1]　Ann Oakley, "Women and Children First and Last: Parallels and Differences Between Children's and Women's Studies", in B. Mayall(ed.), *Children's Childhoods: Observed and Experienced*(London: The Falmer Press, 1994) , pp. 13 – 32.

[2]　参见 Jens Qvortrup, *Childhood as a Social Phenomenon: An Introduction to a Series of National Reports*(Vienna: European Centre for Social Welfare Policy and Research, 1991) 。

[3]　Barrie Thorne, "Re-Visioning Women and Social Change: Where Are the Children? ", *Gender & Society*, Vol. 1, No. 1(1987) : 85 – 109.

[4]　Barrie Thorne, "Re-Visioning Women and Social Change: Where Are the Children? ", *Gender & Society*, Vol. 1, No. 1(1987) : 85 – 109.

体常使用儿童受害者的图像作为一种策略来显示成人问题的严重性，因为被界定为纯真的儿童本身是不可能被责备的。这在《被催促的儿童：过快成长》（*The Hurried Child：Growing Up Too Fast Too Soon*，1981 年）、《童年的侵蚀》（*The Erosion of Childhood*，1982 年）、《童年的消逝》（*The Disappearance of Childhood*，1982 年）、《濒危的儿童：在变化的世界中成长》（*Our Endangered Children：Growing Up in a Changing World*，1983 年）、《没有童年的儿童》（*Children Without Childhood*，1983 年）等书中均有所体现，这些书将儿童描述为受害者，他们缺乏成人保护，受到药品、性、电视等不健康压力的影响。① 这些"社会问题"是如何产生的？正是"成人"建构了儿童的这些图像。基于怜悯或恐惧的情感，儿童被视为"他者"。这种观点在理解儿童面对逆境时的自主性方面，几乎没有留下任何空间，对于儿童行动性的认识基本上以成人为中心。

儿童不被认为具有反思性行动能力，他们被视为需要保护的脆弱者而不被当作社会实践参与者。参与社会生活被视为成人的权限与特权。这种以成人为中心的取向典型体现在社会学思考儿童、童年的核心概念"社会化"中。瑞奇（Ritchie）与科勒（Koller）认为，社会化是新生儿逐渐适应其所生活的社会中各种社会制度的过程，这一过程类似于涵化或文化适应的过程，因为这个术语暗示着儿童需获得所在人类群体的文化。② 在这种理解中，儿童不被看作充分参与复杂成人世界的个体，而不过是一个具有人类潜能的存在。

社会化的概念认为儿童是社会的初学者，是无能的。这种观点似乎相当合理，因为儿童生而缺乏赖以生存的语言、知识、技能等，儿童必须接受社会的入门训练。社会化概念解答了社会新成员如何内化文化价值与观念并学会既有成人社会规则的问题。通过社会化过程，儿童最终成为一个有能力的、合格的社会成员。然而在传统的知识谱系中，"社会化"框架

---

① David Elkind, *The Hurried Child: Growing Up Too Fast Too Soon*(Reading, MA: Addison Wesley, 1981); Valerie Polakow Suransky, *The Erosion of Childhood*(Chicago: The University of Chicago Press, 1982); Neil Postman, *The Disappearance of Childhood*(New York: Delacorte Press, 1982); Vance Packard, *Our Endangered Children: Growing Up in a Changing World*(Boston: Little Brown, 1983); Marie Winn, *Children Without Childhood*(New York: Random House, 1983).

② Oscar W. Ritchie and Marvin R. Koller, *Sociology of Childhood* (New York: ACC, 1964), p. 24.

嵌入了斯皮尔（Speier）所说的“成人意识形态立场”①，儿童被想象成成人文化的初学者，他们的经验依据预期的未来即作为终点的成人的尺度被裁剪。

因此，社会学有关儿童、童年的提问常常是儿童如何被整合进社会、社会如何塑造儿童。这类问题正是帕森斯所关注的。其背后存在概念上的双重标准：根据成人的经验与行为来理解成人，评估儿童却不根据儿童的经验与行为来理解儿童，而是以未来的成人标准来衡量儿童。这预设了一种本体论，一种被视为理所当然的完整成人与不完整儿童的区分。本尼迪克特注意到，在我们的文化中成人常常依据与儿童的差异来界定自身。②成人认为自己是负责任的、支配性的、具有性征的，而假定儿童是不负责任的、从属的、与性无关的。在 20 世纪，这种童年已经成为人生历程中不可缺少的阶段，社会依赖、性别无差异、拥有幸福、受到保护与教化、社会或个人自主性的缺乏，都是这个时期的特征。③

我们的文化将儿童的本性塑造成与成人相反的存在。我们赞扬成人的独立性，却将儿童界定为依赖的，社会化的任务就是培养独立性。由于童年被预想为一种生成的状态，成年是成熟的存在，一方面，成人、教师、父母的权威被确立起来，社会化的合理性得到强化；另一方面，基于“准备期”的童年概念，衍生于一种关于“需要”的理论，包括身心的照顾、保护、规训的需要，这一理论中父母、教师被视为最重要的人物。大卫·阿查德（David Archard）称之为成人中心的“照顾者”命题，这种“需求论述”分为两种类型：一种是生存性论述，另一种是规约性论述。前者包括国家或成人提供给儿童适当的保护、食物、医疗与教育，使其免于饥饿、剥削、虐待。后者则来自对这种“需要”形诸制度的考量。因为成人代表理性、道德、独立、自主、文明与社会，儿童则具有非理性、非道德、依赖、附属、自然与非社会等特征，所以当成人团体里的家庭和学校功能不彰时，儿童规训问题总是令人担忧。这两种论述都容易贬抑和边缘

---

① Matthew Speier, "The Adult Ideological Viewpoint in Studies of Childhood", in Arlene Skolnick (ed.), *Rethinking Childhood*(Boston: Little Brow, 1976), pp. 168 – 186.

② Ruth Benedict, "Continuities and Discontinuities in Cultural Conditioning", *Psychictry*, Vol. 1, No. 2(1938):161 – 167.

③ Allison James, Chris Jenks and Alan Prout, *Theorizing Childhood*(Cambridge: Polity Press, 1998), p. 62.

化儿童的本体地位。[①]

　　社会化的论述逻辑指向未来，儿童/童年不过是暂时的阶段，儿童今日的经验是为了预期中的遥远未来。这种视野抽离了历史时间。卡根（Kagan）认为个体变化有时是突然的，是由于生理成熟或意料之外的社会事件。[②] 就像大萧条一样，战争、危机、特定历史时期的事件、环境变化、时代境况等可能会深刻改变人们包括儿童的行为与经验，但社会化理论的功能主义的假设未能就社会结构、人类行动（儿童行动）与历史变迁之间的关系提供洞见。社会化的这一逻辑导致人们对"童年现在时"视而不见，当下童年似乎消失了。

　　"社会化"与"家庭"是密切相关的概念。家庭是儿童初级社会化的核心场所，儿童出生、成长在家庭中，因此家庭被建构为对童年而言最自然的空间。每个儿童都拥有自己的家庭，即使是继亲家庭或收养家庭。当家庭作为成人生活的稳定结构的属性不言自明时，家庭对儿童的功能即使其社会化的权力不再受到质疑。在阿兰宁等人看来，这种权力显然源于童年、家庭、社会化的坚固矩阵，对其的抵抗需要将之分开讨论。任何一方的问题都总是被放在其他两个相关概念所形成的语境中来解答，关于新的家庭形式的问题，诸如新家庭对儿童有何种影响总是被放在童年、社会化的知识系统中来评估。这使得重构三者之间的新关系变得异常困难。[③] 因此将现代核心家庭与童年联系起来思考，成为很多社会学家的研究方向。由于资本主义的发展，以性别与劳动分工为基础的核心家庭出现，同时导致公共空间与私人空间被区分开来，儿童被归入家庭的私领域。这种由现代家庭变迁带来的儿童家庭化，将童年建构为一种家庭现象，而儿童则处于家庭关系中的依赖性位置。

　　以这样一种立场看，儿童自然难以在家庭之外的公共领域中得到呈现。作为一种实体，家庭与母亲（妻子）/父亲（丈夫）的区分紧密相连，母亲通常被期待承担育儿的责任，父亲则承担养家糊口的责任。然而现代

---

① 〔英〕Michael Wyness：《童年与社会：儿童社会学导论》，王瑞贤、张盈堃、王慧兰译，台北：心理出版社，2009，译序。
② Jerome Kagan, *The Nature of the Child*(New York: Basic Books, 1984), p. 11.
③ Leena Alanen, *Modern Childhood? Exploring the "Child Question" in Sociology*(Jyväskylä: Kasva-tustieteiden Tutkimuslaitos, 1992), p. 91.

母亲通常不会满足于任由其孩子"自发"成长，直至他们达到入学年龄才把他们送入学校学习，相反，她们认为应该在身体、社会、智力发展等各方面培养孩子，使每一个孩子都能实现他们天生的潜能。海斯（Hays）将这种特定的信念称为"强化性育儿的意识形态"理念系统的一部分。强化性育儿的明显特征就是以孩子为中心、在情绪上引人注意、专家指导、强化性劳动以及高昂的费用。[①] 这种模式产生了这样一种影响即强化了儿童/童年与家庭的联系，同时增强了儿童的依赖性。因此这种模式尽管看似以儿童为中心，实质上却并非如此，而是以家庭功能最优化为内核。

这种儿童/童年、家庭的建构，已经生成各种专业话语和现代国家有关儿童的各种社会实践，成为思考童年时人们习以为常的方式，并融入当代关于童年的各种制度中。这不是简单的习惯、意识或既定利益集团的问题，而是福柯所说的"真理机制"问题，它的运作有些像一种自我实现的预言：童年的思维方式与制度化实践相融合，生产出凭借这些思维方式来思考自身的具备自我意识的主体（教师、父母和儿童）。这样关于他们自身的"真理"是自证有效的。[②] 这就使我们很难以其他方式看到儿童，儿童被隐藏在家庭、妇女、成人之中。

向女性主义研究取经

如何消除以往社会学思考儿童/童年的弊端，将儿童从"隐藏"的位置带往"可见"的位置？由于儿童的界定与家庭特别是家庭中的女性（母亲）密切相关，因而很多学者如索恩、阿兰宁、库沃特普、迈克尔·维尼斯（Michael Wyness）等均认为女性主义研究可为儿童/童年研究提供重要的启示。

女性主义研究对童年研究的发展相当重要。布洛赫（Bloch）追溯了18世纪晚期与19世纪早期"母职"/"母性"（motherhood）意识形态的出现。根据其研究，在殖民时期，妇女被描述成妻子与基督徒，母职还没

---

① 〔加〕大卫·切尔：《家庭生活的社会学》，彭钢旎译，中华书局，2005，第134页。

② Allison James and Alan Prout(eds.), *Constructing and Reconstructing Childhood: Cortemporary Issues in the Sociological Study of Childhood*(London: Falmer Press, 1997) , p. 22.

有被理想化。在 18 世纪，男性逐渐转向有偿劳动，许多妇女与儿童开始被归为经济上的依赖者，公共领域与私人领域的区别开始出现。[①] 至 19 世纪晚期，一种强调私人领域的现代的家庭逐渐在西方建立，并成为一种理解妇女与儿童、妇女与男性关系的标准模式。女性的工作及世界与男性分开，女性成为私人父权制下特定男性的依附者。[②] 特别在中产阶级中，女性被根据母职与家庭来定位，而家庭中女性的责任主要是生育并抚养小孩，这种"母职"的概念被教育学家强化，母亲不仅有责任满足她们小孩的生理需求，而且要负责小孩的品质养成，因为母亲占据了一个独特的位置，从孩子在她们的子宫中孕育的时候开始，她就能够对儿童的每一个阶段都产生影响。这被赞扬为母亲的崇高职业——教育儿童，将儿童社会化。这种观念合理化了女性在家庭中的功能。

然而女性主义批评者认为，家庭并不是一直对所有家庭成员都具有相似功能的，家庭根本不是一个自然的现象，她们提出问题：家庭为谁履行功能？她们指出家庭中存在不平等，家庭活动经常将更多的限制和约束加在妻子的个人自由之上，而不是加在丈夫的身上。这主要是因为妇女更有可能承担照顾年幼的孩子的主要责任，而那些年幼的孩子也经常需要人照顾。这部分也是因为存在于性别之间的权力关系即男性对女性（涉及孩子）的权力，这种权力就是父权。[③]

在一些激进的女性主义学者如费尔斯通（Firestone）看来，女性压抑的问题，主要就在于养育儿童的母亲的社会角色。将女性生活限制在家庭中，限制在照料儿童的母亲角色中，妨碍了她们自身的解放。妇女通常与儿童相关，这两个群体都遭受类似的压抑，二者所受压抑以一种复杂的方式相互联系并彼此强化，以至于我们如果不讨论儿童的解放，就无法真正

---

① Ruth H. Bloch, "American Feminine Ideals in Transition: The Rise of the Moral Mother, 1785 – 1815", *Feminist Studies*, Vol. 4, No. 2(1978): 101 – 126.

② Carol Brown, "Mothers, Fathers, and Children: From Private to Public Patriarchy", in Lydia Sergeant(ed.), *Women and Revolution: A Discussion of the Unhappy Marriage of Marxism and Feminism*(London: Pluto Press, 1981), pp. 239 – 268.

③ J. Colliar, M. Rosaldo and S. Yanagisako, "Is There a Family? New Anthropological Views", in B. Thorne and M. Yalom(eds.), *Rethinking the Family: Some Feminist Questions*(Boston: Northeastern University Press, 1992), pp. 25 – 39.

讨论妇女的解放，反过来也成立。[①] 因而母职压抑问题的解决便意味着将儿童从父权制的家庭形式中解放出来，在一定意义上儿童问题就是母职问题。

到 20 世纪 70 年代末期，母职的研究已经成为妇女研究中一个重要领域。里奇（Rich）将关于母职的社会与政治制度与母职经验区分开来，前者将母职归为女性唯一的工作，后者是指女人与她自己的身体以及与孩子之间的情感经验。[②] 里奇的这一区分为母职研究打开新的空间。母职被建构的社会的、历史的、文化的图像、模式、意识形态以及女性作为母亲的日常工作与经验被予以认真探讨。母职是在"做母亲"（mothering）的过程中建立的，是社会建构的，一旦母职被确立起来，它的基本原则便会指导、限制"做母亲"的实践。如果我们想重构母职的话，就需要通过新的"做母亲"的实践解构传统的母职。传统的母职充满父权制的压抑，给妇女带来沉重的负担，限制了她们的活动、创造力，剥削了她们的劳动。对女性主义而言，"做母亲"的概念并不是指生物学意义上的妇女做什么，而是指她们"能"做什么。做母亲，不仅是成为一位母亲，更是一种特定社会条件（如劳动的社会分工）而非生物决定论下的社会活动。有些女性主义学者提出"女性主义的做母亲"（feminist mothering）的思想——一种在女性主义指导下的"做母亲"[③]，将"做母亲"的范围从私人领域扩展到公共领域，从孩子抚养扩展到所有的工作，涵盖家庭生活、社会活动。这强调了妇女作为母亲的能动性即她们作为母亲在社会中的行动。这一认识有助于我们从传统社会学中母职的框架中走出来，认识到女性的主体性。

除母职之外，父权制是女性主义检视家庭与社会结构的另一个重要切入点。男性支配社会生活（包括家庭）的所有领域，这直接或间接地创造出女性被视为低等社会成员的条件。除了对性别二元论诸如男性/女性、丈夫/妻子、男子汉气概/女性气质的霸权进行批判之外，有些女性主义学

---

① Shulamith Firestone, "Introduction", in Shulamith Firestone(ed.), *Regulated Children, Liberated Children*(New York: Psychohistory Press, 1979) , p. 73.

② Adrienne Rich, *Of Woman Born: Motherhood as Experience and Institution* (New York: Bantam Books, 1976) , p. xv.

③ Andrea O'Reilly(ed.), *Feminist Mothering* (Albany, NY: State University of New York Press, 2008) , pp. 7 – 9.

者还思考支配中的"年龄"因素。胡德－威廉姆斯（Hood-Williams）以此进一步将父权主义区分为婚姻父权主义即丈夫对妻子的支配，以及年龄父权主义即父母对子女的支配。① 索恩将年龄父权主义称为"以年龄为基础的二元论"。② 这样我们通常可以在核心家庭中发现两种权威类型，彼此相互作用，强化男性成人作为家庭经济来源的地位，儿童与女性则处于附属的地位。这种强化通过将儿童、女性定义为附属者而同时合理化了其他形式的社会不平等。

通过揭示父权制的意识形态、质疑母职背后的假设，女性主义强调了妇女的积极存在以及妇女意识与行动，从而使得女性在男性主导的知识中显现出来；她们挑战公众与私人领域的区分、男性不照顾小孩是理所当然的的认识，为女性经验的多样性打开空间。

如果说妇女与儿童是相关的，那么女性主义研究与童年研究在本质上是不是相同的？它们的关系是什么？它们的洞见是否可以共享？这是奥克利所关心的问题。③ 她指出历史及当代儿童与妇女的社会地位的相似性，两者具有共同的社会特征。儿童与妇女都属于社会弱势群体，他们都处于一个由男性权力支配的文化体系即父权制中。一个明显的表现就是妇女与儿童作为公民均处于不利位置。无论在过去还是现代，妇女都需要争取那些属于男人的权利如选举权、参与权。儿童的权利亦被限制，在儿童权利运动中，是由成人代表主张这些权利的。然而权利的剥夺仅仅是弱势群体地位特征一个最明显的方面。不那么明显的是，社会将弱势群体成员（妇女、儿童）建构为不如成人即不具备成人的能力、不能像成人那样行动的存在。独立、理性、自主、智慧、自信属于男性，是成人的标志，女性则被视为弱于男性成人而更接近于儿童。

作为社会弱势群体而存在、相对缺乏权利、非成人，这些共同特征被

---

① Hood – Williams, "Patriarchy for Children: On the Stability of Power Relations in Children's Lives", in Lynne Chisholm et al. (eds.), *Childhood and Youth and Social Change*(London: Falmer, 1990), pp. 111 – 122.

② Barrie Thorne, "Re – Visioning Women and Social Change: Where Are the Children? ", *Gender & Society*, Vol. 1, No. 1(1987) : 85 – 109.

③ Ann Oakley, "Women and Children First and Last: Parallels and Differences Between Children's and Women's Studies", in B. Mayall(ed.), *Children's Childhoods: Observed and Experienced*(London: The Falmer Press, 1994) , pp. 13 – 32.

用来描述儿童、妇女的社会位置，这形成一种儿童、妇女的利益需要被保护的观点，因为他们都不能自我照顾、保护。这是一种隐藏在"保护"之名下的排斥与控制的哲学话语。

在经济上，儿童与妇女被劳动市场排斥。儿童的主要活动是游戏与玩耍，童年应该是一段自由快乐的时期。妇女并不被期待像男性一样工作，尽管她们在家庭中会承担一些无偿的家务活动。如果说做家务是妇女的责任，那么完成学校布置的家庭作业则是儿童的任务，对儿童与妇女而言，家、家庭生活是他们的重心。这种相似性导致儿童与妇女一样具有一种不可见性。① 这种父权制下儿童与妇女的边缘化表现在时间与空间的特定限制中。在家庭中，儿童有他们自己的作息时间表，有特定的活动空间；妇女在家庭中的特定空间则是厨房。这导致对他们的一种相同的剥夺。因而妇女比男性、儿童比成人更易遭受贫困。那些单身妈妈的家庭可能是最贫困的。这出现一种矛盾：虽然人们认为儿童是宝贵的、值得保护的，因为他们代表未来，但在许多国家中，他们并没有被给予经济上的投资、政策上的支持。

儿童与妇女面对的另一个相似的处境是妇女、儿童的问题化方式，他们都被视为一种"社会问题"。有不婚、堕胎、性取向与主流不同等行为或特征的特定妇女群体被视为问题。类似的是，儿童也被父母们以这样的方式问题化。辍学者，行为特异的儿童，酗酒、吸烟、沉迷药品的儿童，不符合发展标准的儿童，藐视成人权威的儿童等均被视为儿童本身产生的问题。我们在第四章将会讨论之。

尽管妇女研究的起源、动力与儿童研究有所不同，但儿童、妇女的社会位置的共同特征，使得儿童研究、妇女研究之间可以相互借鉴。社会学家沃尔比（Walby）将有关妇女社会位置的研究分为四个阶段：早期（第一阶段）完全忽视妇女社会位置；第二阶段开始批评传统的性别差异的决定论本质；第三阶段将妇女列为研究对象，作为一个特别的案例；第四阶段开始完全将妇女问题作为学科的中心问题来讨论。② 基于此，奥克利认

① Jens Qvortrup, "Placing Children in the Division of Labour", in Paul Close and Rosemary Collins (eds.), *Family and Economy in Modern Society* (Hampshire and New York: Palgrave Macmillan, 1985) , pp. 129 – 145.

② Sylvia Walby, "Gender Politics and Social Theory", *Sociology*, Vol. 22, No. 2(1988) : 215 – 232.

为相同的模式也出现在儿童研究中。在第一、第二阶段，学术界关注的问题是"儿童在哪里"，这也是索恩所提的问题，即儿童为何在社会科学知识中缺席；在第三阶段开始研究儿童相关具体问题，将儿童作为研究对象；第四阶段关注究竟什么样的儿童研究是一个好的研究及做出好的研究的要求。[1]

将儿童/童年研究与妇女/女性主义研究并置，可能会有一些问题，毕竟儿童、妇女在政治、经济、文化位置上存在很多重大差别。不过向女性主义研究取经，在一定程度上能将儿童/童年从以往的范畴中解放出来，儿童不单是被社会化的对象、父权制的被动接受者，如阿查德认为，童年是一种生产模式，儿童是社会中具有生产能力的行动者。[2]

童年的发现

通过与其他学科的对话、交流，社会学开始努力地让儿童"可见"。20世纪80年代以来，很多社会学家逐渐把研究焦点转向儿童的生活以及其他与儿童、童年相关的问题。这种转向受到20世纪儿童权利运动的影响，由于儿童权利运动，公众对儿童/童年问题越来越关注，这特别体现在"童年的恐慌""童年的消逝"等话语中，它们成为当代童年社会学的基本议题之一。这种转向的另一个重要原因是受到法国社会史学者菲利普·阿利埃斯（Philippe Ariès）的启发。

一般认为阿利埃斯的《儿童的世纪》[3] 开创了社会史研究的一个新的领域即童年史的研究。通过对家庭生活的社会史的研究，他得出的观点是，童年不是一个自然的现象，而是一个现代性的发明。在中世纪，童年

---

[1]　Ann Oakley, "Women and Children First and Last: Parallels and Differences Between Children's and Women's Studies", in B. Mayall(ed.), *Children's Childhoods: Observed and Experienced*(London: The Falmer Press, 1994) , pp. 13 – 32.

[2]　Cited in David Oldman, "Childhood as a Mode of Production", in B. Mayall(ed.), *Children's Childhoods: Observed and Experienced*(London: The Falmer Press, 1994) , pp. 153 – 166.

[3]　Philippe Ariès, *L'Enfant et la Vie Familiale sous l'Ancien Régime*(Paris: Librairie Plon, 1960) . English translation: *Centuries of Childhood: A Social History of Family Life* (New York: Alfred A. Knopf, 1962) .

的观念是不存在的。当然这并不是说儿童受到了忽视、抛弃或鄙视。没有童年概念是和对儿童的感情联系在一起的,这和对童年本质的特殊意识有关,这种特殊的意识将儿童与成人,包括最年轻的成人区分开来。在中世纪,这种意识是缺乏的。① 在 16～17 世纪,一种新的、不同的儿童意识开始出现在上层阶级,儿童被认为与成人不同,需要一个不同的社会世界,这个世界随之开始发展,具体体现为亲密感的形成,以儿童为中心的家庭、公立学校的出现。

阿利埃斯有关现代童年诞生的分析受到很多学者的指摘。英国学者威尔逊(Wilson)提出尖锐的批评,认为阿利埃斯的论证毫无道理,他指出,历史学家没有在一个社会中看到某种意识,并不意味着这个社会就不存在这种意识。② 这一对阿利埃斯的批评,主要与他所使用的材料有很大关系。他的论证材料主要包括中世纪的肖像画、墓志铭、雕像等,而这些材料很多具有宗教意图,其主要用来解释宗教的故事、主题、理念,因此其中以儿童形象展现的圣徒或耶稣绝不是现实的儿童。特别是阿利埃斯的证据很大一部分来自家庭肖像画,然而只有富有的商人阶层或特权阶层的儿童才会出现在家庭肖像画中,目的是显示他们的社会身份与阶层地位。此外阿利埃斯还选用了一些法庭记录、儿童犯罪记录、人口数据等被历史学家奥兹曼特(Ozment)称为"扭曲的记录"的材料。③ 波洛克(Pollock)干脆完全推翻了阿利埃斯的观点,认为"儿童"的观念在 16 世纪就已存在,她强调父母与子女的关系并没有很大的变迁,父母对儿童的感情与关怀是稳定的。④

对于上述对阿利埃斯的批评,1992 年英国历史学家亨德里克(Hendrick)在一篇名为《儿童与童年》的文章中将其总结为四点:首先,他的资料来源既不具有代表性又不具有可靠性;第二,他使用证据时断章取

---

① Philippe Ariès, *L'Enfant et la Vie Familiale sous l'Ancien Régime* (Paris: Librairie Plon, 1960) . English translation: *Centuries of Childhood: A Social History of Family Life* (New York: Alfred A. Knopf, 1962) , p. 128.

② 参见辛旭《由误解发现"童年":"阿利埃斯典范"与儿童史研究的兴起》,《四川大学学报》(哲学社会科学版) 2014 年第 3 期。

③ 参见辛旭《由误解发现"童年":"阿利埃斯典范"与儿童史研究的兴起》,《四川大学学报》(哲学社会科学版) 2014 年第 3 期。

④ Linda Pollock, *Forgotten Children: Parent-Child Relations from 1500 to 1900* (Cambridge: Cambridge University Press, 1983) , p. 264.

义，将实践与记录混为一谈，并且使用非典型的事例；第三，他含蓄地否认了儿童特别是幼儿的恒久的特殊需要，包括对食品、衣服、居住、情感与保护的需要；第四，他过度强调道德家与教育家的著作，而几乎不谈经济与政治因素。①

尽管阿利埃斯的观点受到诸多批评，但他的儿童史研究对后来的研究者产生了重大影响。国内学者将埃利阿斯的观点及所做研究的特点归纳为三个方面：第一，儿童的历史是一个儿童的地位和处境不断得到提升和改善的过程，儿童的观念在历史中有一个逐渐被发现的过程；第二，阿利埃斯设想了两种极为不同的、可以相互对照的社会和家庭体系，一种是传统的，或者可以称为"中世纪"的，另一种是现代的；第三，阿利埃斯为了证明中世纪没有儿童的观念和父母与子女关系比较疏远、冷漠的观点，大量地运用了历史学家以往不曾注意或者注意不够的材料，比如肖像画、服装、玩具、游戏、哺乳的方式等，在以往的历史研究中，这类资料似乎极少被用到。② 有意味的是，第三点恰恰是国外学者所批评的主要方面之一。

在坎宁安（Cunningham）看来，阿利埃斯的研究最早挑战了传统童年研究，传统研究通常认为童年的发展阶段是自然的、普遍的。③ 阿兰宁赞同此观点，尽管阿利埃斯的论证有局限，但《儿童的世纪》有着持久的重要性，其重要性在于其革新性地将童年描述为一种文化现象，而不是简单地视其为一种自然状态。④

到 20 世纪 60 年代后期，阿利埃斯的儿童研究的影响开始凸显，例如，沙哈（Shahar）声称，她对中世纪妇女史的研究受到阿利埃斯的影响，并接受了阿利埃斯的观点与阐释。⑤ 与此同时，在史学界之外，将童年视为一种历史的、社会的、文化的现象与产物的观点激发了其他领域中关于儿童的研究，包括对西方文化中的儿童图像、儿童的再现模式等的研究。例

---

① Harry Hendrick, "Children and Childhood", *Recent Findings of Research in Economic and Social History*, No. 15(1992): 1 – 4.

② 俞金尧：《儿童史研究及其方法》，《国外社会科学》2001 年第 5 期。

③ H. Cunningham, *Children and Childhood in Western Society since 1500*(London: Longman, 1995), p. 5.

④ Leena Alanen, *Modern Childhood? Exploring the "Child Question" in Sociology*(Jyväskylä: Kasvatustieteiden Tutkimuslaitos, 1992), p. 8.

⑤ Shulamith Shahar, *Childhood in the Middle Ages*(London: Routledge, 1990), p. 3.

如，约翰·克莱佛雷、丹尼斯·菲利浦斯通过对西方社会童年观的梳理，认为当我们看儿童的时候，我们所看到的是我们所持有的理论与我们所做的假设相互作用之下的一种结果。① 在任何一个时代里，儿童是如何被看待的，都反映在那个时代所流行的观念、理论、信念或假说中，它们对于观察儿童、概念化童年以及儿童实际生活都具有强烈的指导作用。显然其背后的立论基础是视童年为现代社会建构的产物。

阿利埃斯给后来的研究者最重要的启示之一是，无论历史如何变迁，观念、社会进程、范畴的建构总是相互关联的，因此，童年的界定必然取决于其赖以诞生的社会。遵循阿利埃斯的路径，亨德里克以英国为例，调查了 19 世纪以来西方社会对"童年"的最重要的社会建构。② 在 1800 年，"童年"的意义是模糊不清的，"童年"也不是普遍需要的。直到 100 多年后"童年"的这一不确定性问题才完全解决，"童年"的含义开始在中产阶级、工薪阶层中确定下来。一种可辨识的童年的"现代"概念，被法律、社会、心理、教育等制度化，童年成为一种特别的由不同历史时期所建构的与年龄相关的状态。这些不同历史时期的建构表现为一种公众认同。在 18 世纪，最有影响力的童年概念强调自然主义的儿童，随后在 18 世纪后期，受到童工问题及卢梭的影响，浪漫的儿童占据上风，但很快被基督教福音派的儿童所取代。基督教福音派认为儿童带有原罪，强调儿童教化的重要性。之后，由于反对童工，将儿童视为工业革命的受害者、认为儿童被剥夺了他们本该享有的童年的观念开始盛行。19 世纪中期，一种不那么明显的童年建构是少年犯。这显示出浪漫的、纯真的童年美德与现实之间的矛盾。针对少年犯的改造，很多评论家认为只有教育才能预防他们的邪恶本性展露出来，因此大规模的义务教育被引入，儿童被学校化，这种建构直接将所有的儿童贴上学生的标签，童年再也无法逃离学校。在20 世纪，先后出现民族的儿童、儿童研究运动中的儿童、心理学的儿童、福利国家的儿童等不同的儿童模式。

---

① 〔美〕约翰·克莱佛雷、丹尼斯·菲利浦斯：《西方社会对儿童期的洞见》，陈正乾译，台北：文景书局，2006，第 5 页。

② Harry Hendrick, "Constructing and Reconstructing of British Childhood: An Interpretative Survey, 1800 to the Present", in Allison James and Alan Prout(eds.), *Constructing and Reconstructing Childhood: Contemporary Issues in the Sociological Study of Childhood* (London: Falmer Press, 1997), pp. 34 – 62.

在亨德里克之前，斯科尼克（Skolnick）、凯森（Kessen）等学者也非常关注童年的社会建构属性。与亨德里克的全面论述有别的是，斯科尼克着重分析了儿童心理学中发展主义范式下的童年图像以及其中的偏见。现代西方心理学建构了一种不同的、矛盾的童年现实：心理学一方面认为儿童有情感、发展上的特殊需要，推进了儿童观的革新，促进了一种儿童中心的社会的形成，另一方面强化了童年与成年的区别，这形成一种认为儿童是无能的、具有依赖性的的观念。基于阿利埃斯"童年的发现"，斯科尼克认为青春期与童年是类似的，如果青春期是社会建构的人生阶段，那么童年也是如此。[1] 这样，现代童年可以被理解为一种社会建构过程的结果，这个过程是更一般的现代性进程的一部分。凯森的基本观点是，儿童心理学下的"儿童"是一种文化发明。不同的文化发明了不同的"儿童"，影响了心理学的儿童界定。[2] 因此，有必要仔细分析这一学科背后的文化偏见，以及它们是如何影响儿童及儿童心理学的。

这些儿童、童年研究的新转向，或多或少受到阿利埃斯的启发。理论家们以一种不同于传统的儿童发展范式来反思童年，他们认为那种自然、普遍、生物性的童年是有问题的、武断的，童年受到社会的、历史的、文化的因素的形塑。这种认识目前已被广泛接受。显然，将童年理解为一种历史的、政治的、经济的、社会的、文化的现象，有助于扩展我们的童年知识，促进童年研究的跨学科对话与相关学科的发展，如童年哲学的发展。

本书结构

"儿童""童年"在过去的社会学中不是一个中心议题，往往被视为其他议题的一个附带的子题。直到 20 世纪 80 年代，一种"新"童年社会学才开始发展起来，受女性主义研究及社会学分支学科的拓展的启发，不再

---

[1]　Arlene Skolnick, "The Limits of Childhood: Conceptions of Child Development and Social Context", *Law and Contemporary Problems*, Vol. 39, No. 3(1975): 38 – 77.

[2]　William Kessen, "The American Child and Other Cultural Inventions", *American Psychologist*, Vol. 34, No. 10(1979): 815 – 820.

以传统社会化理论定位儿童,而是视儿童为积极的、主动的社会行动者。这一认识体现在艾伦·普劳特(Alan Prout)与艾莉森·詹姆斯(Allison James)的新童年社会学的纲领性归纳中。① 随之而来的是,童年研究越来越受重视,涉及越来越广泛、多元的主题。

本书第一章探讨了童年在部分学科中以往的呈现方式,这些学科包括心理学、地理学、人类学、社会学等主要社会科学学科。这些学科中对儿童、童年的概念的思考,为童年的新社会学研究提供了基础、做出了贡献。由于本书的研究主题是童年社会学,因此特别就社会学思考童年时所用的概念进行了分析,这些概念主要包括经典的"社会化"概念、"结构"与"行动"的概念以及新童年社会学格外注重的"参与"与"世代"(代际)的概念。第二章着重对"新""旧"童年社会学进行了比较分析。传统社会学思考儿童、童年问题的关键概念是"社会化",不过在经典社会学家涂尔干、帕森斯那里,对这个概念的理解忽视了儿童在社会化进程中的社会行动能力。因此儿童在传统社会学中的位置是边缘的、不被重视的。当然,这种边缘化并不意味着社会学家们对"儿童""童年"议题全无涉猎。在该章中我们分析了传统社会学是如何研究儿童、童年的,并着重强调传统社会学理解童年问题背后的"主导框架",这一框架由艾伦·普劳特和艾莉森·詹姆斯提出。第三章主要就当代欧美童年社会学的研究取向做了分析。

在内容安排上,本书第一至三章聚焦童年社会学的理论、观点的进展,第四至七章则探讨当代童年社会学关注的主要议题。第一个议题是童年与社会问题。该议题在西方涉及面广泛,涵盖儿童失学或旷课、童年剥夺、儿童肥胖、儿童虐待、早育,青少年犯罪、酗酒、药物滥用、童工、儿童贫困、街道儿童、流浪儿童等众多问题。在梳理"童年危机"的基础上,我们指出其背后实系现代文化的危机。童年问题,一方面指儿童本身遇到的社会问题,另一方面则指由成人建构的或由成人社会引起的关于童年的问题。在这里,我们主张以宏观视野来理解童年问题,以超越过去教

① Alan Prout and Allison James, "A New Paradigm for the Sociology of Childhood? Provenance, Promise and Problems", in Allison James and Alan Prout(eds.), *Constructing and Reconstructing Childhood: Contemporary Issues in the Sociological Study of Childhood* (London: Falmer Press, 1997) , pp. 7 – 33.

育学、心理学的解读。第二个议题从结构的视野定位童年。传统儿童理论关注的重点是作为个体的儿童或儿童个体的发展，较少关注儿童群体的历时或共性变化；忽视从宏观上关注儿童群体及童年问题，这导致对儿童的结构性忽视。因而有学者主张，需要从"儿童"（child）研究转向"童年"（childhood）研究。基于结构的视野，童年不仅是个体的一段人生历程，而且是一种特定的社会结构与文化构成。

当代童年境遇已大大有别于传统社会，一个非常明显的变化是相对于传统纸媒的新媒介的出现。新媒介下的童年将会面临什么样的命运？是否会出现一种"媒介化童年"（mediatized childhood）？新媒介是否会导致一种引人忧虑的所谓"童年之死"？对于这些问题，我们需要在对当下儿童社会生活的广泛理解以及对童年历史的深入理解的基础上，重新定位我们对儿童、童年与以数字技术为基础的新媒介关系的分析。这种新定位可能会给予我们一种相当不同的观点。这是第六章分析的一个重要议题，也是本书第四至七章所探讨的第三个议题。第四个议题是对艾莉森·詹姆斯、艾德里安·詹姆斯（Adrian L. James）"童年的文化政治学"的讨论。① 这个议题涉及儿童、童年与权利及政治的关系。在过去的一个世纪，儿童权利逐渐成为公共领域中一个不断出现的议题。众所周知，权利是西方民主社会的核心特色，但将权利应用到童年研究中，面临跨文化适用性的问题。近年来学者们转向更为具体的儿童政治与社会参与的探讨，但其中也面临一些问题，如儿童的参与意愿、儿童是否有效参与。

本书第八、第九两章着重讨论童年研究的方法与伦理。最近 30 多年来，随着人文社会科学研究的新发展，童年研究方法也发生着相应的变化，开始由实验室研究转向田野研究，从侧重宏观研究转为侧重微观研究。在这些研究变化中，儿童被视为研究主体而非单纯客体的认识愈发明显。事实上如果从儿童与研究者的关系看，更能直接看出童年研究方法的演变：从早期的"对儿童的研究"（research *on* children）及"关于儿童的研究"（research *about* children）演变为目前的"与儿童一起研究"（research *with* children）及"儿童开展的研究"（research *by* children）。第

---

① Allison James and Adrian L. James, *Constructing Childhood: Theory, Policy and Social Practice* (Hampshire and New York: Palgrave Macmillan, 2004), pp. 6 – 9.

八章后一部分，我们在梳理传统童年研究方法的基础上，讨论了以儿童为中心/焦点的新童年研究方法。对童年研究而言，这不仅是一种方法转变，还是一种观念的变化——儿童从被当作被动的研究客体变成被当作有行动能力的研究参与者、组织者、主导者，但是将这种观念贯彻到童年研究的实践中，必然涉及伦理问题。直到晚近，社会科学研究者才开始系统地思考伦理标准问题。儿童或孩童参与研究，被纳入正式的伦理评估过程，这涉及各种各样的风险与潜在影响。这是我们第九章所要讨论的一个议题。

相较以往社会学的儿童/童年研究，20 世纪 80 年代以来，当代童年社会学的确取得可观的进展，这不仅体现在大量的专著、论文等出版物中，也体现在专业刊物的出现中，譬如 1993 年 1 月创刊的《童年：全球儿童研究杂志》（*Childhood: A Journal of Global Child Research*）。然而童年研究也面临一些根本性的挑战，一方面，这种挑战是由"童年"与生俱来的歧义性、矛盾性所决定的。童年既有着源于历史的因袭含义，又有着由现代性、后现代性所赋予的新的含义，而人们对童年的情感，又赋予"童年"不同的色彩，这使"童年"愈加扑朔迷离，童年研究亦远不是一个明晰的研究领域。另一方面，这种挑战是由学科域限所带来的。当前关于是否存在一个所谓的"新"童年社会学以及童年社会学内部童年"本质论""建构论""结构论"的问题，仍然存在争议。① 这反映出社会学视野的有限性，我们需要在跨学科的视野下重新审视这些问题。

---

① 例如 E. Kay，M. Tisdall 与 Samantha Punch 就质疑"新"童年社会学之"新"，参见 E. Kay，M. Tisdall and Samantha Punch，"Not So 'New'? Looking Critically at Childhood Studies"，*Children's Geographies*，Vol. 10，No. 3(2012)：249 – 264。

第一章　童年的呈现：学科视野
与基本概念

继 20 世纪 60 年代法国社会史学者菲利普·阿利埃斯有关儿童的开拓性研究及随后的洛伊德·德莫斯（Lloyd deMause）、约翰·迪莫斯（John Demos）等人的研究之后，80 年代以来国外儿童、童年的研究发展迅速，在多方面取得了重要的进展。许多国家、地区的社会学研究组织开始成立"儿童社会学"分支协会，出现很多重要的童年著述，诸如克瑞斯·詹克斯（Chris Jenks）主编的三卷本著作《童年：社会学中的关键概念》①；艾莉森·詹姆斯（Allison James）与艾伦·普劳特（Alan Prout）主编的《建构和重构童年：童年社会学的当代问题》②，该书是当代新童年社会学的代表性著作之一；威廉·A. 科萨罗（William A. Corsaro）的《童年社会学》③，该书为童年社会学领域的新教材；艾莉森·詹姆斯、克瑞斯·詹克斯、艾伦·普劳特合著的《童年论》④，该书试图重构童年的理论；希瑟·蒙哥马利（Heather Montgomery）主编的四卷本著作《童年研究：社会科学

---

① Chris Jenks(ed.), *Childhood: Critical Concepts in Sociology*(London and New York: Routledge, 2005) ［该书实系 Jenks 此前所编 *The Sociology of Childhood: Essential Readings*（1982 年初版，1992 年第二版）一书的扩展］。

② Allison James and Alan Prout(eds.), *Constructing and Reconstructing Childhood: Contemporary Issues in the Sociological Study of Childhood*(London: Falmer Press, 1997).

③ William A. Corsaro, *The Sociology of Childhood*(Thousand Oaks, CA: Pine Forge Press, 2005)。该书目前已出第六版，中译本《童年社会学》有两个版本，一版由程福财等翻译，由上海社会科学院出版社于 2014 年出版；另一版由张蓝予翻译，由黑龙江教育出版社于 2016 年出版。

④ Allison James, Chris Jenks and Alan Prout, *Theorizing Childhood* (Cambridge: Polity Press, 1998)（中译本：《童年论》，何芳译，上海社会科学院出版社，2014）。

中的关键概念》①；等等。

科萨罗将社会学界对儿童研究的新兴趣、新成果，概述为"童年的社会学再发现"②，以肯定当代童年研究所取得的巨大进展。詹姆斯、詹克斯、普劳特三人则将社会科学界对儿童、童年的新研究称为"童年的新社会研究"（new social studies of childhood）。③ 尽管表述有异，但意涵是相同的，即童年社会学的新发展令人欢欣鼓舞，足以构成一种新的研究范式。显然，这种新发展批判性地建立在已有童年研究的学科资源、视野与基本概念之上。因此，如果我们欲探讨童年社会学为什么在当代取得进展，就必须探讨童年在过去是如何被思考的。

在本章中，我们将首先分析童年在主要的社会科学领域内是如何呈现的，这既是童年社会学的发展背景，又构成童年社会学的理论资源，由此可看出当代童年社会学在何种程度上取得进展。一般认为，童年是人生成长过程中一段自然不可逾越的阶段，我们很自然地会将儿童与童年看作自然现象，在这种情况下，对于童年是什么或童年与儿童的关系如何，人们便很少去质疑。④ 我们基本还没有认识到，一群为数很少的理论已经有力形塑我们所采用的育儿典范和教育方式，而且这些理论往往建立在具有争论性的基础上。⑤ 现代童年的种种话语即由这些"为数很少的理论"所塑造，它们反映在思考童年的概念丛（sets of concepts）中。考虑到这一点，在本章第二节我们将探讨童年被言说、被表述的过程中最重要的一组关键概念。我们希望通过这些概念或关键术语展现童年社会学是如何转变思考路径以至于形成一种仍存商榷空间的"新"研究范式的。⑥

---

① Heather Montgomery, *Childhood Studies: Critical Concepts in the Social Sciences*(London and New York: Routledge, 2017).

② William A. Corsaro, *The Sociology of Childhood*(Thousand Oaks, CA: Pine Forge Press, 2005), p. 5.

③ Allison James, Chris Jenks and Alan Prout, *Theorizing Childhood*(Cambridge: Polity Press, 1998), p. 1.

④ 〔英〕Michael Wyness：《童年与社会：儿童社会学导论》，王瑞贤、张盈堃、王慧兰译，台北：心理出版社，2009，第 3 页。

⑤ 〔美〕约翰·克莱佛雷、丹尼斯·菲利浦斯：《西方社会对儿童期的洞见》，陈正乾译，台北：文景书局，2005，第 1 页。

⑥ Alan Prout and Allison James, "A New Paradigm for the Sociology of Childhood? Provenance, Promise and Problems", in Allison James and Alan Prout(eds.), *Constructing and Reconstructing Childhood: Contemporary Issues in the Sociological Study of Childhood* (London: Falmer Press, 1997), pp. 7 - 33.

第一节　理解童年

尽管不同历史时期对童年的观念各不相同，然而我们对童年的理解并非始于臆造、想象，我们"思考"童年时所用的一些术语、概念、方式常常由有限的学科所提供，这些学科塑造了特定的童年思维。

詹姆斯等人将理解童年的思维模式划分为两类：一是前社会学思维模式，二是社会学思维模式。作为一个宽泛的类别，前者指向常识、古典哲学、发展心理学、精神分析等学科领域，这一类思维模式的共同认识是童年外在于儿童所处的社会环境或是与儿童所处的社会环境不一致。① 后者则涉及社会学中童年的传统思维模式以及新童年社会学的探索轨迹。

本书不打算采用这一过于笼统的分类法，一概将"天真的儿童""邪恶的儿童""自然生长的儿童"等话语纳入前社会学思维模式，而是回到与童年社会学密切相关的学科视野中分析童年思想的脉络。除了发展心理学、教育学外，本书的分析所涉及的学科还包括人类学、近年来新出现的儿童地理学——其对儿童问题的关注显示在围绕"作为一种社会空间的童年"的观点中。此外，我们还将勾勒出社会学探索儿童、童年的一个基本图景。

阶段论与"正常"儿童

从历史上看，相对于社会学而言，一些传统学科诸如文学、心理学、教育学、生物学等，对儿童/童年问题的探索历史更为久远。早在18世纪，法国启蒙思想家与先驱卢梭便著有探讨儿童心理与教育问题的《爱弥儿》一书，主张"在人生的秩序中，童年有它的地位，应当把成人看作成人，把孩子看作孩子"②，由此确立了以浪漫主义为内核的现代童年观念，这种观念亦体现在同时期英国湖畔派诗人华兹华斯（Wordsworth）对儿童的赞扬、讴歌中。在生物学界，我们可以在博物学家达尔文（Darwin）的著作

---

① 参见〔英〕艾莉森·詹姆斯、克里斯·简克斯、艾伦·普劳特《童年论》，何芳译，上海社会科学院出版社，2014，第9~22页。

② 〔法〕让·雅克·卢梭：《爱弥儿》，彭正梅译，上海人民出版社，2007，第32页。

里发现现代童年的起源，在 1877 年所著的《一个婴儿的传略》① 中，他宣扬科学地观察与研究儿童，这对后来的儿童发展研究浪潮起到了引领作用。

在这些探索中，发展心理学的影响最大，其在关于童年的常识的塑造中占据主导地位，以至于构成一种普劳特与詹姆斯所概述的通过诸多二元对立体现出来的"主导框架"（dominant framework）。② 我们将在后面分析。

毋庸置疑，在现代发展心理学史上，皮亚杰（Piaget）是迄今为止最具影响力的理论家，他将自己早期感兴趣的动物学和认识论加以整合，创立了发生认识论理论。其研究始于对自己三个孩子婴儿期的仔细观察。通过观察孩子们如何探索新玩具、如何解决问题以及如何逐渐认识自己和外部世界，他提出一些有关认知发展性质的概念和基本原理，核心内容如下。

第一，儿童是主动的、受内在动机驱动的学习者。他们不是只会被动地观察和记住他们看见和听见的事物。相反，他们对周围的世界有着与生俱来的好奇心，并积极寻找信息帮助自己理解和解释它。

第二，儿童可以组织他们从经历中所学的东西。儿童不是只会把学到的东西罗列成一系列孤立的事件。相反，他们逐渐建构出一种关于世界是怎样的的整体观念。儿童把学习和做的事情组织为图式，即一组相似的思想和动作。儿童会在新情境下不断重复应用新获得的图式。在这个过程中，儿童亦简化图式并逐渐将这些图式结合起来应用。

第三，儿童通过同化和顺应过程适应环境。儿童发展中的图式使他们能更有效地对周围环境做出反应。这种适应是同化和顺应的结果。同化是用已有图式来认识事物或事件的过程，顺应是改变已有的图式或形成一个新图式的过程。尽管图式会变化，但这两个过程在发展的过程中是不变的。

① Charles Darwin, "A Biographical Sketch of an Infant", *Developmental Medicine & Child Neurology*, Vol. 13, No. 24(1971) : 3 – 8. Originally Published in *Mind: A Quarterly Review of Psychology and Philosophy*, Vol. 2, No. 7(1877) : 285 – 294.

② Alan Prout and Allison James, "A New Paradigm for the Sociology of Childhood? Provenance, Promise and Problems", in Allison James and Alan Prout(eds.), *Constructing and Reconstructing Childhood: Contemporary Issues in the Sociological Study of Childhood* (London: Falmer Press, 1997) , pp. 7 – 33.

第四，儿童在不同年龄阶段的思维方式有质的不同。皮亚杰是一位阶段论者，他认为儿童会经过四个认知发展阶段，并且思维和推理过程在每个阶段有质的不同。儿童思维的质的变化既是神经成熟的结果，也是知识和思维过程不断整合的结果。①

皮亚杰的这些认识对我们理解儿童的贡献是巨大的。许多当代心理学家都肯定了皮亚杰理论的重要性。然而皮亚杰的一些观点受到质疑，例如：学前儿童是否的确如他所设想的那样具有直觉、无逻辑以及自我中心的特征？后来的一些研究表明，皮亚杰低估了前运算阶段的儿童，低估了学前儿童认识和理解他人观点的能力。另一些研究者则批评皮亚杰没有说明儿童如何从智力的一个阶段发展到下一个阶段，并且他还低估了文化和社会对智力发展的影响。②

与皮亚杰相反，另一位发展心理学家——维果斯基（Vygotsky）把儿童发展的诸多内容归因于儿童所在的社会和文化。

维果斯基认为，认知发展只能在社会文化情境中得到理解。对他来说，人类的认知，即使被隔离起来，本质上仍然是社会文化性的，它受到文化传递给个体的信仰、价值观、语言等因素的影响。在塑造认知的众多社会文化要素中，维果斯基特别关注人类所发明的工具和符号对思维的塑造作用，如犁、汽车和武器等技术工具，以及符号表征系统、计算系统和记忆策略等心理工具。所有这些都改善了人与环境的关系。维果斯基把工具看作一种在历史过程中塑造和改善人类心理的手段，通过使用工具，人类改变了组织和思考世界的方式。他提出"最近发展区"的概念来解释学习和发展是如何结合的。最近发展区是指独立解决问题时所具备的现有发展水平与在成人的帮助下或在和能力更高同伴的合作下解决问题时所表现出的可能发展水平之间的距离。③

维果斯基的研究给我们带来两点启示。

第一，源于某种特殊文化的心理结构和功能与那些源于其他文化的心

---

① 〔美〕特里萨·M. 麦克德维特、珍妮·埃利斯·奥姆罗德：《儿童发展与教育》，李琪、闻莉、罗良、潘洁译，教育科学出版社，2007，第 165~167 页。
② 〔美〕Davie R. Shaffer、Katherine Kipp：《发展心理学——儿童与青少年》（第八版），邹泓等译，中国轻工业出版社，2009，第 270 页。
③ 〔美〕Newman、Newman：《发展心理学》（第八版）（上册），白学军等译，陕西师范大学出版社，2005，第78~79 页。

理结构和功能之间存在差异，就像幼儿的思想与成人的思想有差异一样。皮亚杰把逻辑思维的出现看作一个自然过程，维果斯基则认为推理和问题解决在本质上是由文化创造的。

第二，个体通过与那些能够在最近发展区帮助他们提高功能水平的个体进行相互作用来促进自己的认知发展。皮亚杰把对矛盾和不平衡的兴趣以及适应的过程看作解释认知发展的基础。维果斯基则进一步提出了发展能通过与更成熟伙伴或合作者的相互作用而得到促进的观念。[1]

尽管皮亚杰与维果斯基的观点有所不同或是互补的，但总体而言，发展心理学的研究关注的焦点在于儿童身体、情绪、认知发展的"正常"或"标准"模式，其研究成果常常被教育界当作促使儿童回到"正常"状态的指南，然而对"正常"儿童的强调，实际上负载着一定的价值观念。伍德黑德（Woodhead）与博伊登（Boyden）提醒我们需要认识到"特定童年"的文化特殊性[2]，这种对"正常"儿童的强调，实际上预设了基于西方世界的特定文化背景和童年期待而建构起来的一种"普遍"儿童的图像。

这一图像的核心是，在作为一个生命阶段的童年时期，所有儿童都需要经过一系列进步阶梯或发展台阶（见图1-1），从不成熟迈向成熟。在其衡量儿童发展程度时，"年龄"是特别重要的特征。英国学者迈克尔·维尼斯（Michael Wyness）把这种儿童发展研究模式称为"年龄与阶段"的童年模式。[3] 这种模式的特点是非常关注儿童能力特别是认知能力的发展；认为儿童的发展是自然而普遍的；关注评价儿童在某个年龄、阶段适应环境的能力；其焦点是儿童个体，而非儿童发展的社会环境。

这种发展论预设了所有儿童都会经过这些阶段，也必须经过这些阶段。发展历程是不变的，只能往一个相同方向前进，而且必须经过每个阶

---

① 〔美〕Newman、Newman：《发展心理学》（第八版）（上册），白学军等译，陕西师范大学出版社，2005，第78~79页。

② 参见 Martin Woodhead, "Psychology and the Cultural Construction of Children's Needs"; Jo Boyden, "Childhood and the Policy Makers: A Comparative Perspective on the Globalization of Childhood", in Allison James and Alan Prout(eds.), *Constructing and Reconstructing Childhood: Contemporary Issues in the Sociological Study of Childhood*(London: Falmer Press, 1997), pp. 63 - 84, 190 - 229。

③ Michael Wyness, *Childhood and Society*(Hampshire and New York: Palgrave Macmillan, 2006), p. 122.

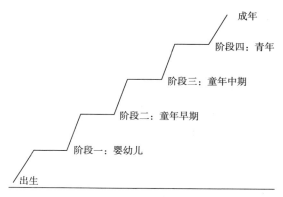

图 1 - 1　童年的发展台阶

资料来源：参见 Michael Wyness, *Childhood and Society* (Hampshire and New York：Palgrave Macmillan，2006)，pp. 122 - 124。

段才能达到完备。例如，儿童不经过具体运算阶段，是不能进入形式运算阶段的。

与上述评价不谋而合的是，科萨罗对发展心理学亦有着类似的批评。他将皮亚杰、维果斯基的发展研究称为"建构主义模型"——这里的"建构主义"不同于社会学中的社会建构主义。他批评这一派别主要关注的是作为个体的儿童如何运用自己的语言来理解世界，理论的核心焦点是儿童个体的活动、儿童个体的发展以及个体的儿童如何成为个体的成人，很少关注儿童群体之间的互动，只提供了一种积极但略显单薄的儿童观。[1]

这些批评本身实际上构成童年社会学发展脉络的一部分，当代很多社会学家在展开童年论述时，往往首先检视发展心理学的观点、主张，詹克斯明确声称，他选择皮亚杰作为立论的基础，不是随机的，而是因为其理论的影响不仅体现在学术界且扩展到常识所包含的儿童观念中。[2] 事实上，不仅是当代童年社会学，早期社会学的童年研究更是受到其时盛极一时的发展心理学的影响。

当然，自皮亚杰及早期发展心理学家的探索以来，心理学作为一门科学一直在发展中。当代发展心理学对"儿童影响"——儿童因自身特质而

---

[1]　William A. Corsaro, *The Sociology of Childhood* (Thousand Oaks, CA: Pine Forge Press, 2005), pp. 15 - 16.

[2]　Chris Jenks(ed.), *The Sociology of Childhood: Essential Readings*(London: Batsford Academic and Educational Ltd. , 1982), p. 23.

对其养护人所造成的独特影响——的研究①，越来越多地意识到儿童像成人一样，是社会行动者，尽管罕有发展心理学家去分析儿童成长及发展与特定政治、经济背景的结构性关系。

人类学对儿童的探索

如果说发展心理学的儿童与童年研究更多是新童年社会学的批评对象的话，那么人类学的儿童研究则更多是被吸收、被借鉴的理论武库，这可以从普劳特与詹姆斯关于新童年社会学的主张中看出。

在《一种童年社会学的新范式？起源、前景与问题》② 这一新童年社会学纲领性文献中，两位学者指出童年社会学的新范式的主要特征，其中一个特征就是强调民族志对童年研究而言是一种特别有用的研究方法，可以直接倾听儿童的声音，使儿童能够参与社会学数据的生产。这一主张的践行，体现在哈雷特（Hallett）与普劳特所主编的《倾听儿童的声音：新世纪社会政策》③ 一书的立场中，其试图在政策形成过程的所有层面去倾听儿童的声音。作为一种书写文本，民族志实是人类学学科中一种独一无二的研究方法，经过人类学功能主义学派代表马凌诺斯基的发展而变得更加完善。在《西太平洋的航海者》一书中，马凌诺斯基主张要从当地人的视角去理解当地人的文化。④ 这一视角被新童年社会学所接纳。

然而，就儿童人类学学科的发展而言，其历史较心理学短暂、单薄得多。尽管人类学有关"儿童"的描述性研究，可追溯至基德（Kidd）于1906 年所著的《野蛮的童年：对卡菲尔儿童的研究》⑤ 一书，但奈杰尔·

---

① 〔英〕H. Rudolph Schaffer：《发展心理学的关键概念》，胡清芬等译，华东师范大学出版社，2008，第 170 页。

② Alan Prout and Allison James, "A New Paradigm for the Sociology of Childhood? Provenance, Promise and Problems", in Allison James and Alan Prout(eds.), *Constructing and Reconstructing Childhood: Contemporary Issues in the Sociological Study of Childhood* (London: Falmer Press, 1997), pp. 7 – 33.

③ Christine Hallett and Alan Prout(eds.), *Hearing the Voices of Children: Social Policy for a New Century* (London and New York: Routledge, 2003).

④ 〔英〕马凌诺斯基：《西太平洋的航海者》，梁永佳、李绍明译，华夏出版社，2002。

⑤ Dudley Kidd, *Savage Childhood: A Study of Kafir Children* (London: Adam and Charles Black, 1906).

拉波特与乔安娜·奥弗林直言，儿童与童年问题并不是人类学研究中的一个核心议题，对儿童和童年的研究仅仅反映人类学其他研究领域的方法和问题而已，远没有提出自己的理论。①

在"摇椅上的人类学"时期，关于儿童的资料主要来自基督教传教士和殖民地官员。这些人与当地人长期生活在一起，精通当地的语言，且有诸多机会观察与调查异文化中的儿童生活，记录了很多儿童养育习俗，包括儿童命名仪式、儿童入会仪式、母乳抚养实践、兄弟姐妹间的相互照顾、儿童生活空间等。虽然他们的调查不像后来的科学民族志那样严谨，但其成果富有启发性，例如传教士朱诺（Junod）撰写的《南非部落的生活》② 是相当有价值的，尽管其只是展现出南非部落儿童生活的片段。

始于传教士、殖民地官员对异文化儿童生活、活动与经验的描述、记录，20 世纪早期，人类学家逐渐赋予儿童的田野调查一种独特的价值，以此增加、丰富人们关于人类差异的知识。在这一时期，有关儿童的物质制品的人类学收集、报告相当普遍，如凯特（Kate）对马来人的"学步机"（baby machine）的调查③、黑德利卡（Hrdlička）对北美印第安妇女背婴儿的木板框（cradleboard）及摇篮的关注④、傅克斯（Fewkes）对纳瓦霍儿童制作的陶土小雕像的兴趣⑤。

这一时期，有关儿童的描述也出现在人类学家对仪式的关注中，如哈格尔（Hagar）对玛雅人以象形文字表述的婴儿仪式的讨论。但总的看来，"儿童"在这一时期通常被人类学家视为其他研究主题的副题，而不是主题本身，儿童虽出现但仅处于有关社会组织、亲属世系、家庭结构等的描述的边缘处。而且，他们常常被在野蛮人的意义上理解，人类学家以此解释人类社会和文化的发展。难怪施瓦茨曼（Schwartzman）认为，忽视儿童

---

① 〔英〕奈杰尔·拉波特、乔安娜·奥弗林：《社会文化人类学的关键概念》，鲍雯妍等译，华夏出版社，2005，第 24 页。

② Henri A. Junod, *The Life in a South African Tribe*(London: Macmillan, 1927).

③ H. Ten Kate, "The Primitive ' Baby-Machine' ", *American Anthropology*, Vol. 4, No. 4(1902): 794 – 795.

④ A. Hrdlička, "Head Deformation among the Klamath", *American Anthropology*, Vol. 7, No. 2(1905): 360 – 361.

⑤ W. Fewkes, "Clay Figurines Made by Navaho Children", *American Anthropology*, Vol. 25, No. 4 (1923): 559 – 563.

并将儿童边缘化是人类学家的常识之思。①

直至玛格丽特·米德（Margaret Mead），"儿童""童年"才真正成为人类学的"主"题。作为文化和人格学派的核心成员，米德关注的焦点是文化意义上的童年，或者儿童是如何成为文化存在的。她反对其时美国儿童研究运动主将心理学家霍尔（Hall）的生物决定论观点。霍尔认为青春期的生物变化决定了这一时期的特定行为，他将青春期描述为"暴风骤雨"的时期，在这一理想主义萌生、对权威的反叛与日俱增的时期，年轻人所遭遇的困难和内心的冲突是根本无法避免的。② 米德反对这种观点，认为青春期行为是由文化条件而不是生物变化引起的。在《萨摩亚人的成年》一书中，米德对霍尔的观点进行了反驳，其论据是对于生活在一种相对和谐和同质的文化里的萨摩亚的青春期少女而言，在个人选择和社会期待之间不存在紧张与冲突。在同时期的《萨摩亚儿童的工作和娱乐》③ 一文中，米德呈现了萨摩亚儿童的童年与美国儿童的诸种不同：萨摩亚的儿童不断改变自己的名字；他们不断从一个亲戚家搬到另一个亲戚家居住；5 岁时他们便成为更小儿童的照料者或训练者；他们 20 多岁时仍然待在家庭中；在童年时期，他们必须参与一些难度逐渐加大的与特定性别相关的工作任务；他们没有玩具，一开始就参与成人生活，并且常常参与一些模仿成人活动的游戏；如果他们试图凸显自己或尝试一些高于其自身水平的任务，将受到惩罚。

尽管文化与人格学派已过时，米德后来亦遭到了批评——批评的对象不仅有研究方法，还包括研究中的论证，但她把"儿童"放在人类学研究议题的中心，是首批严肃地关注儿童的人类学家之一。④ 米德的研究显示了普遍的发展心理学的限度，开创了一种研究儿童的新方法，正是通过她的工作，儿童生活的文化方面才首次变得可见。

---

① H. B. Schwartzman, *Transformations: The Anthropology of Children's Play* (New York: Plenum Press, 1978) , p. 101.

② 转引自〔美〕玛格丽特·米德《萨摩亚人的成年》，周晓虹、李姚军、刘婧译，商务印书馆，2008，第 26 页。

③ Margaret Mead, "Samoan Children at Work and Play", *Natural History*, Vol. 28, No. 3(1928) : 626 – 636.

④ Heather Montgomery, *An Introduction to Childhood: Anthropological Perspectives on Children's Lives* (Oxford: Wiley – Blackwell, 2009) , p. 23.

20 世纪 50 年代儿童人类学研究开始转向儿童的跨文化研究，以比阿特丽斯·怀廷（Beatrice B. Whiting）等人为代表。怀廷等人对六个文化的儿童抚养和社会化方式进行了比较研究，运用系统的自然主义观察法，记录儿童的行为。① 调查显示，关于儿童的行为方式没有什么是自然的或普遍的，他们的生活更多受文化和环境而不是生物因素的影响。尽管研究者之一莱文（LeVine）承认一些方法并不那么可靠②，但该项研究提供了大量有关儿童生活、儿童如何被对待的细节，明确了儿童在生命周期中的位置。

拉封丹（La Fontaine）认为，无论是在人类学理论中还是在民族志描述中，儿童此前总是非充分呈现的，被视为"原料"、未完成的社会存在之物种。③ 这种现象在 70 年代得到极大改变，人类学家开始视儿童为消息提供者和民族志的关键参与者，思考童年观念是如何建构的，认为童年的开端与结束取决于特定的文化背景，儿童的角色与责任以及如何向成年期转变均需要在文化背景下得到解释。

显然，在这种意义上，童年必须被理解为一种文化建构的现象，其随时空而变化，并不必然被理解为一段普遍依赖、无能的时期。作为生命周期的一部分，童年自有其独立价值，不单是一个过渡时期、成人生活的准备期。这种观点体现在夏洛特·哈德曼（Charlotte Hardman）的认识中，她认为，像社会的任何其他部分一样，儿童值得去研究，聚焦儿童，可以揭示传统民族志研究所未能发现的社会生活的其他方面：

> ……视儿童为值得研究的人，不只是成人教化的容器……如果我们想象社会是一个相互编织的、重叠的圆环，形成一个信念、价值观、社会互动的整体，那么儿童……可以说也构成一个概念领域，是这个整体的一个部分。儿童可能迈进一个部分，或迈出另一个部分，但其他儿童会取而代之。该部分仍然被保留。这一部分可能与其他部

---

① Beatrice B. Whiting(ed.), *Six Cultures: Studies of Child Rearing*(New York: Wiley, 1963).
② Robert A. LeVine, "Ethnographic Studies of Childhood: A Historical Overview", *American Anthropologist*, Vol. 109, No. 2(2007) : 247 – 260.
③ J. La Fontaine, "An Anthropological Perspective on Children in Social Worlds", in M. Richards and P. Light(eds.), *Children of Social Worlds* (Cambridge: Policy Press, 1986), pp. 10 – 30.

分重叠或是其他部分的反映，但仍然存在一个区别于其他群体的基本的信念、价值、观点的体系。因此我建议，不只是思考社会的一个或两个部分（通常是男性，有时包括女性），我们可以添加其他维度如儿童或老年人。①

哈德曼这一认识的重要性在于，通过强调儿童在社会中的应有位置，构造出作为一个有效研究领域的"童年"。这为新童年社会学的发展做好了重要铺垫。

进入 90 年代，在与儿童相关的人类学研究领域中，对于此前人类学忽略或窄化儿童议题的讨论不断，有关儿童人类学、儿童文化研究、儿童中心的社会科学研究的呼声越来越强烈。可以确定的是，90 年代前后人类学对于儿童的研究慢慢地走出了以往的窠臼，并转向更具体与完整的儿童现象及概念。②

儿童的主体性、能动性越来越得到重视。拉波特（Rapport）与欧文瑞（Overing）指出，儿童在人类学论述中的意涵，已经从"儿童作为指标"（children as indices）转向"儿童作为能动者"（children as agents）。③ 前者出现在以米德与本尼迪克特等为代表的文化相对论、新弗洛伊德主义、新达尔文主义、发展心理学、角色游戏、自我意识研究、社会政策、社会批判等理论中；后者则是随解释学、现象学而发展起来的，强调从儿童的观点去理解儿童的经验、参与、活动、社会关系。儿童的社会及情感依赖性并不意味着他们仅仅是成人预期及知识的纯粹的被动接受者，并不意味着成人能提供理解儿童世界的最佳基础。儿童拥有不同的语言，创造出他们自己的文化与身份。霍基（Hockey）与詹姆斯（James）认为，儿童拥有积极选择和发言权，不应将他们单纯看作依赖者，而应富有想象力地思考他们。④ 从儿童的视角出发，儿童的社会世界与生活被重新关注，关注领

---

① Charlotte Hardman, "Can There Be an Anthropology of Children?", *Journal of the Anthropological Society of Oxford*, Vol. Ⅳ, No. 2 (1973): 85 – 99. Reprinted in *Childhood*, Vol. 8, No. 4 (2001): 501 –517.

② 张盈堃主编《儿童/童年研究的理论与实务》，台北：学富文化事业有限公司，2009，第74页。

③ N. Rapport and J. Overing, "Children", in N. Rapport and J. Overing, *Social and Cultural Anthropology: The Key Concepts*(London: Routledge, 2000), p. 32.

④ J. Hockey and A. James, *Growing Up and Growing Old*(London: Sage, 1993), pp. 1 – 8.

域涉及街道儿童、童工、儿童忽视与虐待等地方与全球儿童日常生活的各方面。这些亦成为新童年社会学关注的基本议题。

在当代，儿童、童年研究不仅成为国际人类学研究中一个新的方向，而且开始有了一些相关的组织。例如，2001 年，"儿童、青少年与童年人类学委员会"成立。该委员会的初衷是鼓励那种"将儿童视为积极的参与者"的儿童研究，这与此前惯常的仅将儿童视为"研究之物"的做法大相径庭。

一些反思性、讨论性的论文相继出现，如希尔奇费德（Hirschfeld）对"为什么人类学家不喜欢儿童"的分析①、勒维（Levey）对儿童在民族志中的角色与伦理的讨论②，以及 2007 年《美国人类学家》杂志集中发表的五篇论文，其聚焦"儿童""童年""童年研究"，重新审视关于童年的概念、理论、方法，探讨童年人类学所面临的机遇与挑战。

这一发展脉络显示，"儿童"在人类学理论架构中的定位，已经逐渐从被动沉默与同质单一的客体转变成主动发声的多元复杂式主体。③ 这一"多元复杂式主体"与普劳特"童年是多样化的、新兴的、由异质性材料构建的组合体"的观点，可谓彼此呼应。

社会空间中的童年：儿童地理学的视野

在西方社会，"童年"通常被理解为一个时间范畴，人们借助年龄维度来定位儿童。有关童年空间问题的理论思考相当罕见。早期关于这一问题的研究，主要源于对城市儿童生存环境特别是贫民窟的关注，直到 20 世纪初期，儿童群体才开始被纳入城市和环境政策的考虑。这一时期由于认识到游戏活动对儿童智力和社会发展的必要性与重要性，城市规划对儿童的关注的重点是游戏场地的空间设置。④

尽管早期的社会学家也涉足这一领域，例如雷克利斯（Reckless）提出三种方法研究城市儿童——利用对比研究来探讨儿童在不同城市环境下

---

① Lawrence A. Hirschfeld, "Why Don't Anthropologists Like Children?", *American Anthropologist*, Vol. 104, No. 2(2002): 611 – 627.

② Hilary Levey, "Which One Is Yours?—Children and Ethnography", *Qualitative Sociology*, Vol. 32, No. 3(2009): 311 – 331.

③ 张盈堃主编《儿童/童年研究的理论与实务》，台北：学富文化事业有限公司，2009，第 74 页。

④ J. Frost, "Play Environments for Young Children in the USA: 1800 – 1900", *Children's Environments Quarterly*, Vol. 6, No. 4(1989): 17 – 24.

如何获得不同的社会技能、研究儿童如何获得发展技能、研究项目干预如何作用于儿童[1]，但是关于儿童如何感知城市环境的研究在 20 世纪 70 年代才得到进一步发展。这一时期，林奇（Lynch）主持了一项名为"在城市中成长"的重要研究项目[2]，他将社会学者、建筑师、规划师、自然科学家和其他城市环境实践者的工作整合在一起，观察青少年如何使用空间、如何赋予空间价值。

这些城市规划学、建筑学的探索激发了地理学的童年兴趣，作为一门学科的"儿童地理学"（children's geographies）或"童年地理学"（geographies of childhood）开始出现。作为人文地理学研究的一部分，儿童地理学的发展本身亦与人文地理学的反思有关，即意识到在很大程度上地理学忽视了儿童的日常生活，忽视了儿童特定需要与空间之间的关系，未能注意到儿童以与成人不同的方法经验世界。

早期地理学家们通常关注地理的物质方面，如自然与人类世界的物质构成，包括森林、农场、街道、建筑等。进入 20 世纪 90 年代后，地理学家才开始强调这些地理因素的社会方面以及想象方面（经验、情感、希望与恐惧等）。儿童地理学同时关注儿童对这些地理因素的内部感知以及地理因素对童年的外部型构，这类研究向我们显示出童年的多样性：不同时空、不同社会建构出不同的童年。这与建构论的童年观念何其吻合。

受迪亚克（Diack）的《乡村男孩》（*Boy in a Village*）一书的启发，克瑞斯·菲洛（Chris Philo）将儿童地理学的探索工作分为三大主题：家庭地理学（homely geographies），关注儿童所在室内区域的情况；街头地理学（streetwise geographies），关注大空间，如操场、道路、小径、田野、树林、山坡与儿童的关系；制度地理学（institutional geographies），关注学校或宗教机构中儿童与空间的关系。[3] 总的看来，儿童地理学聚焦的议题比较广泛，除了已提及的内容之外，还包括儿童在城市和农村地区的生活、儿童和技术、儿童和环境、儿童和全球化等。这些关注在 2003 年创刊的

---

① W. Reckless, "As Sociologists Enter Child-Development Study", *Journal for Educational Sociology*, Vol. 9, No. 2, (1935): 111 – 118.

② K. Lynch, *Growing Up in Cities* (Cambridge, MA: MIT Press, 1977).

③ C. Philo, "The Corner-Stones of My World: Editorial Introduction to Special Issue on Spaces of Childhood", *Childhood*, Vol. 7, No. 3(2000): 243 – 256.

《儿童地理学》（*Children's Geographies*）中均有所呈现。

其中一个研究重点是儿童如何感知、使用空间。很多学科研究儿童的空间概念、场所感知，除了地理学外，还有人类学、社会学、心理学，早期研究有科林·沃德（Colin Ward）的《城市中的儿童》①、罗杰·哈特（Roger Hart）的《儿童地方经验》② 等。沃德挑战传统的成人中心论的城市观，分析了儿童与城市之间不同于成人与城市的关系，揭示了那些为成人所忽视的场所如何成为儿童社交、玩耍、寻求庇护的空间。③ 尽管在有关儿童与空间的概念关系这一问题上，上述这些学科的探讨方式有所重合，但是它们也有基本的不同。例如，发展心理学感兴趣的是环境对儿童身体、认知发展的影响，而地理学、社会学更关注如何理解儿童对特定空间的感知以及儿童运用空间的方式。

一个广泛的假设是，儿童对自然世界有着天然的亲近性，这就使得政策制定者非常关注儿童接近自然对儿童健康与福利的重要性。然而，泰勒（Taylor）与郭（Kuo）指出，我们很难找到更多的证据来支持这一假设。尽管儿童接触自然有助于儿童健康的发展，但他们提醒，这一偶然的关系还没有得到充分的证明。可能是儿童在户外绿色空间而非室内空间的特定活动有利于儿童的发展，而不是单纯与自然世界本身的接触就能产生这样的作用。④ 一个例子是近些年来蓬勃发展的挪威自然幼儿园运动。尼尔森（Nielsen）描述了在那些为学前儿童建立的户外森林幼儿园里儿童如何活动、如何学习自然手艺。这些三四岁大的小孩甚至在极冷的天气条件下于户外活动，以此培养自制与独立能力。然而，对尼尔森来说，这些活动并不事关健康发展，而是教育儿童如何成为一个"真正"的挪威人，也就是形成一种对自然与户外生活的热爱。⑤

---

① Colin Ward, *The Child in the City* (New York: Pantheon Books, 1978).

② Roger Hart, *Children's Experience of Place* (New York: lrvington, 1979).

③ 引自〔新〕克莱尔·弗里曼、〔澳〕保罗·特伦特《儿童和他们的城市环境——变化的世界》，萧明译，东南大学出版社，2015，第10页。

④ A. F. Taylor and F. E. Kuo, "Is Contact with Nature Important for Healthy Child Development? State of the Evidence", in C. Spencer and M. Blades (eds.), *Children and Their Environments* (Cambridge: Cambridge University Press, 2006), pp. 124 – 140.

⑤ R. D. Nielsen, "Children in Nature: Cultural Ideas and Social Practices in Norway", in A. James and A. L. James(eds.), *European Childhood: Cultures, Politics and Childhoods in Europe* (Basingstoke: Palgrave Macmillan, 2008), pp. 38 – 60.

　　针对儿童的场所认知问题，丹麦学者拉斯姆森（Rasmussen）区分了两种儿童场所：一是"为儿童的场所"（places for children），即成人为儿童创造或设计的家庭、学校或娱乐场所等；二是"儿童的场所"（children's places），即儿童自己为其赋予意义的空间场所。[1] 他与斯米特（Smidt）合作开展了一个研究项目"儿童的制度化童年与日常生活"，旨在研究丹麦儿童如何经验制度化的童年与日常生活。88 位 5 ~ 12 岁的儿童参与了这个项目。在一周之内，儿童使用相机来拍摄对他们有意义的环境。研究所揭示的具有丰富意义的、多种多样的"儿童的场所"，使我们意识到作为社会与文化行动者的儿童，能够创造出一个物质的、具有象征意义的空间，同时促使我们去关注有关在特定场所下一个人能做什么及如何做什么的成人理解与儿童理解之间的不同。

　　类似于拉斯姆森的区分，斯宾塞（Spencer）与布雷兹（Blades）在"为儿童的环境"（environment for children）与"儿童的环境"（environment of children）之间做出区分。前者是特别为儿童设置的一些场所，而后者则是儿童自己分配、使用的场所。例如学校，作为制度性场所，目的是供儿童上学使用，而荒地、城市街道则常常被儿童用来游戏。[2]

　　这些区分本身可能并不重要，重要的是意义是如何被赋予这些场所、空间的。"为儿童的场所"原本是为了满足儿童的需要和保障他们的利益而设置的，然而其功能却被成人所限制。如果成人们为儿童设置的场所不能提升儿童参与的程度，那么儿童自然宁愿创造属于他们自己的场所。

　　这其实是儿童地理学关注的另一个重要方面，即作为社会－文化意义上的空间的童年。儿童地理学视儿童为值得研究的社会群体，认为其具有经验、政治、伦理上的重要性。对 children's geographies 之复数的强调显示出，儿童的生活在不同的时间、空间及不同的环境中。儿童在空间中的活动方式，由特定的"童年"观念决定，这反映出不同的社会关系。

　　克莱尔·弗里曼（Claire Freeman）与保罗·特伦特（Paul Tranter）归

---

[1]　K. Rasmussen, "Places for Children: Children's Places", *Childhood*, Vol. 11, No. 2(2004): 155 – 173.

[2]　C. Spencer and M. Blades, "An Introduction", in C. Spencer and M. Blades(eds.), *Children and Their Environments*(Cambridge: Cambridge University Press, 2006), pp. 1 – 12.

纳了在儿童与空间关系上童年被建构的关键性主题（见表1-1）。

表1-1　在儿童与空间关系上童年被建构的关键性主题及其表现形式

关键性主题	表现形式
（1）童年作为受保护的纯真	保护和隔离 纯真 知识匮乏 自由玩耍 被保护和受教养的权利：食物、庇护所、爱、安全
（2）童年作为成年的准备	教育 社会活动 公民价值 与年龄有关的特权是阶梯
（3）童年与成年同等重要	与年龄相关的成人价值的采纳和应用 媒体与科技的接触和参与 权利：投票、参与、个人空间

资料来源：Claire Freeman and Paul Tranter, *Children and Their Urban Environment: Changing Worlds* (London: Earthscan, 2011), pp. 8 - 9（中译本：《儿童和他们的城市环境——变化的世界》，萧明译，东南大学出版社，2015）。

主题（1）下的游戏被视为自发的儿童主导的活动，表现为儿童小组在花园或当地公园用原木和草等自然材料建造洞穴等形式。在主题（2）下，游戏被认为是帮助儿童为日后成人生活做准备的学习经验的过程，是一个发展生活技能的机会，因此建造小屋会成为学校里的一项活动。在主题（3）下，儿童游戏本身就很有价值，甚至可被认为等同于成年人的相似活动。儿童通过包含游戏因素的"规划"活动建构"盒子城市"，进而被更广泛的成人的规划进程所借鉴。在这三个例子里，建造构筑物的活动是相同的，但地点与外部条件的改变使活动的社会内涵与空间内涵都发生了变化。

因而，儿童的活动在不同的空间被限制的方式，不仅传达出不同的童年概念，而且表明童年本身实际上是一个社会文化空间，作为儿童活动场所的"家""学校"等绝不单纯是地理意义上的地点。克霍尔特（Kjørholt）借用福柯的话语理论，认为童年应被描述为一个文化和政治空间，其不断再现和再生产出特定的"真理机制"，载有特定文化价值与权力。[①]

作为一个跨学科的领域，近些年儿童地理学蓬勃发展。这体现在"儿童、青年与家庭的地理学国际会议"[②] 中，其关注的议题越来越广泛，包括公民权/非公民权，关于参与的实践、政治学和其他问题，跨代际性的理论研究与实践，城市空间与空间性，流动、移民与跨国主义，世界人的身份认同与情感/世界主义，儿童与青年的全球－地方经验、身份认同与实践，教育与全球的未来，发展的复杂性——作为发展行动者的儿童、青少年，友谊、社会性、情绪与影响，表征——实践、伦理与方法。关于这些议题的探索恰如马修斯（Matthews）所言，展示了一种重要的信号，即儿童地理学已经"成年"（come of age），[③] 而这些议题也正是新童年社会学所关注的。

社会学对儿童的探索

长期以来，儿童在社会学中的位置是边缘的，是被忽视的存在。回顾19世纪古典社会学家奠基时期对社会学的发展，加拿大社会学家安博特（Ambert）发现，由于古典社会学的父权倾向，儿童一开始就被排除在社会学领域之外。她分析了九位社会学家的著作，发现涉及儿童的谈论和研究以法国社会学家涂尔干的最多，在其1838页的著作中，提及儿童的页数有315.2页，约占17.1%；在孔德1453页的实证主义哲学著作中，与儿童相关的页数仅有12.4页，占0.9%；在马克思1718页的著作中，涉及儿童的则有29页，只占1.7%；在韦伯1199页的著作中，涉及儿童的部分最少，只有5.25页，占0.4%。[④]

如何理解古典社会学家如此忽视儿童？安博特认为这与该学科的宏观

---

① Anne Trine Kjørholt, *Childhood as a Social and Symbolic Space: Discourses on Children as Social Participants in Society*(Trondheim: Norwegian Centre for Child Research, 2004) , p. 48.

② Department of Geography, http://www. fas. nus. edu. sg/geog/conferences/GCYPF2012/about. htm.

③ Hugh Matthews, "Coming of Age for Children's Geographies", *Children's Geographies*, Vol. 1, No. 1 (2003) : 3 – 5.

④ A. Ambert, "Sociology of Sociology: The Place of Children in North American Sociology", in P. A. Adler and P. Adler(eds.) , *Sociological Studies of Child Development*(Greenwich, Conn. : JAI Press, 1986) , pp. 11 – 31.

社会学视角有关。① 在这样一种社会系统的宏观呈现中，儿童就像妇女一样，是居于外围的存在。他们被描述为未来成人社会成员的替补者，尽管这一身份很重要，但正因为如此，从当前的社会生活视角看，他们是不重要的。关于这个问题的详细分析，我们放到第二章。

无怪乎约翰逊（Johnson）宣称在 20 世纪初期，有关儿童的社会学研究事实上是不存在的。② 直到 20 世纪 20 年代，儿童、童年、儿童发展作为一个议题及一个分支领域，才逐渐出现在社会学中。特别是一战后一些社会学家开始关注与儿童发展相关的一些问题，或参与关于儿童的研究计划。这些社会学家很多来自芝加哥学派，其中童工、义务教育、心理缺陷、青少年犯罪是关注的重要问题。这里出现了一些代表性著作，如 1923 年托马斯（Thomas）的《不适应的少女》③、1927 年斯拉舍尔（Thrasher）的《黑帮：芝加哥 1313 个帮派的研究》④、1930 年克利福德·肖（Clifford R. Shaw）的《杰克－洛雷：一个犯罪男孩的故事》⑤ 等。

托马斯的《不适应的少女》是美国刑法和犯罪学会在 20 世纪 20 年代组织出版的有关社会问题的系列书籍之一。该书的副标题"行为分析的案例和观点"揭示了它的特点，作者广泛收集了报刊、书籍、法庭档案、私人信件中有关女子犯罪的材料，对共约 3000 个个案进行了研究，探讨了"问题"青春期女孩的社会背景、形成条件和原因。该书是一本划时代的著作，首次运用社会学方法来研究少女失足问题。在该书中，作者反对当时流行的社会达尔文主义、功能主义、生物学的决定论，而主张自然与文

---

① A. Ambert, "Sociology of Sociology: The Place of Children in North American Sociology", in P. A. Adler and P. Adler(eds.), *Sociological Studies of Child Development*(Greenwich, Conn. : JAI Press, 1986), pp. 11 – 31.

② Heather Beth Johnson, "From the Chicago School to the New Sociology of Children: The Sociology of Children and Childhood in the United States, 1900 – 1999", in Timothy J. Owens, Sandra L. Hofferth(eds.), *Children at the Millennium: Where Have We Come from, Where Are We Going?* (London and New York: Elsevier Science Ltd. , 2001), pp. 53 – 93.

③ W. I. Thomas, *The Unadjusted Girl: With Cases and Standpoints for Behavior Analysis*(New York: Harper TorchBooks Harper and Row, 1923) （中译本：《不适应的少女》，钱军译，山东人民出版社，1988）。

④ E. M. Thrasher, *The Gang: A Study of 1, 313 Gangs in Chicago*(Chicago: University of Chicago Press, 1927).

⑤ C. R. Shaw, *The Jack-Roller: A Delinquent Boy's Own Story*(Chicago: University of Chicago Press, 1930).

化的因素共同影响了社会行为。

作为芝加哥学派的重要成员，斯拉舍尔的《黑帮：芝加哥1313个帮派的研究》，至今仍然被认为是最全面的青少年犯罪帮派的研究。[①] 该项研究持续了7年，涉及超过25000个帮派成员。在该书中，斯拉舍尔提出将青少年男性帮派作为一种人类社会群体、一种特定的社会组织形式，进而探索帮派与青少年失足、道德败坏、犯罪和政治的关系。研究显示，黑帮是见缝插针存在的，它不存在于完全孤立的人口区域，实际上涵盖了城市的许多区域。

与斯拉舍尔大规模的研究不同，克利福德·肖的《杰克－洛雷：一个犯罪男孩的故事》则深度分析一个男孩的生活，其关注重点是儿童身处的情境如何影响儿童自己对情境的界定即儿童如何感知与概念化自己。[②] 该书显示出儿童叙述自己故事的重要性，并证明通过儿童的视角，透过儿童的社会世界以及他们独一无二的生活经验，可以揭示出有用的社会学信息。这使我们看到研究儿童社会与文化背景的重要性。

总的看来，相较20世纪20年代，30年代的社会学对儿童的研究处于衰退状态；40~50年代，除了古德曼（Goodman）的《幼儿的种族意识》[③]以及埃里克森（Erikson）的《童年与社会》[④]以外，只有很少的著作涉及儿童与童年。

在《童年与社会》中，埃里克森认为身体、自我、社会之间存在不可分割的联系，作为生物组织的身体过程、作为精神的自我过程、作为人类互动的社会过程共同构成人类生活的整体过程。埃里克森的视野，明显植根于社会化理论。

社会学的儿童研究，在20世纪60年代和70年代，主要集中在犯罪问题上。基于涂尔干、默顿的理论，克劳沃德（Cloward）与奥林（Ohlin）

---

① E. M. Thrasher, *The Gang: A Study of 1, 313 Gangs in Chicago* (Chicago: University of Chicago Press, 1927).

② C. R. Shaw, *The Jack-Roller: A Delinquent Boy's Own Story* (Chicago: University of Chicago Press, 1930).

③ M. E. Goodman, *Race Awareness in Young Children* (New York: Collier Books, 1952).

④ E. H. Erikson, *Childhood and Society* (New York: Norton, 1950) （中译本：《童年与社会》，罗一静等译，学林出版社，1992）。

在《犯罪与机会：犯罪团伙的理论》[①] 一书中认为，下层阶级的男孩内化中产阶层的价值而带来的身份挫折，会导致犯罪。简言之，他们认为犯罪亚文化的发展是由于个体内在目标和实现该目标的符合社会结构的方式之间的矛盾。

同时，一些学者开始转而从更宏观的层面来分析儿童、童年，如埃里克森的另一本书《青年的挑战》[②]、阿利埃斯的《儿童的世纪》、弗里登伯格（Friedenberg）的《美国的成长》[③] 等，特别是埃尔德的《大萧条的孩子们》[④]，其从宏观的角度探索社会变迁、家庭、儿童生活之间的关系。

在 80 年代，关于儿童虐待的社会学文献增多，"拯救儿童"话语盛行。最著名的书籍有波兹曼（Postman）的《童年的消逝》[⑤]、韦恩（Winn）的《没有童年的儿童》[⑥]、休利特（Hewlett）的《当树枝断了：忽视儿童的代价》[⑦] 等。他们声称，过度宽容的父母、不负责任的媒体和一个腐败的社会偷走了童年的纯真。他们的观点是，因为忽视了儿童的需要，我们心存愧疚，我们必须在为时太晚之前将儿童从社会中拯救出来。

受阿利埃斯的影响，社会学家在 80 年代和 90 年代开始认真探讨作为社会建构的儿童和童年。阿利埃斯认为广泛的社会过程会影响童年概念的社会建构，童年是特定历史条件下经济、政治、文化斗争的产物。

在社会建构主义的基础上，约翰·李（John Allan Lee）认为童年的社会建构有三种理论模式：

---

① R. Cloward and L. Ohlin, *Delinquency and Opportunity: A Theory of Delinquent Gangs*(New York: The Free Press, 1960).

② E. H. Erikson, *The Challenge of Youth* (New York: Anchor Books, 1961).

③ E. Z. Friedenberg, *Coming of Age in America: Growth and Acquiescence*(New York: Vintage Books, 1963).

④ Glen Elder, *Children of the Great Depression: Social Change in Life Experience*(Chicago: University of Chicago Press, 1974) （中译本：《大萧条的孩子们》，田禾、马春华译，译林出版社，2002）。

⑤ Neil Postman, *The Disappearance of Childhood*(New York: Delacorte Press, 1982) （中译本：《童年的消逝》，吴燕莛译，广西师范大学出版社，2011）。

⑥ M. Winn, *Children Without Childhood*(New York: Random House, 1983).

⑦ S. A. Hewlett, *When the Bough Breaks: The Costs of Neglecting Our Children* (New York: Basic Books, 1991).

（1）儿童作为财产（前工业社会的定义）；

（2）保护儿童（一个工业主义的概念）；

（3）儿童作为人（解放运动所主张的概念）。[①]

80 年代后期，儿童问题在社会学中被"重新发现"。1986 年帕特丽夏·阿德勒（Patricia Adler）与彼得·阿德勒（Peter Adler）在其主编的《儿童发展的社会学研究》一书中宣称，无论是从经验上还是从理论上看，儿童研究、儿童发展研究都是社会学学科的中心。[②] 从经验上看，我们中的所有人早年都是儿童，童年经验将累积下来。从理论上看，理解人类如何社会性地发展、做出行为、进行互动，是社会学的核心目标。无论从社会互动理论、结构功能主义还是冲突论的角度看，理论上而言，儿童都是我们了解社会生活如何再生产和如何变化的核心。

在这个时期的欧洲，童年社会学发展迅速。1986 年，欧洲社会福利政策和研究中心的"童年项目"开始启动，该项目试图通过增强儿童的社会学可见性，构建一幅西方社会中理想的童年图像。1993 年，《童年：全球儿童研究杂志》创刊。1998 年，国际社会学协会童年社会学研究委员会在历经四年筹备之后，也正式成立。

在美国，1992 年，儿童社会学被官方正式承认为合法的分支学科。同年 2 月，美国社会学协会正式为儿童社会学成立分支协会。

之后，儿童、童年的社会学研究不断拓展，譬如科萨罗提出用解释性再生产理论替代古典社会学的社会化理论。除科萨罗、库沃特普外，新儿童社会学或新童年社会学（new sociology of children/new social studies of childhood）[③] 的主将有詹姆斯、詹克斯、普劳特等人，他们的主张和观点将在后面论述。

[①]　J. A. Lee, "Three Paradigms of Childhood", *Canadian Review of Sociology and Anthropology*, Vol. 19, No. 4(1982) : 591 – 608.

[②]　P. A. Adler and P. Adler(eds.), *Sociological Studies of Child Development*(Greenwich, Conn. : JAI Press, 1986), p. 3.

[③]　一般而言，"儿童"是指个体或群体，"童年"是指生命的一段时期或阶段。在社会学中很少严格区分之，考虑到社会学中儿童、童年研究相互交织的客观历史，本书"童年社会学"的操作定义将涵盖儿童社会学研究，对"童年社会学""儿童社会学"不做特别区分，除非涉及特定学者。

第二节　童年社会学的基本概念

勾勒童年社会学最直接的方法是界定、梳理支撑这一学科的基本概念，这是艾利森·詹姆斯与艾德里安·詹姆斯《童年研究的关键概念》一书的意图。在该书中，两位著者不囿于单一学科的视野，从社会学、心理学、人类学以及其他社会科学甚至日常社会生活话语中披沙拣金，择取他们认为最重要、最有影响的 63 个关键词，来呈现童年研究的理论面貌。[①]这些关键词包括"纯真""最大利益""社会行动者""发展主义""儿童作为研究者""文化相对主义""需要"等。

这些概念很大部分并非源于社会学，就考察童年社会学的研究进展而言，最关键的概念是"社会化""世代"" 行动性/能动性""结构""参与"等。这些最基本的概念亦被罗列在《帕尔格雷夫童年研究手册》[②] 中。虽然此书是编著，名为手册，但其选文、板块设置实际上体现出新童年社会学思考的概念框架。

社会化

社会学思考"儿童/童年"问题，最核心的概念是"社会化"。詹克斯便认为社会学中对人们儿童观念影响最明显的是社会化理论。[③]

众所周知，"社会化"的概念在社会科学中具有很长的历史，一般把这一概念理解为儿童或其他社会新成员学习他们那个社会的生活方式的过程。社会化是文化世代相传的主要渠道。社会化将不同的世代联系在一起。社会化应该被视为一种终身的过程，在这一过程中，人类的行为不断被社会互动所塑造。[④]

[①]　Allison James and Adrian James, *Key Concepts in Childhood Studies* (London: Sage, 2012).

[②]　Jens Qvortrup, William A. Corsaro and Michael-Sebastian Honig(eds.), *The Palgrave Handbook of Childhood Studies*(Hampshire and New York: Palgrave Macmillan, 2009).

[③]　Chris Jenks(ed.), *The Sociology of Childhood: Essential Readings*(London: Batsford Academic and Educational Ltd., 1982), p. 14.

[④]　〔英〕安东尼·吉登斯：《社会学》（第 4 版），赵旭东等译，北京大学出版社，2003，第26 页。

在 20 世纪 80 年代之前，社会学家们很少在"社会化"的概念之外直接、正面思考"童年""儿童"。他们将儿童研究的主要领域留给心理学家、教育学家，而更关注家庭、社会组织等问题。

这种研究取向可追溯到早期社会学家有关儿童的认识中。社会学三大创始人之一涂尔干认为儿童的特征就是其天生的不稳定性，这是成长的规律，童年是这样一个时期：

> 在这个时期，无论在生理还是在道德意义上，个体还不存在，他还在成型、发展、形成之中……教育家将之描述为一种变化过程，一种萌芽状态的存在，一个正处于形成过程中的人。①

正是这种认识——认为儿童不是一个真正的人，还在成形中，等待着被文化"刻写"，导致涂尔干的儿童社会学理论特别强调作为专业权威的教师的作用，强调外在约束对儿童社会化的重要性，认为如此才能将儿童带入有秩序的社会。这一原则支持了美国结构功能主义的观点，结构功能主义理论是 20 世纪 40～70 年代社会学的主流理论。

基于涂尔干的认识，20 世纪 60 年代的帕森斯非常关注社会化理论。帕森斯追随涂尔干的社会总体概念，假定社会中的任何事物都可以通过社会要素予以解释和理解。对帕森斯而言，如涂尔干一样，主要的问题是社会秩序、社会系统如何维持的问题。他认为儿童社会化是社会秩序、社会系统的功能未来得以维持的关键，因为正是通过童年时期，一个社会的价值基础得到了奠定。② 根据帕森斯的认识，一个社会要想延续下去，其成员不仅要形成统一的社会规则，而且要拥有一致的世界观共识，没有这些的话，"社会"是不可能存在的。因而他试图解释这些共识是如何形成的，其答案在于那些约束个体行为并将个体联系在一起的社会规则、社会规范。通过认同这些规则，个体融入社会系统，这有助于社会秩序、社会系统的维持。

然而，问题在于：谁来承担这一义务？帕森斯的答案是家庭在向儿童

---

① E. Durkheim, "Childhood", in W. F. Pickering(ed.), *Durkheim: Essays on Morals and Education* (London: Routledge, 1979), p. 150.

② 参见 T. Parsons, *The Social System*(London: Routledge & Kegan Paul, 1951) 。

传递特定角色模式与价值中发挥着重要的作用。如此，家庭成为社会系统的基石，确保儿童的初级社会化。

涂尔干认为儿童具有各种原始本能，是社会的一种潜在的威胁力量。帕森斯同意这种认识，在他眼里，作为尚未社会化的存在，儿童代表着一种威胁，威胁到社会功能的延续，而家庭的责任则在于确保儿童能内化恰当的行为标准与价值。

社会化理论的一个经典例子是埃尔金（Frederick Elkin）的《社会中的儿童：社会化过程》一书，该书1960年出版。[①] 该书值得一提，它是涂尔干、帕森斯理论观点的"现代版"与"流行版"。

首先，埃尔金指出儿童的"生物性遗产"是社会化的先决条件。以此，儿童才拥有"正常"的学习与发展能力。从涂尔干的观点看，儿童预先有着被社会化的倾向。这意味着，在绝对的意义上，儿童是无助的、无所依靠的，必须依赖他人帮他融入社会。

其次，社会化使得儿童与其他低等动物物种区分开来。人类有能力去反思其他物种的情况，人类不像功能主义所认为的那样，是一种文化白痴。社会化使得人类具有自我反思的能力。

再次，社会化是维持社会秩序、保障社会连续性的一种重要的方法。这意味着儿童必须适应既定的社会秩序。埃尔金认为，社会化的功能是传递文化，促进新成员参与既定的社会关系。

最后，那些将儿童带入社会的约束因素、更大的宏观力量，是被制度所认可的。这些约束因素，体现为各种社会化机构。埃尔金列出家庭、学校、同辈群体等因素。家庭是社会化的主要机构；学校对社会化具有深远的影响，能提供社会化所需的各种正式的规范、惯例结构，学校的潜在课程——日常事件、常规实践，强化了埃尔金所谓的"身份、期待与价值"。[②]

后来的学者对以帕森斯的观点为首的社会化模式提出批评。

朗（Wrong）认为帕森斯社会化模式，是一种过度的社会化概念，其

---

① Frederick Elkin, *The Child in Society: The Process of Socialization* (New York: Random House, 1960).

② 参见 Michael Wyness, *Childhood and Society: An Introduction to the Sociology of Childhood* (Hampshire and New York: Palgrave Macmillan, 2006) , pp. 128 – 130。

暗示个体完全被所在社会的价值与社会规范所塑造。① 这种概念假定儿童天生具有不同于成人的可塑性、被动性。如果是这样，那么儿童成长最终是如何可能的？此外，帕森斯的模式对社会化过程缺乏关注。其尽管可用来解释社会再生产过程中发生了什么，但无法解释该过程是如何发生的，也不能解释儿童在其中的作用是什么。

　　总之，在关于社会化的理解方面，帕森斯的模式并没有提供更有价值的启示，因为它很少考虑到这一过程中儿童的行动。

　　针对此不足，人们开始更多地关注社会化的过程，不仅探索儿童是如何被教的，而且探索儿童如何学习和学习什么，无论是直接的还是潜移默化的。重要的是，这种转向意味着人们不再仅将儿童视为帕森斯社会化模式下成人规范与价值的被动的接受者，而是将其视为社会行动者。

　　例如，科萨罗主张以"解释性再生产"（interpretive reproduction，或译为"诠释性再生产/诠释性再购"）来替代"社会化"，因为儿童不是简单地内化社会规范，而是通过一种解释过程，以新的方式积极地参与到社会文化生产与变迁的过程中。② 关于此主张，我们后文将进一步论述。

　　当代对传统社会化理论的反思也表现在发展心理学中。英国学者谢弗（Schaffer）赞同罗素（Russell）等人的观点，认为应该从双向性的角度来理解社会化，双向性就是指双向互动过程中，双方行为都受到对方的影响。因此即使是年龄很小的孩子也是交往行为的主要参与者，社会化是父母和孩子双方共同作用的结果。③ 这种理解赋予社会化这一概念更丰富的意涵。

参与

　　对"参与"的重视，反映在新童年社会学强调"儿童参与能力"的一种"儿童作为社会行动者"的认识中，而且也反映在童年研究方法从"对儿童进行研究""关于儿童的研究"到"与儿童一起研究""由儿童开展

---

① D. Wrong, "The Oversocialized Conception of Man in Modern Sociology", *American Sociological Review*, Vol. 26, No. 2(1961): 184 – 193.

② William A. Corsaro, *The Sociology of Childhood* (Thousand Oaks, CA: Pine Forge Press, 2005), pp. 29 – 44.

③ ［英］H. Rudolph Schaffer:《发展心理学的关键概念》，胡清芬等译，华东师范大学出版社，2008，第 170 页。

的研究"的总体转变中。经过这一转变，研究过程越来越重视儿童的视角、声音与利益。

然而，界定何谓"儿童参与"（children's participation）却并非易事。艾利森·詹姆斯与艾德里安·詹姆斯将"参与"理解为"参加并对某一情况、事件、过程或结构做出积极的贡献，尽管贡献与自主的程度可能并不一样，或受到多种方式的限制"[1]。

儿童的参与问题受到重视，与20世纪初期兴起的儿童权利话语有着密切的关系。尽管20世纪20年代已有关于儿童权利的一些宣言，但其并不具有法律上的约束力，直至1989年联合国《儿童权利公约》才围绕儿童的权利包括参与权做出了对缔约国具有法律约束力的规定，其第12条规定：

> 1. 缔约国应确保有主见能力的儿童有权对影响到其本人的一切事项自由发表自己的意见，对儿童的意见应按照其年龄和成熟程度给以适当的看待。
>
> 2. 为此目的，儿童特别应有机会在影响到儿童的任何司法和行政诉讼中，以符合国家法律的诉讼规则的方式，直接或通过代表或适当机构陈述意见。[2]

根据这些条款，所有儿童，对于关乎他们切身利益的事务，都有权发表意见并适当参与。仔细审视之，这些条款在很大程度上受到发展心理学的影响。发展心理学基于成人的思维，假定儿童随年龄增长而逐渐形成做出决定的能力。成人可能会允许儿童参与相关事务或发表观点，也有可能认为儿童不够成熟或无能而不允许儿童参与其中。儿童能否参与，实质上由成人决定。

但是总体来看，"参与"的概念对儿童来说，是一个十分有益的概念。对于"儿童参与"这一问题，可以在多个层面上思考，包括参与对儿童的意义，它的重要性和好处、政治和社会应用以及参与本身对儿童的影响。[3]

在最一般的意义上，参与意味着介入某项活动，但究竟在哪个层面上

---

① Allison James and Adrian James, *Key Concepts in Childhood Studies*(London: Sage, 2012), p. 86.

② 参见《儿童权利公约》（UNCRC）。

③ R. Fitzgerald, Children Having a Say: A Study on Children's Participation in Family Law Decision Making(Ph. D. thesis, Lismore: Southern Cross University, 2009), pp. 14 – 23.

参与，则受到既定社会的角色期待、社会关系的影响。当我们在沦及儿童参与某项活动时，可能是指集体意义上的参与，如参与学校决策，也可能是就个体而言的，如参与家庭事务。

很多学者对不同的参与维度，包括水平、焦点、内容、本质、频率、持续时间等，均做出了区分。一些学者则将儿童直接参与他们的事务与咨询儿童的意见区分开来。

根据兰斯当（Lansdown）的观点，可以运用一些指标来方便地判定参与是否有效、是否有意义。这些指标包括：儿童理解项目或流程是什么以及他们在这个过程中的角色是什么；透明的权力关系与决策结构；儿童的早期干预；平等地尊重所有的孩子，不管他们的年龄、种族、能力或其他因素如何；开始时便与所有的孩子共同建立基本规则；自愿参与。①

为了理论化儿童参与的不同层次，一些参与模型被开发出来。其中最有名的就是罗杰·哈特（Roger A. Hart）的参与阶梯理论。该阶梯理论受到阿恩斯坦（Arnstein）的直接影响。

1969 年，阿恩斯坦在《美国规划协会杂志》上发表了著名的论文《公民参与的阶梯》②，这篇文章后来被收入《城市读本》③ 一书。该篇文章的最大贡献在于提出一种具有八个层级或阶梯的公民参与模型。按公民参与的程度，分别为：操纵、治疗（therapy）、通告、咨询、劝解、合作、权力代理、公民控制。

其中最下两层是操纵和治疗。这两层所描述的属于"非参与"：这是一个被一些人发明出来的与真正参与相对的术语。"非参与"的真实目的不是让人们能够参与规划或实施项目，而是让掌权者来"教育"或"治疗"参与者。

第三层和第四层是通告和咨询，其上升到象征参与行为的层面，这一层面让无权者们拥有听和说的权利。如果掌权者能够完全落实这两个层面的参与，公民们也许真的能够听见和被听见。但是即使是在这样的情况

---

① G. Lansdown, "International Developments in Children's Participation", in K. Tisdall, J. Davis, M. Hill and A. Prout(eds.), *Children, Young People and Social Inclusion: Participation for What?* (Bristol: Policy Press, 2006), pp. 139 – 158.

② Sherry R. Arnstein, "A Ladder of Citizen Participation", *Journal of the American Planning Association*, Vol. 35, No. 4(1969) : 216 – 224.

③ Richard T. Gates and Frederic Stout(eds.), *The City Reader* (London: Routledge Press, 1996).

下，他们仍没有确保他们的意见被当权者采纳的权力。

第五层是劝解，不过是更高级形式的象征参与行为，其基本规则是允许无权者们提出建议，但决策权仍然掌握在当权者那里。再往上一层，公民有权对决策过程施加政治影响。公民可以参与合作，他们可以和掌权者谈判、交易。处于阶梯最上层的是权力代理和公民控制，前者中公民可以授权，后者中公民获得决策的主要权力甚至是全部决策权。

1977 年阿恩斯坦对原来的参与阶梯做了一次修正，将原来的八个层级简化为六个层级，并对每一层级的运作方式做出比较清楚的说明：

1. 政府权力（government power）：不需要与民众沟通的政府行动，包括使用调查、合法和强迫性的行动等。

2. 告知（information）：所使用的方式有公听会、提供新闻和其他信息策略等。

3. 咨询第一阶段（consultation 1）：政府要求公民有限度的投入，但是没有听取民众的意见；所采取方式有公听会、形式上的会议和咨询委员会、对于正式提案的要求有所反应。

4. 咨询第二阶段（consultation 2）：政府要求公民提供有意义的投入，且愿意听取民众的意见；公民参与的方式为：公民顾问委员会、非正式会议、持续的对话、公听会。

5. 权力分享（power sharing）：由民众和政府共同解决问题，其形式包括建立公民团体、共同召开会议等。

6. 公民权力（citizen power）：完全由公民自主、不需与政府沟通的公民行动，包括公民组织的义务消防队、公民调查、公民发展和执行方案。[①]

不过，阿恩斯坦所提出的"参与阶梯"，主要针对成年公民，后来的罗杰·哈特才真正提出了专门针对儿童的参与阶梯模型，在他看来，广义而言，"参与"一个社会实际上始于孩提之时，甚至婴儿也会发现他们的声音能影响与他们生活相关事件的进程。我们将在后面详述该模型。

---

① 引自林宜燕《台湾公共艺术征选机制及操作过程与民众参与之研究》，台北艺术大学文化资源经典讲座暨研究生学术研讨会会议论文，2008，第 9 页。

为何新童年社会学格外关注"参与"？在杰森·哈特（Jason Hart）看来，从人权的角度而言，参与本身不仅是一种权利，而且是儿童其他权利实现的一个重要手段，儿童参与已经成为一种重要的发展力量。① 在这种情况下，儿童的参与得到鼓励、支持，这体现在国际和政府组织的各种手册、培训计划、实践标准中。

一方面对儿童参与能力的确认反映出儿童社会位置的变化，另一方面儿童的参与实践本身也促进了自身地位的提升。实际上，在某种程度上这种改变被认为是参与进程的结果。通过参与，儿童学习新技能，获得信心，扩大社会网络，拓展生活圈（从私人空间到公共空间，从地方到全球）② 等，通过参与，儿童的社会关系——特别是儿童和成人之间的关系——更民主、更平等。

派斯（Pais）注意到，作为权利的主体，儿童能够提出并表达意见，其参与决策的过程、作为伙伴介入社会变迁的过程，能够增进社会的民主。③ 在全球各地，许多儿童积极参与的运动或主导的研究不断出现，例如我们后文谈及的"工作儿童"（working children）运动以及由儿童自己组织的儿童–儿童（child-child）或儿童对儿童（child-to-child）的研究。

目前，一些关于儿童参与的具体研究，不只是聚焦于关于儿童本身的一些事务，而是将研究范围扩展到教育机构中，探讨儿童参与课程与学校规章制度制定过程的机会，进而思考在儿童参与权与保护主义的学校政策之间如何平衡的问题④，此外，这类研究也出现在健康照料与医疗实践以及家庭领域中。这些研究将有助于我们更好地理解儿童参与问题以及儿童/童年研究的伦理问题。

---

① J. Hart, "Children's Participation and International Development: Attending to the Political", *International Journal of Children's Rights*, Vol. 16, No. 3(2008): 407 – 418.

② UNICEF 在 2003 年的 *The State of the World's Children* 中，从空间关系的角度来衡量儿童参与的机会与发展程度。最初，儿童的参与仅限于家庭中，然后扩展到社区、学校中，再后来儿童参与公共政策决定，最后儿童介入社会进程。

③ M. Santos Pais, "Child Participation and the Convention on the Rights of the Child", in R. Ranjani (ed.), *The Political Participation of Children*(Cambridge, MA: Harvard Centre for Population and Development Studies, 2000), p. 4.

④ Leanne Johnny, "Reconceptualising Childhood: Children's Rights and Youth Participation in Schools", *International Education Journal*, Vol. 7, No. 1(2006): 17 – 25.

行动性/能动性

行动性（agency①，或译为"能动性""行动"），这一概念对新的儿童/童年研究而言，是一个相当重要的关键概念。巴克（Barker）认为，行动性是指个体独立行动并做出自由选择的能力。② 按照梅奥尔（Mayall）的认识，行动性意味着与他人协商，产生有影响的互动结果——构成一种关系或做出一个决定，或者突破社会期待或约束。③

将儿童作为社会行动者的这种认识可以追溯到 20 世纪 70 年代。1973 年，在《能否存在一种儿童人类学？》一文中，哈德曼宣称儿童本身就是值得研究的人，而不是接受成人教化的容器。④ 这种观点，实际上就是在强调儿童作为社会行动者的角色。

众所周知，社会学中有关行动的讨论，源于围绕结构与行动的争议，可以追溯至不同的理论流派。这一争议的本质是，个体在多大程度上能够不依赖于他们所在社会的结构、制度、价值系统而独立行动。对涂尔干而言，集体意识塑造了一个人思考世界的方式；对马克思而言，不是人的意识决定社会存在，而是人的社会存在决定他们的意识与思维方式；韦伯侧重从生活在社会中的人的角度来探讨社会，在其看来，人所赋予社会行动或社会事件的意义，构成了社会的本质。

在结构与行动之间，如何平衡？一些社会学家的观点是两者同等重要。吉登斯的结构化理论便是其中之一。吉登斯认为，结构与行动不应被看作独立的概念，它们不可分割地交织在一起：社会结构赋予人们行动的

---

① 该词中译有"能动性""能动行为""能动""行动""行动性"等，依学科语境，译名有所不同。被视作与 structure 相对立的概念范畴时，往往被译为"行动""能动"。在《社会学方法的新规则——一种对解释社会学的建设性批判》中则被译为"能动行为"。《斯坦福哲学百科全书》（*Stanford Encyclopedia of Philosophy*）中的"agency"词条认为，一般说来，能动者（agent）是具有行动能力的存在，而能动性（agency）指的是这种能力的行使或表现。

② Chris Barker, *Cultural Studies: Theory and Practice* (London: Sage, 2005), p. 448.

③ Berry Mayall, *Towards a Sociology for Childhood: Thinking from Children's Lives* (Buckingham: Open University Press, 2002), p. 21.

④ Charlotte Hardman, "Can There Be an Anthropology of Children?", *Journal of the Anthropological Society of Oxford*, Vol. Ⅳ, No. 2(1973): 85 – 99. Reprinted in *Childhood*, Vol. 8, No. 4(2001): 501 – 517.

意义，而社会结构的形式则是行动的结果。[①] 在这种意义上，社会生活不仅是生产性的——意味着结构、制度的延续——而且是具有潜在革新能力的。通过互动，人们能够并且具有力量去改变他们所在社会的结构、制度。

然而，一些批评者认为吉登斯淡化了历史的维度。此外，马丁（Martin）与丹尼斯（Dennis）拒绝这种二元论思维，认为关注的重点应该是不同社会关系、社会过程中人们的生活方式。[②] 这些不同的理论观点，对理解儿童行动能力来说很有助益。

詹姆斯与普劳特提出一种有关儿童作为社会行动者的界定：

> 儿童正在，并且必须被认为在积极地建构着他们自己的生活，积极地参与其周身人们生活的建构，参与其所在社会的建构。儿童不只是社会结构、社会过程的被动的对象。[③]

他们认为，重要的是承认儿童的社会关系和文化本身就值得研究，其不依赖于成人而存在。[④]

梅奥尔则直接认为，"不需要正式的研究，显而易见的是，儿童是社会行动者：他们参与家庭关系，他们表达他们的希望，展现他们强烈的依附、快乐与喜悦的情感，追求公正"[⑤]。然而，是什么促使儿童投入社会？在她看来，这一问题的答案就是儿童拥有行动性（agency）。她对 actor 与 agent 做出区分，认为 actor 是出于主观意图做某事的人，agent 则是与他人一起做某事的人，其促使某事发生，进而参与更广泛的社会与文化再生产

---

① 参见〔英〕安东尼·吉登斯《社会理论的核心问题：社会分析中的行动、结构与矛盾》，郭忠华、徐法寅译，上海译文出版社，2015，第 1~8 页。

② P. J. Martin and A. Dennis, *Human Agents and Social Structure*(Manchester: Manchester University Press, 2010), pp. 3 – 16.

③ Allison James and Alan Prout(eds.), *Constructing and Reconstructing Childhood: Contemporary Issues in the Sociological Study of Childhood*(London: Falmer Press, 1997), p. 8.

④ Allison James and Alan Prout(eds.), *Constructing and Reconstructing Childhood: Contemporary Issues in the Sociological Study of Childhood*(London: Falmer Press, 1997), p. 8.

⑤ Berry Mayall, *Towards a Sociology for Childhood: Thinking from Children's Lives* (Buckingham: Open University Press, 2002), p. 21.

的过程。① 尽管这里对 actor 与 agent 的区分，在中文语境下不易理解，不过它们的词根均来自拉丁语 ago、agere、egi、actum，都有自主活动之意，因此无论儿童是作为 actor，还是作为 agent，实际上都显示出儿童的 agency。这意味着儿童能够积极参与他们自己生活的建构，并形成独特的社会关系和社会文化。

对一些研究者而言，儿童的行动性是儿童作为社会行动者这一角色的功能。行动性的概念，使我们关注到社会道德、政治、经济约束下作为独立的社会行动者的儿童的主体性。例如，康诺利（Connolly）在有关儿童生活中种族与性别作用的研究中，向我们展示了在各种条件与情形下儿童是如何富有能力、复杂地挪用、改写、再生产出种族话语的。特别是他探讨了关于种族的文化观念是如何被学校里的男孩、女孩以不同方式表述的：黑人男孩凸显出自信而坚定的男子汉气概，而黑人女孩则运用女性柔弱的观念来贬斥那种广泛存在的认为黑人女孩具有偏好暴力与攻击的本质的文化偏见。② 通过分析儿童的行动性，康诺利揭示出作为社会、文化身份标识的种族，在日常生活中是如何被儿童微妙地建构的。

与此形成对照的是，另一些童年研究者则关注结构对行动的影响。梅奥尔认为，儿童的行动性及作为社会行动者的能力，与儿童相对于成人的世代位置有关。一种世代位置与等级关系，既会为儿童行动提供机会，也会对其有所限制。③ 对梅奥尔而言，其更关注的不是儿童如何学习解释世界，而是儿童行动对社会结构变化或连续性的贡献。因而，研究的对象不是作为个体行动者的儿童的生活世界，而是作为世代成员的儿童。

这种有关儿童作为行动者的研究视角的特点是视儿童为一个少数群体（a minority group），进而探索儿童在社会秩序中附属位置上的行动性或能动性。可以看到，儿童与一对父母、小学生与一位老师的关系，就像一个政治少数派与多数派的关系一样。这些不同的社会位置，同时由同一儿童占据，这些位置为儿童行为及他们的行动提供不同的机会或限制。

---

① Berry Mayall, *Towards a Sociology for Childhood: Thinking from Children's Lives* (Buckingham: Open University Press, 2002), p. 21.

② P. Connolly, *Racism, Gender Identities and Young Children* (London: Rotledge, 1998), pp. 1 – 9.

③ Berry Mayall, *Towards a Sociology for Childhood: Thinking from Children's Lives* (Buckingham: Open University Press, 2002), p. 21.

对许多成人而言，儿童被视作拥有行动性的存在，可能会带来一些问题：儿童拥有什么样的行动能力？究竟应给予儿童多大程度的自由？例如，存在关于儿童媒介的争论。当代儿童能非常方便地接触各种媒介，这引起有关童年消逝的新的道德恐慌（对这个问题的讨论将在后文展开）。究竟是应该将儿童视为被动的信息接受者，还是应该将儿童视为聪明的消费者？

我们不应简单地评估儿童的这一媒介能力。我们需要理解作为成人世界的参与者的儿童，其能力的程度及限度是什么。[①] 并不是所有的儿童都能接触新媒介，也不是所有的儿童都有能力运用它们。尽管儿童拥有行动性，但必须考虑到在何种条件下儿童能够行动，这似乎又重新回到结构与行动的二元模式中。

结　构

结构与行动是社会学中长期富有争议的问题，关于社会结构究竟意味着什么以及是如何构成的，由于这一问题的复杂性及理论、立场的不同，社会学家们并没有一个明显的共识。

关于结构与行动的关系，阿伯克龙比（Abercrombie）等人编写的《企鹅社会学词典》概述了三种主要的立场。[②]

第一，一些社会学家认为结构并不是决定性因素，关键是个体创造世界的方式。例如，一些赞同个人主义学说、民族方法学或现象学社会学的人赞同这种观点，在他们看来，不存在社会结构这种说法。

第二，与该立场相反，主张社会学应仅仅关注决定个体行动的社会结构，而个体的行动或特定的特征不是重要的。涂尔干是这一立场的早期代表。功能主义者也常常采用这种立场，只关注各种社会结构之间的功能性关系。类似的是，许多马克思主义者认为，社会关系而非个体是分析的对象，个体仅仅是社会关系的"承担者"。

第三，综合前两种立场，既不赞同结构决定个体，也不同意个体独立

[①] David Buckingham, *After the Death of Childhood: Growing Up in the Age of Electronic Media* (Cambridge: Polity Press, 2000), p. 193.

[②] Nicholas Abercrombie, Stephen Hill, Bryan S. Turner, *The Penguin Dictionary of Sociology* (Harmondsworth: Penguin Books Ltd. , 2006), p. 9.

地创造世界。这一派的代表人物是彼得·伯格（Peter Berger）与托马斯·卢克曼（Thomas Luckmann），他们认为这里存在一个辩证的过程，即个体所赋予世界的意义，会逐渐变成约定俗成的存在，进而转化为社会结构因素，同时社会结构成为意义系统的一部分，为个体所用或限制个体行动。①

姑且不论这些立场，社会学家们一般将社会结构视为一种社会制度、社会组织关系。任何一个社会都建立在各种社会制度之上，这些社会制度包括法律等各种规范系统以及相关的社会控制机构，经济与政治制度如政府系统、银行系统、各种社会管理规范等，也包括宗教系统，此外，还包括道德、伦理系统以及各种社会的组织方式诸如阶层、性别、种族、代际或其他社会分层系统。

波波拉（Porpora）指出有四种不同的结构界定：作为一种行为的稳定的模式、作为一种类似法律的规则、作为一种群体规范与资源、作为一种社会位置的关系系统。②

对童年研究而言，最重要的社会结构是家庭。作为社会结构的一部分，家庭在个体与社会之间扮演着至关重要的角色，是儿童初级社会化的主要场所。

如结构与行动争论中的一些认识一样，社会结构在某种程度上决定我们是谁、我们如何行动。对童年来说，其总是存在于一个由法律、政治、宗教、经济等共同界定的社会空间中。在这种空间中，社会阶层、性别、世代、种族等因素进一步影响童年。因而任何一个儿童个体都将是强大的社会制度力量的"产物"，受到各种社会化组织的影响，这种影响通过各种社会互动而得到强化。

有关童年的这些结构因素，已经被一些社会学家所认识到。譬如，艾莉森·詹姆斯等人在对"社会结构的儿童"的讨论中，认为儿童是所有社会世界的恒定特征。③ 作为所有社会的一个构成部分，儿童是典型的、有形的、持续的、存在着的。他们显示出社会事实的一切特点，尽管这些特

---

① 参见〔美〕彼得·伯格、托马斯·卢克曼《现实的社会构建》，汪涌译，北京大学出版社，2009。

② D. V. Porpora, "Four Concepts of Social Structure", in M. Archer, R. Bhaskar, A. Collier, T. Lawson and A. Norrie(eds.), *Critical Realism: Essential Readings*(London: Routledge, 1998), pp. 339 – 355.

③ Allison James, Chris Jenks and Alan Prout, *Theorizing Childhood* (Cambridge: Polity Press, 1998), p. 32.

点在不同社会中各不相同，但在同一个社会中是始终一致的。在一定程度上，他们构成所有社会结构的组成部分。

"社会结构的儿童"这一方法与视角的假设是：儿童不是未完成的；他们形成一个社会群体，是社会行动者；作为公民，他们有需要和权利。

在"社会发展的儿童"模式中，我们看到社会结构与社会是由理性的成人与等待通过特定的仪式即社会化过程的儿童构成的。而以社会结构的视角来看，儿童的恒定性受到承认，儿童是社会成员的一个普遍类别，从特定社会结构的限制中浮现出来。

艾莉森·詹姆斯等人的这些认识，吸收了丹麦社会学家库沃特普的观点。在 20 世纪 80 年代后期，库沃特普在欧洲组织了一项名为"作为社会现象的童年"的研究项目。其焦点在于将童年视为一种社会现象、一种社会的结构形式：

> 生活在特定地区的儿童——无论在时间、空间、经济和其他相关方面如何不同——总有很多共同的特征。这意味我们不仅可以辨识出童年，而且可以辨识出这一童年所在的社会。并且，这使得我们可以对同一社会中的童年和其他群体如青年、成年、老年的特征进行比较，因为他们也受到同样的社会因素影响，尽管方式不一样。它能使我们谈论某一地区一定历史时期内童年的变化，因为童年存在连续性。最后，这也使得跨民族、跨文化地比较童年变得可行，因为可以运用相同类型的参数如经济、政治、社会、环境参数。①

"作为社会现象的童年"研究项目的主要意图之一是确立属于儿童的真正范畴，其不附属于其他范畴而存在。在很多统计资料中，我们习惯地将儿童纳入家庭内，视为"依附者"，并不单独将其列为一个范畴。儿童如果能在社会结构里取得一个位置，就可能去挑战他们所处的边缘化与暂时性社会地位。

库沃特普的这些观点，显示出一种有关儿童/童年的双重的、并不矛盾的认识：一方面，承认作为研究对象的儿童具有像成人一样的地位；另

---

① Jens Qvortrup, Marjatta Bardy, Giovanni Sgritta and Helmut Wintersberger(eds.), *Childhood Matters: Social Theory, Practice and Politics*(Aldershot: Avebury, 1994) , pp. 5 – 6.

一方面，认为儿童有着不同的能力，其构成社会结构的可辨别的特征。

引入结构的视野，无疑使我们看到与社会制度结构相关的童年的某些普遍性特征，这些特征不会因为儿童的变化而改变。然而，结构的视野也存在一定的局限，例如其暗示个体不过是在社会化过程中受各种社会结构力量综合影响的产物而已。这种社会决定论，常表现在发展心理学中。

在社会学中，有关结构与行动的关系的争论可能会一直持续下去。理解这种关系，是我们理解童年生产与再生产、童年的文化政治学、不同的童年生活经验等问题的关键之一。

世代

在每一个社会中，老年人与年轻人之间总是有所区分，由此基于年龄的社会群体被创造出来，这就是世代（generation，又译为"代""代际"）。

世代，在社会学中并不是新的术语。早在 20 世纪 20 年代，德国社会学家卡尔·曼海姆（Karl Mannheim）就探讨过世代问题。对他来说，之所以世代问题是重要的并值得对其进行严肃研究，是因为世代问题对于理解社会和精神运动的结构来说是一个必不可少的向导。①

曼海姆认为，代不是社群意义上的实存群体，实存群体指的是一定数量的个体通过自然的发展或有意识的联合而形成的组合；也不是社会群体，如那些为特定目的而组成的组织形式，这种群体的特征是拥有有计划的组织方式，有书面的法规，也有解散该组织的机制——这些特征使该群体得以存在，即使它缺乏地理上的接近和共同的社群生活。

代是一种形成于特定社会、历史背景下的群体，根据曼海姆的观点，"代"这种社会现象反映的只不过是一种特殊的位置身份，也包括了历史–社会过程中相关的"年龄群体"。阶级位置的特征可以由经济和社会环境来解释，代位置是由特定的经验与思想模式形成的方式决定的，这种模式的形成又是代际更替这一自然事实造成的。②

简而言之，一个世代就是年龄群体，其成员经过类似的社会化过程，

---

① 〔德〕卡尔·曼海姆：《卡尔·曼海姆精粹》，徐彬译，南京大学出版社，2002，第 76 页。
② 〔德〕卡尔·曼海姆：《卡尔·曼海姆精粹》，徐彬译，南京大学出版社，2002，第 82 页。

分享共同的经验、行动，构成一个实存的世代。但是，各个社会划分年龄群体的方式并不一样，世代之间的关系也不一样。在这种意义上，可以说世代是社会建构的。譬如出现于美国的"迷惘的一代"（Lost Generation）、垮掉的一代（或称"疲惫的一代"）（Beat Generation）等，在其他地区并不存在。

尽管各个社会对世代的认识有所不同，但一般而言，相对于儿童——更年轻的一代——而言，成人总是更有权力与权威，儿童则处于附属的位置。因而，对于儿童/童年研究而言，需要更关注世代的关系性。

正是基于广泛存在的关系的视野，梅奥尔认为"世代"应该是童年研究的关键概念，进而认为可以在四个层面上来探索童年被建构的过程，也就是探索童年区别于成年的世代化的过程：在儿童与成人个体互动的层面上、在群体互动如学生与教师间互动的层面上、在生于不同时期的个体关系的层面上、在代代延续的社会政策的层面上。[1]

在对"作为社会现象的童年"的最终总结中，库沃特普从宏观社会层面上，分析了童年与成年的关系，同时也提出了一些新的概念，其中一个概念就是"世代秩序"。[2] 世代秩序的核心思想是，在现代社会中存在一种属于儿童的特定的社会秩序系统，该系统将儿童限制在特定的社会位置上，儿童只能在这一位置上行动，参与社会生活。当儿童违背某些规则，如从事有偿工作或者离开父母成为街道儿童时，世代秩序的运作会凸显出来。

世代秩序，实际上是儿童在社会生活中所处的一种位置关系网络。儿童所处的社会位置，不仅允许儿童参与社会生活，而且限制其参与方式。因而，作为社会行动者的儿童，其行动的范围是有限制的。

事实上，阿利埃斯业已意识到，童年不过是现代社会为年轻的社会成员创造出来的一个独特的位置而已。[3] 尽管他所用的史料的准确性受到质疑，但他令人信服地提供了有关童年作为特殊结构位置以及儿童作为与其他社会范畴相关的独立的社会范畴的依据。也就是说，对他而言，世代之

---

① Berry Mayall, *Towards a Sociology for Childhood: Thinking from Children's Lives* (Buckingham: Open University Press, 2002), p. 35.

② Jens Qvortrup, Marjatta Bardy, Giovanni Sgritta and Helmut Wintersberger (eds.), *Childhood Matters: Social Theory, Practice and Politics* (Aldershot: Avebury, 1994), pp. 1 – 23.

③ Philippe Ariès, *Centuries of Childhood: A Social History of Family Life* (New York: Alfred A. Knopf, 1962).

间具有内在的相关性。

因而，对童年、成年来说，它们之间实际上是一种相互构成的关系，世代成员之间的互动，即代际实践，生产和再生产出童年、成年。

童年与成年之间的世代区分，有时被称为"代沟"或"代际冲突"。代沟暗示着儿童的社会世界与成人的社会世界之间有很大不同，这个词也常常用来形容年轻一代与年老一代在彼此间交流、理解方面的困难。在《代沟》《文化与承诺：一项有关代沟问题的研究》① 等书中，米德便向我们展示了社会结构变迁过程中的代际冲突。

然而，在多大程度上代沟会导致冲突，取决于不同的社会条件。事实上，在后现代社会中，不同世代之间的鸿沟已经逐渐缩小，以至导致"童年的消逝"②，尤其是在如今这个消费社会中，儿童与成人的世界不再有着多大的不同。

世代的概念以及作为关系网络中的位置的童年，提供给我们很多启示。通过将"世代"概念理论化，阿兰宁认为，可以去探索：

（1）构成童年、成年的代际范畴的世代结构，以及童年与成年之间的相互依赖性、权力关系等；

（2）儿童、成人——无论是作为个体还是集体行动者——世代实践的物质的、社会的、文化的过程；

（3）世代范畴得以生产的意义、象征、语义的文化系统。③

她给出一个例子。譬如在社会空间中，我们常常做出文化上、制度上的区分，将其分为公共空间与私人空间，进而将儿童特别定位在家庭、家户、照料等"私人世界"中，排除在经济、政治世界之外。这样，儿童自然不同于成人。

然而，一些学者认为，将"世代"这一术语作为研究儿童/童年的关键词，是有问题的。奈尔瓦宁（Närvänen）与奈斯曼（Näsman）批评将人生历程划分为两个"世代"（儿童与成人）或三个"世代"（儿童、成年

---

① 参见〔美〕玛格丽特·米德《代沟》，曾胡译，光明日报出版社，1988；〔美〕玛格丽特·米德《文化与承诺：一项有关代沟问题的研究》，周晓虹、周怡译，河北人民出版社，1987。

② 参见〔美〕尼尔·波兹曼《童年的消逝》，吴燕莛译，广西师范大学出版社，2004。

③ Jens Qvortrup, William A. Corsaro and Michael-Sebastian Honig(eds.), *The Palgrave Handbook of Childhood Studies*(Hampshire and New York: Palgrave Macmillan, 2009), p. 169.

人、老年人）的做法忽视了生命历程中不同生命阶段的社会意义的差异，她们坚持"作为生命阶段的童年"的概念。[1] 如果将其放在整个新童年社会学的研究脉络中去看的话，这种认识实质上并不包含突破性新见。

小　结

童年研究在相当长的历史时期内一直处于被忽略的地带，并不是社会科学关注、思考的"主"题。当代社会学对"儿童""童年"议题的新兴趣，不仅源于自下而上的社会问题的推动，而且也为其他学科的交流所激发。正如何芳在《童年论》"译者序"中所述：

> 伴随当代社会、文化、经济环境的变迁，各种关乎儿童的新的社会现象和社会问题层出不穷，促使儿童及童年受到的关注大幅提升，并一跃成为社会学研究的新兴主题。在这股研究热潮中，一些欧美国家的学者聚集在"新童年社会学"的旗帜下，掀起了一场童年研究观念和方法上的重大革命。他们从社会学、人类学、历史学、文化学、地理学等不同学术视角切入，尝试打破传统的童年观和儿童理论框架……[2]

因此，在这里我们试图展现主要学科中有关"儿童""童年"认识的转变，这些转变并非单独发生的，而是相互批评、借鉴与彼此塑造的，例如，童年史的探讨对新童年社会学产生了影响，这特别体现在阿利埃斯那里，而童年社会学的发展也给史学的发展提供了新的契机，其表现在诸如对童工史的关注以及海尔格伦（Helgren）与瓦斯孔塞洛斯（Vasconcellos）所做的那类研究上，她们聚焦女童全球史问题，在文化、政治、爱、性、服

---

[1] Anna-Liisa Närvänen and Elisabet Näsman, "Childhood as Generation or Life Phase?", *Young: Nordic Journal of Youth Research*, Vol. 12, No. 1(2004):71–91.

[2] 〔英〕艾莉森·詹姆斯、克里斯·简克斯、艾伦·普劳特：《童年论》，何芳译，上海社会科学院出版社，2014。

装、音乐、家庭、友谊等复杂的关联中探讨女孩的童年史。[①]

事实上，有关童年研究的许多概念，并非独一无二，它们"属于"特定的学科以及更广泛的社会科学话语。[②] 对这些邻近学科的探讨，在一定意义上亦是对新童年社会学发展源流的梳理。

尽管人们越来越意识到"童年"是一个复杂的现象，而非简单的文化或自然现象，并且对"童年"的全面理解亦无法借单一的学科之镜来达成，然而，依然可以通过一些基本的"关键词"或"关键概念"来勾勒童年的社会学之思。例如，无论是在古典社会学还是新童年社会学中，"社会化"都是一个非常重要的概念，但两者对其的理解却截然不同。当把这些不同并置时，关于童年的社会学研究的进展自然会呈现出来。

由在本章中论及的这些基本概念出发，在下一章中，我们将焦点转向"童年"的社会学知识及位置的变化，这种变化构成一种"童年的社会学再发现"或"童年的新社会研究"，抑或"新"童年社会学。

---

① Jennifer Helgren and Colleen A. Vasconcellos(eds.), *Girlhood: A Global History* (New Brunswick, NJ: Rutguers University Press, 2012).

② Allison James and Adrian James, *Key Concepts in Childhood Studies* (London: Sage, 2012), p. x.

第二章　童年的社会学话语

尽管阿利埃斯"童年的观念在中世纪是缺乏的、不存在的"这一观点存有争议，然而这一论断起码说明了一个基本事实即不同社会历史时期人们对儿童、童年的认识是不同的，恰如波兹曼在《童年的消逝》一书中描述"童年的旅程"时所述：

> 像其他任何观念一样，尤其是那些具有世界影响性的观念，童年在不同的时期对不同的人们而言有着不同的意涵。当各个国家试图理解童年的观念并将童年融入各自的文化时，童年将呈现出与其产生地的经济、宗教与知识环境大不相同的一面。在某些情况下，童年被丰富了；在某些情况下，童年被忽视了；在某些情况下，童年被贬低了。[①]

这种童年观念的变化，同样反映在社会学话语中。如果接受"新童年社会学"这样的说法，那么就存在一种"旧"童年社会学或"传统"的童年社会学，这就构成了不同的社会学话语。

第一节　不被看见的儿童

长期以来，儿童在传统社会学中的位置是边缘的，是被忽视的存在。

---

① Neil Postman, *The Disappearance of Childhood*(New York: Delacorte Press, 1982) , p. 52.

阿兰宁用"invisible children"（不被看见或隐形的儿童）① 来描述社会学知识中儿童的位置。这种状况与社会学中的"排斥"机制有关，不仅体现在"社会化"理论——这种理论本质上视儿童为外在于社会的存在，而将儿童与成人、童年与成年分离开来——之中，而且体现在社会学如何"研究"儿童上。在这里，我们首先分析社会学（家）为什么不重视儿童，试图探讨类似哈德曼"为什么不能有一门儿童人类学"那样的疑问。其次梳理传统社会学知识谱系中儿童是如何安放的，社会学家们的儿童观、童年观是什么。借此，概括传统社会学研究儿童、童年的基本模式，这些模式构成传统社会学理论中的一种"缄默"知识，固化为普劳特、詹姆斯所谓的"主导框架"②。

儿童在传统社会学中的位置

在前文中我们提及了加拿大社会学家安博特，其在 1986 年撰写了一篇颇有影响的论文《社会学之社会学：儿童在北美社会学中的位置》，它尽管侧重北美社会学中儿童研究状况的分析，却是当代童年社会学领域中堪称经典的文献。

在该文中，她指出，在经典社会学家那里，儿童、童年议题很少得到关注。在孔德、马克思、帕累托、涂尔干、西美尔、韦伯、米德、帕森斯等主要社会学家中，只有两位以一定的篇幅探讨儿童问题，他们是涂尔干与帕森斯，前者以一本专著论及儿童问题，而后者则在探讨作为社会子系统的家庭的议题时论及儿童。

对儿童的忽略，不仅体现在经典社会学家那里，也体现在社会学期刊、教科书中。安博特分析了在 20 年间出版的 17 本社会学教科书以及 6 本社会学期刊，将那些间接涉及儿童、童年的部分也纳入统计中，包括社会化以及其他将儿童视为工具而不是关注儿童本身的概念的分析，结果发现其中仅有两本期刊《婚姻与家庭杂志》（*Journal of Marriage and the Family*）

---

① Leena Alanen, *Modern Childhood? Exploring the "Child Question" in Sociology*(Jyväskylä: Kasva-tustieteiden Tutkimuslaitos, 1992), p. 53.

② Alan Prout and Allison James, "A New Paradigm for the Sociology of Childhood? Provenance, Promise and Problems", in Allison James and Alan Prout(eds.), *Constructing and Reconstructing Childhood: Contemporary Issues in the Sociological Study of Childhood* (London: Falmer Press, 1997), pp. 7 – 33.

与《教育社会学》（*Sociology of Education*）偶有涉及儿童。在前一本期刊中，只有 3.6% 的论文涉及儿童；在后一本期刊中，这一比例是 6.6%。至于课程方面，她努力寻找美国、加拿大社会学系有关童年的任何课程，但发现很少。①

安博特这一研究，鲜明呈现了其时儿童和童年在社会科学中被忽视的状态：童年不仅被经典社会学家忽视了，而且被教科书边缘化了，同时，也被一般社会学期刊忽略了。

儿童议题何以在社会学中不受重视？

丹麦社会学家库沃特普对儿童在社会学中这一边缘性位置的成因进行了分析。基于对社会学兴起的分析，库沃特普认为社会学起源于早期工业社会，其后这门学科主要是围绕工作世界而发展演化的，并且这种以工作为中心的特征仍是当前社会学的内核。工业化的发展带来现代家庭的变革，导致出现了家庭中劳动分工的一种特别形式即仅要求丈夫是劳动者，进而出现了一种支持这一劳动分工的家庭意识形态观念。随之产生了这样一种观念，即儿童也应该被排除在工作的公共世界之外，而被限于家庭中。由于妇女没有被有偿雇佣，其在家庭中的家务劳动也不被看作工作，因此，妇女也被排除在社会学的核心领域之外。儿童更是理所当然地属于家庭私人领域，而不属于工作世界，这导致儿童以一种与妇女被社会学忽视类似的方式，被社会学研究所排除。② 如果妇女与儿童在社会学中位置相似的话，那么我们便可向女性主义研究取经，当代有很多社会学家关注到两者的相关性。

对于妇女位置与儿童位置的相似性，安博特亦已注意到。不过，她的分析角度不同于库沃特普，而是通过对诸多社会学家的传记的研读，推定儿童之所以不受社会学重视，可能与这一时期社会学家自己白人的、欧洲人的、中产阶级男人的日常经验有关，在他们的家庭中，儿童与妇女处于类似的位置。妇女管理家庭，男性只是外围性介入家庭事务，婚姻和父权

---

① A. Ambert, "Sociology of Sociology: The Place of Children in North American Sociology", in P. A. Adler and P. Adler(eds.), *Sociological Studies of Child Development* (Greenwich, Conn. : JAI Press, 1986) , pp. 11 – 31.

② Jens Qvortrup, "Placing Children in the Division of Labour", in Paul Close and Rosemary Cllins (eds.) , *Family and Economy in Modern Society*(London: Macmillan Press, 1985) , pp. 129 – 145.

是一个简单的自然事实，有或没有一个家庭人员（儿童），并不是重要的
问题。

另一个重要原因与当时流行的童年的"科学"知识有关。[①] 这种知识
主要来源于传统的儿童心理学，其将儿童视为不完整的生物和有缺陷的存
在。对致力于科学理解社会现象的社会学家而言，研究儿童只是为了帮助儿
童，促使他们完整化、文明化。在这里，儿童作为未知的、等待研究的对
象，类似于原始的、未开化的土著人，如果要进入社会，必须被文明驯化。

将儿童类比于需要驯化的野蛮人的这种类比源于早期儿童人类学的探
索。里切尔（Richer）发现，对童年的位置的关注与欧洲人把"异文化"
与"野蛮土著"相联系的做法是相似的。在那里，童年的图像是，儿童像
生活在自己国家的异乡人。[②] 由于行为尺度不同于成人的"恰当"的行为
尺度，儿童被认为是非文明的，是小野蛮人。因此社会有必要通过家庭、
学校等来缩小儿童与成人之间的差异。

这种视儿童为人的原料，需要塑造、文明化，才能成为成人的观点，
既体现在早期社会学家如涂尔干等人那里，也体现在后来的社会学家那
里。戴维斯（Davis）认为，个体最重要的社会功能只有当他完全是成人
时，而不是未成熟时才能发挥出来。因此社会对儿童的处理实际上主要是
让其做好准备，儿童的发展是预期性的。任何将儿童需要视为最重要的而
认为社会是次要的的理念都是一种社会学的反常。这种观点的实质是儿童
不被看作历史的主体或社会中的积极行动者。[③]

戴维斯的观点主要基于功能主义的框架，其显示出一种社会学家对待儿
童、童年问题的立场：将童年问题视同野蛮人问题（barbarians' problem）。

这些社会学家思考儿童、童年问题的核心概念是"社会化"。瑞奇
（Ritchie）与科勒（Koller）指出，如果要以一种有意义的方式整合童年的

---

① Leena Alanen, *Modern Childhood? Exploring the "Child Question" in Sociology*(Jyväskylä: Kasva-tustieteiden Tutkimuslaitos, 1992), p. 13.

② 参见 Leena Alanen, *Modern Childhood? Exploring the "Child Question" in Sociology*(Jyväskylä: Kasvatustieteiden Tutkimuslaitos, 1992), p. 17。

③ Kingsley Davis, "The Child and the Social Structure", *The Journal of Educational Sociology*, Vol. 14, No. 4(1940): 217 – 229.

社会学信息的话，"社会化"是一个关键概念①，但是他们对"社会化"的理解却相当狭隘，如弗斯滕诺（Fürstenau）将"社会化"界定为既定社会的技术、意义与共享价值的传递过程，并且社会化决定儿童的社会行为。② 这些理解中所包含的对儿童的贬低性、否定性认识，为当代诸多新童年社会学学者所诟病。

传统社会学儿童/童年研究的特征

儿童、童年议题在社会学研究中的边缘化，并不意味着社会学完全不涉猎该议题。那么传统社会学如何研究儿童、童年？

一个主要特征是，"儿童""童年"很少作为独立的研究单位、研究主体。安博特的分析揭示，很多社会学论著尽管涉及儿童、童年，但通常将其间接地置于对"家庭""妇女"等议题的讨论中。无论是在家庭社会学还是家庭政策研究中，儿童都不是关注的中心。虽然儿童最后可能会被视为制定家庭政策的最重要理由之一，但通常家庭才是政策的目标。因此家庭成为很多社会学调研的单位，这样父母而非儿童被自然确定为最重要的对象人群。

库沃特普注意到在统计资料中，并不把儿童作为一个单独的单位来统计，而是往往将其包含在家户单位之中。③ 很少有直接统计儿童状况的文献。在人口的调查中，对儿童通常不单独予以列出，其统计往往基于成年人口来进行。有关儿童的研究一般是发展心理学家、儿童精神分析学家、教育专家的中心任务，直到晚近，一般性的调查也并不视儿童为合适的受访者。

一些官方统计资料库，如英国的"社会趋势"为许多社会学家广泛使用，该资料库在区分全英家户类型时，所涵盖的是"养育1~2个小孩的家户"和"养育3个或更多小孩的家户"，统计信息常常视儿童为"依赖

---

① Oscar W. Ritchie and Marvin R. Koller, *Sociology of Childhood* (New York: Appleton – Centuy – Gross, 1964), p. viii.

② Cited in Leena Alanen, *Modern Childhood? Exploring the "Child Question" in Sociology* (Jyväskylä: Kasvatustieteiden Tutkimuslaitos, 1992), p. 17.

③ Jens Qvortrup, "A Voice for Children in Statistical and Social Accounting", in Allison James and Alan Prout(eds.), *Constructing and Reconstructing Childhood: Contemporary Issues in the Sociological Study of Childhood* (London: Falmer Press, 1997), pp. 85 – 106.

者"，将之纳入家庭和家户里。这样，儿童被归入这些更大的范畴中，因此成为依赖者的一员。①

不直接以"儿童"为单位，亦反映在一些有影响的国际百科全书的词条中。20世纪以来，除塞利格曼（Seligman）与约翰逊（Johnson）主编的《社会科学百科全书》②（1930~1935年）外，其他百科全书如西尔斯（Sills）主编的十八卷《社会科学国际百科全书》（1968~1979年）、斯梅尔瑟（Smelser）与巴尔特斯（Baltes）主编的《国际社会与行为科学百科全书》（2001年）中，"儿童"或"童年"很少被关注。在西尔斯主编的《社会科学国际百科全书》中，并没有单独的"儿童""童年"条目，只有"儿童发展""儿童精神病学"条目：

> 儿童发展，参见发展心理学；教育心理学；智力发展；道德发展；知觉与动机发展；格塞尔、霍尔、蒙台梭利的传略。
>
> 儿童精神病学，参见精神病学。③

这些简略、交叉的解释明显表明，作为社会现象的童年在社会学（社会科学）中完全没有位置。学界对儿童仅仅从心理学的角度来理解。即使是在21世纪初，一些百科全书仍然侧重儿童的发展、行为问题或福利问题。

另一个特征是，将童年视为生命历程的一个特定阶段、一个为成年做准备的时期。这种认识与传统的儿童社会化思想视儿童为"社会学徒"的观点是相一致的，其内里则受到心理学的影响。实际上无论是从历史起源还是当代思想上看，心理学都是童年的主要学科知识来源，也是研究者、专家有关儿童的"科学"知识的主要来源。

心理学将人的生命历程分为婴儿期、童年期、青年期、中年期、老年期，认为童年是所有人的生命历程的一个自然的阶段。如我们前述"童年

---

① Michael Wyness, *Childhood and Society* (Hampshire and New York: Palgrave Macmillan, 2006), p. 29.

② 该书倒是有一些关于"儿童"的条目如儿童福利、儿童保健、儿童死亡率、儿童指导、童婚、依赖的儿童、被忽视的儿童、犯罪儿童、儿童照料机构、童工、儿童福利立法等。

③ D. L. Sills(ed.), *International Encyclopedia of the Social Sciences*, Vol. Ⅱ (New York: Free Press, 1968 – 1979), p. 390.

的发展台阶"所示，每个阶段均有对应的发展指标来衡量。特别是在 20 世纪早期，以心理学实验、智力测量等见长的发展心理学牢固地确立了研究儿童以及保健和教育专业实践的主导范式。以皮亚杰为代表的发展阶段理论在欧洲及美国特别具有影响力。这影响了社会学、人类学有关儿童的认识，如丹津（Denzin）对童年社会化的研究①、米德（Mead）和沃芬斯坦（Wolfenstein）对婴儿文化起源及养育实践的研究②。在《童年社会化》一书中，丹津认为社会化过程的核心是语言习得与运用，他试图以象征互动论这一理论来解释儿童的经验是如何获得的。虽然象征互动论避开了严格的发展主义方法，侧重社会化过程的自然方面，但其仍主要基于心理学层面。他所提供的视角，实际上是一种社会心理学的视角。

在发展心理学的框架内，童年被作为成人期的见习期，可在与年龄、心理发展和认知能力相关的阶梯上标出。这种认识含蓄地为儿童、童年、儿童的活动设定了标准：它们只有有助于成年期才有意义。

在这种理解下，童年不过是人生中一个暂时性、过渡性的阶段，它没有什么独立的价值。这样，儿童被成人社会边缘化也就毫不奇怪了。

一些学者批评，这种理解背后的儿童观，实际上是把儿童视为"生成中的人"（human becoming），而不是作为真正的人的存在（human being）。以这种观点来看，儿童被认为是不完整的、能力欠缺的，如布兰恩（Brannen）与奥布莱恩（O'Brien）所指出的，儿童不过是正在形成中的成人（adults in the making），而不是处于存在状态（in the state of being），③ 这正是传统社会化理论所强调的。

再一个特征是，主要关注"问题"儿童，而非正常儿童。虽然总体而言传统社会学对儿童问题是不太重视的，并不将其作为中心问题，但是在 20 世纪早期实际上有很多社会学家关注儿童、童年，特别是芝加哥学派的一些社会学家。其成果有托马斯的《不适应的少女》（1923 年）以及《美国儿童：行为问题与方案》（1928 年）、斯拉舍尔的《黑帮：芝加哥 1313

---

① N. Denzin, *Childhood Socialization* (San Francisco, CA: Jossey-Bass, 1977).

② M. Mead and M. Wolfenstein, *Childhood in Contemporary Cultures* (Chicago: Chicago University Press, 1954).

③ Brannen and O'Brien, "Childhood and the Sociological Gaze: Paradigms and Paradoxes", *Sociology*, Vol. 29, No. 4(1995) : 729 – 737.

个帮派的研究》（1927 年）、克利福德·肖《杰克–洛雷：一个犯罪男孩的故事》（1930 年）以及 60 年代克劳沃德与奥林的《犯罪与机会：犯罪团伙的理论》（1960 年）等。

这些著作的共同特点是聚焦于青少年社会适应困难、儿童行为失范、帮派、青少年犯罪、越轨等方面的"问题"儿童，而非发展心理学所侧重的一般正常儿童。一方面，考虑到其时社会背景——两次世界大战中西方国家所面对的众多社会问题，社会学的关注焦点都是那些偏离正常的儿童，或者是那些社会、经济、行为状况不符合期待的儿童，又或者是那些遭遇问题的儿童这一点并不奇怪，不过是这一时期社会现实的反映而已。然而，另一方面，其实质上亦反映了"儿童除非被视为社会问题，否则很少出现在公共议程中"[①] 的这一研究传统。

传统社会学儿童/童年研究的类型

社会学思考儿童、童年的一个典型机制是"排斥"（exclusion）或"假包含"（pseudo-inclusion）[②]，这一机制不仅体现在社会学知识生产中，还体现在一般的社会学研究中。

针对此，索恩（Thorne）区分了社会学思考儿童的三种传统方式。[③]一是视儿童为社会威胁的传统。这体现在青少年失范、缺乏成人监管以及儿童参加有偿工作等问题中，其中来自工人阶级的儿童尤其被视为对既存社会秩序的威胁。该传统实质延续着涂尔干的理论。二是把儿童看成成人社会的脆弱的受害者的传统，这表现在对成人对儿童的身体虐待、性虐待等问题的关注中。大众媒体尤其善于刻画作为受害者的儿童形象，以此展现成人自身所面临的问题。这一传统一直延续至新童年社会学对儿童社会问题的关注。不过新童年社会学更侧重关注儿童被"问题化"的方式，而不是简单地以纯真童年的观念作为儿童受害者的注解。这两种传统下的研究，均是成人中心的研究。

---

① Barrie Thorne, "Re-Visioning Women and Social Change: Where Are the Children? ", *Gender & Society*, Vol. 1, No. 1(1987) : 85 – 109.

② Leena Alanen, *Modern Childhood? Exploring the "Child Question" in Sociology* (Jyväskylä: Kasvatustieteiden Tutkimuslaitos, 1992) , p. 53.

③ Barrie Thorne, "Re-Visioning Women and Social Change: Where Are the Children?", *Gender & Society*, Vol. 1, No. 1(1987) : 85 – 109.

　　三是视儿童为"初学者"的传统。不同于将儿童视为社会威胁的研究传统，视儿童为"初学者"的研究，大多是将儿童置于社会化理论中来思考的。其基本的观点具有一定的合理性，毕竟初生儿童既无语言又无社会组织知识，他们慢慢才适应社会世界。这一过程带来了一个基本的社会学问题即社会是如何可能的。社会化理论的答案是新成员内化文化并学习成人社会规范。主流社会学家、心理学家通常对社会化过程给予积极评价。然而有些学者如瓦克斯勒（Waksler）提出批评，认为社会化理论完全忽视了儿童在这一过程中的积极行为。①

　　索恩的归纳，主要基于有关儿童、童年的观念层面。有别于此，贝森－卡辛（Besen-Cassin）从社会化理论的角度，将童年研究划分为三种模式。②

　　第一种是决定论模式，该模式假设儿童是被动的生物。儿童作为新的、没有经验的社会成员，需要被告知特定社会的规范、价值。在这种模式中，儿童对社会没有什么贡献，相反，他们是被动的接受者。

　　第二种是功能主义模式，该模式倾向于关注社会秩序的更新与维持。这种模式与索恩归纳的"视儿童为社会威胁的传统"是一致的。其主要的假设是，儿童在天性上是无序的，是一个破坏分子。儿童的这一天性对社会秩序、社会稳定性构成一种威胁，这就是他们要学习社会规范的原因。根据功能主义理论，社会化为儿童学习、遵守社会规范提供了一个教育过程。这个过程对确保社会稳定、维持社会秩序至关重要。这种理解儿童的功能主义模式在 20 世纪 50 年代十分流行。

　　第三种是再生产模式，该模式不是关注社会化在维持社会秩序中的作用，而是关注社会化如何维持社会不平等。一些社会学家认为，儿童的社会化是增强和维系既定社会不平等的一种机制，尤其是通过父母资源、教育系统，儿童被社会化为具有特权的社会角色。美国社会学家泽利泽（Zelizer）的童年研究③，即采取了这种研究模式。

---

①　Frances Chaput Waksler(ed.) , *Studying the Social Worlds of Children: Sociological Reading* (London: The Falmer Press, 1991) , p. 21.

②　Cited in George Ritzer and J. Michael Ryan(eds.) , *The Concise Encyclopedia of Sociology* (West Sussex: Blackwell Publishing Ltd. , 2011) , p. 57.

③　〔美〕薇薇安娜·泽利泽：《给无价的孩子定价：变迁中的儿童社会价值》，王水雄等译，格致出版社，2008。

这一划分其实受到科萨罗的影响。在介绍有关儿童、童年的传统理论时，科萨罗认为，大多数社会学研究均聚焦于儿童在家庭内的早期社会化，其教育儿童如何内化社会。在他看来，社会化过程存在两种不同模型。一是决定论模型。其中，儿童扮演被动角色。按照这种模型，一方面，儿童是社会的新手，他们具有为社会传承与延续做出积极贡献的潜能；另一方面，他们又是未被驯服的威胁，人们必须通过精细训练来管控他们。二是建构主义模型。在该模型中，儿童是积极的行动者，是求知若渴的学习者，他们积极建构他们的社会世界以及他们在这个世界中的位置。① 这一模型实际上主要源于发展心理学，并非原生于社会学学科自身。

科萨罗的决定论模型中，包含两个模型：功能主义模型与再生产模型。索恩则将其单列出来作为单独的研究类型。这是需要注意的。但两人对传统社会学的儿童、童年研究类型的划分都是基于"社会化"的观点。

在此，许雅惠有关"社会化"的认识，可提供另一种启发。在其看来，主流的传统社会学的社会化理论可分为两个派别。

一是规范观点（normative perspective）的社会化。在此学派中社会化被认为是我们无法或几乎不能控制的被动过程。涂尔干、帕森斯被归入此派。马克思主义者、激进女性主义者亦持有此种观点，认为社会化会借由社会规范的机制，使个人遵从其要求，社会化成为传递社会共识或社会一致性的机制。

二是诠释观点（interpretive perspective）的社会化。这一观点侧重呈现社会化的互动过程，该观点认为我们进入的是一个既定的社会，但个人却不全然受社会结构的局限，个人包括儿童与成人常常会在既有的情况下，为他们的行为注入新的意涵和目的。② 这一观点的代表者是社会心理学家乔治·赫伯特·米德，前述丹津对童年社会化的研究，可谓是对该观点的具体践行。

儿童/童年研究的"主导框架"

在《童年社会学：基本文献》一书的导言中，詹克斯指出儿童与成人

---

① William A. Corsaro, *The Sociology of Childhood* (Thousand Oaks, CA: Pine Forge Press, 2005), p. 7.

② 许雅惠等：《幼儿社会学》，台北：五南图书出版股份有限公司，2006，第24~25页。

是彼此界定的：

> 儿童是不可想象的，除非被置于与成人概念的关系中，同样，如果不首先界定儿童的位置，要想定义成人也是不可能的。[①]

但是儿童与成人的这一关系，在传统的社会学研究中并没有被正面肯定。社会化理论往往从"儿童所欠缺之物"或"童年缺陷"的角度界定儿童，认为儿童本质上外在于社会。这人为设定了儿童/童年、成人/成年的二元对立。

与此相关的二元对立还有"自然与文化""非理性与理性"等，不仅在社会学中，在其他很多学科如儿童心理学、发展生物学等中，描述和概念化儿童/童年的方式，也总是以这些二元对立的范畴把儿童/童年从成人/成年中区分开来。在前大半个 20 世纪，对社会科学学者而言，这些思想依然发挥着作用，其型构了我们对儿童、童年的基本认知，且影响远远超出具体的学科领域。这些思想背后的假设，被普劳特和詹姆斯称为"主导框架"（dominant framework）[②]（见图 2-1）。在这一框架下，儿童和成人分别处于两极。

儿童	→	成人
自然	→	文化
简单	→	复杂
非道德	→	道德
反社会	→	社会
发展中的人	→	完全的人
"生成"	→	"存在"

图 2-1　童年的"主导框架"

资料来源：Allison James and Alan Prout(eds.)，*Constructing and Reconstructing Childhood: Contemporary Issues in the Sociological Study of Childhood*(London: Falmer Press, 1997)，pp. 10 - 14。

该"主导框架"的主要特征是儿童和成人之间的一系列二元论。在自然/文化区分中，儿童被认为更接近自然，成人则更接近文化。将儿童和

---

① Chris Jenks(ed.)，*The Sociology of Childhood: Essential Readings*(London: Batsford Academic and Educational Ltd. , 1982)，p. 10.

② Allison James and Alan Prout(eds.)，*Constructing and Reconstructing Childhood: Contemporary Issues in the Sociological Study of Childhood*(London: Falmer Press, 1997)，pp. 10 - 14.

自然联系起来的思想植根于儿童未受驯化的本性，通过家庭、学校等规范机构，儿童才成为更文化的、道德的、社会的存在。该框架的核心概念是"发展"和与之相关的三个支配性主题——"理性""自然性""普遍性"，它们形成一种远远超出心理学的思维模式，不仅影响了社会学的儿童研究，而且影响了童年本身的社会 - 政治背景。

童年的"发展"模式，基于自然成长的思想，在该思想中社会的成年成员被视为"自然"地成熟、具有理性和能力的，儿童则被视为未完成的或不完整的。[①] 在普劳特看来，这是一种自我维系的模式，其特征是：理性是成人的普遍标志，而童年则是一个学徒期。儿童的自然性决定了儿童的普遍性，儿童的普遍性亦决定了儿童的自然性。这种模式本质上是一种进化论模式：儿童发展为成人，代表着一种从简单思维到复杂思维、从非理性行为到理性行为的进步。作为一种解释性框架，它从早期科学对儿童研究的兴趣中汲取了灵感。例如，达尔文主义的儿童研究就是灵感来源之一。从某种意义上说，达尔文代表了现代童年研究史的重要开端。在 1877 年《一个婴儿的传略》[②] 中，达尔文的核心观点是生物进程在人类发展中具有重要作用。尽管达尔文的研究范围相对狭窄，但是他的著述引发了人们对儿童研究的兴趣，带动了一场儿童研究运动的兴起。

亨德里克（Hendrick）引述伍尔德里奇（Wooldridge）的观点，这样评价儿童研究运动：

> 事实上，儿童研究帮助将自然史的方法扩展到儿童研究中，将儿童呈现为"自然的生物"。通过该派成员有影响的演讲、著述、实践，它传达了一种流行观点即儿童的概念是不同于成人的，这体现于儿童正常精神发展的各个标志性阶段，而儿童的精神世界与原始人之间存在相似性。[③]

---

① Chris Jenks(ed.), *The Sociology of Childhood: Essential Readings*(London: Batsford Academic and Educational Ltd. , 1982), p. 19.

② Charles Darwin, "A Biographical Sketch of an Infant", *Developmental Medicine & Child Neurology*, Vol. 13, No. 24(1971): 3 - 8. Originally Published in *Mind: A Quarterly Review of Psychology and Philosophy*, Vol. 2, No. 7(1877): 285 - 294.

③ Harry Hendrick, "Constructing and Reconstructing of British Childhood: An Interpretative Survey, 1800 to the Present", in Allison James and Alan Prout(eds.), *Constructing and Reconstructing Childhood: Contemporary Issues in the Sociological Study of Childhood* (London: Falmer Press, 1997), pp. 34 - 62.

这种观点在 19 世纪非常普遍。受社会进化论的影响，野蛮人被一些人类学家认为是文明人的祖先，童年则预示着成年期的生活。例如，泰勒（Tylor）认为，可以通过比较野蛮人与儿童来分析他们的道德状况和智力水平①，而野蛮人与自然世界更接近的认识，则使得卢梭笔下的自然儿童成为 19 世纪以来的一个恰当的关于社会演进的隐喻。

社会理论家们受这一观点的影响，视其他社会中的文化为人类社会的"原始"形式，把他们的简单看作孩子气，认为他们的行为是非理性的。同时，借助心理学话语，童年的非理性、自然性和普遍性的科学建构，转化为 20 世纪 50 年代的社会化理论，形成一种包括诸种二元对立的童年思考模式。

这一二元对立的"主导框架"长期支配着西方社会学科关于童年、儿童问题的思维。一直到 60 年代，很多社会学研究者仍然将儿童视为"不完全的有机体"，认为成年是生活的重要阶段，童年只是准备期。儿童的本质被假设为与成人不同，他们分别代表着不同的物种，社会化便是从一种物种到另一种物种的"进化"过程，其关键就是把一个反社会的儿童转变为一个社会性的成人。

维尼斯认为"主导框架"包括四个特性，除了儿童/童年与成人/成年的二元对立外，另外三个特性是：儿童缺乏本体、强调个体儿童、国家角色的介入。② 在"主导框架"下，由于从"成人"的角度衡量儿童，儿童的自身状况无法得到理解，因此儿童被隐匿。社会化的"未来"寻向强化了这一结果，社会化关注的重点是儿童如何适应社会、成为成人。

无论是发展理论还是社会化理论，其在"主导框架"下所反映出的儿童期待均带有西方文化的色彩，在这种文化中，强调的是个体儿童而非集体的儿童，忽视了儿童群体的集体再生产。此外，"主导框架"显示出国家对儿童、童年的管控与介入越来越深入，尤其是在西方福利制度下，国家追求细节更明确的教育技术、更精细的政策以使儿童得到更完善的医疗、教育。

当代很多流行的儿童、童年理论仍然建立在"主导框架"的基础上，

---

① 〔英〕爱德华·泰勒：《原始文化》，连树声译，上海文艺出版社，1992，第 3 页。
② Michael Wyness, *Childhood and Society* (Hampshire and New York: Palgrave Macmillan, 2006), pp. 118 – 121.

这一框架由于综合了生物学、进化论、发展论等理论而影响深远。

第二节　童年的新社会研究

传统的社会学理论，由于受发展心理学的影响，常运用童年的生物事实来解释童年的社会特质，而很少关注文化的因素。丹齐格（Danziger）指出，西方社会中传统的社会化模式，包含一种文化偏见，由于很少考虑进行比较研究①，学者们很难意识到西方童年的特殊性。

随着新兴学科分支如解释学社会学、现象学社会学等的发展，西方社会科学的研究者们一直试图寻找一种新的视角反思和研究"童年"概念的动力学、审视关于这一概念的争论以及社会对儿童的观点。由此，一种影响日盛的"童年的新社会研究"逐渐凸显出来。如果恰如普劳特等人所言，该思潮已显示为一种新的范式，那么，新的童年社会学研究究竟"新"在何处？这也正是贝斯登（Besten）②、瑞安（Ryan）等学者试图解答的疑惑。

新观点，新认识

无论是传统社会学还是新童年社会学，其有关"儿童""童年"的思考，都典型地从"童年如何构成""儿童是什么"的假设开始，然后才构建起不同的理论模式。如果新童年社会学研究的确构成一种"概念上的解放"③，那么，其进展必然首先体现在对"儿童""童年"概念的新观点、新认识中。

观点一：儿童是积极的社会行动者（social actor），不是社会过程的被动对象。

---

① K. Danziger(ed.), *Reading in child Socialization*(London: Pergamon Press, 1970) , p. 18.

② Olga N. Nikitina-den Besten, "What's New in the New Social Studies of Childhood? The Changing Meaning of ' Childhood' in Social Sciences", *Social Science Electronic Publishing*, October(2008) : 25 – 39.

③ Flemming Mouritsen and Jens Qvortrup(eds.), *Childhood and Children's Culture*(Odense: University Press of Southern Denmark, 2002) , p. 43.

该认识渐起于 20 世纪 70 年代。哈德曼批评早期的儿童研究主要来源于发展心理学，未能承认儿童是值得研究的社会行动者。她主张儿童应被视为本身就值得研究的存在，而不单单是成人教化的容器。[①] 类似的是，基于象征互动论，布鲁邦德 – 朗格纳（Bluebond-Langner）认为，儿童具有自我意识，能够解释他人的行为并根据自己的解释做出行动。[②]

新童年社会学的认识受到这些早期研究的影响，形成一种共识：儿童不是消极的、被动的存在，儿童在社会领域中，是一个积极的主体而不仅是遗传和环境的产物。尼克·李（Nick Lee）很赞赏"行动者"概念，他借鉴行动者 – 网络理论，提出一种改良了的"儿童作为社会行动者"的概念，不是将儿童定位为独立的社会行动者，而是将儿童定位在各种相互依赖的关系网络中。[③] 如此，我们更应关注儿童"如何"成为社会行动者。

瑞安（Ryan）认为"儿童是社会行动者"是新童年社会学的三大信条之一。[④] 可以说，童年的新社会研究的核心便是一种童年的"社会行动者理论"——视童年为政治 – 文化的建构产物，儿童是他们自己事务的主体。

将儿童视为社会行动者的认识，带来一种理解：儿童应当被视为建构其周围世界的参与者。马修斯（Matthews）认为，作为社会的完全成员，儿童有权基于他们的能力、理解水平和成熟度，来参与社会的各项活动。[⑤] 罗杰·哈特更是专门设计出一种参与阶梯来显示儿童参与的不同程度。[⑥]

显然，不同于传统社会化理论基于儿童 – 成人的二元对立的对儿童的贬低性论断，新的研究认为儿童与成人一样拥有能力、会理性思维、能做

---

① Charlotte Hardman, "Can There Be an Anthropology of Children? ", *Journal of the Anthropological Society of Oxford*, Vol. Ⅳ, No. 2（1973）：85 – 99. Reprinted in *Childhood*, Vol. 8, No. 4（2001）：501 – 517.

② M. Bluebond-Langner, *The Private Worlds of Dying Children*（Princeton, NJ: Princeton University Press, 1978）, p. 12.

③ Nick Lee, *Childhood and Society: Growing Up in an Age of Uncertainty*（Buckingham: Open University Press, 2001）, pp. 105 – 119.

④ Patrick J. Ryan, "How New Is the 'New' Social Study of Childhood? The Myth of a Paradigm Shift", *Journal of Interdisciplinary History*, Vol. 38, No. 4（2008）：553 – 576.

⑤ Hugh Matthews, *Children and Community Regeneration: Creating Better Neighbourhoods*（London: Save the Children, 2001）, p. 9.

⑥ Roger A. Hart, *Children's Participation: From Tokenism to Citizenship*（Florence: UNICEF International Child Development Centre, 1992）.

出决定，是积极的社会成员，这种观点既凸显了儿童的本体论位置，亦带来研究方法的革新与转变。

观点二：童年是社会建构的，是一种社会结构形式（a social structural form）。

发展主义的童年研究强调童年的自然性、普遍性，而在新童年社会学那里，受阿利埃斯的启发，童年则被理解为一种社会现象、一种社会建构。他们认为，童年提供了一种人类早期生活背景的解释性框架。不同于生物学的未成熟性，童年既非自然的亦非人类群体的普遍特征，它是社会特殊的结构和文化组成部分。例如，伍德黑德认为，成长与发展的生物学事实具有文化相对性，它们是根据特定文化中儿童的需要、福利和最大利益被解释与理解的。[①]

詹姆斯和普劳特引用拉封丹（La Fontaine）的话，亦特别强调，尽管童年的不成熟性与生物事实有关，但对这个事实的理解和意义赋予，却是一个文化现象。[②] 也就是说，童年是通过具体的社会文化构建的。这就暗示，童年在不同的社会力量和社会压力之下可能会被重构。

此前的研究者詹克斯的观点是，儿童是由一些社会理论——用来支持对男人、女人、行动、秩序、语言和合理性的某种解释——构成的。[③] 与社会理论中的语言论转向一致，新童年社会学认为人们正是通过各种社会性话语和实践来建构童年的。这样，童年的特殊性就取代了童年的普遍性而成为新的关注主题，在这种意义上，并不存在一种标准形式的童年，而只有具体社会中的童年。

这种观点提醒我们不仅要注意童年的文化起源，而且要关注特定文化对童年的建构，特别是西方话语是如何言说童年并成为界定其他人群的童

---

① Martin Woodhead, "Psychology and the Cultural Construction of Children's Needs", in Allison James and Alan Prout(eds.), *Constructing and Reconstructing Childhood: Contemporary Issues in the Sociological Study of Childhood*(London: Falmer Press, 1997) , pp. 63 – 84.

② Allison James and Alan Prout(eds.), *Constructing and Reconstructing Childhood: Contemporary Issues in the Sociological Study of Childhood*(London: Falmer Press, 1997) , p7.

③ Chris Jenks(ed.), *The Sociology of Childhood: Essential Readings*(London: Batsford Academic and Educational Ltd. , 1982) , p. 23.

年的全球化标准的。①

反驳"作为人生阶段的童年"的另一种观点是，视童年为一种社会结构形式。代表者为库沃特普，他主张童年与阶级、种族、趣味、人种、性别等范畴一样，是社会结构的一部分，它是一种社会结构框架或者一种社会结构形式，所有儿童都会度过他们个体周期的童年，并在时间到了后离开他们周期的童年，但童年仍然留下，存在于其他儿童那里。这是现代童年的典型结构特征。②

由此形成当代对童年的两种研究取向：童年研究的建构派与结构派。我们将在第三章专门探讨之。

观点三：童年是复数（childhoods），不是一种单一的、普遍一致的现象。

对应于"社会建构的童年观"，新童年社会学认为童年不是自然的、普遍一致的。如果确实是这样，就存在着多样的童年或一种复数的童年。这种观点受到童年人类学的影响。事实上，20 世纪 60 年代怀廷等人的研究，便意识到童年的经验在同一文化中或在不同文化间存在差异。

儿童生活的社会、文化、经济背景是多样的。新童年研究视儿童的发展为一个社会和文化过程。儿童不可能自己长大，他们在一定的社会关系中学会思考、感觉、交流和行动，这些发生在特定的文化与实践背景下，并协调了各种信念：儿童应如何被对待、成为一个孩子意味着什么，以及童年何时开始和结束。③

为此，一些学者从比较视角研究不同国家和文化中的童年经验，这体现在《童年、青年和社会变革：比较视角》④ 以及《欧洲的童年：方法 –

---

① J. Boyden, "Childhood and the Policy Makers: A Comparative Perspective on the Globalisation of Childhood", in Allison James and Alan Prout(eds.), *Constructing and Reconstructing Childhood: Contemporary Issues in the Sociological Study of Childhood* (London: Falmer Press, 1997) , pp. 190 – 229.

② Jens Qvortrup, "Editorial: A Reminder", *Childhood*, Vol. 14, No. 4(2007) : 395 – 400.

③ Martin Woodhead, "Childhood Studies: Past, Present and Future", in Mary Jane Kehily(ed.), *An Introduction to Childhood Studies*(Maidenhead: Open University Press, 2009) , pp. 17 – 31.

④ Lynne Chisholm et al. (eds.), *Childhood, Youth and Social Change: A Comparative Perspective* (London: Falmer Press, 1990) .

趋势－发现》① 等著作中，它们展示了童年的多样性。

从历时性的角度看，当代童年与历史上的童年面貌亦不一样。一些学者研究人们对儿童和抚养的态度相较于过去的变化，另一些致力于研究特定社会中儿童的日常实践、儿童生活关系及其物质方面，同时探讨儿童的经验如何受到社会的观念和政治的影响，如凯利（Kelly）对俄罗斯和苏联1890～1991年童年的社会文化史描述。②

根据普劳特的研究，童年的多样性源于两个因素：首先，儿童成长的社会、文化、经济环境正日益变得多元化；其次，各种通信技术的发展推动了表现童年多样性的图像的传播，童年的差异变得更加显而易见。③ 对新童年社会学而言，多样的童年是其核心观点，描述和解释它更是其中心任务之一。

为了探索童年的多样性，普劳特倡导运用生活史研究方法来推进童年研究。在他看来，这种方法可以考虑到童年的多重性和复杂性，不会将对童年的描述简化为成人和儿童的二元对立。他认为，生活史受到人和非人因素的影响，随着时间变化，这些因素构建了儿童和成人的多重面貌。生活史研究的任务是基于不同的、散乱无章的、集体的、杂合的因素等之间复杂的网络和相互作用，探索不同的儿童和成人面貌是如何呈现的。④

观点四：童年、儿童的社会关系与文化本身具有独立的存在与研究价值。

这一观点实质上是"视儿童为社会行动者"观点的延伸。新童年社会学吸收社会建构主义的理论，通过确认儿童积极介入他们自己的社会生活、围绕着他们的他人的生活以及更大的他们所生活于其中的社会的建构，肯定了童年和儿童文化的独立价值。这体现在科萨罗那里，其在《童

---

① M. du Bois-Raymond, H. Sunker and H. Krueger(eds.), *Childhood in Europe: Approaches-Trends-Findings*(New York: Peter Lang, 2001).

② C. Kelly, *Children's World: Growing Up in Russia, 1890 – 1991*(New Haven: Yale University Press, 2007).

③ 〔英〕艾伦·普劳特：《童年的未来——对儿童的跨学科研究》，华桦译，上海社会科学院出版社，2014，第6页。

④ Alan Prout, *The Future of Childhood: Toward the Interdisciplinary Study of Children*(London: Routledge Falmer, 2005), pp. 79 – 80.

年社会学》一书中，以四个章节的篇幅来论述儿童文化，强调儿童同辈文化的重要性。这不同于此前结构功能论的主流思想，结构功能论认为儿童的同辈群体是社会化历程不可或缺的一部分，因为处理同辈关系是对成人生活的一种练习。[1]

对童年、儿童、儿童文化的重视，主要基于对传统社会学理论"儿童/童年"思维方式的批评。这以哈德曼、普劳特等为代表，他们批评传统儿童社会学理论基于儿童 – 成人的二元论视野，以成人的思想、视野评估童年、儿童文化的存在价值，从一种成人权力的立场来看儿童、童年问题。由此，儿童的社会关系、儿童文化被降格为成人、成人文化的依赖物。他们认为，与成人及成人文化一样，童年和儿童文化本身便值得研究。童年是儿童的童年，它真切构成儿童现实的生活、生命、生存活动，它不是未来成人生活的预演，也不是以往成人生活的翻版。对儿童而言，童年经验具有格外重要的精神生存意义：赋予自身生活以独特的价值。

正是由于新童年社会学对童年和儿童文化价值的强调，20 世纪最后几十年，社会科学领域中童年研究的重要性以及作为一种亚文化样式的儿童文化的重要性，才逐渐为诸多学者所意识到。例如，穆里森（Mouritsen）对儿童文化进行了分析。他区分了广义与狭义的儿童文化。儿童的生活、儿童与成人一起的生活，儿童的活动、关系，都是广义上的儿童文化。狭义上的儿童文化关注儿童文化的特定部分——儿童文化中审美、象征的表达形式，即游戏文化。[2] 此外，对儿童数字文化的关注亦逐渐兴起。

新范式的基本特征

作为英国新童年社会学的旗手，普劳特与詹姆斯归纳了童年研究新范式的六点"关键性特征"：

1. **童年是一种社会建构。** 童年提供一种人类早期生活背景的解释性框架。不同于生物学的未成熟性，童年既不是人类群体的一个自然

---

[1] E. Schildrout, "Roles of Children in Urban Kano", in J. S. La Fontaine(ed.) , *Sex, ar.d Age as Principles of Social Differentiation*(London: Academic Press, 1978) , pp. 89 – 108.

[2] Flemming Mouritsen, "Child Culture—Play Culture", in Flemming Mouritsen and Jens Qvortrup (eds.) , *Childhood and Children's Culture*(Odense: University Press of Southern Deamark, 2002) , pp. 14 – 42.

特征，也不是人类群体的一个普遍特征，它是社会的特殊的结构产物和文化的组成部分。

2. 童年是社会分析的变量。它从来不能与其他变量如阶级、性别、种族等脱离开来。比较和跨文化分析已经揭示出童年具有多样性，而不是一种单一的、普遍一致的现象。

3. 儿童的社会关系和儿童文化本身便具有独立的研究价值，这种价值并不依赖于成人而存在。

4. 儿童在他们自己的社会生活、他们周围人的生活以及他们所生活的社会中，发挥着积极的建构性作用。儿童并不是社会结构和社会过程的被动对象。

5. 民族志是童年研究的一种特别有用的方法。比起实验或调查类的研究，它能直接倾听儿童的声音，使得儿童参与到社会数据的生产过程中。

6. 童年是一种涉及社会科学的双重解释学的现象，也就说，声称存在一种新的童年社会学的范式，就是参与到社会重构童年的过程中并做出回应。①

我们在上文曾指出童年研究的一些新观点、新主张，严格来说，这里的归纳与其说是新范式的"关键性特征"，不如说是一些观点、立场与主张。因此，两位坦承这六点仅仅是一个粗略的概括，其完善还需要很多工作，并不肯定这些特征与过去的研究真的完全不一样。② 相对来说，库沃特普等人所编的《帕尔格雷夫童年研究手册》中对新童年研究范式的五点特征的概括③则更为直接，结合其概括，我们提出新童年社会学的主要特征表现在以下四个方面。

一是从关注"问题"儿童转向对"正常"儿童的研究。与 20 世纪早

---

① Allison James and Alan Prout(eds.), *Constructing and Reconstructing Childhood: Contemporary Issues in the Sociological Study of Childhood*(London: Falmer Press, 1997) , p. 8.

② Allison James and Alan Prout(eds.), *Constructing and Reconstructing Childhood: Contemporary Issues in the Sociological Study of Childhood*(London: Falmer Press, 1997) , p. 8.

③ Jens Qvortrup, William A. Corsaro and Michael-Sebastian Honig, "Why Social Studies of Childhood? An Introduction to the Handbook", in Jens Qvortrup, William A. Corsaro and Michael-Sebastian Honig(eds.), *The Plagrave Handbook of Childhood Studie*(Hampshire and New York: Palgrave Macmillan, 2009) , pp. 1 – 18.

期社会学芝加哥学派侧重关注"问题"青少年不同，新童年社会学研究旨在研究"正常状态下"的儿童、童年，关注焦点不再是那些偏离正常的儿童，或者那些社会、经济、行为状况不符合期待的儿童，以及那些遭遇问题的儿童。新童年社会学研究的动力，并不是试图解决某一儿童问题，也不是弥补关于儿童、童年社会政策的缺陷，尽管社会政策的改革可能是其结果之一。新童年社会学的主要兴趣在于获得关于作为"正常"的概念与现象的"童年""儿童"（作为行动者）的知识与洞见。

当然，新童年社会学并不否认需要帮助个体儿童解决他们的生存问题，甚至他们的心理问题，但童年研究的新范式主要围绕着儿童的社会－经济发展环境而不是儿童发展来提出其研究问题，也就说对儿童问题的关注侧重社会层面非"旧"童年社会学所关注的个体心理发展层面。

二是不从"缺陷论"的角度定位儿童，而是积极关注儿童的行动与声音。在旧童年社会学研究中，基于生物学的知识，儿童常被贬低为脆弱的、无能的、依赖的，由此不被看作参与者，不是更大社会组织——在这些组织中成人往往居于支配性位置——的参与者。新童年社会学质疑这一生物学偏见，如果不能证明儿童的"脆弱""无能"是必然的、自然的，那么我们应当去关注儿童的行动与声音。这也正是詹姆斯等人的观点。[①]

对儿童的行动的关注，实质上确认了上述新童年社会学的诸多主张：儿童的社会世界本身值得研究、儿童是社会进程的积极参与者等。这特别显示在 20 世纪以联合国《儿童权利公约》为代表的对儿童权利的关注中，其倡导一种强调儿童权利的童年观。

新童年社会学影响下的一些研究机构如英国开放大学的儿童研究中心[②]积极帮助儿童进行原创性的研究，鼓励他们意识到他们自己的潜力。其支持儿童成为积极的研究者，通过对儿童的训练、学习来促进儿童行使权利，鼓励他们探究那些对他们自身最重要的问题。

三是注重在宏观层面上定位儿童，关注童年的结构限制与机会。对儿童、童年结构的关注，与女性主义研究的启发有关。在旧童年社会学研究

---

① 〔英〕艾莉森·詹姆斯、克里斯·简克斯、艾伦·普劳特：《童年论》，何芳译，上海社会科学院出版社，2014，第 125 页。

② 该中心情况参见 http：//www. open. ac. uk/research/main/impact/reports/empowering － children － researchers。

中，由于儿童与妇女位置的相似性，有关儿童的研究亦往往被置于女性、家庭等议题之下，儿童隐而不现。女性主义的反思既将妇女从家庭中解放出来，也使儿童问题走上前台。

在对儿童、童年的新理解中，童年不仅被视为家庭与社区的一部分，而且属于更大的社会，会遇到新的机会与限制。因此，童年的新社会研究常常聚焦于经济、技术、城市化、全球化等因素对童年的影响。

凯伦·韦尔斯（Karen Wells）肯定了一种全球性形式的童年，指出全球化对童年的塑造与限制。[1] 贝利（Bailey）则借鉴后结构主义有关流动的论述，探讨移民带来的道德恐慌以及对儿童的影响，如结构性贫困。[2] 然而，全球化也为儿童带来新的联系：打破家庭中的权力结构限制，儿童不仅是传统观点中的受害者，同时也是行动者、参与者。

四是在方法上，从视儿童为研究对象到把儿童视为研究者，从"对儿童的研究"转向"与儿童一起的研究"。旧童年社会学通常视"儿童""童年"为被研究的对象，主要运用的研究方法有社会调查、问卷、访谈、人口统计等。新童年社会学则强调定性方法，注重倾听儿童，强调儿童参与。其发展出一种以儿童为中心（焦点）的研究，在方法与研究程序上，将儿童视为独立、自主的研究参与者或共同研究者（co-researchers），并在整个研究过程中遵循这一理念。这种方法，实际上将成人研究者定位为与儿童一样的共同学习者。在具体操作层面上，以儿童为中心的研究常常运用"参与式"的方法，这使得儿童参与研究变得对儿童自身更有意义，而不是只对研究者有意义。

社会化理论的反思

前述新童年社会学的一些主张、观点，主要是在批判传统社会学、发展心理学等有关儿童、童年研究的基础上形成的，其中对社会化理论的批评尤为明显，因此，我们将"社会化"视为展现童年社会学研究进展的五个关键词之一。

---

[1] Karen Wells, *Childhood in a Global Perspective* (Cambridge: Polity, 2015), pp. 1 – 4.

[2] Adrian Bailey, "Transnational Mobilities and Childhood", in Jens Qvortrup, William A. Corsaro and Michael-Sebastian Honig(eds.) , *The Plagrave Handbook of Childhood Studies* (Hampshire and New York: Palgrave Macmillan, 2009) , pp. 408 – 421.

事实上，正如库沃特普等学者所指出的，对传统社会化理论的批评，业已构成新童年社会学研究的条件："在我看来，对社会化的质疑，是研究童年本身的先决条件……社会化是有趣的……除非在宏观的意义上，把它理解为成人装置的一部分，以此强有力地塑造儿童的生活。"[1]

除他之外，詹姆斯、普劳特、科萨罗、阿兰宁、维尼斯等学者均对传统社会化理论提出了自己的批评。詹姆斯与普劳特的批评主要针对社会化理论的二元对立思维，这种思维假定儿童的本质是与成人不同的，二者是不同的物种，如麦凯（Mackay）指出，儿童被认为是不成熟的、非理性的、无能力的、反社会和反文化的，而成人是成熟的、理想的、有能力的、社会的、自主的。[2] 这种认识毫无批评地吸收了心理学模式中的二元论思想。

就目前来看，新童年社会学对社会化理论的批判有以下几点。

其一，社会化的概念以成长的目标与结果为导向。它仅仅看重儿童的未来生活，忽视了儿童当下行动的重要性及儿童存在（children's presence）的内在价值。对儿童、童年当下身份的忽视，导致一种社会学理论，其中"儿童被否定地界定，不是根据儿童是什么，而是根据儿童不是什么及儿童结果会变成怎样，来界定儿童"[3]。这一着眼于"未来"的视角，是"目的论的"：研究者知道社会化的目标，如特定的实践和理论技能，他们仅仅关注儿童努力迈向、达到或实现这一目标的方式。

其二，社会化的概念以成人主义为导向。社会化的概念忽视了儿童本身作为行动者的价值。社会化研究的重心在于处理社会化机构如家庭、学校、媒体等的行动问题，但其不处理这些社会化机构中儿童的行动问题。这种视角，偏向于儿童专业照料者，实际上是一种斯皮尔所谓的"成人意识形态的视角"[4]，强调成人管控儿童的权力。

① Jens Qvortrup, "Childhood in Europe: A New Field of Social Research", in L. Chrisholm, P. Büchner, H-H Krüger and M. du Bois-Reymond (eds.), *Growing Up in Europe: Contemporary Horizons in Childhood and Youth Studies*(Berlin: Walter de Gruyter, 1995) , pp. 7 – 20.

② R. Mackay, "Conceptions of Children and Models of Socialization", in Frances Chaput Waksler (ed.), *Studying the Social Worlds of Children*(London: The Falmer Press, 1991) , pp. 23 – 38.

③ Leena Alanen, *Modern Childhood? Exploring the "Child Question" in Sociology*(Jyväskylä: Kasva-tustieteiden Tutkimuslaitos, 1992) , p. 81.

④ Matthew Speier, "The Adult Ideological Viewpoint in Studies of Childhood", in Arlene Skolnick (ed.), *Rethinking Childhood* (Boston: Little Brown & Co. , 1976) , pp. 168 – 186.

在这种成人主义的视角下，"成人"的位置，预先被设定为行动者，相对于那些被社会化的人即儿童而言，他们享有有利的权力结构位置。阿兰宁将这种观点命名为"精英的（elitist）视角"，其具体体现为社会化研究中一种特定的功能主义简化论，"在所有可能的结果中，观察只关注那些为社会组织所期待的、预期的或设想的人……特别关注于为精英所期待或所要的研究结果，必然导致对其他任何结果的系统性忽视"[1]。

其三，社会化的概念仅将社会化的过程限定在一个年龄群体即儿童与童年中，而学习和个性变化是一个终身过程，在任何生命阶段都可能发生，社会化也会发生在年轻一代与年长一代之间的互动与交流中。

其四，社会化的概念并没有恰当地呈现出儿童作为社会化的积极力量与主体的一面，相反，他们被视为被动的对象，这是一种决定论模式的社会化。社会化的概念，仅仅呈现出发展的个体水平，但实际上这一过程应同时发生在中观（同辈群体社会）和宏观（结构化童年）的社会层面。这与经典社会学强调个体的传统有关，而这受到心理学的影响，如汤金（Tonkin）指出，个体是经典心理学的核心，"一小部分学生的行为特征可以作为世界上大多数人的特征的例证"[2]。

此外，社会化概念缺乏历史、文化的维度，只关注成长的普遍性，特别是发展理论的一般规律，而没有关注特定时间与空间下儿童的社会化。

这些批评亦如索恩的观点一样，认为"社会化"以及"发展"的概念，是反历史的、个人主义者的、目的论的。[3]

不过，在津内克（Zinnecker）看来，上述批评在一定程度上是不恰当或不公平的。他提醒我们必须意识到，我们所批评的"社会化"概念，源于20世纪50～60年代的社会学理论，而最近几十年来相关理论已有很多新发展。鉴于此，他提出一种对社会化理论的新诠释。

第一，社会化理论与研究聚焦童年的建构过程，而不是为社会化机构或社会整体利益去关注童年的结果。

---

[1] Leena Alanen, *Modern Childhood? Exploring the "Child Question" in Sociology* (Jyväskylä: Kasvatustieteiden Tutkimuslaitos, 1992), p. 85.

[2] E. Tonkin, "Rethinking Socialization", *Journal of the Anthropological Society of Oxford*, Vol. 13, No. 3 (1982): 243 – 256.

[3] Barrie Thorne, *Gender Play: Girls and Boys in School* (New Brunswick, NJ: Rutgers University Press, 1993), pp. 1 – 10.

第二，它视儿童本身为社会化的积极力量，研究他们的声音、视角和互动。

第三，它在生命历程、年龄群体关系、终身发展的框架下来分析儿童与童年。

第四，社会化理论与研究，除了关注个体再生产过程外，还试图在群体（社会阶层、家庭群体）的层面、社会的层面上，解释社会与文化再生产过程。其将代与代际关系作为核心的分析工具。

第五，它坚持相对主义的文化立场，关注童年与社会化的文化变迁、跨文化比较和历史视野。①

这种"新"理解，本质上与前述新童年社会学的观点、立场、特征是一致的。

科萨罗的扩展：解释性再生产

传统的社会化理论实际上是心理学理论的翻版，这使得人们很难意识到社会化理论的缺憾之处。阿兰宁主张将"社会化"去心理学化，回到社会学领域，重新思考作为过程的社会化。② 在这方面，美国童年社会学研究者科萨罗做出了具体的推进。

科萨罗主张用"解释性再生产"（interpretive reproduction，或译为"诠释性再生产"）来替代、丰富"社会化"。③ 当然，这并不是一种简单的替换。解释性再生产理论批判性地吸取了经典社会化理论的积极方面，同时吸收了其他童年社会学学者的一些观点。

首先，他反对社会化的个体主义教条，认为儿童的社会化不仅是一个适应、内化的过程，同时还是建构、再生产的过程。这一观点的核心是强调集体活动、公共活动的重要性，关注儿童如何与成人协商、分享、创造

---

① Jürgen Zinnecker, "Children as Agents of Change", in Flemming Mouritsen and Jens Qvortrup (eds.) *Childhood and Children's Culture*(Odense: University Press of Southern Denmark, 2002), pp. 103 – 123.

② Leena Alanen, *Modern Childhood? Exploring the "Child Question" in Sociology*(Jyväskylä: Kasvatustieteiden Tutkimuslaitos, 1992), p. 88.

③ 这里的论述参见 William A. Corsaro, *The Sociology of Childhood*(Thousand Oaks, California: Pine Forge Press, 2005), 或上海社会科学院出版社 2014 年出版的中译本《童年社会学》，或黑龙江教育出版社 2016 年出版的中译本《童年社会学》。

文化。

在科萨罗看来，相较"社会化"一词，"解释性"这一术语，更能抓住儿童参与社会的积极和创造性的方面。事实上，儿童积极地创造和参与他们自己的文化，创造性运用来自成人世界的信息，将它们加入他们自己的文化中。而"再生产"则凸显出儿童不是简单地内化社会和文化，而是积极地参与文化生产与变迁。换言之，这意味着一方面儿童、童年受到他们所在社会与文化的影响，另一方面社会与文化也受到儿童、童年历史变迁进程的影响。

其次，作为新童年社会学的坚定捍卫者，他十分重视儿童在整个社会与文化再生产过程中的作用。他强调儿童的日常文化参与对解释性再生产至关重要。

一方面，日常文化习俗提供给儿童及其他社会成员一种安全感，使他们分享同属一个群体的认同感。另一方面，日常文化习俗的可预测性，为社会文化知识的产生、呈现、解释提供了一个框架。以此，日常文化习俗使社会成员能够处理生活中的不确定之处，同时又能轻松度过日常生活。

儿童对日常文化的参与，很早就开始了。在婴儿期，他们的语言和交流技能仍很有限时，儿童似乎就已经具有社会互动的能力。例如儿童很早就会玩躲猫猫亲子游戏。布鲁纳（Bruner）与舍伍德（Sherwood）指出，儿童参与躲猫猫游戏实际上是一个学习过程。通过躲猫猫游戏，儿童不仅学会了游戏规则，而且了解到了游戏规则可能的变化范围。[1] 日后，大些的儿童甚至能与他人一起创造出一些新游戏。

毫无疑问，正是通过参与这些文化习俗，儿童习得了一系列文化规范，他们也习得了规范的运用空间。由此，从最初的掌握游戏规则的愉悦中，儿童逐渐领悟了文化参与的生产性质。然而，更重要的是，儿童与成人在日常文化参与的过程中并不是都获得了共同的理解，但儿童像成人一样，在这个过程中做出了尝试与努力。

再次，科萨罗强调同辈文化对儿童个体发展及成人社会与文化再生产的重要性。

---

① J. Bruner and V. Sherwood, "Peekaboo and the Learning of Rule Structure", in J. Brunner, A. Jolly and K. Sylva(eds.) , *Play: Its Role in Development and Evolution*(New York: Basic Books, 1976) , pp. 277 – 285.

　　有别于经典社会化理论的视角，科萨罗认为基于个体主义视角看待儿童发展是有缺陷的，儿童发展不是独立的，而是处于儿童同辈文化的脉络中。这吸收了维果斯基的人类发展的社会文化观。

　　儿童同辈文化的再生产，不是简单的模仿，也不是对成人文化的直接挪用。它们是儿童创新的、集体的产物。儿童运用成人世界的信息，生产出他们独一无二的同辈文化。这种运用是创造性的，因为它扩展了同辈文化。儿童对成人世界的信息进行了创造性运用，以满足他们同辈世界的需要。因此，儿童文化具有一定的自主性，它们值得记录、分析、研究。

　　最后，他十分关注儿童对社会的价值与贡献。一些传统的社会学理论往往关注社会结构对社会成员的影响，但应用到童年研究中存在风险，因为这可能低估了个体（包括儿童）的集体活动对社会的影响。

　　解释性再生产理论特别关注儿童本身的活动及这些活动对社会的贡献，尽管泽利泽认为儿童的价值从经济上的有用变为无用导致了当前儿童的核心地位的形成①，但科萨罗同意库沃特普的观点：儿童是有用的，只是儿童对社会贡献的性质发生了变化。② 在当前的工业社会中，儿童参与的一些活动显示了他们的贡献。这些活动包括儿童学校工作（school-work）、家庭外的儿童工作、家庭内的儿童工作、儿童游戏与休闲活动。

　　总体看来，解释性再生产理论用一种集体性的、生产 – 再生产的视角代替线性的个体社会发展观，其核心是强调作为社会行动者的儿童在社会文化再生产过程中的位置，这有助于提升儿童在社会学中的地位。恰如科萨罗自己所说，"阐释性再构这个概念，使得社会学开始认真对待儿童，承认并重视儿童对社会再构和变迁的贡献"③。

"新""旧"童年社会学的争议

　　新童年社会学的探索始于对儿童、童年在社会科学知识、理论及研究中被忽视和边缘化位置的关注。新童年社会学家们抛弃了那种植根于传统

---

① 参见〔美〕薇薇安娜·泽利泽《给无价的孩子定价：变迁中的儿童社会价值》，王水雄等译，格致出版社，2008。

② Jens Qvortrup, *Childhood as a Social Phenomenon: An Introduction to a Series of National Reports* (Vienna: European Centre for Social Welfare Policy and Research, 1991), pp. 25 – 26.

③ 〔美〕威廉·A. 科萨罗：《童年社会学》，程福财等译，上海社会科学院出版社，2014，第43页。

发展主义理论的、浪漫主义的"前社会的儿童"的研究模式，转而认为童年问题应当是社会学的中心问题。[①] 他们将这一问题拓展到家庭、福利、性别、消费文化、全球政治与经济等领域，如赫克特（Hecht）对巴西贫穷儿童的研究[②]、索恩对儿童性别游戏的研究[③]、阿兰宁对代际关系的研究[④]、帕金翰（Buckingham）对电子媒介的研究[⑤]等。这些研究提供了另一种关于儿童的观念图谱，并重塑了我们对儿童、童年的理解。

相较于以往的童年社会学，新的童年社会学更新了我们的认识，其间的差异，据美国学者莎拉·马修斯（Sarah H. Matthews）归纳[⑥]，表现在三个方面。

一是对儿童能力的认识。新童年社会学的一个共识是，儿童是社会行动者，能够赋予社会以意义和影响他们的社会。詹克斯注意到，早期社会学家常像人类学家描述"野蛮人"那样表述"儿童"，他用"老人中心主义"（gerontocentrism）这一词凸显以往研究对儿童能力的鄙视。[⑦] 新童年社会学的实证研究业已表明，儿童不只是被成人所濡化。梅奥尔等人在其关于学校儿童健康的研究中强调："儿童应被认为是社会行动者，在与成人的相互作用中，能有目的地组织他们的生活。"[⑧] 他们具有创造性，能积极建构他们自己的世界。

二是对童年本质的认识。由传统社会化理论及发展心理学所推动的有关儿童的思考，带来了一个广为接纳的观点，即无论哪里的儿童都是一样

---

① P. A. Adler and P. Adler, "Introduction", in P. A. Adler and P. Adler(eds.), *Sociological Studies of Child Development*, Vol. 1(Greenwich, Connecticut: JAI Press, 1986), pp. 3 – 10.

② Tobias Hecht, *At Home in the Street: Street Children of Northeast Brazil*(Cambridge: Cambridge University Press, 1998).

③ Barrie Thorne, *Gender Play: Girls and Boys in School* (New Brunswick, NJ: Rutgers University Press, 1993).

④ L. Alanen and B. Mayall(eds.), *Conceptualizing Child – Adult Relations*(London: Falmer, 2001).

⑤ David Buckingham, *After the Death of Childhood: Growing Up in the Age of Electronic Media*(Cambridge: Polity Press, 2000).

⑥ Sarah H. Matthews, "A Window on the 'New' Sociology of Childhood", *Sociology Compass*, Vol. 1, No. 1(2007) : 322 – 334.

⑦ Chris Jenks, *Childhood*(London and New York: Routledge, 1996), p. 5。克里斯·詹克斯创造了 gerontocentrism 这个词，geron 源于希腊语，意为"老人"。

⑧ B. Mayall, G. Bendelow, P. Storey and M. Veltman, *Children's Health in Primary School*(London: Routledge, 1996), p. 207.

的，童年是自然、普遍的。因而，大多数发展心理学研究的目标旨在发现关于"儿童""童年"的普遍真理，这遮蔽了我们对童年特殊性的关注，似乎儿童总是以相同的方式受到相同社会力量的影响。新童年社会学则强调"复数的童年""童年的多元性""童年的异质建构"，不仅在不同社会中童年是不同的，即便在同一个社会中童年也有所不同。儿童是什么和童年生活是怎样的，是由成人准则、目的和文化所建构的。他们特别关注特定文化中的儿童观念如何影响儿童的关系、权利和责任，关注非西方社会儿童的童年。

三是对儿童社会关系的认识。新童年社会学反对社会化视野下从个体儿童角度解释儿童生活，这种角度没有认识到儿童是通过和其他儿童的社会关系来体验日常生活的。索恩意识到社会化与儿童发展理论的缺陷在于其关注的重点是个体。在《性别游戏》一书中，她强调，"我不从个体开始，尽管他们常出现在叙述中，而从群体生活入手，包括社会关系、组织和社会背景的意义，以及儿童和成人所创造的集体实践——通过它们，性别在日常交往中被创造和再创造出来"①。新童年社会学特别注重从儿童与成人的社会关系的角度分析儿童、童年问题，认为成人与儿童的关系是一种典型的权力关系，而将儿童概念化为相对于成人而言的不利地位或受成人压迫的位置，揭示使儿童成为儿童的因素是他们不是成人，他们"缺乏"成年（lack adulthood），由此挑战理所当然的社会化和发展理论背后的潜在假设。

就"新""旧"童年社会学的差异来看，新童年社会学在研究上的确已经取得明显进展，但是否构成一种认识论突破、形成一种新的"范式"革命，还存在争议。瓦克斯勒（Waksler）批评新童年社会学提出的问题缺乏系统性。② 瑞安（Ryan）认为童年社会学研究的当代转向，只是利用了现代人格话语中的某些元素（个人能动性以及社会类别和群体的建构），来反驳正统的社会化和童年发展理论的立场。尽管其意义重大，但这种意

---

① Barrie Thorne, *Gender Play: Girls and Boys in School* (New Brunswick, NJ: Rutgers University Press, 1993) , p. 4.
② Frances Chaput Waksler, "Beyond Socialization", in Frances Chaput Waksler(ed.) , *Studying the Social Worlds of Children: Sociological Readings* (New York: The Falmer Press, 1991) , pp. 12 – 22.

见分歧并不构成库恩意义上的范式或福柯意义上的考古学的转变。[①]

　　新童年社会学的核心理念是认为儿童具有能动性，是社会行动者。然而儿童能动性是一个被广泛使用但在很大程度上未经检验的概念。这个术语往往有点模糊，缺乏清晰度，是指儿童的做事能力[②]、选择做事情的能力[③]，还是创造性行动和使事情发生的能力[④]？罗布森（Robson）等人将儿童的能动性描述为他们在生活世界的环境和位置中导航的能力、胜任力和活动[⑤]，但没有明确说明能动性与权力或参与等其他概念的关系。儿童在特定情境下能动性的局限性可能经常得到承认，但没有得到充分的问题化：不太清楚的是能动性的程度、能动性的影响，更不用说能动性的性质了[⑥]，人们并不清楚它是积极的还是消极的[⑦]。儿童作为社会行动者的实际情况和政治意涵以及年龄差异也很少被讨论，例如在谈论儿童能动性时，特别是在对犯罪行为的判断，投票权、饮酒权、性内容以及特定媒介（性剥削、暴力视频游戏）的接触许可方面，如果忽视年龄差异的话，会产生严重的后果。[⑧]新童年社会学以"能动儿童"为中心，这个儿童是一个现代主义的、能够自我认识和自我表达的主体，而在大多数社会科学都在接受后结构主义的挑战时，新童年社会学却重新确立了未受质疑的现代主义的能动者，回避了"能动性的变化"。[⑨]

---

① Patrick J. Ryan, "How New Is the 'New' Social Study of Childhood? The Myth of a Paradigm Shift", *Journal of Interdisciplinary History*, Vol. 38, No. 4(2008):553 – 576.

② D. Oswell, *The Agency of Children: From Family to Global Human Rights*(Cambridge: Cambridge University Press, 2013), p. 3.

③ P. Mizen and Y. Ofusu-Kusi, "Agency as Vulnerability: Accounting for Children's Movement to the Streets of Accra", *The Sociological Review*, Vol. 61, No. 2(2013):363 – 382.

④ A. James, "Agency", in J. Qvortrup, W. Corsaro and M. -S. Honig(eds.), *Palgrave Handbook of Childhood Studies*(Hampshire and New York: Palgrave Macmillan, 2009), pp. 34 – 45.

⑤ E. Robson, S. Bell and N. Klocker, "Conceptualizing Agency in the Lives and Actions of Rural Young People", in R. Panelli, S. Punch and E. Robson(eds.), *Global Perspectives on Rural Childhood and Youth: Young Rural Lives* (London: Routledge, 2007), pp. 135 – 148.

⑥ M. Bluebond-Langner and J. Korbin, "Challenges and Opportunities in the Anthropology of Childhoods: An Introduction to 'Children, Childhoods, and Childhood Studies'", *American Anthropologist*, Vol. 109, No. 2(2007):241 – 246.

⑦ Tisdall and Punch, "Not So 'New'? Looking Critically at Childhood Studies", Children's Geographies, Vol. 10, No. 3(2012):249 – 264.

⑧ R. Vanderbeck, "Reaching Critical Mass? Theory, Politics, and the Culture of Debate in Children's Geographies", *Area*, Vol. 40, No. 3(2008):393 – 400.

⑨ Karen Wells, *Childhood Studies*(Cambridge: Polity, 2018), p. 18.

　　此外，新童年社会学未能注意到，和成年人一样，儿童也无法逃脱结构性的约束①，限制儿童在世界上行动能力的结构的作用仍然不清楚。因此，仅说儿童有能动性是不够的，还需要考虑对他们的能动性进行更细致入微的探索；能动性并不是一个所有儿童都渴望的积极的概念。② 通过仔细观察儿童在其所处情境中的能动性，才有可能厘清他们能动性的类型和性质，以及断言或不断言能动性所附带的结果和后果。如果只是简单将儿童视为能动者（child-agent），可能会带来概念上的迷惑，束缚童年理论的想象力，因为这忽视了儿童的能动性是在何时、何地如何产生的③，它不能构成确保儿童能够获得自由和社会正义的充分的理论基础。

　　新童年社会学另一个受到质疑之处是试图通过确立"童年是社会建构的"的观点而突破旧童年社会学的二元论思维。新童年社会学淡化了成人和儿童之间的生物学差异，以强调童年是一种缺乏生物学成分的社会建构，这是一个概念陷阱。普劳特后来意识到，童年研究必须从现代主义概念（二元论）中迈出一步。我们不能从基因因素中把社会因素分离出来，任何童年的社会理论都必须思考身体和基因的因素。他引用拉图尔（Latour）所用的"社会的异质网络"④ 这一术语来描述童年既是自然的，又是文化的。进一步地，他基于行动者网络理论和复杂性理论，认为社会生活不应化约为单纯社会的或技术的生活，自然和社会系统是相互交织的。行动者网络理论的"网络"比喻，暗示童年应被视为不同的，有时是竞争的、冲突的、异质的秩序的集合体。行动者网络理论避免自然和文化的对立，认为行动者包含多种类型——作为儿童的人和作为成人的人，也包括非人的生物有机体、人工制品和技术，所有这些都是文化和自然相互联系而杂合的产物⑤，这一理论进而提出，童年是散漫、异质的建构产物，并试图以此修正、超越"旧"童年社会学的二元论思维。尼克·李则建议接

① M. Bluebond-Langner and J. Korbin, "Challenges and Opportunities in the Anthropology of Childhoods: An Introduction to ' Children, Childhoods, and Childhood Studies'", *American Anthropologist*, Vol. 109, No. 2(2007): 241–246.

② Tisdall and Punch, "Not So ' New'? Looking Critically at Childhood Studies", *Children's Geographies*, Vol. 10, No. 3(2012): 249–264.

③ Spyros Spyrou, *Disclosing Childhood*(London: Palgrave Macmillan, 2018), p. 121.

④ B. Latour, *We Have Never Been Modern* (Hemel Hempstead: Harvester/ Wheatsheaf 1993), p. 6.

⑤ 〔英〕艾伦·普劳特：《童年的未来——对儿童的跨学科研究》，华桦译，上海社会科学院出版社，2014，第72~73页。

受童年的不稳定性，并将其作为我们思考成年期的模型，以便将我们所有人（而不仅仅是儿童）理解为永远不会完成的"人类生成"（human be-comings）①，试图由此消弭儿童与成人的对立。

然而，这些努力其实并没有超越现代二元论②，因为"儿童作为一个有能力的行动者"的这一思想正是通过现代儿童和成人的区分而产生的，这构成了现代世界观不可避免的框架的一部分。更为根本的是，任何用这种术语来讨论个人的行为，总是以现代思想的主体/客体的二元论为前提。从这个角度来看，新童年社会学不可能超越现代二元论。

"新""旧"童年社会学的这些主要争议仍然遗留在新童年社会学中，仍然未得到有效解决。这些争议显示出新童年社会学的理论限度、发展瓶颈。

近年来，一些学者吸收德勒兹（Deleuze）和瓜塔里（Guattari）的思想，试图通过发展一种由"生命"（life）、"资源"（resoure）、"声音"（voice）构成的包含三种"多重性"（multiplicities）的框架来解决"生物（自然）/社会（文化）二元论"的分离问题。每一种多重性都是由系列事件和过程之间的衔接组成的，这些事件和过程跨越了传统学科的边界。"生命"不仅关乎儿童个体的发展，还涉及人口统计学和流行病学等学科，这一过程是生物的、医学的、法律的、伦理的、政治的。"资源"涉及国家对儿童价值及其使用所做出的政治决策，以及儿童可以得到什么资源、在多大程度上可以将他人或自己作为一种资源。"声音"的多样性涉及儿童的参与的伦理与政治方面，以及他们的声音被解释、调解和放大的制度与技术条件的范围。③

沿着普劳特的反思路径，卡夫特（Kraft）探索了"混杂童年"（hybrid childhoods）的可能性。他借鉴另类教育和当代依恋理论，提出"超社会性（生物社会性）童年"[more-than-social（biosocial）childhood]

---

① Nick Lee, *Childhood and Society: Growing Up in an Age of Uncertainty*(Buckingham: Open Univer-sity Press, 2001), pp. 7 – 19.

② Patrick J. Ryan, "How New Is the 'New' Social Study of Childhood? The Myth of a Paradigm Shift", *Journal of Interdisciplinary History*, Vol. 38, No. 4(2008): 553 – 576.

③ Nick Lee and Johanna Motzkau, "Navigating the Bio-Politics of Childhood", *Childhood*, Vol. 18, No. 1(2011): 7 – 19.

概念，以理解童年的生物性和社会性的纠缠。① 泰勒（Taylor）则试图通过引入人文地理学"自然与文化的缠结"的概念，为理解"童年"和"自然"这两个通常被混为一谈的概念之间的关系带来一个新的视角。②

此外，新童年社会学研究强调儿童参与研究，但应用新童年社会学视角开展研究遇到的一个主要问题是，儿童可能没有独立的权利来参与研究。虽然在一些国家如美国儿童有参与的权利，但他们的父母有优先拒绝权，可以不同意参与。这实际上涉及童年研究的政治与伦理议题，这是我们后续要讨论的重要问题。

小　结

儿童、童年在社会学知识、社会学研究中的位置是变化着的。在传统社会学理论中，儿童虽然也受到关注，但是并不被视为有能力的行动主体，如何将儿童通过社会化整合进既定的社会秩序是经典社会学家们关注的中心。

传统社会化理论（主要来自 20 世纪 50～60 年代的社会学）的弊端，在于暗含着贬低、降格儿童的认识。正如科萨罗所说：

> 社会学关于儿童、童年的许多看法都源自社会化这一理论范式，所谓社会化，也就是儿童适应并内化社会的过程。大多数社会学研究都聚焦于儿童在家庭内的早期社会化，聚焦于儿童如何内化社会。在这里，儿童被看作是社会之外的存在，为了成为合格的社会成员，他们需要外力的不断形塑与引导。③

然而，80 年代以来，一群坚定的社会学研究者越来越怀疑关于儿童和

---

① Peter Kraft, "Beyond 'Voice', Beyond 'Agency', Beyond 'Politics'? Hybrid Childhoods and Some Critical Reflections on Children's Emotional Geographies", *Emotion, Space and Society*, Vol. 9, No. 1(2013): 13 – 23.

② Affrica Taylor, "Reconceptualizing the 'Nature' of Childhood", *Childhood*, Vol. 18, No. 4(2011): 420 – 433.

③ 〔美〕威廉·A. 科萨罗：《童年社会学》，程福财等译，上海社会科学院出版社，2014，第 9 页。

童年的最广泛的由心理学－教育学主导的社会化共识，转而主张童年不是自然现象，而是社会的、文化的建构；儿童在社会领域中，是一个积极的主体而不是遗传和环境的产物，用普劳特的话来说，童年应是社会文化的一部分，儿童已经是社会行动者，不是一个处于生成中（becoming）的存在。①

在本章中，我们分析了"新""旧"童年社会学的不同观点、主张与立场。"新"童年社会学不再将儿童、童年的议题归入家庭、学校等主题之下，而是将童年本身作为关注的核心，并对以往的社会学方法予以批评，提出了新的观点。

毫无疑问，当前童年社会学研究在许多方向上迅速发展，尽管在"新""旧"童年社会学之间难以找到一个明确的界限，但是，"新"童年社会学的主要观点与立场，促进了多样的童年研究，这些研究涉及文化、阶级、性别、社会政策、历史情境、新技术与新媒介等，发展出儿童中心的、儿童友好的和儿童赋权的、儿童参与的新的研究方法。

不过，总体看来，作为一个研究趋势，"新"童年社会学的构成是松散的，并不是一个严谨的学派，其内部存在不同的声音或研究取向。

---

① Alan Prout and Allison James, "Preface to Second Edition", in Allison James and Alan Prout (eds.) , *Constructing and Reconstructing Childhood: Contemporary Issues in the Sociological Study of Childhood* (London: Falmer Press, 1997) , pp. ix – xvii.

第三章　当代童年社会学的
研究取向

　　对童年问题的关注并不新鲜，如前所述，一些传统学科业已对该问题做出了一定的探索。然而，对童年的传统理解主要来自发展心理学、教育学、生物学等，这种理解特别强调童年的自然性、儿童与成人的差异以及儿童的发展必须经历一系列不可逾越的阶段，童年也因此被视为暂时的、过渡性的，而不具有本体性。

　　在批评传统童年理论的基础上，新童年社会学逐渐兴起，尽管对"新""旧"童年社会学仍存争议，但新童年社会学的进展是毋庸置疑的。一些学者如布科克（Boocock）和斯科特（Scott）支持将儿童、童年的社会学研究作为社会学的分支学科，其理由是它"较其他社会领域而言，探讨更广泛的儿童经验，其次，它挑战了儿童在传统社会中的角色"①。这实际上肯定了当代童年社会学的研究价值与意义。

　　总体上看，当前新童年社会学有两个主要研究取向：一是童年的结构或宏观取向的研究，强调童年不是暂时的，而是具有结构上的永恒性特征；二是社会建构取向的研究，该取向有别于此前童年本质论的研究。前者凸显了童年作为社会范畴的可见性，后者则显示了童年的社会文化属性。

---

①　Sarane Spence Boocock and Kimberly Ann Scott, *Kids in Context: The Sociological Study of Children and Childhoods* (Lanham, MD: Rowman & Littlefield, 2005) , p. 6.

第一节　结构－宏观取向的童年研究

在《童年论》一书中，詹姆斯等总结了新童年社会学研究"儿童""童年"的四种新的不同模式，它们分别是：社会建构的儿童、部落儿童、少数群体儿童、社会结构的儿童。[①] 其中，"少数群体儿童"在很多方面是政治化的"社会结构的儿童"的体现。在这种话语模式中，童年被理解为一种与权利、身份有关的普遍范畴。就像"少数群体儿童"与"社会结构的儿童"所具有的特殊关系一样，"部落儿童"在很多方面也被解读为"社会建构的儿童"的经验形式和潜在的政治化版本。

因此，这里所概述的四种新模式实际上主要对应两种研究：建构取向的研究与结构取向的研究。后一取向的研究侧重从宏观层面定位童年范畴以及儿童与成人的关系，我们概述为结构－宏观取向的童年研究，其代表者为库沃特普与阿兰宁。

库沃特普的开拓性研究

在西方，库沃特普是主张从结构的视野来讨论童年的代表性研究者。他是早期童年社会学研究领域的开拓者之一，是挪威科技大学社会学教授。他出生于丹麦，在那里获得社会学博士学位，早期从事比较社会学研究，特别侧重于前苏联成员国和其他东欧国家的研究。他发起了国际社会学协会的童年社会学分会，并主持其达10年之久。在20世纪90年代后期，库沃特普搬到挪威，在那里他成为挪威儿童研究中心主任，1998～2007年任《童年：全球儿童研究杂志》联合编辑。

"儿童""童年"应该被定位为社会学的基本范畴，这是库沃特普的基本观点。[②] 20世纪80年代，库沃特普曾主持奥地利家庭和离婚研究项目，

---

① 参见〔英〕艾莉森·詹姆斯、克里斯·简克斯、艾伦·普劳特《童年论》，何芳译，上海社会科学院出版社，2014，第184页。

② 参见 Jens Qvortrup, *Childhood as a Social Phenomenon: Lessons from an International Project*(Vienna: European Centre, 1993); Jens Qvortrup, M. Bardy, G. Sgritta and H. Wintersberger(eds.), *Childhood Matters: Social Theory, Practice And Politics* (Aldershot: Avebury, 1994)。

其时他开始意识到儿童议题在研究中的被忽视与缺失。在收集资料的过程中，他注意到国家、全球人口统计及一般信息统计，并不把儿童作为一个统一单位来收集相关信息，并且在其他许多社会科学中也是如此，儿童受到不公正的排斥，他们的缺位似乎反映出其作为我们社会中弱势群体的地位，他们的不成熟、无能使得他们不值得被信赖。在多数例子中，儿童都隐匿在更大的社会团体与范畴如家户、家庭与学校中，例如，斯科特（Scott）指出，儿童难以被理解为一个独立的范畴或群体，因为他们通常不是以这种方式被理解的。[①]

这导致儿童的生活状况包括经济、政治、文化状况难以直接呈现在我们的分析中。儿童主要以他们的家庭或相关成人的情况来统计、评估，儿童的社会背景不过是对其父母身份的一种描述。库沃特普呼吁将儿童视为与成人一样的社会集体，以便将儿童从传统的统计范畴的再现中解放出来，直接呈现儿童。而为了在概念上解放儿童，就需给儿童的特定生活状况以被展示的机会，这样才能够挑战儿童在政治上的定位及现存社会秩序。[②] 显然，挑战儿童/童年的位置，作为个体的儿童是无法实现的，而个体儿童正是传统所强调的。因此必须赋予"儿童""童年"像"阶级""性别"一样的社会学范畴地位。

人口的变化也要求以新的视野与方法来分析儿童、童年。20世纪后期，随着妇女生育率下降、预期寿命延长，欧洲许多国家65岁及以上老年人口已经远超过16岁以下儿童人口。以丹麦为例，儿童在总人口中的比例，从1901年的34%下降到1988年的18%，同一时期老年人口占比则从7%上升到15%。换言之，儿童的占比减少几近一半，老人的占比则翻一番还多，且这种趋势还在加剧。库沃特普提醒我们去思考有关儿童作为一个年龄群体的信息，是否有助于告诉我们当他们相对于其他群体成为少数群体时的真实状况。他批评各种资料对儿童的描述，其一般以儿童父母的情况特别是父母的收入、教育水平、父亲的职业等来记录儿童的情况。儿

---

① J. Scott, "Children as Respondents: The Challenge for Quantitative Methods", in P. Christensen and A. James(eds.), *Research with Children: Perspectives and Practices*(London and New York: Routledge, 2008) , pp. 87 – 108.

② Jens Qvortrup, "A Voice for Children in Statistical and Social Accounting", in Allison James and Alan Prout(eds.), *Constructing and Reconstructing Childhood: Contemporary Issues in the Sociological Study of Childhood*(London: Falmer Press, 1997) , pp. 85 – 106.

童的社会文化背景被父母的社会文化背景所代替。这种方法有一个重要缺点即未能真正揭示儿童本身的生活状况。[①] 这种方法以一些不能反映儿童状况的变量来描述儿童。

如表 3-1 所示，儿童被按照父母的收入、社会身份、社会阶层来描述，将这种传统的社会-经济分类法应用到儿童身上，可能遮蔽了另一种解释：存在一种属于儿童的现实，其不涉及父母的背景如何。这一现实原则上不同于成人的现实。这一点在传统的分析方法中是含糊不清的。儿童如此被呈现，并非反映出成人的某种"隐秘"的意图，而是显示出我们成人是如何"自然地"思考儿童、童年的。儿童作为依赖者的身份很自然地植入成人的思想系统中，似乎天经地义、毋庸置疑。这实际上剥夺了儿童自身呈现的机会、权利。目前在有关儿童的公共统计中，数据收集主要是从社会再生产的角度进行的。这些资料大多数反映出作为资源的儿童是如何被再生产出来的，集中于对"儿童的再生产"、"对儿童的投入"及"儿童是否满足未来的要求"等的统计。

表 3-1　描述童年（儿童）的变量

经济	政治	文化
父母收入（特别是父亲职业）	父母社会身份	父母社会阶层（受教育情况）

资料来源：Jens Qvortrup, "A Voice for Children in Statistical and Social Accounting", in Allison James and Alan Prout(eds.), *Constructing and Reconstructing Childhood: Contemporary Issues in the Sociological Study of Childhood*(London: Falmer Press, 1997) , pp. 85 – 106。

针对传统的理论方法无法展现儿童的社会、经济状况的问题，库沃特普于 1987～1992 年主持了一个突破性研究项目"作为社会现象的童年"。其提出了一种看待童年的新方法即从结构的视角定位现代童年，视童年为一种独特的结构形式。该项目特别的一点是以"童年"而不是"儿童"作为研究单位，在库沃特普看来，传统的儿童研究由于侧重于"个体"儿童而对"群体"儿童关注不够，更遑论童年的变迁研究，为此，他主张以"童年"为核心概念来提升儿童在社会科学中的能见度。

---

① 　Jens Qvortrup, "A Voice for Children in Statistical and Social Accounting", in Allison James and Alan Prout(eds.), *Constructing and Reconstructing Childhood: Contemporary Issues in the Sociological Study of Childhood*(London: Falmer Press, 1997) , pp. 85 – 106.

　　这一切入角度将儿童个体发展与童年史、童年的文化史区分开来。在这种理解中，童年具有恒久的特征，尽管其会随时空而变化。作为一种结构形式，童年是代际秩序的组成部分，它与成年期、老年期密切相关，但代际的初级关系不同于代际构成之间的结构关系。作为结构形式的童年提供一个儿童生活于其中的框架。这种视角显然不同于发展模式下的童年研究。

　　在"作为社会现象的童年"项目的总结性介绍中，库沃特普总结了其基本观点：第一，童年是社会结构的一种特定和独特的形式；第二，童年不是暂时的，就社会学视野看，它是一个永恒的社会范畴；第三，童年是社会的一部分，是整个社会分工的一部分；第四，与成人一样，童年同样受到社会力量的影响，尽管可能是以特定的方式。[①] 对于这些观点，我们将在后面详析。

　　库沃特普借由结构范畴的"童年"凸显出一种作为宏观现象的童年，使我们注意到童年生产以及塑造儿童生活世界的宏观条件。这使得童年的比较研究成为可能。但是他所强调的童年的比较研究，不同于詹姆斯等人的研究。詹姆斯等人的研究关注的问题是究竟存在一种"童年"（childhood）还是几种或许多"童年"（childhoods）。基于不同国家的系统比较研究，詹姆斯等人的结论是，"发展中世界的童年是同质的"是一种误解，在不同发展中国家及工业化国家之间童年存在差异。[②] 然而，库沃特普对这一结论表示怀疑，认为这可能忽视了宏观的社会－经济因素的巨大影响，这些因素是日常生活世界包括儿童世界中的基本变量。

　　库沃特普以三个领域的研究来说明社会宏观因素对童年的影响。一是童年变迁的历史与跨文化比较。他对多样童年观持保留意见。多样童年观聚焦于童年的特殊性。[③] 如果仅在较小的、特定的单位（如家庭）下进行比较，这种观点可能是有效的，但是如果进行宏观比较，那么就会发现童年的一般性特征。问题是，当进行童年比较分析时，应在何种层面上谈论童年。例如，我们谈论英国的童年或者工人阶级的童年时，如果仅是比较

---

① Jens Qvortrup, *Childhood as a Social Phenomenon: Lessons from an International P-oject* (Vienna: European Center 1993) , pp. 11 – 18.

② Allison James, Chris Jenks and Alan Prout, *Theorizing Childhood* (Cambridge: Polity Press, 1998) , p. 130.

③ Jens Qvortrup, "Macroanalysis of Childhood", in P. Christensen and A. James(eds.) , *Research with Children: Perspectives and Practices*(London and New York: Routledge, 2008) , pp. 66 – 86.

个体的童年，那么就需要考虑许多细微的参数，而这些参数在比较英国童年与尼日利亚童年时可能是无效的，这就需要考虑到童年的宏观因素诸如社会的生产模式、现代性、工业化、民族化等，这些因素在微观的童年比较研究中，常常被抛弃了。

在此，库沃特普提醒我们注意，"现代童年"这一术语背后强调童年一般性的取向，却忽视了"现代性"本身对童年的影响，尤其是随之而来的个体化、制度化、城市化等完全改变了每个儿童的机会空间。[①]

二是不同国家的童年比较研究，其可以凸显出宏观的经济、社会、文化力量的影响。库沃特普以一项针对统一前的东德、西德与荷兰的童年现代化研究为例。该研究由布瓦 - 雷蒙（Bois-Reymond）等人组织，他们收集了三个地区的城市、城镇、农村的各种数据，包括儿童的访谈资料，以个体化、自主、儿童的活动、网络使用等为变量，其研究结论是，西德的童年最为现代化，荷兰的童年现代化水平甚至落后于东德。西德城市的基础设施要优于东德，生活水平亦高于东德。在荷兰，传统的家庭妇女与母亲的角色以及更低的女性就业率等导致儿童的童年更为传统。[②] 库沃特普认为该研究成功解释了儿童日常生活以及他们所受到的宏观的社会政治经济变迁的影响。

三是代际比较研究。在库沃特普看来，从逻辑上看，世代这一范畴可以显示出一个国家中不同人口均受到同样的国家层面、跨国层面的宏观力量的影响。这里的世代是指不同的年龄群体。该概念对童年研究的重要性，类似于阶级的概念对理解社会不平等、文化偏见、父权制等的重要性。库沃特普相信，世代之间（代际）的比较研究可揭示出童年、成年之间在权利、资源上的不平等。不同年龄的群体并不必然以相同的方式或强度受到同样力量的影响。以福利资源来说，儿童作为一个群体，享受了历史上国家福利发展的果实，然而如果从世代的角度看，我们并不清楚儿童是否依然受到歧视，也就是在何种程度上儿童享有与其他群体一样的资

---

① Jens Qvortrup, "Macroanalysis of Childhood", in P. Christensen and A. James(eds.), *Research with Children: Perspectives and Practices*(London and New York: Routledge, 2008) , pp. 66 – 86.

② Manuela du Bois-Reymond, P. Büchner and H. H. Krüger, "Growing Up in Three European Regions", in L. Chisholm et al. (eds.), *Growing Up in Europe: Contemporary Horizons in Childhood and Youth Studies*(Berlin/New York: Walter de Gruyter, 1995) , pp. 43 – 60.

源。库沃特普通过一些统计数据发现，代际存在不平等，欧洲福利国家越来越偏向于老年群体。① 在此，童年似乎比其他世代更脆弱，这不仅体现在经济上，而且体现在政治上：儿童没有权利或力量来确保分配公正。后来的欧德曼（Oldman）更进一步，在世代再生产的意义上，视儿童为被成人剥削的阶级。②

库沃特普的这些观点，最重要的贡献在于确立了"童年"范畴的本体地位，儿童不是一个"隐形"的不被看见的群体，他们在于更宏观的层面接受社会的影响同时也发挥着他们的作用。

童年与世代：阿兰宁的研究

作为芬兰于韦斯屈莱（Jyväskylä）大学教授，阿兰宁自 20 世纪 80 年代以来，一直积极致力于童年研究，其研究涉及童年的社会理论、早期教育、儿童福利、世代关系、童年理论与女性理论的相关性。1988～1992 年担任国际社会学协会童年社会学分会主席，同时亦是《童年：全球儿童研究杂志》的联合编辑之一。2007～2009 年任芬兰全国童年研究网络指导小组主席。

阿兰宁有关"儿童""童年"的研究主要集中在两个角度：一是由女性主义理论切入童年研究；二是受库沃特普的影响，从世代的角度来看童年问题。关于前者，她认为相较其他社会学领域的发展，女性主义理论的发展历程可为儿童、童年理论的发展提供借鉴。她注意到妇女与儿童在社会生活中处于类似的位置。首先，儿童属于妇女的日常生活，但不属于男人的生活。妇女与儿童可相互界定。妇女与儿童均属于常常被贬低的群体，都属于家庭、家户的领域。妇女主要照料儿童，发展出与儿童的更强情感联系。其次，妇女与儿童不仅是存在于相同的空间，妇女与儿童的社会位置显示出儿童与其他社会群体的关系非常类似于妇女与其他社会群体的关系。这一点我们在导论中已述及。

---

① Allison James, Chris Jenks and Alan Prout, *Theorizing Childhood* (Cambridge: Polity Press, 1998), p. 130; Jens Qvortrup, "Macroanalysis of Childhood", in P. Christensen and A. James(eds.), *Research with Children: Perspectives and Practices*(London and New York: Routledge, 2008), pp. 66 – 86.

② David Oldman, "Childhood as a Mode of Production", in B. Mayall(ed.), *Children's Childhoods: Observed and Experienced*(London: The Falmer Press, 1994), pp. 153 – 166.

关于后者，阿兰宁的目标与库沃特普一样，即以"世代"来凸显儿童的社会位置，但侧重点有所不同。库沃特普更关注宏观因素对世代的影响，阿兰宁则更强调儿童－成人关系下的世代秩序（generational order）或世代系统（generational system）。在她看来，童年是一个关系性概念。[①] 童年是什么或者儿童是如何被理解的，往往与成年、成人的理解相关。同样，成人如何被理解，亦与儿童如何被理解相关，因此童年的意涵必然牵涉成年的意涵。詹克斯早就注意到，要想界定成人及其社会，如果不首先定位儿童的话，几乎是不可能的。[②] 然而这种关系不是对称的，儿童与成人在这种关系中不是平等的，儿童通常仅被作为一种差异的例证。在社会学中关于"儿童/童年是什么"的问题常被预先理论化了，从而被忽视了。

这样一种强有力的、非对称的童年－成年的配置，构成社会组织的一般原则，其不仅界定了我们思考儿童、童年的形式，而且渗入所有社会关系、社会生活的各个方面、社会制度及日常实践并借此不断再生产出来。阿兰宁将之称为"世代秩序原则"，这一原则体现在"公共""私人"的制度化区分的功能上。[③] "童年"规定儿童属于家庭的"私人"领域，与经济和政治无关，并且规定了儿童在家庭秩序中所处的空间。这种世代秩序的运行非常明显，如体现在关于童工、街道儿童的论述话语中。这种世代系统不仅构成而且以不对称的方式限制、组织了儿童在社会世界中的关系。

除了世代的关系性之外，阿兰宁特别强调世代的结构，认为世代秩序是一种世代范畴之间的结构性关系网络。

在社会学中，曼海姆是最早系统研究世代问题的学者，但阿兰宁对"世代"概念的运用并不同于曼海姆。曼海姆主要在文化社会学的框架下探究"世代"概念，作为一种文化现象，世代形成于特定的社会与历史背景下。某一年龄群体在经历相同的历史与文化事件时，通过分享共同的经验而发展出共同的意识或身份，由此形成世代。[④] 曼海姆这一"世代"概

---

① Leena Alanen, *Modern Childhood? Exploring the "Child Question" in Sociology*(Jyväskylä: Kasvatustieteiden Tutkimuslaitos, 1992) , p. 64.

② Chris Jenks(ed.) , *The Sociology of Childhood: Essential Readings*(London: Batsford Academic and Educational Ltd. , 1982) , p. 10.

③ Leena Alanen, *Modern Childhood? Exploring the "Child Question" in Sociology*(Jyväskylä: Kasvatustieteiden Tutkimuslaitos, 1992) , p. 65.

④ K. Mannheim, *Essays in The Sociology of Knowledge*(London: Routledge, 1952) , p. 289.

念，实际上反映了一种社会变迁或思想演化的理论，其中特定文化条件下的群体，是这一社会转变的体现者、行动者。

阿兰宁认为需要超越曼海姆的世代概念，迈向一种结构性的世代概念。她赞同瑟尔（Sayer）的结构关系的内在相关性的观点，[1] 这种内在相关性意味着双方是相互构成的。童年与成年是在现存的世代范畴的成员的互动中生产与再生产出来的，换而言之即通过跨代实践生产出来的。借此，一种特定的社会结构不断地再现，并且这种社会结构同时构成一种特定的社会关系组织。她认为曼海姆的概念中其实蕴含着结构的影子。曼海姆强调社会、历史进程中的共同位置定位了阶级，同样定位了年龄群体即世代，因此所谓的"世代位置"类似于"阶级位置"，是结构性的。但同时，她指出曼海姆的"世代"概念不是独立的变量，世代并不是理解众多社会现象的一个有说服力的社会原因，相反作为历史的、社会的世代，其产生是由很多原因造成的。[2]

对世代结构的强调，是阿兰宁童年研究的重要特征。世代结构基于特定的制度位置。像一般社会结构一样，世代结构是各种位置的联结，其会影响位置的占有者，同时该位置也受到占有者行为的影响。换言之，结构关系是内在的关系，一种位置不能离开其他位置而存在。

阿兰宁所说的"世代"的界定方式非常类似于"阶级"或"阶层"，但又有所不同。在当代研究中，非马克思主义意义上的"阶级"常常是根据教育、地位、收入来界定的，人们根据这一标准将个体分类，从而建构出"阶级结构"。这种阶级关系是外在的、偶然的。马克思主义的阶级关系才是内在性的。

实际上，在对童年的世代关系角度的理解中，阿兰宁区分了两种关系：一种是外在性关系，一种是内在性关系。[3] 这两种关系的区别在于，前者基于一些显而易见的相似点或共同的属性——其中最主要的是年龄——来界定儿童。当儿童、成人被概念化为年龄群体时，某些个体被分

---

① A. Sayer, *Method in Social Science* (London: Routledge, 1992) , pp. 88 – 92.

② L. Alanen and B. Mayall(eds.) , *Conceptualizing Child-Adult Relations* (London: Falmer, 2001) , p. 19.

③ Leena Alanen, "Generational Order", in Jens Qvortrup, William A. Corsaro and Michael-Sebastian Honig(eds.) , *The Plagrave Handbook of Childhood Studies* (Hampshire and New York: Palgrave Macmillan, 2009) , pp. 159 – 174.

类为儿童或成人。两个群体之间的关系是偶然的、外在的，因为一个年龄群体的存在并不是另一个年龄群体存在的前提。后者则强调作为范畴的儿童，强调儿童的位置与成人的位置是内在相关的，它们是相互依赖的，尽管它们的关系并不必然是对等的。

世代秩序不仅体现于家庭领域，学校、日托中心以及其他儿童机构都是世代化的明显场所。在一项关于芬兰中部小镇儿童的调研中，阿兰宁向我们展示了这一点。基于调查，她区分了儿童日常生活的四个领域或方面：家庭、学校、友谊、个人兴趣。在这些方面，自我照顾、自主性程度明显不同，"家庭下的儿童"自我照顾程度最低，"个人兴趣的儿童"自主性程度最高。这显示出在不同的领域中"成为一个儿童"是有差异的。这些差异的模式，同时被儿童自身的"作为儿童"的自我定位所确认，被调查的"家庭下的儿童"均认为他们目前更愿意成为一个儿童，而"友谊的儿童"则把自己定位为"青少年"，他们希望儿童、成人之间有更细的区分。阿兰宁的结论之一是，儿童参与了不同的世代化实践，并受到这一由于依赖性而不得不受成人主导的实践的限制。[①] 其中一个具体的世代化实践是家庭背景下的"儿童化实践"（childing practice），儿童参与这一实践而为自身生产出一个独特的"儿童"位置，同时生产出附属于这一位置的规则与责任，以及关于"孩子气"（childness）的自我认知、自我图像。这种实践依赖于家庭成员之间的亲密联系以及特定的作为文化基础的核心家庭。

从阿兰宁的这些论述可看出，她所强调的童年的关系性概念实际上是一种结构性关系的概念。传统上往往以阶层、社会文化、地方背景等因素来解释不同童年的差异，与此不同，阿兰宁的路径是从关系的结构性上来探讨儿童如何被置入其中的。正是通过揭示隐性的关系（这种关系要远远超出地方关系，甚至达到全球社会系统的层面），阿兰宁的研究定位了儿童、童年。

总的看来，结构－宏观取向的童年研究强调童年是一个独立的社会学范畴，是任何社会的结构性特征。由于该研究取向的独特性，我们将在第五章专门探讨"作为结构形式的童年"。

---

① L. Alanen and B. Mayall (eds.), *Conceptualizing Child-Adult Relations* (London: Falmer, 2001), p. 142.

第二节 社会建构取向的童年研究

社会建构取向的童年研究是当代新童年社会学另一主要分支。社会建构取向的童年研究主要是对 20 世纪 70 年代实证主义对社会学的各种束缚的回应，也是对自由主义和相对主义的补充。① 社会建构取向的童年研究受到人类学研究的影响。20 世纪 70 年代，人类学家伊奥娜·奥皮（Iona Opie）与彼得·奥皮（Peter Opie）指出儿童应该是一个自主的群体，他们拥有自己的故事、仪式、规范和社会标准。② 此外，这一取向的研究亦受到社会互动、解释学社会学等其他理论影响。

社会建构取向的童年研究主张不存在理所当然的童年定义，童年不是在生物学上给定的，而是由不同的社会、政治、历史、文化所塑造的，本质上是儿童、成人的互动创造出来的意义世界。在方法上，该类研究偏重质性方法，强调反思性，关注儿童的声音。

童年的社会建构论

在导论中，我们曾述及阿利埃斯的童年思想。"童年的社会建构"研究潮流受其影响。尽管支持阿利埃斯"中世纪并不存在童年的观念"的观点的证据以及论证方式有一定的瑕疵，这使其理论遭到威尔逊（Wilson）、波洛克（Pollock）等人批评，然而，抛开其方法及对历史记录的解释的缺陷，正如后来的研究者坎宁安、阿兰宁等所指出的，他的研究最早挑战了传统的童年研究，意识到童年的社会文化属性。③

事实上，阿利埃斯有关童年观点的论述框架对当代的童年研究依然是相当重要的。海伍德（Heywood）亦肯定阿利埃斯，认为他为学者们提供

---

① 〔英〕艾莉森·詹姆斯、克里斯·简克斯、艾伦·普劳特：《童年论》，何芳译，上海社会科学院出版社，2014，第 23 页。

② 参见 I. Opie and P. Opie, *Children's Games in Street and Playground* (Oxford: Oxford University Press, 1969)。

③ 参见 H. Cunningham, *Children and Childhood in Western Society since 1500* (London: Longman, 1995); Leena Alanen, *Modern Childhood? Exploring the "Child Question" in Sociology* (Jyväskylä: Kasvatustieteiden Tutkimuslaitos, 1992)。

了一个很好的平台，以此可以批判性审视我们社会中的儿童观念。①

阿利埃斯童年观点中有两点值得注意。其一，他认为童年不是一个对自然的生物阶段的没有问题的描述。相反，童年的观念必须被看成对一段早期生命历程的特殊的文化表达，受历史、政治、社会的影响，童年是变化的。其二，他的论述强调我们如何看待儿童以及我们对待儿童的方法塑造了儿童们"成为一个儿童"的经验，也因此塑造了儿童与成人世界的互动方式。

这种理解已在当代童年社会学中广为接纳，甚至一些心理学家也对其表示赞同。"童年是社会建构的"的核心观点是"儿童"并不是一个纯粹由生物学所决定的自然或普遍的范畴。它也不是具有某种固定意义的事物，让人们可以借助其名义轻而易举地提出各种诉求。相反，童年的概念在历史上、文化上以及社会上都是不断变化的。②

童年的社会建构论是在批判以往心理学的童年观的基础发展起来的。心理学的童年观强调儿童发展的线性观，认为儿童是不成熟的、非理性的，人在发展成熟之前，必须经过一个为成人生活做准备的时期，这就是童年时期，而这个时期包括一系列发展阶段，在这些发展阶段中，儿童要为成年生活习得认知技能、情绪与知识。③ 这种线性的、视儿童为不成熟个体的童年观，影响了早期社会学对社会化的理解，而受到新童年社会学的批判。

就童年社会学历史看，童年的社会建构论的观点出现于20世纪80年代初期，代表为詹克斯。"儿童的观念是如何构成的"或者"我们如何理解儿童"是他关心的首要问题。在1982年的《童年社会学：基本文献》一书的导论"构建儿童"中，他反对当代文化中以"成长"的隐喻来理解童年的做法，宣称童年不是一个自然的现象，不能简单地以解剖学意义上身体发展的生理指标作为儿童社会转变的标志，而将社会、文化的因素与之混为一谈：

---

① C. Heywood, *A History of Childhood*(Cambridge: Polity Press, 2001) , p. 12.

② 〔英〕大卫·帕金翰：《童年之死》，张建中译，华夏出版社，2005，第5页。

③ 〔美〕威廉·A. 科萨罗：《童年社会学》，程福财等译，上海社会科学院出版社，2014，第25页。

儿童向成人的社会转变并不直接遵循身体发展的路径，成人对儿童的识别或儿童对成人的识别，不是单一地依赖于身体差异，身体的差异不是理解儿童与成人的关系的一个充分的、有智识的基础。童年应该被理解为一种社会建构，它涉及一种包含在社会结构中的社会地位，通过各种典型的行为模式体现出来。所有这些区别童年的界限本质上都与特定的文化设置相关。①

詹克斯以人类学中的仪式为例来说明他对童年的这一理解。在原始部落中清晰地存在各种社会地位的等级差异，从一个社会地位向另一个社会地位的转变从来不是一种必然的生物学上的成长。它涉及各种通过仪式或加入仪式，而这些仪式可能是破坏性的、痛苦的。显然詹克斯这里的意思并不是说现代童年就如仪式一样，而是强调童年的社会建构属性。

如果说童年是社会建构的，那么社会如何建构童年？在詹克斯看来，传统的童年是由占主导地位的"成熟"理论与"社会化"理论所建构的。② 这两种理论的代表分别为皮亚杰、帕森斯。帕森斯提出一套社会系统的精致形式，在这个被视为"有机体"的系统中，帕森斯关注如何维持系统的平衡，其中作为社会秩序威胁的儿童是个问题，系统必须将儿童纳入，以维持现有的模式。③ 这就需要为儿童提供一个适宜的环境，以使儿童具备成人社会系统所要求的恰当的能力。这一问题主要由社会系统中的家庭来解决，家庭担负着儿童初级社会化的责任，它是成人单向施加给儿童的。在这里，社会化仅被视为维持社会系统的结构的工具。詹克斯批评帕森斯的社会系统本质上贬低了个体自我的自主性以及差异的表达，其不过以此来建立一种稳定的、同一性的社会世界。帕森斯的理论放弃了儿童在社会系统中的表达，作为实践的童年淹没在理论家维持社会整合与秩序的目的中，这实际上将儿童预先从成人世界中排斥出去。皮亚杰的理论同样存在类似问题。皮亚杰的认识发生论试图描述思维与智力发展的结构，

①　Chris Jenks, "Introduction: Constituting the Child", in Chris Jenks(ed.), *The Sociology of Childhood: Essential Readings*(London: Batsford Academic and Educational Ltd. , 1982), pp. 9 – 24.

②　Chris Jenks, "Introduction: Constituting the Child", in Chris Jenks(ed.), *The Sociology of Childhood: Essential Readings*(London: Batsford Academic and Educational Ltd. , 1982), pp. 9 – 24.

③　T. Parsons and R. F. Bales, *Family, Socialization and Interaction Process*(NY: Free Press, 1955), pp. 35 – 132.

他将之划分为四个阶段，每一个阶段表现为特定的图式，并遵循身体、精神行为的不可逾越的模式或顺序。① 皮亚杰假定儿童的认知发展过程最终迈向一种预先设定的成人理性的结构，这类似于帕森斯的社会秩序的观念，几乎没有给儿童留下多少空间。

对于童年社会建构论者而言，可以说正是"成熟"与"社会化"理论建构了现代童年的核心意涵：儿童是弱小的、被动的，在社会地位上是低等的；成人是自主的、理性的、高于儿童的。维尼斯以"游戏的儿童"为例，向我们具体展示童年的建构特征。一般人都认为童年是无忧无虑的，游戏是童年生活的一部分。儿童无须承担任何责任，不必工作，不用养家糊口，也不需要承担更大的社会与道德责任。这里的重点是成人必须工作，承担起对儿童的经济与道德责任，儿童则不必工作，游戏就是童年的特征（见图3-1）。

童年（儿童）＝游戏

成年（成人）＝工作

图3-1　童年与成年的特征

资料来源：Michael Wyness, *Childhood and Society* (Hampshire and New York: Palgrave Macmillan, 2006), p. 9。

这种观点将游戏与工作对立，视童年为无忧无虑的快乐时光。这一童年图像我们早已视为理所当然。然而维尼斯提醒我们，20世纪初期仍然有许多儿童担负起经济上的重大责任，无暇游戏。② 因而，"游戏的儿童"的建构，不单单是近代历史的建构，更是一种特殊的文化的建构。

不仅童年的观念是建构的，甚至儿童的"需要""权利"也是建构的。以当代儿童福利工作者、政策制定者、父母所关心的儿童"需要"为例，伍德黑德试图揭示出其背后有关儿童的复杂假设与判断。很多儿童的"需要"看似是普遍的，如安全、爱、新经验等。在他看来，以"需要"为名的童年概念化，不过反映出西方20世纪儿童特有的一种地位而已，其实是

---

① 参见 J. Piaget, *The Psychology of Intelligence* (London: Routledge, 1950) （中译本：《智慧心理学》，洪宝林译，中国社会科学出版社，1992）。

② Michael Wyness, *Childhood and Society* (Hampshire and New York: Palgrave Macmillan, 2006), p. 118.

西方对于儿童养育与家庭的理解，而跨文化的研究显示，在其他很多社会中成人优先考虑的是儿童的经济价值、责任、义务，而不是儿童的需要。[①]只要儿童发展的文化建构主义的影响不足以修正这些"需要"的背后的假设，在"科学"的旗帜下包含着西方文化与价值的儿童"需要"就必然被认为是普遍的。在这种意义上，儿童的"权利"亦是建构的。

认为童年是社会建构的，自然意味着不再相信或接受理所当然的童年概念，而去质疑以往的童年知识。

但是童年的建构派，并不是严格意义上的具有统一主张、观点的流派，不同的研究者对童年的质疑角度不一，如果做划分的话，可分为温和的建构派与激进的建构派。帕金翰（Buckingham）就称自己为温和的建构派（less radically constructivist）。[②]温和的建构派相信童年仍然是一个真实的实体，尽管童年是社会建构的。

与此不同，激进的建构派认为童年既没有实体，亦无真实的本质，而将童年视为话语的产物。这一派别以温迪·罗杰斯（Wendy Stainton Rogers）与雷克斯·罗杰斯（Rex Stainton Rogers）为代表，在《童年的故事》这本书中，两位作者以一个虚构故事开场，解构了有关童年的生物学观点。童年的生物学观点认为童年具有不依赖于任何解释或文本的生理本质或实体，而他们认为，童年的实体只能由话语或是"童年的故事"所产生，因此没有自然存在的儿童，只有被建构的儿童。人们和社会的努力产生了建构童年的各种"观点""事实""知识"，我们的解释才是童年的真正的叙述，除此之外别无其他。[③]童年是一种话语的产物：如果我们没有立场的话，我们无法追问童年是什么，同样，如果没有意图的话，我们也无法言说童年。但应用话语理论来研究童年，不是没有问题。例如，阿姆斯特朗（Armstrong）这样问：我们能将儿童的身体仅仅视为一种社会建构吗？[④]

---

① Martin Woodhead, "Psychology and the Cultural Construction of Children's Needs", in Allison James and Alan Prout(eds.), *Constructing and Reconstructing Childhood: Contemporary Issues in the Sociological Study of Childhood* (London: Falmer Press, 1997) , pp. 63 – 84.

② David Buckingham, *After the Death of Childhood: Growing Up in the Age of Electronic Media*(Cambridge: Polity Press, 2000) , p. 105.

③ W. Stainton Rogers and R. Stainton Rogers, *Stories of Childhood* (London: Harvester Whwatsheaf, 1992) , p. 7.

④ 参见 M. Bury, "Social Construction and Medical Sociology", *Sociology of Health and Illness*, Vol. 8, No. 2(1986) : 137 – 169。

虽然建构派内部有一定分歧，但在社会建构论的儿童模式中，没有本质的儿童，只有社会建构的儿童，无论是从较强的意义上还是较弱的意义上来说。[①] 显然，在这种认识取向中，童年不能被塑造成单一的模式，因此其能将儿童、童年从以往的概念中解放出来。

童年作为自治世界

温和派的社会建构取向的童年研究，主张"儿童或童年世界为自治世界"，强调儿童的自主性与行动能力。索恩赞同这一"概念上自治"的儿童认知，认为我们应该直接关注儿童本身[②]；萨顿 – 史密斯（Sutton-Smith）指出同辈互动不是生活的预备，就是生活本身[③]；瓦克斯勒呼吁停止将儿童贬低为不完全的成人，建议运用现象学的方法去调查童年的鲜活经验[④]。这些学者均指出儿童生活本身的价值，儿童是自己生活的建构者、创造者。

在这些学者看来，即使是很小的幼儿亦能够积极地制造意义，创造同辈文化，建立属于他们自己的世界。例如，对学步儿同辈群体的调查显示，两岁的儿童就已出现性别偏好，三岁的儿童就能区别种族。奥斯代尔（Ausdale）与费根（Feagin）便试图解释种族主义是如何在幼儿园儿童游戏的模式中被创造出来的。他们发现，儿童们不断试探、彼此学习如何认同他们的种族并在与其他种族的比较中习得他们自身种族的行为与地位。[⑤]

温和派的社会建构取向的童年研究，强调儿童在社会生活中的"共同建构"（co-construction）的角色。

这显示在学校儿童文化的研究中。以往对学校儿童文化的研究往往从儿童与成人关系（师生关系）切入，凸显学校文化形成了一个规训的世

① Allison James, Chris Jenks and Alan Prout, *Theorizing Childhood* (Cambridge: Polity Press, 1998) , p. 212.

② Barrie Thorne, "Re-Visioning Women and Social Change: Where Are the Children? ", *Gender & Society*, Vol. 1, No. 1(1987) : 85 – 109.

③ Brian Sutton-Smith, "A Performance Theory Peer Relation", in Kathryn M. Borman(ed.), *The Social Life of Children in a Changing Society*(NJ: Lawrence Erlbaum, 1982) , pp. 65 – 80.

④ Frances Chaput Waksler, "Studying Children: Phenomenological Insights", *Human Studies*, Vol. 9, No. 1(1986) : 71 – 82.

⑤ 参见 Debra Van Ausdale and Joe R. Feagin, *The First R: How Children Learn Race and Racism* (Lanham, MD: Rowman & Littlefield Publishers, 2001) 。

界，是成人施展权力的表征。① 这类研究强化了人们对学校、儿童的刻板印象。新的研究指出，儿童是积极的意义制造者与参与者。例如，科萨罗以美国、非洲、意大利的学校儿童文化研究为实例，强调尽管三个国家或地区的儿童来自不同的社会文化背景，但他们有许多共同的特征，如渴望控制他们自己的生活、分享彼此的控制感。② 在重新概念化儿童的基础上，科萨罗认为事实上儿童在自己的世界中是积极的主体，儿童积极地从成人世界中获取信息后生产他们自己独特的儿童文化（包括由儿童创造并在同伴之间相互作用下产生的同伴文化）。在这个意义上，儿童是成人文化和儿童文化的积极参与者，是这两种文化中的一部分。

"儿童或童年世界为自治世界"的观点强调童年不是一个暂时的生命阶段，而是一个永恒的范畴，因为尽管儿童个体会长大，但儿童在社会中总是存在。在这一点上，其与童年结构论的立场是一样的。不同的是，温和的建构派更强调儿童作为童年世界/儿童文化的建构者的能力。

在《性别游戏》一书中，索恩研究了小学里的儿童文化。在小学里，儿童不会叙述规范与结构是如何形成的，但是她发现儿童会通过操场游戏来创造意义，使用一种"污秽仪式"重构更大的社会不平等的模式，就像他们面对性别、社会阶层与种族问题时一样。③

帕特里夏·阿德勒（Patricia A. Adler）与彼得·阿德勒（Peter Adler）亦有类似的发现，在对中学生团体进行分析的基础上，他们指出青少年友谊群体不仅有组织，而且是高度分层的。他们区分出学校中社会系统的四个主要层级：最高层、崇拜层、中间阶层、底层。④ 处于最高层的是最流行的友谊圈，构成一独特的团体。其特征是成员最积极地参与社会生活，无论是在校内还是在校外，他们都有着数量巨大的朋友，进行最有趣的活动，对其他儿童产生最大的吸引力。此外，这一友谊圈具有排外性。他们

① J. Goodman, *Elementary Schooling for Critical Democracy* (Albany: State University of New York press, 1992), pp. 1 – 30.

② William A. Corsaro, *"We're Friend, Right?": Inside Kids' Culture* (Washington, D. C. : Joseph Henry Press, 2003), pp. 1 – 6.

③ Barrie Thorne, *Gender Play: Girls and Boys in School* (New Brunswick, NJ: Rutgers University Press, 1993), pp. 63 – 88.

④ Patricia A. Adler and Peter Adler, *Peer Power: Preadolescent Culture and Identity* (New Brunswick, NJ: Rutgers University Press, 1998), pp. 74 – 97.

是封闭的友谊团体，极力维护他们的边界，将自己定位为地位等级的最高层，这一最流行的友谊圈仅仅接纳那些被视为值得接受的人为朋友。崇拜层是最高层友谊圈的酷粉丝。最高层成员可能会邀请其加入他们的游戏与活动。崇拜层的个体有自己的活动边界、地位，他们并不是最高层友谊圈的成员，但游移于该圈子周围。他们希望融入最高层友谊圈，他们模仿最流行的最高层儿童的衣着、发型，和他们购买相同的音乐、运用类似的词汇。中间阶层主要指那些不被认为追求潮流的人，他们既不试图扮酷也不被酷儿团体接受。这个群体人数众多，并无组织，由很多亚群体和亚风格构成。其友谊圈不是太大，偏向小团体。与流行的最高层团体的分层等级相比，中间阶层的友谊圈仅有较弱的等级系统。他们认同并接受自身的中间阶层地位，并更愿意接纳其他人。底层儿童则几乎没有真正的朋友，他们是不合群者、流浪者、笨蛋、讨厌的人，属于学校中的最底层，是被社会隔离的群体。他们希望与其他儿童互动、加入其他儿童的游戏，但常常失败。儿童在友谊团体中的位置，塑造了儿童的学校经验，而儿童们的互动则不断制造出这样一个分层的结构。

帕特里夏·阿德勒与彼得·阿德勒的结论是，青少年群体之间存在复杂的互动，在这些群体中的角色塑造青少年的自我概念。通过友谊群体之间、内部的互动，儿童学会特定的社会能力、了解这一群体的魅力，并努力寻求同辈身份等级中的明确定位。[1]

另一位学者梅奥尔通过对儿童的健康照料参与行为的研究，探讨作为成人的局外人或理论家的对儿童社会位置的观点是如何被儿童自己对他们的位置如何在学校或家庭中不同的观点抵消的，以此呈现儿童究竟是如何成为行动者、协商者并发挥作用的。[2] 其研究发现，儿童在家庭、学校环境下的日常经验是不一样的，因为这两种环境中影响儿童的情境因素是不一样的（见表 3 - 2）。

---

① Patricia A. Adler and Peter Adler, *Peer Power: Preadolescent Culture and Identity* (New Brunswick, NJ: Rutgers University Press, 1998), pp. 74 – 97.

② Berry Mayall(ed.), *Children's Childhoods: Observed and Experienced* (London: The Falmer Press, 1994), p. 124.

表 3 - 2　影响儿童的情境因素

家庭	学校
1. 社会化作为协商过程	1. 社会化作为规训过程
2. 关系背景下的成人权威	2. 制度背景下的成人权威
3. 成人将儿童建构为行动者	3. 成人将儿童建构为对象（project）
4. 儿童将自己建构为主体	4. 儿童将自己建构为客体

资料来源：Berry Mayall(ed.)，*Children's Childhoods : Observed and Experienced*(London: The Falmer Press, 1994)，p. 124。

调查显示，儿童在两种环境下的社会位置是不同的。这种不同体现在儿童 – 成人关系的不同上，不仅是由于父母、教师对儿童的社会建构不同，同时也是因为家庭环境提供了一个不同于学校的框架。在家庭中，儿童不单被视为社会化的主体，而且被作为他们自己社会世界的参与者和协商者，因此是重要的家庭成员。在学校中，儿童本质上被视为成人工作的对象。从儿童的观点看，学校中的师生关系是以成人为导向的，强调社会规范。家庭的社会系统比较灵活，不那么正式，而学校的社会系统则更固定，更强调目标与实践之间的联系。因此，相较于家庭的生活，学校生活仅仅提供很少的与成人权威协商的机会，尽管儿童确实学会了展开独立活动。儿童在学校发现自己被视为群体成员而不是个体，作为社会化的对象而不是参与的主体。

不囿于传统的被动的儿童观，梅奥尔的这一研究显示出儿童在不同环境下的复杂互动，提醒我们除了关注特定的社会环境对儿童经验与活动的影响之外，还需要考虑儿童的视角，因为童年并不只是由成人来建构的。

由于把童年理解为一个自治世界，有些研究者如泽利泽、拉姆（Lamb）转而聚焦于儿童世界的物质构成，其主要体现为以玩具、游戏等为核心的童年文化。泽利泽认为儿童是童年文化的生产者、消费者、传播者。[1] 拉姆注意到儿童会运用芭比娃娃在同辈群体中来分享、传播性知识，以此创造出一种秘密的儿童文化。[2]

---

[1]　Viviana Zelizer, "Kids and Commerce", *Childhood*, Vol. 9, No. 4(2002) : 375 – 396.

[2]　Sharon Lamb, *The Secret Lives of Girls: What Good Girls Really Do—Sex Play, Aggression and Their Guilt*(New York: Free Press, 2001).

一些关注童年消费的研究者则认为儿童是具有自主能力的消费者。譬如，在儿童服装工业的社会史研究基础上，库克（Cook）解释了童年是如何与商业化发生关联的。① 据他分析，童年的商业化始于 1917 年首份儿童服装贸易杂志的发行，到 20 世纪 60 年代早期，儿童已经成为一个合法的消费者，有自己的需要和消费动机。依年龄、性别而区分的特别的儿童服装部门则专门为儿童消费者提供各种选择。

其他研究者也支持这一观点即儿童通过自身的消费行为界定了他们自己的童年。例如，国内学者景军研究快餐食物与零食市场如何深刻塑造中国儿童的童年。② 此外，以数字技术为基础的新媒介也重塑了我们所认为的童年。新媒介为儿童同辈文化提供了独一无二的空间，结果儿童文化创造的舞台完全改变了，进而诞生出儿童的新社会世界。

童年的混杂建构

总体上看，社会建构取向的童年研究将童年的生物方面与文化方面分离，并认为后者更为重要，但是不同的学者侧重点不一样，由此产生温和的建构派与激进的建构派主张的差异。这显示童年建构论内部存在不同的声音。事实上，有些新童年社会学学者已经意识到童年建构论的一些缺憾，而试图重新建构童年。这主要反映在普劳特的研究中。

作为新童年社会学的旗手，普劳特的研究可分为两个阶段，前一个阶段主要是批评传统的童年概念，主要体现在其与其他学者合编的《建构和重构童年：童年社会学的当代问题》《童年论》等著作中；后一个阶段则对新童年社会学提出反思，并对自己的一些观点进行了修正、重新建构，这主要体现在 2005 年的《童年的未来——对儿童的跨学科研究》一书中。

尽管恰如瑞典教育家爱伦·凯（Ellen Key）所宣称的，20 世纪是儿童的世纪③——的确，此前似乎没有哪个世纪更重视儿童，而在 20 世纪，很多学科诸如教育学、心理学、儿科学等均致力于理解儿童的特质，但詹姆

---

① Daniel Thomas Cook, *The Commodification of Childhood* (Durham, NC: Duke University Press, 2004), pp. 1 – 20.

② 景军主编《喂养中国小皇帝：食物、儿童和社会变迁》，钱霖亮等译，华东师范大学出版社，2017。

③ 〔瑞典〕爱伦·凯：《儿童之世纪》，魏肇基译，晨光书局，1936。

斯和普劳特提醒我们，满足于儿童、童年在当前社会中的位置是危险的，因为在他们看来，我们的"儿童""童年"概念是有问题的。[①] 因此需要反思"童年"被当代社会所建构的方式，这同时意味着要去反思"儿童"在特定的社会中被构想、叙述、表达的方式，这关系到具体的文化思想、哲学、态度和实践，这种反思将有助于我们思考童年的本质。

那么，传统童年研究的局限在哪里？这是普劳特早期所关心的问题。与詹克斯的反思路径一样，普劳特对传统童年概念的批评，主要针对发展主义的、社会化理论下的童年研究。

发展主义的童年研究模式主要是由心理学提供的，这种模式基于自然成长的思想，认为理性是成人的普遍标志，儿童则是不具有理性思维能力的、发展中的、不完整的人，童年不过是一段作为社会学徒的时期。这种模式本质上是一种进化论模式，强调思维从简单、非理性到复杂、理性的演化。长期主导着西方的童年研究的这一发展主义模式，将儿童的生物发展与社会发展等同起来，其之所以关注儿童的交往、语言、游戏等，不过是因为它们可以作为发展进步的标记而已，因为这些活动能够预示未来儿童进入成人世界后的发展。普劳特批评，在这些模式、概念、框架中，儿童实际上是被忽视的、被边缘化的，童年不过是等待着通过的暂时的阶段，而儿童必须先获得认知能力，然后才能进入成人的世界，这导致人们很少关注儿童社会生活本身的重要性以及去揭示童年的社会文化背景。

普劳特注意到发展主义的童年模式中的二元论思维，而传统的社会化理论毫无批评地吸收了这一思想。在这种理论中，儿童的本质被假设为与成人是不同的，儿童不被认为是成熟的、理性的、社会的、自治的。儿童是外在于社会的，是不同的物种，社会化即意味着将一种物种转变为另一种物种，其核心是将反社会的、自然的儿童驯化为一个社会性的人。在这里，儿童就像实验里面的小白鼠，被描述为被动的和顺应的。普劳特总结了社会化理论的一些弊端：对社会化过程的忽视、对社会化结果的过分重视，导致了童年的一系列问题和道德恐慌；强调家庭和学校的社会化作用，却很少考虑这些机构对儿童生活的影响和意义；成人们假定社会化过

---

① Allison James and Alan Prout(eds.), *Constructing and Reconstructing Childhood: Contemporary Issues in the Sociological Study of Childhood* (London: Falmer Press, 1997), p. 1.

程对他们孩子的发展进步是至关重要的，却很少关注社会化过程中的冲突或斗争之处；与儿童发展的心理学模式有千丝万缕的关系，导致社会学对成长的叙述主要植根于固有的个人主义与自然主义。

基于这些批评，1989 年他与詹姆斯概括了新童年研究的五点主张或特征①，其中首要的和最核心的主张是"童年是社会建构的"，并引述尼克·李（Nick Lee）的话，强调这一观点已成为一种"行业标准"。一些不承认童年是社会、历史建构的或不考虑童年的变化性和相对性的研究者，目前或多或少已经接受了这一观点。

尽管这一观点广为接受，然而普劳特隐约地感到这一观点存在某些问题，认同"童年是社会建构的"抑或童年是在话语中建构的时，若这种概念得到严格逻辑下的运用，可能没有真正的儿童或真正的童年经验。

为了避免激进派的建构取向的童年本体虚无论，以及以生物－文化的二元对立的方法来理解童年的缺陷，他试图为童年研究寻找新的智识来源，以超越自然与文化、结构与行动、个体与社会、存在与生成的对立。

在对现代童年研究史的梳理中，普劳特发现尽管达尔文的童年研究本质上是一项生物学项目，把童年定位为一种自然现象，但他意识到了社会对童年产生的影响。② 通过对动物幼年期与人类童年的区别与比较，普劳特指出童年不应该被看作一种附带的生物现象，而应该被看作生物向文化的一种转换，在某种程度上，所有童年都是由扩展的幼年期构成的，并且所有的人类文化都必须和幼年期相协调。③ 因此，不能单以生物或文化来界定童年。

然而，究竟如何克服此前一般社会建构取向研究中的二元对立思维？拉图尔的研究给了普劳特以启发。拉图尔用"社会异质网络"这一词来描述人

① Alan Prout 与 Allison James 在 *Constructing and Reconstructing Childhood: Contemporary Issues in the Sociological Study of Childhood* 一书的"Preface to Second Edition"中将其概括为五点，在"A New Paradigm for the Sociology of Childhood? Provenance, Promise and Problems"一文中则将其概括为六点。

② Alan Prout, *The Future of Childhood: Toward the Interdisciplinary Study of Children* (London: Routledge Falmer, 2005) , p. 47.

③ Alan Prout, *The Future of Childhood: Toward the Interdisciplinary Study of Children* (London: Routledge Falmer, 2005) , p. 111.

类社会，即认为人类社会是由一系列复杂的文化与自然的中介物建构起来的。他说这些网络是同时存在的，像自然一样；是叙述性的，像话语一样；是集合的，像社会一样。① 社会是通过各种异质物质的网络建构出来的，是通过各种人类与非人类的实体之间不断变化的联合与分离而产生的。因此社会生活不能简单化约为"纯"人类或"纯"科技，其总体模式或秩序既不是由人类，也不是由科技单独决定的，而是通过两者的结合形成的。②

普劳特特别赞赏"网络"这一隐喻，认为这一隐喻暗示童年是各种不同的，有时相互竞争、有时相互冲突的异质性秩序的集合体。③ 基于此而发展出来的行动者网络理论可以避免结构与行动的对立，受此影响，普劳特对"儿童是社会行动者"的基本观点的重复论述（就像这些观点没有取得广泛认同一样）表示厌烦，他主张儿童不仅是一个积极的社会行动者，而且是一种文化的、历史的、社会的建构，更是自然、文化、技术等异质因素的复杂产物。

他的结论是，我们应当把童年看作一种社会现象，但无论这一事实多么显而易见，童年都不是并且从来不曾是纯粹社会的，实际上，我们也很难想象一种纯粹的社会现象是什么样子，社会关系已经异质化，它由各种物质的、话语的、文化的、自然的、技术的、人类的、非人类的材料构成。童年像所有社会现象一样，是异质、复杂和突现的。④ 童年不能被视为一个单一的现象，它是基于很多异质材料的联结、断裂、聚合、分裂建构出来的。⑤ 童年应被视为一种"自然－文化"的复杂结合物。

普劳特的这一观点，无疑是对社会建构论侧重社会文化维度的重要修正，然而其又重新建构起新的儿童、童年，只不过这种建构不再是排斥的、封闭的，而是开放性的、非目的性的。

---

① 　B. Latour, *We Have Never Been Modern* (Hemel Hempstead: Harvester/Wheatsheaf, 1993) , p. 6.

② 　Alan Prout, *The Future of Childhood: Toward the Interdisciplinary Study of Children* (London: Routledge Falmer, 2005) , pp. 70 – 71.

③ 　Alan Prout, *The Future of Childhood: Toward the Interdisciplinary Study of Children* (London: Routledge Falmer, 2005) , p. 71.

④ 　Alan Prout, *The Future of Childhood: Toward the Interdisciplinary Study of Children* (London: Routledge Falmer, 2005) , p. 2.

⑤ 　Alan Prout, *The Future of Childhood: Toward the Interdisciplinary Study of Children* (London: Routledge Falmer, 2005) , p. 144.

小　结

当代童年社会学研究的进展，主要建立在对传统童年理论的批评与反思的基础之上。传统的童年理论，认为童年是普遍的、自然的、由生物给定的，儿童是脆弱的、无能的、需要被保护的，是生成中的（becoming）而不是存在（being）。这种观念具有深远的影响，不仅导致儿童不被看见，而且导致儿童、童年本体论的缺乏。

新的研究以两种路径来凸显儿童的能动性和"作为社会行动者"的主体位置。一种路径是从结构的、宏观的视野来重新定位童年。通过将童年提升到类似于"阶级""性别""族群"等范畴的地位上，来呈现儿童在社会中以往不被注意的位置：在政治、经济、文化等领域被排除在外及被设定为附属的角色。

结构取向的童年研究，本质上是围绕儿童与成人的差异尤其是结构性差异来展开的，因此会特别关注世代。"世代"概念对童年研究的重要性在于提醒我们童年的关系性维度。儿童/成人、童年/成年之间实际上是一种相互构成的关系，其通过代际实践——世代成员之间的互动——不断生产和再生产出彼此。

另一种路径从社会文化的层面上定位童年，认为童年是社会建构的。在此观念下，童年显然不能被塑造成自然的现象。与结构论一样，社会建构论的童年研究，亦批判传统的童年研究，但批判的重心在于二元对立的童年思维。

如果说结构论的研究强调童年的一致性、普遍性，那么建构论的研究则更强调童年的多元性，削弱了童年本质论的形而上认识，其实质是一种文化相对主义的童年观。由于其研究方法主要是分析性、解释性的，激进的建构论者甚至主张童年是由各种话语建构的，并无实体，由此瓦解了童年的任何本质。

当然，两种研究取向并不矛盾，它们在解释某些问题时是互补的。以儿童虐待为例，建构论的研究更关注判断何为虐待行为的标准、价值观念，以及虐待的文化属性；结构论的研究则会关注虐待的结构因素，维尼斯便注意到正是儿童的世代身份使得成人占据一个更有利的位置，儿童难以表述他们受到的虐待，因为儿童缺少政治选民身份，无法像少数群体一样去争取他们的权益。[①] 在当代童年研究中，这两种取向常常被混合使用，它们复杂地、交织地体现在当前童年社会学关注的主要议题中。

---

① Michael Wyness, *Contesting Childhood* (London and New York: Falmer, 2000) , p. 121.

第四章　作为社会问题的童年

　　童年与社会问题是当代西方社会学关注的基本议题之一，事实上早期社会学亦关注儿童、童年的种种问题，但它们常被视为社会系统或功能失范的例证，因此学界特别关注犯罪、越轨、行为偏差等问题。有别于此，新的童年研究不仅关注范围更广，涵盖儿童失学及旷课、童年剥夺、儿童肥胖、儿童虐待、早育、儿童药物滥用、童工、儿童贫困、街道儿童、流浪儿童、移民儿童、儿童士兵等众多问题，而且更关注这些问题如何被"问题化"或者这些问题的构成方式。

　　就当前来看，对于有关童年、儿童的社会问题，人们往往从两个相互关系的角度来看待。一是儿童被成人视为问题（as problems for adults），其建构的基本方式有三种。首先，儿童妨碍、扰乱或侵入了成人世界的日常生活、公共空间，如儿童作为讨厌鬼，给成人带来不便与尴尬。其次，出于对脆弱儿童的安全的担忧——担心儿童受到伤害、成为受害者，成人基于"对天真儿童的成见"夸大了儿童的无能。最后，一些儿童被视为他们自己的坏行为诸如青少年怀孕、药品滥用、旷课、犯罪等的责任者，成人由此谴责他们没有责任心。二是儿童所面对的不能解决的问题（the problems of children），例如关于儿童的绑架、枪击等问题只有依赖成人的行动与资源才能得到表述与解决。[①] 鉴于此，我们不应简单地视儿童为社会问

---

① Katherine Brown Rosier, "Children as Problems, Problems of Children", in Jens Qvortrup, William A. Corsaro and Michael-Sebastian Honig (eds.), *The Palgrave Handbook of Childhood Studies* (Hampshire and New York: Palgrave Macmillan, 2009), pp. 256 – 272.

题，而是要关注成人"如何"视儿童、童年为社会问题。

第一节 童年的危机

自 20 世纪 80 年代以来，"童年的危机"① 逐渐成为西方社会中有关童年问题的一个主要话语，类似的表达有"被催促的儿童"② "童年的消逝"③ "逃避童年"④ "童年之死"⑤ "儿童的终结"⑥ 等。这些话语毫无疑问与更广泛的社会问题有着密切关系，它们属于更大的社会变迁的一部分，并是其反映。

然而，童年的危机究竟传达出什么，人们如何理解与解释这一危机，这一危机又是如何呈现的，是童年新社会研究关注的重点。

危机的征候

童年与社会问题研究的传统焦点典型表现在"青少年问题"⑦ 上，人们常常抱怨青少年酗酒斗殴、辍学、早恋、道德滑坡、行为不佳、犯罪。然而，皮尔森（Pearson）认为，据此认为当代青少年比过去更难管控、更具有犯罪倾向的这种认识是有问题的。在他看来，青少年不过是充当了特

① 知山大学（Edge Hill University）犯罪与社会公正研究中心于 1994 年专门组织了一次会议讨论这一话题，会后出版了 *"Childhood" in "Crisis"?* 一书，由 Phil Scraton 主编，由伦敦大学学院出版社（UCL Press）于 1997 年出版。

② David Elkind, *The Hurried Child: Growing Up Too Fast Too Soon*(New York: Perseus Publishing, 2001) （中译本：《还孩子幸福童年——揠苗助长的危机》，陈会昌等译校，中国轻工业出版社，2009）。

③ Neil Postman, *The Disappearance of Childhood*(New York: Delacorte Press, 1982) （中译本：《童年的消逝》，吴燕莛译，广西师范大学出版社，2004）。

④ John C. Holt, *Escape from Childhood: The Needs and Rights of Children* (Boston: E. P. Dutton, 1974).

⑤ David Buckingham, A*fter the Death of Childhood : Growing Up in the Age of Electronic Media*(Cambridge: Polity Press, 2000) （中译本：《童年之死》，张建中译，华夏出版社，2005）。

⑥ Nathanael Lauster and Graham Allan, *The End of Children: Changing Trends in Childbearing and Childhood*(Vancouver: UBC Press, 2012).

⑦ 有关"青少年问题"的研究成果比较丰富，国内的如马桂平《社会学视野下青少年问题研究》，河南人民出版社，2008。

定时期社会失序的替罪羊而已①，这种思考方式可能会忽视真正的童年危机问题。

关于童年危机的忧虑并不新鲜。在大众媒体中，最负盛名的是1982年波兹曼所提出的"童年的消逝"。此外在梅罗维茨（Meyrowitz）《消失的地域》一书中亦有类似的观点，其认为传统媒介的变化导致了童年与成年融为一体，梅罗维茨甚至暗示波兹曼等人所主张的观念其实是他首先构想出来的。②

《童年的消逝》一书的广告语"这本社会史与媒介研究的现代经典著作勾勒了今日美国童年的迅速失落以及由此构成的对成年概念的威胁"③，表明了该书的基本论断。该书运用大量的历史学、人口学资料，指出童年是文艺复兴后的近代发明。童年的诞生，是因为印刷媒介在儿童与成人之间强加了一个分界线，但是这一分界线在新的媒介的攻击下变得越来越模糊。波兹曼断定儿童与成人的分界线受到以电视为代表的新媒介的侵蚀，其表现在三个方面：理解电视的形式不需要任何训练；无论对头脑还是行为，电视都没有复杂的要求；电视不能分离观众。鉴于这些情况，电子媒介不可能保留任何秘密。而如果没有秘密，童年这样的东西当然也就不存在了。④

换言之，儿童之所以拥有童年，是因为儿童是一个不知道成人所知道的某些信息的群体。中世纪没有童年，因为让成人单独知道某些信息的手段并不存在。在印刷术的时代，这种手段被开发出来了。在电视时代，它又消失了。⑤而在一定意义上，童年的消失意味着电子媒介时代童年纯真的消失。其中最重要的是儿童羞耻观念的弱化与去神秘化。根据波兹曼的论述，自从中世纪以来，人们普遍认为暴力冲动、性冲动和自我中心对儿童尤其危险，因为人们假设儿童尚不具备足够的自制力，所以儿童需要一个与成人有别的纯真童年。儿童最终会了解充满秘密的成人世界，但需要通过成人分阶段地教他们如何将羞耻心转化为一系列道德规范。

---

① Geoffrey Pearson, *Hooligan: A History of Respectable Fears*(Basingstoke: Macmillan, 1983), p. 227.

② Joshua Meyrowitz, *No Sense of Place: The Impact of Electronic Media on Social Behavior*(New York: Oxford University Press, 1985), p. 363.

③ Neil Postman, *The Disappearance of Childhood*(New York: Delacorte Press, 1982).

④ 〔美〕尼尔·波兹曼：《童年的消逝》，吴燕莛译，广西师范大学出版社，2004，第115页。

⑤ 〔美〕尼尔·波兹曼：《童年的消逝》，吴燕莛译，广西师范大学出版社，2004，第122页。

　　然而，在一个没有保存秘密手段的社会里，秘密自然也就被剥夺了。对儿童而言，当维护暴力、谋杀、强奸、同性恋、精神病、恋物癖、异装癖等这些秘密的手段消失了，当这些秘密变成公共话语的内容，可展现在任何公共媒介中时，对这些问题的羞耻感也会随之消失。曾经是可耻的事情，现在完全不受约束，这便给儿童带来了危险，特别是给社会的未来带来了问题。曾经美好、纯真的童年，现在变成了一个"社会问题"、"心理问题"或"政治问题"。

　　与波兹曼同时代关注童年危机的还有艾尔金德（Elkind）与韦恩（Winn），前者著有《被催促的儿童》一书，后者著有《没有童年的儿童》一书。

　　前书的副标题是"growing up too fast too soon"，中译本将其译为"揠苗助长的危机"。在该书第一章中，艾尔金德宣称：

　　　　"童年"这个字眼儿，在我们的传统生活方式中多么重要啊！可惜，社会的进步却使"童年"遭遇灭顶之灾。①

　　作为一位关注儿童与青少年教育的心理学家，艾尔金德论述的着重点是"压力"。这些压力中，首要的是早期智力成就的压力。父母们认为儿童的学习开始得越早，获得巨大成功的机会就会越多。父母们想让孩子较早学会阅读的愿望带来了压力，这一压力反映了父母的需要，而不是儿童的需要或兴趣，这种环境下的儿童往往不能只做个孩子，而是被催促着成为小成功者。

　　其次，压力来自学校。学校的工业化模式因为忽视儿童在心理能力、学习速度、学习类型上的个体差异，会揠苗助长。儿童被迫达到由标准化测试所得到的统一标准，那些不能跟上这一测试系统的儿童，经常被认为有缺陷或被标识为有学习障碍、注意缺陷多动障碍等，而标准测试一旦成为教育的焦点，就给儿童增添了另一种压力。

　　此外，媒体也鼓励父母和成人变本加厉地揠苗助长。艾尔金德认为，不同于报纸与电影等媒体，电视信息不需要通过语言来传递或理解，它向

──────────
　　① 〔美〕Dvaid Elkind：《还孩子幸福童年——揠苗助长的危机》，陈会昌等译校，中国轻工业出版社，2009，第3页。

儿童直接即时传播发生在世界各地的事件。电视不仅使得年幼儿童更容易接触到信息，同时还减少了父母的控制，缩小了社会阶层、种族、文化与年龄之间的差异。通过这些媒体，儿童接触到了与他们年龄不相符的事件和问题。它们催促和逼迫着儿童快快成长。

这些童年压力所带来的问题是什么？根据艾尔金德的看法，匆忙长大的真正危险是，儿童可能在懂得社会责任之前先学会了社会放纵。这种秩序的混乱只能助长不文明的行为。童年应有自己的节奏，① 如果催促和逼迫儿童快快成长，将会导致"早成熟，早腐败"的后果。

韦恩在一些问题上回应了艾尔金德的观点，例如其指责媒体向儿童灌输成人生活的秘密，包括性与暴力。② 尽管细部分析并不一样，但是他们的主要立场是相似的：主张维持、强化成人与儿童之间的分界线。这种观点的实质是认为童年本质上是一种自然现象，这是浪漫主义童年观的一种延续。

在《逃离童年：儿童的需要和权利》这本富有争议的书中，霍尔特（Holt）认为我们需要反思儿童与成人的关系。在照料与保护的幌子下，儿童被放入一个童年的围墙花园中，外在于人类经验的世界。然而，对许多儿童或成人而言，这座童年的围墙花园更像一座监狱，在那里，统治者们强迫和限制个人行为。③ 因此，他主张逃离这种童年。

霍尔特是一位五年级教师和畅销书作家，是 20 世纪 60 年代学校改革运动的积极推行者，其在 70 年代曾致力于儿童权利运动。霍尔特关于童年问题的论述，主要基于儿童权利与需要的角度，这实际上是从另一侧面对童年危机的表述。

童年危机的话语一直盛行。在 21 世纪其不仅没有消逝，而且到处流行，体现在各种公众媒体、政策、文化评论中。例如英国《每日电讯报》发起一项名为"守护童年"的运动来阻止童年之死，试图唤起公众对儿童生活状态的关注。刊载于该报的一些公开信认为，儿童被过度应用的电子媒介"污染"了，他们缺乏游戏的空间；儿童的学业成绩被过度强调。④

① 〔美〕Dvaid Elkind：《还孩子幸福童年——揠苗助长的危机》，陈会昌等译校，中国轻工业出版社，2009，第15页。

② M. Winn, *Children Without Childhood*(New York: Random House, 1983), p. 13.

③ John C. Holt, *Escape from Childhood: The Needs and Rights of Children* (Boston: E. P. Dutton, 1974), p. 40.

④ 参见 *The Daily Telegraph*, September 13, 2006。

无独有偶，对童年危机的担忧亦出现在国内，一些人批评当前的教育"追求儿童明日发展的高速度，客观上造成了今日童年生活的高速度，这种高速的童年忽视了儿童过一种有意义的、快乐的童年生活的诉求，单一的、持续快速的行走方式，造成童年生活的单调、乏味和疲劳"，而"当童年的速度快到一定程度的时候，童年就真的死了"。① 这里我们能感觉到其对童年危机的忧虑。

不仅如此，国内一些学者甚至干脆判定"童年的消逝是一个既定的社会现实"，并指出童年消逝最显著的症状是传统儿童游戏的消失，儿童的娱乐方式为电视和网络等电子媒介所代替，出现成人化和功利化的趋势。② 不论这一论述是否周密，其都呼应了公众对童年危机的担忧。

危机的隐喻与"道德恐慌"

在种种"童年危机"的话语中，可以发现怀旧与忧伤的论调。针对"童年之死"这一论题，帕金翰认为尽管不同论者之间观念有所差异，但是所有这些论者都是在回应他们所确认的某一种独特的当代病症，并且其回应的本质反映出一种混合着恐慌与怀旧的情感，而这种情感是 20 世纪最后几十年社会的一个典型特征。③

事实上，童年的危机背后有着一个潜在假设，这个假设是童年不再像从前一样，童年出了问题了，因此童年才面临危机。

将童年作为纯真与单纯的理想状态的观点，可追溯至 18 世纪的欧洲浪漫主义运动，特别是卢梭的思想。在《爱弥儿》中，卢梭描画了他的童年图景：

> 在万物的秩序中，人类有它的地位；在人生的秩序中，童年有它的地位；应当把成人看作成人，把孩子看作孩子。
>
> 如果我们打乱了这个秩序，我们就会造成一些早熟的果实，它们长得既不丰满也不甜美，而且很快就会腐烂：我们将造成一些年纪轻轻

---

① 冯毅：《成长加速诱发童年危机》，《中国教育报》2014 年 1 月 17 日，第 6 版。

② 刘爽、杨淑萍：《童年的消逝与回归——基于游戏的视角》，《中小学教育》2014 年第 9 期。

③ David Buckingham, *After the Death of Childhood: Growing Up in the Age of Electronic Media* (Cambridge: Polity Press, 2000) , p. 32.

的博士和老态龙钟的儿童。儿童是有他特有的认识、思考和感情方式；再也没有用我们的方式去代替他们的方式更为愚蠢的事情了……①

这里，儿童的位置被提升。提升的依据不在于我们必须了解儿童才能教育和培养儿童，而在于儿童天性的纯真，在于儿童身上与生俱来的性善，在于童年是人类最接近"自然状态"的人生阶段，而这种状态，"一到了人的手里，就全变坏了"②。因而卢梭主张一种自然教育，亦即一种消极教育。所谓消极教育就是设法避免环境的不良影响，让自然说话、让儿童自然成长的教育。消极教育不是帮儿童养成品德，而是防止儿童趋于邪恶；不是教给儿童知识，而是防止他们产生对事物的误解。詹姆斯等人把卢梭的这一观点归纳为"前社会学中的儿童"模式。③

由卢梭所确立的童年纯真的观点，伴随现代教育的推广而迅速传播，成为西方社会中一种典型的童年观。这种童年观有力地回击了中世纪的儿童原罪观。不过其观点中对童年与成年、儿童与成人的差异性的强调，却使得童年被视为一种特殊的状态，不得不接受来自成人世界的限制，这种限制常体现在学校、家庭等教育场景中。

在 20 世纪后半期，童年观的裂隙开始出现。视觉文化、商业、新技术等对儿童生活的冲击，碎片化了浪漫的理想童年。儿童开始被认为拥有权利，首先是拥有童年的权利，然后是像成人一样的个体权利，尽管不包括就业权。

在卢梭的启蒙时代，尽管儿童已经被发现，但尚未诞生"儿童权利"的观念。直到 20 世纪初期，儿童权利才逐渐得以确立。关于儿童权利，基于成人与儿童的关系，自由主义者认为儿童与成人之间的分隔是任意的，儿童是被压制的。这一观点通过童年的意识形态——根据儿童的脆弱性与无助感来定义"孩子气"（childishness）——而得到支持。将儿童从这种压制中解放出来，意味着让儿童分享成人的权利。这样，一些学者便认为儿童应该拥有投票权，儿童有权选择是否上学、在哪里居住以及与谁住在一起等。④

---

① 〔法〕让·雅克·卢梭：《爱弥儿》，彭正梅译，上海人民出版社，2007，第32、45页。
② 〔法〕让·雅克·卢梭：《爱弥儿》，彭正梅译，上海人民出版社，2007，第1页。
③ Allison James, Chris Jenks and Alan Prout, *Theorizing Childhood* (Cambridge: Polity Press, 1998), p. 13.
④ John C. Holt, *Escape from Childhood: The Needs and Rights of Children* (Boston: E. P. Dutton, 1974), pp. 1–2.

坎宁安注意到家庭权力中的一个重要变化，是儿童养育中儿童与父母之间的协商。这一过程是由国家、其他机构控制的。儿童被视为国家的财产，童年成为国家介入的空间。例如，为了降低婴儿死亡率，国家教给母亲卫生知识。他的结论是，在视儿童拥有一个人的权利的儿童观与儿童拥有儿童的权利的儿童观之间存在张力（关于作为人的儿童与作为儿童的儿童的观念存在矛盾）。[①] 从这个角度看，童年的危机实质上就是这两种观念间的冲突与矛盾。浪漫主义的童年理想与实用主义的当代儿童抚养实践，产生不一致之处，引发不和谐的声音与厄运。

回到纯真童年的观点来看童年的危机。西方浪漫主义童年观的根基是童年与成年不同，有其独特性。这一独特性的核心在于认为儿童是天真的、纯洁的、脆弱的，由此自然地赋予成人照料和保护儿童的责任。然而这同时意味着成人具有天然的权威。成人不仅要保护儿童，还要教育、管理儿童。因此，童年出了问题，也就意味着学校、家庭出了问题。

如果从权力的角度看，危机不仅意味着儿童脱离原来的位置，而且意味着儿童改变了其与成人的关系，挑战了成人的权威。

以街头流浪儿童为例。街头流浪儿童是一个特殊的群体，一方面，他们往往因为声音微弱，不为人们所关注，处于社会边缘，被认为是弱势群体，应该得到社会更多的关爱；另一方面，他们给人的印象往往是被遗弃的，不得不在不安全的环境下生存，他们不讲卫生，到处乞讨，扔垃圾，在整洁的城市空间中制造出不安的气氛。因此，在有些国家，这些街头流浪儿童受到打击，特别是在旅游区。

由此，街头流浪儿童常常被视为一个社会问题，作为童年危机的表征之一。之所以被问题化，是因为这种状态下的儿童藐视了原有的规范：首先，街头作为成人的空间，不属于儿童；其次，他们侵入了工作世界，而儿童不被允许在街头拾荒，赚取报酬。

然而，这种定义街头流浪儿童的方式可能是有问题的。在格劳斯（Glauser）看来，应当区分两种儿童：街头工作儿童（children "in" the street）与街头流浪儿童（children "of" the street）。前者指在街头工作但生

---

① H. Cunningham, *Children and Childhood in Western Society Since 1500*(London: Longman, 1995), pp. 177 – 178.

活在家中的儿童，后者指工作与生活均在街头的儿童。[1] 街头工作儿童根本不是社会问题。

在一定程度上，对童年危机的担忧反映出一种"道德恐慌"。在文化研究中，"道德恐慌"常用来形容人们对威胁社会秩序的问题的一种强烈的感觉。其由科恩（Cohen）提出，他以道德恐慌来形容 20 世纪 60 年代英国媒体描述当时的青年文化及其引起的社会反响的方式。当"某一情况、事件、人或一群人开始被定义为威胁到社会价值与利益"[2] 时，一种道德恐慌将会发生。研究者们把那些觉得社会主流文化价值受到威胁而感到恐慌的人称为"道德业主"（moral entrepreneurs），而把那些威胁社会秩序的人称为"民间恶魔"。

在当代，由于社会对儿童所受的威胁给予越来越多的关注，它唤起了人们对天真无邪的儿童们的同情，这体现出一种卢梭式的童年观。人们普遍感到童年的主流价值受到侵袭。这与新闻舆论引导有莫大关系，媒体往往倾向于以偏离来定位童年问题并将之扩大化，导致在公众中形成大规模的担忧与焦虑。

这种由媒体建构与引起的道德恐慌，反映出对变化与革新的担忧，特别是当童年唤起人们的集体记忆时。这种分析的逻辑凸显出对变迁与失去的忧虑是如何成为一种富有想象力的投射的。以此看，童年的危机不过是一种被建构的周期性的道德恐慌。

谁的危机？

对于"童年的危机"，新童年社会学家们建议将其放在更广泛的社会结构变化的背景下来分析，其中最重要的变化便是晚期现代性或后现代性社会的降临。

晚期现代性深刻改变了社会组织以及自我认同的方式，标志着个体与社会的新的关系的出现。一方面，社会学家吉登斯认为在现代性的后传统

---

① B. Glauser, "Street Children: Deconstructing a Construct", in Allison James and Alan Prout(eds.), *Constructing and Reconstructing Childhood: Contemporary Issues in the Sociological Study of Childhood*(London: Falmer Press, 1997) , pp. 145 – 164.

② Stanley Cohen, *Folk Devils and Moral Panics: The Creation of the Mods and Rockers*(London: Paladin, 1973) , p. 9.

秩序中、在新型媒体所传递的经验背景下，自我认同成了一种被反思性地组织起来的活动。因而，对于生活在晚期现代性的场景中的每个人来说，该做什么、如何行动、成为谁，在任何水平上，无论是话语性的还是在日常的社会行为中，都是核心的问题。① 这种自我的反思性，对身体以及心理过程产生广泛的影响。

另一方面，对吉登斯而言，自我认同的反思性建构与他人的关系直接相联结，亦即与个人关系的转型相联结。吉登斯把今天的个人关系与前现代场域中的亲密的人际联系相区别。今天的个人关系是基于信任、情感交流，不经由外部的规范而形成的一种"纯粹关系"。他以婚姻关系为例来说明现代亲密关系的特征。婚姻过去是一桩契约，通常由父母或亲戚而不是由配偶双方自己来操控，而这种契约通常又受经济考虑的强烈影响，并且成为更广泛的经济网络和交易的组成部分。婚姻的发展趋势是预先存在的外部卷入的剥离，伴随这一现象的是浪漫爱情作为婚姻的基本动机的兴起。某些似乎是基本的因素（比如有孩子），不再是关系的固定特征，反而在双方可能分离时成为"惯性累赘"。② 这种关系性质的改变，自然会影响儿童。

另一位社会学家贝克将后现代社会诠释为"风险社会"，主要特征在于人类面临着威胁其生存的由社会所制造的各种风险。贝克认为在发达的现代性中，现代化风险脱离并重塑了工业社会内在的社会结构及其基本的生活行为的确定性——社会阶级、家庭模式、性别身份、婚姻、亲子关系和职业。在这一过程中，人们从工业社会的社会模式——阶级、阶层、家庭、男女的性别身份——中解放出来，其对妇女的影响是将妇女从传统的被认为属于女性的特征中解放出来。

第一，妇女的生涯结构、生活阶段的替续被生活期望所转变。"为了孩子的生活"今天已经成为妇女的一个短暂的生命阶段。

第二，现代化重构了家庭劳动。一方面核心家庭加固了它们的边界，另一方面技术自动化延伸进家庭劳动，使得家庭劳动去技艺化。它指引着妇女走出家庭去追寻一种"充实的"生活。

---

① 〔英〕安东尼·吉登斯：《现代性与自我认同》，赵旭东、方文译，生活·读书·新知三联书店，1998，第 81 页。

② 〔英〕安东尼·吉登斯：《现代性与自我认同》，赵旭东、方文译，生活·读书·新知三联书店，1998，第 101 页。

第三，女性性欲被从"母亲的命运"中解放出来，并且女性可以有意识地发掘不遵从男性规范的性体验。

第四，妇女脱离了丈夫的终身供养，妇女被"解放"了。

第五，教育机会的平等，增加了妇女职业参与的可能性。①

所有这些，表现了妇女从现代的、不能改变的女性身份命运中解放的程度。贝克将这些趋势称为"男女生活历程中的个体化倾向"。

贝克这里所说的"个体化"并非个性化，按鲍曼的理解，个体化就是要把人的"身份"从"既定的东西"转变成为一项"责任"，要求行动者承担执行其身份所对应的任务的责任，并对其行为的结果负责。换句话说，个体化的关键在于确定合法的自主性。②

个体化在这里所强调的是个体的选择、自主与机会。传统的社会参考框架被弱化后，产生更多的个体自由空间。这一新的社会历程允许人们追求新的人生历程，并促进新的社会群体与文化的形成。儿童也经历着这一过程。③ 这一过程重置了从前的儿童与成人的关系，在一定程度上赋予了儿童建构自己童年的能力，如创造出属于他们自己的文化——儿童与童年文化的能力。

然而这一过程对儿童的影响是双重的，一方面，在晚期现代的社会关系下，儿童的地位开始转变，越来越早地被视为社会参与者；另一方面，他们越来越早地像成人一样受到制度化机构和组织系统的控制，这些控制因素广泛地支配着儿童、童年的政策与专业实践。

这种社会变化的趋势剥夺了儿童的自由空间，成人们越来越多地把儿童安排在具有安全措施的、可控的各种场所或建筑物中。如津内克（Zinnecker）描述，儿童的生活世界被定位在受保护的房间里，远离自然环境，和其他年龄群体的行动场所相分离。④ 我们所留给儿童的是一些父母监管

---

① 〔德〕乌尔里希·贝克：《风险社会》，何博闻译，译林出版社，2004，第134~135页。

② 〔英〕鲍曼：《个体地结合起来》，转引自〔德〕乌尔里希·贝克、伊丽莎白·贝克-格恩斯海姆《个体化》，李荣山等译，北京大学出版社，2011。

③ Jens Qvortrup, "Sociology of Childhood: Conceptual Liberation", in Flemming Mouritsen and Jens Qvortrup(eds.), *Childhood and Children's Culture*(Odense: University Press of Southern Denmark, 2002) , pp. 43 – 78.

④ Jürgen Zinnecker, "Children as Agents of Change", in Flemming Mouritsen and Jens Qvortrup (eds.), *Childhood and Children's Culture*(Odense: University Press of Southern Denmark, 2002) , pp. 103 – 123.

间隙间的"小岛",或成人世界结构缝隙之间的一些"岛屿"。

晚期现代性重置了童年。对童年控制的加强,实际上反映出对"风险"的担忧,成人试图通过控制儿童来维系社会的稳定。

不同于现代社会,儿童被视为一种"未来性"(futurity)的形式,在后现代社会,儿童成为有关稳定、整合、社会纽带的话语的场所或新的定位点。詹克斯用"怀旧"(nostalgia)这个词来概述后现代的童年,在这种模式中儿童被想象为一种"怀旧"的形式,一种对过去时光的渴望,而不是未来的体现。① 儿童成为成人的道德与情感投射对象。正如维尼斯的总结:

> 被置于"未来性"与"怀旧"两个世界的儿童:在前者状况下,成人试图通过儿童重新中心化自身——这样,童年成为一种道德救赎的形式,成人试图固守一种过时的童年概念。在这个过程中,由于成人企图维持优势,而产生许多矛盾与焦虑。在后者状况下,怀旧意味着童年的成人建构。成人们将风险社会中的危机情绪投射到儿童身上,借由儿童而达到控制社会的目的。②

如果这样,那么恰如帕金翰对"童年之死"的判断③,童年危机的种种话语可能是后现代性的一种征兆,反映了"理性的梦想"最终破灭之后,等待着我们的命运。

第二节 童年、社会问题与家庭

童年问题不是单一的问题,童年的危机不仅折射出传统童年概念与现代童年概念的冲突,而且也折射出家庭层面的问题。尽管当代社会学家们对家庭有不同的观点,一些社会学家认为我们不能讲"家庭"(family),

---

① Chris Jenks, *Childhood*(London and New York: Routledge, 1996) , p. 106.
② Michael Wyness, *Childhood and Society*(Hampshire and New York: Palgrave Macmillan, 2006) , p. 70.
③ David Buckingham, *After the Death of Childhood: Growing Up in the Age of Electronic Media*(Cambridge: Polity Press, 2000) , p. 33.

因为这样一来，似乎存在一种多少具有普遍性的家庭生活模式；另一些人则断言家庭已经"解体"了。① 然而家庭对儿童而言却是极为重要的，家庭是儿童的庇护所、成长的港湾、爱与情感的支柱。

因而，当童年出问题时，人们往往自然地追溯儿童的家庭经验，这些经验包括育儿与家务分工、家庭内不平等的权力、虐待、父母情感关系等。

晚期现代②的家庭

"家庭"一直以某种形式与变体存在于所有社会中。家庭既是一种特殊的社会再生产的形式，也是父母与儿童、男性与女性社会关系的特殊形式。作为一个概念及一种意识形态建构，现代家庭的出现可追溯到资本主义发展后期。不同于封建的、前工业时期的扩大家庭——世代共同居住、相互依赖，现代工业社会核心家庭以婚姻、私人、自我中心为特征。这种核心家庭的观念认为家庭是其成员的照料与支持的自然提供者。

随着中产阶级地位的上升，这种家庭意识形态逐渐渗透到国家的各个领域包括政治与法律领域。婚姻法、财产权、儿童监护权等是整个 20 世纪这种家庭模式再生产的表现。来自结构功能派的马凌诺斯基（Malinowski）、戴维斯（Davis）、默多克（Murdock）以及帕森斯等主导着战后家庭的分析，他们的主要假设包括：

1. 家庭的普遍性。家庭为人类社会的存在提供功能前提，如生育、儿童社会化、社会维持。

2. 家庭的自然性。家庭是生物给定的。

3. 家庭的性别分工既是工具性的（男性提供物质资源），又是表达性的（女性提供关怀、情感照顾）。

---

① 〔英〕安东尼·吉登斯：《社会学》（第 4 版），赵旭东等译，北京大学出版社，2003，第 165 页。

② 晚期现代即后现代时期。弗雷德里克·詹姆逊（Fredric Jameson）认为，后现代主义产生于 20 世纪 50 年代末期到 60 年代初期。自 20 世纪 60 年代以后，"后现代"在西方开始逐渐成为一种流行的话语，一种普遍化的社会思潮。不过，吉登斯不赞同"后现代"，而主张用"高度的"或"晚期的"现代性来描述后现代社会。

4. 家庭是躲避严酷的工作的公共世界的私人庇护所。[①]

这种核心家庭的观念长期占据着社会学的主流领域，导致儿童在社会学研究中不被看见，因为儿童通常被涵盖在"家庭"这一范畴下。

随着晚期现代性的降临以及全球化的影响，最近几十年来，不仅在西方工业国家，在发展中国家中，家庭也经历着快速变化，这反映在很多方面，如结婚率、出生率、家庭规模等。

就家庭规模而言，在过去一个世纪，儿童深受家庭规模急剧变小的影响。根据科萨罗的研究，尽管家庭规模缩小的趋势在1945~1957年的生育高峰期间有所缓和，但是在其后的生育低谷期，这种趋势快速增强。在大多数欧洲国家，生育率降低与家庭规模缩小的趋势更加明显。由此带来的结果是，儿童拥有的兄弟姐妹的数量锐减。没有了兄弟姐妹，孩子们较难参与到非正式的社区活动与儿童文化中，他们因此不得不依赖父母。[②] 这种现象在国内亦很明显。

尽管作为一种理想的家庭关系模型的核心家庭依然存在，但晚期现代理论家们告诉我们，传统的个人关系已经让位于一种新的亲密关系实践即吉登斯所谓的纯粹关系。[③] 这种关系不再基于政治等非个体因素，而是建立在个体选择基础之上。虽然纯粹关系也许并不能完全实现，但是西方社会中个体对亲密关系特别是夫妻关系有很高的期待，这常会导致离婚率上升与婚姻解体，带来家庭的新变化。同时，这不仅挑战了传统有关婚姻、儿童与家庭的假设，而且催生出一些其他种类的家庭现象：同性父母、收养与寄养的儿童，以及那些通过卵子捐赠、体外受精、医疗介入而形成的家庭形式等。

由于这些变化，当代一些社会学家不再视家庭为固定的社会实体。例如摩根（Morgan）认为家庭不是一个名词，家庭"是"家庭所"做"之事。他提出"家庭实践"（family practices）这一概念，用来指代涉及为人父母、亲属关系和婚姻等观念的一系列实践，以及与这些实践相关的期望

① Phil Scraton(ed.), *"Childhood" in "Crisis"?*(London: UCL Press, 1997) , p. 61.
② 〔美〕威廉·A. 科萨罗：《童年社会学》，程福财等译，上海社会科学院出版社，2014，第98页。
③ 参见〔英〕安东尼·吉登斯《现代性与自我认同》，赵旭东、方文译，生活·读书·新知三联书店，1998。

和义务。[①] 按此认识，我们应当思考"做家庭生活"（"doing" family life）而不是"在家庭中生活"。我们应视家庭为家庭成员的一种实践，而不是一种事物。"在家庭中生活"是一种较为传统的家庭观念。在这种观念中，家庭成员遵循传统的角色期待，担负起各自的义务。"做家庭生活"则强调了参与的概念，强调个体在家庭中的能动性，个体能主动参与家庭决策。就儿童在家庭中的角色而言，"做"凸显了儿童能以积极的方法参与家庭实践，这挑战了传统儿童在家庭中的依附性地位。

"家庭实践"关注家庭亲密成员之间的日常互动，而不是以往核心家庭中成员之间的婚姻、义务的界限。在这一概念中家庭情感的纽带不是由血缘或婚姻简单给定的，而是通过协商维系的。[②] "做家庭生活"的理解，实际上反映了晚期现代的家庭关系。这一概念对童年研究很重要。由于多年来社会学家总是将儿童归入家庭这一概念大伞下，儿童本身没有得到独立研究。"做家庭生活"意味着家庭不只是儿童出生与成长的某个地点与空间，而且是儿童社会行动的场所。

童年的私有化

在论述现代社会个体化趋势时，贝克认为个体化包含三个维度：一是脱离，即从历史规定的、在统治和支持的传统语境意义上的社会形式与义务中脱离（解放的维度）；二是与时间知识、信仰和指导规则相关的传统安全感的丧失（祛魅的维度）；三是重新植入，即一种新形式的社会义务（控制或重新整合的维度）。[③]

按此认识，可以很好理解现代童年的矛盾：相较传统社会，一方面，儿童被赋予更大的自主权、行动空间与自由，因此那种视儿童为社会行动者的认识才引起诸多学者的共鸣，国内一些学者亦呼吁解放童年[④]；但另一方面，由于现代童年风险的增加，国家、社会、家庭、学校等机构或体制性因素对儿童的控制越来越细密，而对有些人来说，控制儿童就是拯救

---

① D. Morgan, *Family Connections: An Introduction to Family Studies* (Cambridge: Polity, 1996) , p. 11.

② F. Williams, *Rethinking Families* (London: Calouste Gulbenkian Foundation, 2004) , p. 17.

③ 〔德〕乌尔里希·贝克：《风险社会》，何博闻译，译林出版社，2004，第 156 页。

④ 参见卜卫《捍卫童年》，《读书》2000 年第 3 期；孙云晓：《捍卫童年》，江苏教育出版社，2009。

他们的童年，尽管这种童年也许并不为儿童所期待。

这种对童年的管理或控制，既表现在国家对儿童的介入程度（这在后文将述及）上，也表现在家庭对儿童的义务上。

对于家庭对儿童的义务或称对童年的管理，维尼斯用"童年的私有化／私人化"（privatization）① 表述之，以区别于童年的国家管理。

尽管儿童似乎天生属于家庭，但儿童与家庭之间的关系在历史上是不断变化的。过去儿童的生活直到 17 世纪都是发生在公共生活中的。作为一种观念、一种价值的家庭是不存在的。18 世纪家庭观念开始得到发展，家庭变成了一个排他性的团体，而家庭的观念与儿童的观念是不可分割的。家庭变成了夫妻之间、家长与儿童之间情感交流的必要场所，以前不是这样的。这种用教育机会来表现的感情是全新的：家长们对孩子的学习感兴趣，培养孩子不再停留在财产与荣誉层面。家庭由此开始围绕着孩子来组织，给予孩子重要的地位，使得孩子摆脱了以前默默无闻的状况。② 伴随这一发展，童年的私有化趋势逐渐出现。

由于现代家庭这一私密化的情感空间特别体现在家庭中的母亲与孩子身上，儿童自然而然被视为家庭特别是母亲服务的对象。

对大多数儿童而言，他们的童年生活高度依赖他们的父母，这种依赖性直到他们成年才能降低。这样，父母的育儿风格将会对童年产生重大影响。鲍姆林德（Baumrind）基于两个要素——育儿响应与育儿要求来分析不同类型的教养风格。育儿响应是指支持性的、以儿童为取向的育儿的基本要素；育儿要求是指试图将儿童融入既存现状的行动的基本要素。研究显示有四种类型育儿风格：溺爱型父母倾向于避免与儿童对抗，其中又分为宽容型父母与非指导型父母；专制型父母强调育儿要求，期待他们的命令得到遵守，而无须解释；权威型父母在响应与要求之间寻求平衡，期待儿童既自控又能合作；冷漠型父母在响应、要求上均忽视。③ 除这四种外，还有一些变异类型如虐待型父母、民主型父母。

---

① Michael Wyness, *Childhood and Society*(Hampshire and New York: Palgrave Macmillan, 2006), p. 96.

② 〔法〕菲力浦·阿利埃斯:《儿童的世纪：旧制度下的儿童和家庭生活》，沈坚、朱晓罕译，北京大学出版社，2013，第 326 页。

③ D. Baumrind, "The Influence of Parenting Style on Adolescent Competence and Substance Use", *Journal of Early Adolescence*, Vol. 11, No. 1(1991):56 – 95.

儿童的童年就在父母日复一日的育儿中度过。育儿是平衡各种决定的微妙的复杂过程。这一过程涉及设置各种边界、建立各种规范。儿童知道需要让父母知道他们在哪里、在干什么，因为父母们要确保儿童是安全的。当然这一过程实际上如何进行，部分取决于父母与儿童的交流与关系本质亦即育儿风格。

在当代，对童年的管理涉及更广泛的网络，包括扩大家庭、朋友圈、学校等。在这里，新的技术的出现如智能手机意义重大。但有些父母则非常担心手机带来的各种潜在风险。

就家庭情境而言，影响童年管理的因素包括年龄、性别、个性、邻里等，研究者们指出，青少年意识到他们与父母的关系会影响他们的行为，并且知道哪些是父母可以接受的，哪些是不可接受的。研究显示，父母一般采取监督、管理的策略，认为这是他们照料与保护儿童的一种特别重要的部分。[①] 这是"童年的现代发现"给父母提出的新的要求，恰如考夫曼（Kaufmann）等学者所言，父母的道德标准与社会责任达到一个历史上前所未有的水平。[②]

如果认同法国学者桑格利的理解，即当代家庭以个人和家庭的更大自主性为特征[③]，那么家庭对童年而言，似乎呈现出一种窘境：一方面，家庭中的个体都想独立自主，不愿意被动接受设定的角色；另一方面，当衡量童年的价值参考体系转为自我的时候，人们却又发现家庭中自主性是有限的。对儿童而言，其不得不处于独立与依赖的冲突中，而随着风险社会的来临，父母们更加倾向于让儿童回归家庭，规避外在世界的风险，但这也恰恰是童年问题的根源之一：如果儿童的行为被认为越出家庭监督的话，那么父母们往往认为是童年出了问题，而不是他们自身有问题。

从家庭内部来看，童年的"问题化"过程表现了父母对孩子的健康、福利、教育的重视，但在有些家庭中却未必如此，例如有冷漠型父母的家庭，这其实本身就是一个社会问题。

---

① I. Buler, M. Robinson and L. Scanlan, *Children and Decision-Making*(London: National Children's Bureau, 2005), p. 4.
② 转引自 E. Beck-Gernsheim, *Reinventing the Family* (Cambrigde: Polity, 2002), p. 90。
③ 〔法〕弗朗索瓦·德·桑格利：《当代家庭社会学》，房萱译，天津人民出版社，2012，第86页。

家庭结构的变迁

儿童首先是通过家庭融入社会与文化的，家庭在儿童的童年生活中扮演着重要的角色。因此，现代家庭结构上的变化无疑将会对他们产生极大影响。

摩根相信传统的家庭单位正在衰落中，而传统的双亲家庭单位对维护儿童的利益是最有利的。不同的家庭结构给成长中的儿童以不同的机会。当家庭破裂或解体时心理失衡的儿童数量就会上升，当家庭重构时儿童更容易处于危机中。①

现代家庭结构上的转变，有三类最有可能给儿童带来负面影响：一是双薪家庭数量的不断增多，二是离婚家庭的日益常见，三是单亲家庭的逐渐增加。双薪家庭的增多，与母亲进入劳动力市场的数量急剧增多有关。母亲就业率的提升，增加了对由社会提供的儿童照顾的需求，但已影响了儿童与母亲的互动方式，儿童在家庭内的工作分工也会发生改变。② 就发展中国家而言，双薪父母家庭的增多，带来数量巨大的流动与留守儿童。

在过去几十年中，离婚率的上升导致了单亲家庭的增多，据一些西方学者统计，大约每 5 个有小孩的家庭中就有 1 个是单亲家庭，其中英国是欧盟中（统计时英国尚未脱欧）单亲家庭数量最高的。9/10 的单亲家庭中的家长为单亲母亲。③ 尽管单亲家庭并不是持续的状态，但对儿童而言，这意味着其可能会拥有父亲或母亲与他人同居、再婚的家庭经验。相比初婚，再婚家庭具有更高的再次解体的风险，这种风险随重组家庭复杂性的增加而增加，而再婚携子的重组家庭会给儿童带来复杂的人际关系。

基于对英国 18～49 岁女性所拥有的 0～15 的儿童的情况的统计，克拉克（Clarke）提醒我们注意 16 岁以下与自然父母生活在一起的儿童，其占比已从 1979 年的 83% 下降至 1991 年的 68%。生活在单亲母亲或继亲家庭

---

① P. Morgan, "An Endangered Species?", in M. David(ed.), *The Fragmented Family: Does It Matter?* (London: Insiture For Economic Affairs, 1998) , pp. 64 – 82.

② 〔美〕威廉·A. 科萨罗：《童年社会学》，程福财等译，上海社会科学院出版社，2014，第 99、234 页。

③ Julia Brannen and Margaret O' Brien(eds.), *Children in Families: Research and Policy* (London: Falmer Press, 1996), p. 71.

的儿童的占比几乎翻了一番，分别从 9% 上升至 17%，从 5% 上升至 10%。[①]

这意味着当代儿童越来越可能经历复杂的家庭环境。大多数人认为这个问题值得广泛重视。是否可以认为，成人们为了获得自己的自由、自主、幸福而以牺牲儿童为代价？

除了家庭破裂对儿童的心理、社会的负面影响，从社会层面上看，人们更关注的是双亲家庭与单亲家庭在经济福祉上的差异。库马尔（Kumar）的研究显示出，根据贫困的量化定义——扣除住房成本后收入低于平均收入的一半，在 1990～1991 年将近 60% 的单亲家庭生活在贫困之中，双亲家庭只有 23%。[②] 单亲母亲的困境也反映在她们在劳动市场上的不利地位上。对儿童而言，单亲家庭将会使他们更有可能处于贫困境地。此外，还有一些家庭形式值得关注，如移民家庭、跨国婚姻家庭、父母被收监的家庭等。

尽管传统的家庭形式的解体受到女性主义者欢迎，因为这为女性创造了机会，给予了女性平等的地位，但那些不遵循传统家庭形式的父母们客观上却使儿童更易处于不利地位。为什么他们会冒着降低儿童福祉的风险？这个问题值得研究。

在这些脆弱的儿童类别中，由于双亲一方或双方遗弃、死亡等而产生的孤儿、遗弃儿童是所有社会中最为脆弱的一个群体。据估计，在发展中国家仅有 2% 的孤儿被扩展家庭或社区接收。联合国 HIV/AIDS 项目声称，由于 HIV/AIDS 的高死亡率，撒哈拉以南非洲的孤儿比例从 1990 年的 3.5% 上升到 2001 年的 32%。[③] 寻找足够的资源来保护孤儿是国际社会的优先事项。这些没有父母照顾的儿童是一个严重的问题，它在一定程度上反映出成人社会与家庭的经济问题。

事实上，自工业革命以来，孤儿一直是人们关注的一个重要方面，人们希望给孤儿创造一个幸福的童年，但霍兰德（Holland）提醒我们，"没

---

① Lynda Clarke, "Demographic Change and the Family Situation of Children", in Julia Brannen and Margaret O'Brien (eds.), *Children in Families: Research and Policy* (London: Falmer Press, 1996), pp. 66–83.

② 转引自 Julia Brannen and Margaret O'Brien (eds.), *Children in Families: Research and Policy* (London: Falmer Press, 1996), p. 79。

③ UNAID, *Children Orphaned by AIDS in Sub-Saharan Africa* (Geneva: UNAID, 2001), p. 1.

有不幸儿童的图像，我们当代童年的概念是不充分的……他们是最脆弱的一群，最值得我们同情与帮助"①。

从更广泛的社会史角度看，作为一个问题，孤儿的建构与现代核心家庭有关，而核心家庭可以说是现代民族国家的基石之一。现代童年的基本内涵强调童年应该在家庭、学校等中度过，受到国家的管理。儿童越出家庭或成人照料之外，挑战了家庭是必备的这种观念。同时由于不在家庭中生活，孤儿也挑战了父权制的必要性，这样孤儿的脆弱性与依赖忙进一步被强调，这实际上是我们控制孤儿、将他们纳入现有制度之内的基本原则。② 这幅图像不断为现代国家的各种孤儿帮助计划所建构与强化。

家庭中的儿童问题：忽视与虐待

现代家庭中最为典型的儿童问题之一是照料者对儿童的忽视与虐待。从心理学的角度看，对儿童的忽视是指家庭或社会未能满足儿童的基本生理及心理需要，其会对儿童健康与发展产生严重影响甚至导致儿童性命堪忧。忽视的内容具体包括未能提供给儿童基本的食物、衣服、居住条件、医疗等；未能满足儿童的情感需要、认知需要，而这些对幼儿的大脑发展会产生永久性的影响。③ 因此，一般而言，忽视包括身体、心理、情感的层面。

有些学者则将儿童忽视归为儿童虐待的类型之一。儿童虐待的形式包括忽视、性虐待、身体虐待、情感虐待。④

各种不同形式的虐待或忽视，导致儿童出现众多不同的问题。例如，新生儿照料中的忽视，可能会危及儿童的生命。在看护低幼儿童的行为中，无意的疏忽如果导致儿童高空坠落，有可能演变为犯罪行为。对于儿童早期情感需要的忽视，虽然不至于危及生命，但对其成年后的身心健康影响是持久的。

不同社会对儿童忽视的界定是不一样的，而家庭中的儿童忽视更是难

---

① Patricia Holland, *What Is Child? Popular Images of Childhood* (London: Virago, 1992) , p. 148.

② Judith Ennew, "Prisoners of Childhood: Orphans and Economic Dependency", in Jens Qvortrup (ed.), *Studies in Modern Childhood: Society, Agency, Culture*(Hampshire and New York: Palgrave Macmillan, 2005) , pp. 128 – 146.

③ Allison James and Adrian James, *Key Concepts in Childhoods Studies*(London: Sage, 2012) , p. 82.

④ William A. Corsaro, *The Sociology of Childhood*(Thousand Oaks, CA: Pine Forge Press, 2005) , p. 245.

以核实，因为传统上儿童被认为是父母的私有物，怎么养育是父母的权利。当代童年的私有化更是带来了强化这一观念的趋势。根据蒙哥马利的理解，虐待（忽视）的构成或确认，与儿童的年龄、儿童照料的文化与社会传统等因素密切相关。[①] 显然，在一些情况下，针对婴儿的忽视如不理睬其吵闹，可能对青少年来讲，并不太合适归为忽视或虐待，而在某些文化中，这可能是其养育传统的一部分。

对儿童的忽视或虐待不仅会造成儿童身心发展问题，更有可能带来严重的儿童死亡问题。据美国全国儿童虐待与忽视数据系统（NCANDS）统计，2013 年 50 个州共报告有 1484 名儿童死亡。以此推断，全国大约有 1520 名儿童死于忽视与虐待。也就是说每 10 万名儿童中有 2.04 名死于忽视与虐待。2009 ~ 2013 年儿童死亡人数下降了 12.7%。[②] 但很多研究者认为，由虐待与忽视而导致的儿童死亡事故仍然没有全被统计进去，而要区分死亡是由忽视还是由虐待导致，十分困难。

在这些死亡的儿童中，幼儿是最大的受害者。NCANDS 的 2014 年数据显示，1 岁以内儿童的死亡事故要占到 44.1%，3 岁以内儿童的死亡事故要占到 3/4 还多。[③]

儿童死亡，一般是由于在一定时期内儿童不断受到虐待或忽视。有些是由于单一的、冲动的原因，如溺水、窒息、摇晃婴儿。就儿童忽视致死而言，儿童的死亡往往由家庭儿童看护者所作所为造成。对儿童的忽视的后果可能是缓慢显现出来的，如营养不良，也可以是突发性的，如一个无人看护的婴儿淹死在浴缸里。2014 年，全美死亡儿童中 72.3% 的儿童死于忽视，41.3% 死于遭受身体虐待或身体虐待与其他虐待的结合，8.9% 死于医疗原因。[④]

在这些儿童虐待中，性虐待是特别的一种。在世界范围内有 20% 的女

<hr>

① H. Montgomery, *An Introduction to Childhood: Anthropological Perspectives on Children's Life* (West Sussex: Wiley Blackwell, 2009), pp. 172 – 179.

② Children's Bureau, *Child Maltreatment 2013* (Washington, D. C.: Children's Bureau, 2015), p. 54.

③ Children's Bureau, *Child Abuse and Neglect Fatalities 2014: Statistics and Intervention* (Washington, D. C.: Children's Bureau, 2016), p. 3.

④ Children's Bureau, *Child Abuse and Neglect Fatalities 2014: Statistics and Intervention* (Washington, D. C.: Children's Bureau, 2016), p. 6.

性和5% ~10%的男性在童年时遭受过性虐待。^① 由于童年性虐待往往发生在隐蔽环境中，因而其程度与性质很难精确评估。一般来看，性虐待往往由儿童的家庭成员或一些成人所施行，这些成人有些与儿童有关系，其中绝大部分与儿童多少熟识，因此很多虐待事件发生在施虐者或受害者的家中。

关于性虐待对儿童的影响，短期来看，其可能会造成身体伤害或死亡。儿童可能会出现焦虑、恐惧、攻击等症状以及与年龄不相符的性行为。长期来看，经历过性虐待的儿童往往具有强烈的羞耻与负罪感，会出现低自尊、沮丧、忧愁、缺乏信任、自我伤害等问题。它们不仅给人际交往、教育、学习等带来障碍，而且为成年后的生活投下阴影。

儿童忽视与虐待，往往与家庭贫困、社会剥夺有关。在有些国家，受到性虐待的儿童常为贫困的父母与家庭提供非常需要的经济来源。这样，父母反而会支持甚至鼓励迫害儿童的行为。尽管这些儿童在西方的背景下应被归为贫困的牺牲者，但对他们的迫害却为本地社会与文化所接受，成为他们对家庭经济做出贡献的一种模式。

例如在泰国，卖淫是他们生活中可以接受的一部分，尽管没有儿童认为这种途径的性活动是舒适的，但这仍然被看作一条赚钱的捷径。^② 这常被视为是充满困难与贫困的生活中的另一种危害。

这挑战了我们通常的假设即家庭是最适合儿童成长的地方，父母能正确对待他们的子女，满足儿童基本的身心发展需要。

总的看来，儿童忽视与虐待问题，与家庭、国家之间有着复杂关系。对于该问题，一方面需完善儿童福利体系及法律保护体系，确认国家的童年责任。譬如，美国儿童局编有《什么是虐待和忽视儿童？识别症状和体征》手册^③，帮助及时发现儿童忽视与虐待症状。另一方面要加强对有儿童家庭的支持与专业辅助，专业人员能够更好地帮助父母处理儿童照顾中的一些问题。

---

① J. Freyd, F. Putnam and T. Lyon, "The Science of Child Sexual Abuse", *Science*, Vol. 308, No. 5721 (2005): 501.

② H. Montgomery, *Modern Babylon? Prostituting Children in Thailand* (London: Berghahn, 2001), pp. 98 – 99.

③ Children's Bureau, *What Is Child Abuse and Neglect? Recognizing the Signs and Symptoms* (Washington, D. C.: Children's Bureau, 2013).

第三节　童年、逆境与社会

跟家庭一样，有些人认为童年是一个牢固的体制，因此童年的问题牵涉到有关社会变迁的更广泛的问题。[1] 鉴于此，在本节中，我们将聚焦当前社会学所关注的儿童成长过程中一些主要的童年逆境，包括贫困、暴力与欺凌等。

儿童面对的逆境

儿童在成长过程中可能会遭遇各种各样的逆境。所谓逆境是指不能满足儿童基本需要、侵犯儿童权利、威胁儿童福利的状况或事件。一些逆境比较明显，诸如饥饿、食物短缺、水灾，它们会导致儿童流离失所，无法生存下去。一些逆境并不是那么明显，例如前述的儿童忽视与虐待。

蒙哥马利等人将逆境分为九类：

1. 自然灾害（洪水、地震、干旱等）；
2. 健康损害（车祸、疾病等）；
3. 贫困（饥饿、生活在贫民窟）；
4. 家庭问题（家庭成员死亡、离婚，父母酗酒、不能照顾儿童）；
5. 剥削（童工）；
6. 虐待（身体虐待、精神虐待、性虐待）；
7. 歧视（种族、宗教偏见）；
8. 暴力（欺凌、战争、社区暴力）；
9. 生活在危险的环境中（污染、街头犯罪）。[2]

这些逆境的产生有些单纯是由于物质上的原因，有些是由于精神上的原因。除自然灾害、家庭问题外，大多数逆境均与社会有关，因此有必要

---

[1]　Michael Wyness, *Childhood and Society*(Hampshire and New York: Palgrave Macmillan, 2006), p. 75.

[2]　Heather Montgomery, Rachel Burr and Martin Woodhead(eds.), *Changing Childhoods: Local and Global*(Milton Keynes: The Open University, 2003), p. 6.

将儿童的逆境经验与儿童所生活社会的文化、经济、政治环境联系起来考虑。在有些情况下，逆境的影响可能被社会对逆境的污名化态度所放大，这体现在残障与性别、种族歧视等之中。

罗杰斯（Rogers）注意到，坐轮椅的儿童不能去主流学校上学，是因为主流学校没有足够的专用设施如斜坡、无障碍厕所和楼梯等，造成逆境的并不是儿童的残障，而是学校、社会的态度以及相关设施的欠缺。[1]

过去几十年来，这些由社会环境因素"建构"的逆境对儿童身心健康的影响一直是研究的重点，目前相关研究已经取得很大的进展。威尔金森（Wilkinson）认为，我们在对健康问题的社会决定因素的理解中，已经越来越认识到社会心理因素的力量，其中最重要的三大因素是：早期的社会地位、社会关系、社会压力。[2] 而逆境会显著增强儿童的社会压力，使儿童的社会关系趋于紧张。世界卫生组织的一些研究[3]，进一步突出了由逆境所引发的社会不平等对身心健康的影响。

这种对逆境的分析，体现出在社会因素与儿童身心健康之间存在明显相关性，然而，同样明显的是，这种相关性不是因果性、决定性的，许多出生在经济和社会逆境下的孩子，其日后并没有遭受重大疾病或社会不利。据贝纳德（Benard）估计，尽管儿童在童年时期可能会经历各种逆境，但大约有50%的儿童仍能成功克服这些逆境，并取得相对不错的发展结果。[4]

这就是说，儿童并不总是逆境的脆弱的牺牲者，逆境对儿童的影响是不一样的。在另一项研究中，比尔德索尔（Beardsall）与邓恩（Dunn）专门探讨逆境对兄弟姐妹的影响是否一样。这些逆境包括家庭成员的疾病、

---

[1] W. Stainton Rogers, "Gendered Childhoods", in M. Woodhead and H. Montgomery(eds.), *Understanding Childhood: An Interdiscipline Approach* (Milton Keynes: The Open University, 2003), pp. 179–220.

[2] R. G. Wilkinson, "Ourselves and Others—For Better or Worse: Social Vulnerability and Inequality", in M. Marmot and R. G. Wilkinson(eds.), *Social Determinants of Health*(Oxford: Oxford University Press, 2006), pp. 339–358.

[3] 如 World Health Organization, *Closing the Gap in a Generation: Health Equity Through Action on the Social Determinants of Health*(Geneva: World Health Organization, 2008)。

[4] B. Benard, "Using Strengths-Based Practice to Tap the Resilience of Families", in D. Saleebey (ed.), *Strengths Perspective in Social Work Practice*(Boston, MA: Allyn and Bacon, 2006), pp. 197–220.

死亡、失业或父母离婚。研究发现，这些事件中对兄弟姐妹的负面影响相同的仅占 31%。①

为什么儿童对同一事件的反应不同？除了与年龄、性别、出生次序、个性有关外，这与不同个体的"抗逆力"（resilience）也有关。

拉特（Rutter）指出："所有身体与心理逆境的研究表明，其结果存在巨大的差异性……这导向了'抗逆力'这个概念，其是指某些个体有相对好的发展结果，尽管遭到那些可能会具有严重后遗症的风险经验。"② 拉特强调的抗逆力的影响因素包括三个重要方面：一是能否克服逆境取决于之前与之后的经验；二是人们可能拥有不同的基因，对逆境也许有不同的身体反应；三是某些能使一些人具有较好抗逆力的调节机制，可能涉及他们所做的回应，所以这些过程应该与更传统的风险检查和保护变量一起来考虑。③ 最后这一点实际上要求我们关注逆境及其背后的社会与文化因素。

"抗逆力"与"脆弱性"这两个概念紧密相关。当儿童面临的风险因素更多时，他们更容易受到发展迟滞、心理困境、不良健康状况的影响。相反，抗逆力则代表一种积极的力量，这种力量可能是内在的，譬如情绪稳定、适应性良好、自信、有能力做出决定，也有可能是外在的，譬如支持性的关系网络、良好的营养、健康的社区氛围，所有这些都有助于儿童克服逆境。抗逆力与脆弱性这两个概念反映出面对环境压力时的行为与适应方面的假设：脆弱性关注负面的结果，而抗逆力则关注积极的方面。

当代研究对抗逆力的重视，提醒我们在研究儿童时，更应关注儿童的主体性、行动性，而不是像传统童年研究那样只是关注他们的弱点、脆弱、依赖性。在某些情况下，如当儿童的父母患病时，儿童并非全无可能部分承担起成人照料者的责任。此外，这个概念也促使我们去关注儿童在面对逆境时是如何积极克服逆境并将社会逆境转化为动力的。

另一种对逆境的分析，侧重于从宏观的经济层面来研究童年逆境的影响。弗雷德里克（Frederick）和戈达德（Goddard）指出，童年逆境对儿

---

① L. Beardsall and J. Dunn, "Adversities in Childhood: Siblings' Experiences and Their Relations to Self-Esteem", *Journal of Child Psychology and Psychiatry*, Vol. 33, No. 2(1992): 349 – 359.

② M. Rutter, "Resilience, Competence and Coping", *Child Abuse and Neglect*, Vol. 31, No. 3(2007): 205 – 209.

③ M. Rutter, "Resilience, Competence and Coping", *Child Abuse and Neglect*, Vol. 31, No. 3(2007): 205 – 209.

童受教育程度以及日后参与劳动力市场有着重要的影响，而这并不总是与他们的出生家庭的社会经济地位有关。[①]

有些学者尝试评估儿童忽视与虐待的经济成本及代价。譬如王庆东（Ching-Tung Wang）与霍尔顿（Holton）估计了儿童虐待的社会成本，这些成本包括住院费用，精神卫生保健、儿童福利服务、执法、特殊教育的成本和损失的生产力。他们测算，2007 年全美儿童虐待的直接成本是 331 亿美元，间接成本约为 710 亿美元，总成本约为 1040 亿美元。[②] 当然，针对逆境的影响进行成本测算是相当复杂的，但这种研究角度凸显出逆境除对个体之外还对社会有着极为重要的影响。

贫困与社会不平等

在儿童所面对的逆境中，贫困是较常见的一种。目前在社会学研究特别是社会政策研究中，贫困以两种方式被理解和测量：绝对贫困与相对贫困。绝对贫困是指一种基本需要被严重剥夺的状态，这些基本需要包括食物、安全的饮用水、卫生设备、健康、庇护所、教育与信息。关于绝对贫困，世界银行与联合国等国际组织于 1990 年划出一条国际贫困线，规定贫困指每人每天用于购买必需商品与服务以维持基本生存的费用低于 1 美元（后分别于 2008 年和 2015 年调整为 1.25 美元和 1.9 美元）。根据这个界线，2000 年，全世界大约有 6 亿 ~ 7 亿儿童处于贫困之中，约占南方国家所有儿童的 40%。[③]

但这一国际贫困线被应用到发达国家时可能会有问题。根据《深度贫困的幼儿》的数据，2016 年 11% 的 0 ~ 9 岁美国儿童生活在极度贫困中。[④] 这令人难以相信。尽管美国儿童可能确实很贫困，但他们很少会挨饿、没有干净的饮用水或每天生活费低于 1 美元。因此在一些欧美富裕国家，相

① J. Frederick and C. Goddard, "Exploring the Relationship Between Poverty, Childhood Adversity and Child Abuse from the Perspective of Adulthood", *Child Abuse Review*, Vol. 16, No. 5(2007): 323 – 341.

② C. Wang and J. Holton, *Total Estimated Cost of Child Abuse and Neglect in the United States*(Chicago: Prevent Child Abuse, 2007), pp. 4 – 5.

③ UNICEF, *Poverty Reduction Begins with Children*(New York: UNICEF, 2000), p. 1.

④ Mercedes Ekono, Yang Jiang and Sheila Smith, *Young Children in Deep Poverty*(New York: National Center for Children in Poverty, Mailman School of Public Health, Columbia University, 2016), p. 3.

对贫困的概念可能更适用。

相对贫困与所在社会有关。在英国，相对贫困一般是指家庭收入低于平均家庭收入的一半。按此标准，1999 年英国有 1430 万人口生活在贫困线以下，其中儿童贫困人口有 440 万。[①] 但相对贫困的概念也受到一些批评，因为这种贫困不是"真正"的贫困。富裕国家的儿童再怎么贫困，其生活水平也要高于南方国家。

当前，针对儿童贫困，学者们的共识是更应去研究儿童每天日常的贫困体验。萨林斯（Sahlins）曾研究非洲卡拉哈里沙漠的!Kung 狩猎采集部落。该部落是世界上最原始的人群之一，他们几乎没有什么财产，但他们并不觉得贫穷。对他们来说，贫困不是拥有很少的商品，也不是手段与目的之间的一种关系；它首先是指人们之间的一种关系，是一种社会地位。[②] 诺瓦克（Novak）亦认为，贫困是一种社会关系，贫困的经验并不是简单来自资源的缺乏，而是源于周围人对待或理解他的方式。[③]

来自比较研究的数据显示，即使在儿童福利相对完善的欧美地区，贫困对儿童生活的影响也有巨大差异。在对经济合作与发展组织成员国儿童福利的分析中，联合国儿童基金会以物质、健康与安全、教育、家庭与同辈关系、行为与风险、主观感六大指标来评估儿童的福利（贫困），其中日本有 30% 儿童对自己的生活不满意，因为他们感到孤独和受到社会排斥。[④] 这种被排斥对儿童贫困体验来说是相当重要的因素。

因而，一些新的研究强调从儿童的角度或以一种"以儿童为中心"的方法来研究贫困，如里奇（Ridge）针对英国儿童贫困所引起的社会排斥体验的研究。通过运用儿童焦点的研究方法，她发现贫困儿童常常感到被各种参与性活动如学校旅行所排斥。她还发现，那些被给予免费食物的儿

---

① D. Gordon, P. Townsend, J. Bradshaw, S. Middleton, R. Levitas, D. Patsios, S. Payne, L. Adelman, K. Ashworth, C. Pantazis and J. Williams, *Poverty and Social Exclusion in Britain* (York: Joseph Rowntree Foundation, 2000) , p. 9.

② Marshall Sahlins, *Stone Age Economics* (London: Routledge, 2017) , p. 36.

③ Tony Novak, "Rich Children, Poor Children", in Barry Goldson, Michael Labelette and Jim Mck- echnie(eds.) , *Children, Welfare and the State* (London: Sage, 2002) , pp. 59 – 72.

④ UNICEF, *Child Poverty in Perspective: An Overview of Child Well-Being in Rich Countries* (Florence: United Nations Children's Fund, 2007) , p. 38.

童会感到羞耻。① 这种体验主要涉及相对贫困的层面。

　　有些贫困的原因往往与家庭有关。目前尽管世界总体经济总量上升，但贫困的风险仍然存在，特别是对很多要养育子女的家庭而言。在 1979 ~ 1993 年，那些没有孩子的家庭，其贫困概率翻了一番，而那些有孩子的家庭则增加了三倍。② 其中父母失业率上升是造成贫困的一个重要原因。

　　当然，不只有失业会影响儿童的生活质量，家庭结构也有影响。对单亲父母而言，其只有单一的经济来源，获得一份能养活自己和孩子的工作不太容易，故单亲家庭儿童比两个成年人家庭的儿童更有可能生活在低收入家庭和物质匮乏的家庭。根据 2012 年英国就业和养老金部的统计，28% 的单亲家庭的儿童处于物质匮乏的状况中，而双亲家庭只有 10%③，显然单亲家庭的儿童比那些双亲家庭的儿童更有可能发现自己的生活处于贫困的状况，但单亲家庭本身实际上并不是儿童贫困的源头。此外少数族群家庭也有类似的处境。比起白人家庭，这些家庭的孩子更有可能遭受贫困，特别是对黑人家庭而言。

　　上述这种对贫困的描述实际上是从经济的角度出发的。很明显，大多数儿童与青少年都没有收入与财富。因此我们对儿童贫困生活状态的了解，基本源于他们的父母与家庭。儿童的经济活动，譬如有多少儿童从事有偿工作、他们赚多少钱、他们如何消费，并不为我们所关注。这是因为儿童们所做的很多工作并没有被正式管理，其中有一些因与童工有关而被禁止。换言之，由于官方并不统计儿童的经济活动，对于童工与贫困之间的关系，我们知之甚少。

　　在一定意义上，儿童贫困是社会不平等的反映，无论是相对贫困还是绝对贫困。贫困与不平等表现在国家之间、国家内部及家庭中。当代世界是一个贫富悬殊的时代，富裕国家与贫穷国家的差异必然对儿童产生重大影响。根据联合国的报告，世界上 10% 的人拥有 90% 的世界财富，人口中

①　T. Ridge, *Childhood Poverty and Social Exclusion: From a Child's Perspective*(Bristol: The Policy Press, 2002) , pp. 131 – 152.

②　Tony Novak, "Rich Children, Poor Children", in Barry Goldson, Michael Labelette and Jim Mck-echnie(eds.) , *Children, Welfare and The State* (London: Sage, 2002) , pp. 59 – 72.

③　Department for Work and Pensions, *Households below Average Income*(London: DWP, 2012) , p. 128.

最贫困的 1/5 仅获得全球收入的 1%。[①]

托马斯（Thomas）指出，经济不均衡与贫困不单存在于国家系统中，还体现在全球经济秩序中。仅仅基于对富裕国家、贫穷国家的划分去思考贫困是不够的，需要思考全球富裕或贫困群体与阶层的问题。[②] 全球不平等的原因是多重的，有很多是宏观因素如税率与技术壁垒。在许多地区如非洲与亚洲，这种不平等会直接影响儿童的生活。

不仅国家之间存在不平等，国家内部也存在很多不平等。并不是生活在欧洲、北美国家的儿童都是富裕的，生活在南方国家的儿童都是贫困的。对某些国家的贫困印象，常使我们忽视不同收入层次及资源丰富程度给儿童带来的不同影响。例如，在科特迪瓦，女童的入学率总体在上升，然而那些最贫困的家庭的女童的入学率却在下降。[③] 在一些发展中国家，城市与郊区的贫富差异令人震惊，表现为贫民窟的出现。

另一些"隐藏"的社会不平等则体现在家庭内部。儿童与成人对家庭资源的占有是不一样的，有可能家庭很富裕而儿童的资源却很匮乏。相反的情况也会出现即家庭贫困但儿童的生活却有较好保障。这与家庭中的劳动分工、各成员经济贡献有关，也和儿童与成人的权力关系有关。

此外，年龄、性别也是影响儿童贫困的因素。在尼泊尔，大一些的儿童可能需要到地毯加工厂工作，而小一些的儿童则留在家里从事农活。一些国家如巴基斯坦则立法禁止 14 岁以下儿童工作。[④] 然而，一些贫困家庭出于经济压力不得不将儿童非法安排到血汗工厂。比起那些合法工作的他们的兄弟姐妹而言，这使他们更容易受到剥削与虐待。

对许多儿童来说，这种贫困不是暂时的或短期的经历，其对儿童的影响将是持续的、深远的，更可能是灾难性的。

暴力与欺凌

在当代，童年危机的话语不断呈现。在很大程度上，这是成人对儿童

---

① UNICEF, *Poverty Reduction Begins with Children*(New York: UNICEF, 2000), p. 44.

② C. Thomas, "Globalization and the South", in C. Thomans and P. Wilkin(eds.), *Globalization and the South*(London: Macmillan Press, 1997), pp. 1 – 17.

③ UNICEF, *Poverty Reduction Begins with Children*(New York: UNICEF, 2000), p. 45.

④ Save the Children, *Towards a Children's Agenda: New Challenges for Social Development*(London: Save the Children, 1995), p. 21.

可能受到各种侵害的担忧，亦反映出成人世界的一种焦虑：在这个不确定的社会中，我们似乎缺乏足够的把控与应对能力。尽管与过去相比，社会进步很多，弃婴、弑婴现象更少，然而儿童面临的暴力、伤害、忽视、犯罪等依然大量存在，这是另一种当代儿童面临的逆境。

世界卫生组织将"暴力"界定为"有意图地运用身体力量或权力对自己、他人、群体或社区施加威胁，极有可能导致损害、死亡、心理伤害、发育不良或剥夺"[①]。这个界定实际上强调了暴力的四种类型：身体暴力、性暴力、心理暴力、剥夺的暴力。其中涵盖了受害者–加害者的三种关系，它们分别对应三种类型的暴力：一是自我取向的暴力，如自杀、自我伤害；二是人际暴力，如一个人对另一个人的伤害，也许发生在家庭中或社区中；三是集体暴力，譬如个体或群体所施加的社会的、经济的、政治的暴力，包括战争、冲突、歧视等。

蒙哥马利将关于儿童的暴力分为儿童面对的暴力（violence towards children）与儿童的暴力（children's violence）。[②] 前者主要包括儿童家庭暴力、武装冲突暴力等，后者主要发生在儿童同辈群体中，体现为欺凌或霸凌。

对许多儿童而言，他们的暴力经验常常发生在家庭中。英国防止儿童虐待协会 2002 年报告说，英格兰与威尔士的儿童凶杀案率在过去 25 年中一直未下降。每代儿童在成年之前，有超过 1000 名被杀害。他们死于父母以及照顾者的暴力或疏忽。2015 年就有 60 名儿童死于父母或照顾者的故意伤害、虐待、忽视。[③] 在有些情况下，儿童虽然不是家庭暴力的直接受害者，但常目睹父母们的暴力行为。

然而，家庭中一些传统的暴力与虐待行为，直到现在也有许多并没有被视为犯罪。例如，体罚在几十年之前还被广泛地认为是一种对儿童有用

---

① E. G. Krug, L. L. Dahlberg, J. A. Mercy, A. B. Zwi and R. L. Lozano(eds.), *World Report on Violence and Health*(Geneva: World Health Organization, 2002), p. 5 （或参见中译本《世界暴力与卫生报告》，唐晓昱译，人民卫生出版社，2002）。

② Heather Montgomery, "Children and Violence", in Heather Montgomery, Rachel Burr and Martin Woodhead(eds.), *Changing Childhoods: Local and Global*(Milton Keynes: The Open University, 2003), pp. 141 – 179.

③ Child Death Overview Panels, *Child Death Reviews—Year Ending 31 March 2015*(London: Department for Education, 2015), p. 3.

的训练方法，现在则被禁止，但是儿童与青少年仍然不能完全享受成人那样的避免暴力的权利，因为一些地区/国家容忍父母对儿童施加的体罚，将之视为一种"合理的惩罚"。①

根据"终止所有儿童体罚的全球伙伴关系"组织的数据，截至 2021 年 4 月，有 62 个国家立法禁止对儿童施加体罚。② 完全禁止体罚的国家有澳大利亚、挪威、波兰、瑞典、委内瑞拉等。不过，为什么体罚仍然存在？对体罚的理解需考虑到文化背景的因素。一种对待儿童的方式可能在某些文化中被认为是暴力的，但在其他文化中则被认为是必要的，甚至是积极的训练。

武装冲突是儿童面对的另一种暴力形式。生活在武装冲突地区的儿童的生命正面临前所未有的威胁。这些威胁包括对儿童权利的野蛮践踏，如在武装冲突中对儿童的征用、针对儿童的性暴力、对儿童的杀戮和侵害等，以及对医院和学校的不断袭击。需要注意的是，在武装冲突中，儿童既有可能是受害者，也有可能是加害者。这一点特别体现在儿童兵身上。下文另述。

在"儿童的暴力"中，儿童同辈群体间的欺凌是一个值得关注的问题。对于欺凌者以及被欺凌者的个体特征，我们通过传统的心理学研究已有所了解。传统的观点是，儿童的暴力与攻击行为是自然的发展过程中的一部分。他们将儿童的攻击行为与粗野行为区分开来，攻击行为的特征是皱眉、注视、推搡、抓 - 托 - 夺，粗野行为的特征则是玩笑、跑、跳、叫骂、摔跤等。③ 新的心理学研究对儿童攻击行为进行了进一步细分，如迈克尔·科尔（Michael Cole）和希拉·科尔（Sheila R. Cole）将儿童的攻击行为分为工具性攻击与敌视性攻击。前者旨在达到某一特定的目的，后者则意在威胁另一人或展示支配性优势。④

---

① Lorraine Radford, *Rethinking Children, Violence and Safeguarding* (London: Continuum, 2012), p. 9.

② Global Partnership to End Violence Against Children, *Prohibiting All Corporal Punishment of Children: Laying the Foundations for Non-Violent Childhoods* (New York: Global Partnership to End Violence Against Children, 2021), p. 7.

③ H. R. Schaffer, *Social Development* (Oxford: Blackwell, 1996), p. 278.

④ M. Cole and S. Cole, *The Development of Children* (New York: W. H. Freeman and Company, 1996), p. 406.

在很多情况下，儿童所表现出的欺凌行为的类型与儿童的性别、年龄有关。相较男孩，女孩更少使用身体暴力，而侧重情感与心理暴力。年龄小的儿童常侧重身体力量展示，而大些的儿童则更有可能取笑或嘲笑其他儿童。

对于这些行为，一些社会心理学家如杜金（Durkin）吸收社会生物学的观点来解释，认为暴力是人类的本能，是人类生存的适应性策略。因为睾酮的影响，男孩比女孩可能更暴力，这是由生物因素决定的。[①] 然而这是有问题的，显然并不是所有的男孩都具有暴力或攻击倾向，也很难说女孩天生就比男孩更不具有攻击性。

针对儿童同辈之间的欺凌，科萨罗提醒我们以下几点。第一，与男孩一样，女孩也常常成为同龄人之间欺凌事件的受害者，甚至也许比男孩更常受到这种伤害。第二，研究同龄人之间欺凌现象的社会文化方法，需考虑到性取向问题。在儿童同辈文化中，受到社会孤立的青少年往往被贴上"fag""queer"的标签，因为他们被认为缺少鲜明的性别与角色特征。第三，要注意到社会阶层与少数族裔身份的重要性。与白人儿童相比，少数族裔儿童面对的是一个更为残酷的世界，更多地感受到暴力和犯罪带来的恐惧。[②]

但科萨罗忽视了另一个重要因素，就是媒体与童年暴力的关系。这种关系包含两点：一是媒体对童年暴力行为的影响，二是媒体是如何讲述童年暴力的。关于前者，心理学家班杜拉的"攻击的社会学习理论"[③] 常被用来证实对媒体暴力担忧的合理性；关于后者，我们却常忽视媒体能影响所发生之事及公众的理解。尼克尔斯（Nichols）对媒体叙事逻辑的分析告诉我们，媒体讲述"好故事"的基本元素是：

- 一个纯真的受害者；
- 需要有人被归咎；
- 对原因、人们的责任及问题影响的道德判断；

---

① K. Durkin, *Developmental Social Psychology*(Oxford: Blackwell, 1995), pp. 397 – 398.
② 〔美〕威廉·A. 科萨罗：《童年社会学》，程福财等译，上海社会科学院出版社，2014，第 280 ~ 281 页。
③ 参见〔美〕阿尔伯特·班杜拉《社会学习理论》，陈欣银、李伯黍译，中国人民大学出版社，2015。

- 一种简单的或容易实行的解决方案。①

儿童常位列媒体受害者层级的顶端，因为他们非常适合用来建构简单的纯真受害者的形象。媒体偏好这类"好故事"，是因为其能在客观上引起人们对该问题的关注，公众们往往因此而震惊，但也有商业因素的考虑。这鼓励了媒体通过展示情绪化的经验、扭曲的儿童受害者形象，进行带有偏见的叙述，常常忽视了儿童的逆境体验，未能倾听儿童真正的声音。这实质上偏离了维护儿童最大利益的保护宗旨。

第四节　作为全球问题的童年

尽管对是否存在一个全球性的童年概念或作为一种文化帝国主义形式（as a form of cultural imperialism）的童年②，仍然存在争论，然而，当代儿童的童年经验不可避免地受到全球化进程的塑造，表现为当前社会学对童工、儿童兵、移民儿童的关注。前述儿童所面临的一些逆境其实也与全球化有深刻的联系。

童年的全球性形式

新童年社会学的一个主要观点是，童年应该被理解为一种社会建构，而这种建构毫无疑问受到全球化进程的形塑。实际上，从全球化的角度看，儿童如何生活，不仅受到本地实践的影响，而且也受到全球因素的影响。

关于"全球化"与"童年"的关系，韦尔斯（Wells）认为童年受到地方与全球双重维度的塑造，她提出一个基本的问题，即是否存在一种全球形式的童年或者童年的全球性形式（a global form of childhood）。她从以

---

① S. Nichols, "Media Representation of Youth Violence", in C. Barter and D. Berridge(eds.), *Children Behaving Badly: Peer Violence Between Children and Young People*(London: Wiley, 2011), pp. 167 – 179.

② A. Nsamenang, "Cultures in Early Childhood Care and Education", in M. Fleer, M. Hedegaard and J. Tudge(eds.), *Childhood Studies and the Impact of Globalization*(London: Routledge, 2009), pp. 1 – 20.

下几个方面肯定了这一童年形式的存在。

　　首先，她赞同这一观点（其也是新童年社会学的主要观点之一）：童年是社会建构的，儿童的生活受到成人及同辈的社会与文化期待的形塑。任何一个时代的童年概念构成都受到外部因素的影响，这些因素包括全球层面的因素。

　　其次，尽管童年是建构的，其内涵在不同时空、社会有所不同，但童年具有一些普遍性特征，例如根据儿童的不成熟性，所有儿童都有相似的需要与限制，都需要依赖于他人提供照料、食物、庇护所、卫生与安全。所有儿童都会产生情感依附，尽管其内容与形式可能相当多样，但对亲密照料者在情感与安全方面的依附可以说是人类儿童的普遍特质，具有跨文化的共同性。

　　最后，童年受到国际法与国际机构的监管。① 关于儿童的国际法的本质目标实际上就是在全球层面上管理童年。可以基于由国际机构制定的文书监管国家/政府对儿童的保护工作，其中最重要的关于儿童的国际法是《儿童权利公约》。该公约暗含着一种童年全球模式的概念即童年权利的概念，而目前很多跨国 NGO 在推广这种概念。

　　"童年的全球性形式"这一概念使研究者可以关注全球性政治、经济等因素如何与儿童生活发生联系。

　　事实上，社会学、人类学等学科有关儿童、童年的研究已经显示出这方面的转变。研究的重点不是微观的互动，而是儿童、国家与全球经济和政治力量之间的关系。20 世纪 90 年代中期，一些研究者开始考虑儿童与童年的全球政治经济转型背景的重要性，将儿童置于"世界体系"中来思考。② 这在 21 世纪已被许多研究者所接纳，研究者们致力于调查劳动力市场，移民和移民模式，健康危机如艾滋病毒/艾滋病的传播以及与贫困、饥饿、战争、政治动荡相关的健康问题，自然灾害和强制搬迁，全球媒体，市场和技术等如何影响儿童。

　　不仅如此，全球力量给儿童带来的压力与问题还表现在教育领域：儿

---

① Karen Wells, *Childhood in a Global Perspective*(Cambridge: Polity, 2015) , pp. 1 – 4.

② 参见 Sharon Stephens(ed.) , *Children and the Politics of Culture*(Princeton, NJ: Princeton University Press, 1995) ; Nancy Scheper-Hughes and Carolyn Sargent(eds.) , *Small Wars: The Cultural Politics of Childhood*(Berkeley: University of California Press) , 1999。

童面临来自全球的竞争，以至于教育已经成为国家竞争的一种形式，国家因此加强了对儿童、童年的管理。这呼应了媒体中的儿童图像：儿童不断成为全球化的受害者，威胁儿童的因素包括传染病的流行、移民儿童的童年剥夺、地区武装冲突等。

在论述儿童与全球化时，法斯（Fass）为我们描绘了这样一些情景：受雇于法国游客的泰国雏妓、互联网上的儿童色情、为美国服装业纺丝的5岁大的印度纺织工人、东欧少女在米兰找工作时受到殴打和强奸……这些惊人的图像现在已经成为全球经济网络的一部分，连同各种信息交流方法一起渗透进全球的每一座村庄。① 这深刻而形象地展示出全球化进程对童年的影响。

此外，目前有一些关注儿童史的历史学家亦试图从全球的视野来分析童年问题，如斯特恩斯（Stearns）的研究②以及海尔格伦（Helgren）、瓦斯孔塞洛斯（Vasconcellos）等人对全球女孩童年的研究③。在某些方面，儿童常常作为全球化最糟糕结果的一种象征，并且没有比从全球化的视角来探究儿童与童年的历史和现状更好的做法了。

作为社会分工的童工

童工是探讨童年与全球化进程的一个重要议题。从世界史的角度看，可发现儿童在经济活动中扮演着积极的角色，当他们有能力时，他们总是积极地参与到成人的工作世界中，如承担各类家务活动，有些稍大的儿童更会帮助父母营生，补贴家用。在传统社会中，儿童的这些工作相当重要。在工业化初期，儿童所参与的工作甚至涉及重工业如采矿、冶金等。

波兹曼在《童年的消逝》一书中，描述儿童充当英国工业革命的燃料："我在高伯井下控制风门，我不得不在没有灯的情况下操作，我很害怕。早上4：00，有时3：30我就去上班，直到5：00或5：30才出来。我从来没有睡着过。当有灯光的时候，我有时会唱唱歌，但我不在黑暗中

---

① Paula S. Fass, *Children of a New World: Society, Culture, and Globalization*(New York: NYU Press, 2007), p. 202.

② Peter N. Stearns, *Childhood in World History*(New York: Routledge, 2006).

③ Jennifer Helgren and Colleen A. Vasconcellos(eds.), *Girlhood: A Global History*(New Brunswick, NJ: Rutguers University Press, 2012).

唱：那样我不敢唱。"① 这是 19 世纪中叶年仅 8 岁的女孩萨拉·古德（Sar-ah Gooder）描绘的矿井中的一天。

然而，进入现代社会以来，儿童的这些工作被界定为"童工"（child labour，在本书中，其既可以指儿童所从事的特定类型的工作，也可以指从事这些工作的儿童），因此被视为一种"社会问题"。

在当代西方社会，童工往往被视为工业社会中应被禁止的儿童生产与经济活动。不同于儿童从事的其他活动，童工往往与剥削有关。为此，国际劳工组织制定了很多公约管理它。而就家庭领域来说，人们对童工的认识，常潜藏了一个假设即做童工本质上是由贫困驱使的，因为家庭不足以维持生计，所以儿童不得不从事童工。

尽管国际公约或国际组织试图提供一个普遍的童工界定，认为它包括一般经济工作、危险和有害的工作，但是要想清晰地界定儿童是否是童工并非那么简单，因为绝大多数儿童并不只是为薪资而工作，他们常与他们的父母一起工作。因此，一般的关于成人工作的界定并不适用于童工，或者如果运用成人工作的界定，那么我们将忽视大多数儿童在经济活动中的作用，他们为家庭做出了重要贡献。

有关童工的新的估计是，全球大约有 3.17 亿 5～17 岁儿童从事经济活动，其中有 2.18 亿童工。在这些童工中，有 1.26 亿儿童从事危险的工作。5～17 岁童工的数量在 2000～2004 年下降了 11%，那些从事危险工作的童工的数量降幅更大，下降了 26%。② 然而，家务劳动并没有被算作经济活动。这一排除受到一些学者批评，因为儿童常常需要花费大量时间来从事这种低技术水平的工作。国际劳工组织所说的"童工"是指那些对儿童精神、身体有危害的工作③，它们干扰儿童的教育，剥夺了儿童的上学机会，迫使儿童过早离开学校而从事繁重的工作。

在纽文胡斯（Nieuwenhuys）看来，"童工"这一术语并不是一个描述儿童工作（children's work）的恰当概念，"童工"不过是工业革命时期一

---

① 〔美〕尼尔·波兹曼：《童年的消逝》，吴燕莛译，广西师范大学出版社，2004，第 76～77 页。

② ILO, *The End of Child Labour: Within Reach* (Geneva: International Labour Office, 2006), pp. 6-7.

③ "What is Child labour", http://www.ilo.org/ipec/facts/lang—en/index.htm.

个与儿童权利密切相关的法律概念。① 因此，在讨论当代童工时需要考虑到社会历史的背景。

伴随 20 世纪 80 年代世界经济全球化的潮流，西方福利国家的童年概念开始逐渐传播，童年被广泛视为一段充满游戏、快乐、无忧无虑的时期，与此格格不入的童工成为人们关注的对象，尤其是在发展中国家、地区，人们担忧全球贸易会使童工成为资本剥削的对象。

有些学者关注童工是否受到特定的全球劳动力市场需要的驱动。埃德蒙兹（Edmonds）与帕夫尼克（Pavcnik）发现，没有证据支持这种认识即贸易导致贫穷国家的童工数量上升。② 但其他一些研究发现，出口作物的价格激增，将会导致土地匮乏者的儿童雇佣率的上升。例如克鲁格（Kruger）对巴西咖啡业的研究：当咖啡贸易繁荣时，父母们让孩子们参与工作，利用这一新的就业机会；当咖啡贸易不景气时，儿童们回校上学。③尽管国际贸易与童工的关系要根据不同国家的背景来分析，然而这一研究成果表明童工实际上已经卷入全球分工与贸易体系。

由于有些童工诸如参与父母的一些经济活动，对儿童成长并无害处，甚至有教育的作用，因此波登（Borden）等人建议运用"工作儿童"（working children）这个概念来描述与童年、儿童工作相关的行为与活动。该概念避免了人们对童年的刻板印象以及需要在"好"的童工、"坏"的童工或工作之间做出道德价值区分的情况。

他们将"工作儿童"分为四种类型：

一是农村地区为家庭从事无偿工作的儿童；

二是做家务劳动的儿童，其劳动可能是无偿的（为自己家庭）或者是有偿的（为其他家庭）；

三是在小商品作坊等非正式部门工作的儿童，或者通过清洗挡风玻璃、乞讨、卖淫等途径自己讨生计的街道儿童；

---

① Olga Nieuwenhuys, "From Child Labour to Working Children's Movements", in Jens Qvortrup, William A. Corsaro and Michael-Sebastian Honig(eds.), *The Plagrave Handbook of Childhood Studies* (Hampshire and New York: Palgrave Macmillan, 2009), pp. 289 – 300.

② E. V. Edmonds and N. Pavcnik, *Child Labor* (Cambridge, MA: National Bureau of Economic Research, 2007), p. 42.

③ D. Kruger, "Coffee Production Effects on Child Labor and Schooling in Rural Brazil", *Journal of Development Economics*, Vol. 82, No. 2(2007) : 448 – 463.

　　四是在工业、商业出口等正式经济行业工作的儿童。①

　　西方媒体常集中关注第三类童工，然而这只是"工作儿童"中的一小部分，事实上大多数"工作儿童"主要在家庭与农业部门，其中有很多儿童遭受虐待或处于更严重的困境中。詹姆斯等人赞同使用"工作儿童"这一概念，因为该概念与儿童上学并不矛盾，而在富裕国家，禁止童工的目的是让儿童上学。② 实际上，许多富裕国家的儿童也参与一些力所能及的工作。

　　与学术界的研究相对应地，20 世纪 90 年代兴起了一场"工作儿童"运动。该运动提出应视儿童为社会世界的积极参与者，儿童有权有尊严地工作；学校与工作并不矛盾，儿童可在工作中学习；学校应与工作相互联系，学校不应是强制性的，或者仅是避免工作的工具。该运动的典型标志是 1996 年在印度南部小镇 Kundapur 召开的一次有关"工作儿童"的国际会议，一些非政府组织如"关心童工""基督教工人阶级家庭的童工和青少年运动"等均派代表参与，且大约有 30 名儿童代表出席了该会议。会议最后通过了《Kundapur 十点宣言》，要点有：

- 我们（工作儿童）反对抵制儿童制造的产品；
- 我们希望从我们的工作中得到尊敬与安全；
- 我们希望得到适合我们能力的、专业的培训；
- 工作儿童应有权享受良好的健康照料；
- 无论地方、国家还是国际层面上，所有与我们有关的事务的决定，均应咨询我们的意见；
- 我们反对剥削的工作，但支持有尊严而不占用我们教育及娱乐时间的工作。③

　　这些认识强调了儿童具有负责任的能力以及他们对经济的贡献。汉森（Hanson）与范戴勒（Vandaele）认为，"工作儿童"并不必然与富裕国家的

---

① J. Boyden, B. Ling and W. Myers, *What Works for Working Children* (Stockholm: Radda Barnen/ UNICEF, 1998) , pp. 23 – 26.

② Allison James and Adrian James, *Key Concepts in Childhoods Studies* (London: Sage, 2012) , p. 138.

③ Jens Qvortrup, William A. Corsaro and Michael-Sebastian Honig(eds.) , *The Plagrave Handbook of Childhood Studies* (Hampshire and New York: Palgrave Macmillan, 2009) , p. 296.

非工作儿童相比不太像"儿童"。如果是这样的话，那么问题的关键不是简单禁止"童工"，而是要思考"工作"对儿童的价值与意义。

全球化体系中的儿童士兵

儿童与武装冲突是探讨童年全球化问题的另一个重要角度。在武装冲突中，儿童可能是暴力的受害者、使用者或目击者。其中值得关注的是，武装冲突导致一种特别的群体即儿童士兵（child soldier，亦称"童子军""娃娃兵"等）出现，他们由国家或武装团体控制。

目前关于儿童士兵的争论主要集中在儿童士兵的角色究竟是不是受害者上。很多儿童常常被迫参与武装冲突。尽管非洲不是儿童加入武装队伍的唯一地区，但非洲是儿童士兵现象最为突出的地区。[1] 除了非洲地区，在中东、中亚地区的伊拉克、伊朗、阿富汗、巴勒斯坦，在中南美洲尤其是哥伦比亚，在欧洲的塞尔维亚、科索沃、土耳其等，很多儿童卷入战争。

就全球范围看，估计41个国家大约有30万18岁以下的年轻人卷入武装冲突。大约有50万儿童被迫介入军事服务，或者作为间谍、仆人、性奴隶。[2] 关于为何儿童士兵的数量如此巨大，有三个因素值得关注。

第一，由于军事冲突增加以及成人应征者年龄的降低，儿童更有可能被征召为"后备部队"，这特别体现在那些多数人口年龄低于18岁的国家中。

第二，在第二次世界大战以后，武装冲突内化（转化为内战），即成为政府与反对势力之间的对抗，而非传统国家之间的对抗。儿童越来越可能被卷入武装冲突中，他们可能走向前线，或参与后勤。

第三，大量廉价的、小型的武器的容易获取，也使得儿童更容易在前线发挥作用。[3]

一般来说，儿童士兵之所以引起关注，是因为这种现象有悖于传统的西方童年概念。在传统的概念中，儿童是纯真的、脆弱的、无能力的、应

---

①   P. Singer, *Children at War*(Berkeley: University of California Press, 2006) , pp. 19 – 21.

②   Helen A. Finken, *Child Soliders*(The University of Iowa Center for Human Rights, 2004) , p. 8.

③   Michael Wyness, *Childhood and Society*(Hampshire and New York: Palgrave Macmillan, 2006) , pp. 86 – 87.

受保护的，儿童成为士兵，既不符合这一认识也与成人对儿童的保护动机相悖，儿童应当居于安全的环境，接受成人的保护。此外，战争对儿童造成的影响长久而巨大。由于儿童的生理、心理不足以应对战争的残酷，儿童参与战争往往会在日后带来很多社会问题，如儿童时期曾参战者难以适应正常社会、容易产生攻击性与反社会行为等。

儿童士兵的现象也带来了很多复杂问题，如在武装冲突中儿童暴力的责任问题。儿童特别是那些被迫接受征召、参与武装冲突的儿童究竟在什么程度上应该为暴力行为承担责任？有些学者认为，尽管作为施害者，儿童犯下了这些罪行，然而儿童本身也是受害者，他们在受到折磨、威胁、恐吓的情况下不得不屈服于武装力量的支配。因此，人们一般接受，12岁以下的儿童不应为其战争行为负责，在国际法庭中对此不予起诉。① 这主要是基于对儿童的最大利益的考虑。

尽管儿童士兵并不是新现象，例如在美国内战中儿童就被卷入战争②，但当代儿童士兵有一些新的特征，如儿童成为士兵的原因更偏经济因素而非传统冲突中的政治因素。

卡普兰（Kaplan）认为，许多国家或地区的长期内战，实际上是控制特定资源尤其是贸易交往的策略。他认为当代战争的功能就是实现这些目标。③ 这种角度实际上为儿童士兵问题的思考提供了一个全球性的视野。譬如在安哥拉、刚果（布）、塞拉利昂，对钻石、石油及其他资源包括钻矿的控制使冲突各方能够从贸易中获利。哥伦比亚的长期冲突则与毒品贸易有关。由于政府贸易控制的弱化，战争为走私提供了空间，出现大量有组织的犯罪行为。因而有些学者认为，战争不仅意味着特定系统的崩溃，而且是一种创造替代性的利益、权利甚至保护的方式。④

在一定程度上，这种方式是由全球化的体系提供的，特别是贸易的全球化为冲突各方从资源的非法占有与控制中获得巨大利益提供了机会。在此，儿童士兵实际上构成全球问题的一部分，这也是儿童士兵持续存在的

① Allison James and Adrian James, *Key Concepts in Childhoods Studies* (London: Sage, 2012), p. 17.

② D. M. Rose, *Armies of the Young: Child Soldiers in War and Terrorism* (New Brunswick, NJ: Rutgers University Press, 2005), pp. 1 – 18.

③ Robert Kaplan, "The Coming Anarchy", *The Atlantic Monthly*, Vol. 273, No. 2(1994) : 44 – 76.

④ David Keen, *The Economic Functions of Civil Wars* (London: International Institute for Strategic Studies, 1998), p. 11.

原因之一。冲突中各利益攸关方其实并不希望结束冲突，冲突的结束也并不能确保新的国家秩序的形成。也许正如凯瑞（Carey）所述，战争的目的事实上不是获胜，公开的冲突与混乱正是其预想的结果。[①]

以塞拉利昂内战为例，1991 年一小撮反叛群体成立了所谓的"革命联合阵线"，他们跨过利比里亚边界，进入东塞拉利昂。其声称自身目的为推翻腐败的政府。由于缺乏平民支持，他们强掳年轻人包括儿童作为战士。[②] 在斯米利（Smillie）等人的《问题的核心》一书中，其确认"冲突的钻石"是叛乱持续存在的一个中心因素。[③] 在该书中，作者从全球维度来看地区冲突，注意到钻石贸易、军火走私、国际犯罪之间的关系。在这种关系中，儿童士兵问题不仅是一个国家或地区问题，同时还是一个全球问题。

因而，由此来看，儿童之所以介入战争本质上是因为社会资源全球分配与再生产的危机，这种危机与资本全球化、有组织犯罪、国家权力的减弱以及冷战的遗产等因素密切相关。

流动的童年：风险与机会

随着全球化进程的推进，儿童移民现象越来越常见。一般而言，出于经济、政治或战争原因，移民主要从发展中国家流向发达国家，或从一国的落后、边远地区流向发达地区。就跨国移民来说，目前发达国家面临着更大的压力，譬如欧盟面临来自中东、北非的战争移民。由于移民大多数是年轻人，其中包括大量儿童，他们不仅会改变流出国家的人口构成，同时也会对流入国家的人口构成产生不小的影响。

布科克（Boocock）与斯科特（Scott）将移民分为两类：一类是自愿移民，另一类是被迫移民。[④] 自愿移民一般随家庭迁移，不那么具有压力。

---

① M. Carey, "Survial Is Political: History, Violence and the Contemporary Power Struggle in Sierra Leone", in E. G. Bay and D. L. Donham(eds.), *States of Violence: Politics, Youth and Memory in Contemporary Africa*(Charlottesville and London: University of Virginia Press, 2006), pp. 97 – 126.

② Karen Wells, *Childhood in a Global Perspective*(London: Polity, 2015), pp. 336 – 337.

③ I. Smillie, L. Gberie and R. Hazelton, *The Heart of the Matter: Sierra Leone, Diamonds and Human Security*(Ottawa: Partnership Africa Canada, 2000).

④ Sarane Spence Boocock and Kimberly Ann Scott, *Kids in Context: The Sociological Study of Children and Childhoods*(Lanham, MD: Rowman & Littlefield Publishers, 2005), p. 201.

但是一项针对法国移民儿童的研究显示，很多自愿移民的儿童感觉与主流法国社会有所隔阂，他们痛苦地意识到，他们被认为低人一等或发展迟缓。反过来，这些移民儿童中的一些儿童，也以这种态度对待其他国家或地区的移民儿童。那些来自北非马格里布地区的儿童常常歧视来自非洲其他地区的儿童。① 这种态度也出现在本土儿童与非本土儿童之间。

被迫移民往往由于自然灾害、战争、政府政策等因素产生，其中很大一部分是难民。其中的儿童极易处于各种威胁之中。许多难民不得不长期聚居在难民营地中，依赖当地机构或国际组织的捐助度日。

根据 2016 年发布的联合国难民署《全球趋势 2015》报告，2015 年全球难民人数再创历史纪录，6530 万人被迫流离失所，较 2014 年增加了 580 多万新难民，在全部难民中超过一半（51%）的人年龄在 18 周岁以下。全球输出难民人数最多的地区要么是最贫穷的国家，要么是武装冲突不断的国家。54% 的难民来自叙利亚、阿富汗和索马里。② 战争是造成难民出现的一个主要的原因。例如，"9·11" 事件后美国无人机对阿富汗进行轰炸，导致产生很多难民，一些人逃到巴基斯坦，其中很多儿童健康状况堪忧，他们遭受腹泻、营养不良和其他疾病的折磨。许多因炸弹受伤的儿童由于无法及时获得医疗救助而丧命。那些活下来的儿童，或被截肢，或带着永远的伤痕。③

另有一些移民尤其是工作移民是非法的，这些移民所生的儿童往往没有出生证明、居无定所、衣不蔽体、没有教育机会，这已经成为一个严重的跨国社会问题。

不管移民是自愿还是被迫、合法还是非法，其对儿童的影响显然都是巨大的。如果儿童在社会中是位于边缘的，那么移民就使得儿童处于一种双重边缘的位置。

当前对移民儿童的分析，除了关注移民对儿童成长的影响外，还深入儿童的移民生活与经验中。其中一个重要研究是由英国伦敦大学教育研究

---

① Sarane Spence Boocock and Kimberly Ann Scott, *Kids in Context: The Sociological Study of Children and Childhoods*(Lanham, MD: Rowman & Littlefield Publishers, 2005) , p. 201.

② UNHCR, *Global Trends 2015*(Geneva: UNHCR, 2016) , pp. 2 – 3.

③ Sarane Spence Boocock and Kimberly Ann Scott, *Kids in Context: The Sociological Study of Children and Childhoods*(Lanham, Md. : Rowman & Littlefield Publishers, 2005) , p. 203.

所和儿童、青年与媒介中心联合主持的一项名为"关于移民的儿童交流"的项目。该项目涉及六个欧洲国家的移民儿童，主要聚焦四个主题：家庭、社会关系、学校关系、媒介素养。

研究发现，移民儿童在家庭与接收国家的社会中扮演着不同的角色，儿童一方面在新的环境下要维持原家庭的价值体系，另一方面必须学习、适应新国家的环境，同时向家庭引入新的价值体系、观念。相较成人，他们既承担责任又面对着严峻的挑战。结果他们不断地在两种文化之间穿梭，传递、转译各种意义，创造出一种第三空间。[①] 这些儿童发展出高度的能动性，他们学着在不同文化之间、在流入国与流出国之间生活。他们的移民经验或许使他们承受了分离的创伤以及随之而来的不确定性，但是这也增强或提升了他们的能力自信、求生本能、成就水平。

不过，为何移民儿童的能动性不被看见？这是奥雷拉纳（Orellana）试图解答的问题。在她看来，儿童是完全的行动者、能动者，不仅是学校、家庭等场所中成人社会化努力的对象。移民儿童作为家庭中的转译者、解释者，运用他们的英语知识为他们的家庭接听电话、收发邮件、从事其他事务等。不仅在家庭中，儿童还在公共领域承担去商店购买商品、帮助家人看病、法务咨询等任务。儿童的这些贡献不仅有助于家庭，而且有助于学校、诊所、商业机构、社会的功能的整合。鉴于此，奥雷拉纳认为儿童是社会过程中的贡献者，就像社会的其他成员一样。[②] 这种观点显然有别于传统的儿童观念。

移民带来的机遇是当代学者所关注的另一个方面。唐纳森（Donaldson）认为，儿童并不是只有一种成长方式的植物，儿童有丰富的可能性，他们是自我学习与成长的存在，他们能够决定自己走向什么样的结果。[③] 在这种意义上，移民具有两面性，它可能是一个痛苦的但也具有创造性的过程，会带来失去但同时也会激励儿童利用更广泛的资源去与更丰富的社会环境进行互动。因此，移民不仅使儿童面临一个充满风险与危险的世界，

---

① Nadina Christopoulou and Sonja de Leeuw, "Changing Childhoods: Migrant Children and the Confrontation of Uncertainty", in Arnlaug Leira and Chiara Saraceno(eds.) , *Childhood: Changing Contexts*(Bingley: JAI Press, 2008) , pp. 239 – 264.

② Marjorie Faulstich Orellana, *Translating Childhoods: Immigrant Youth, Language, and Culture*(New Brunswick, NJ: Rutgers University Press, 2009) , pp. 3 – 5.

③ M. Donaldson, *Children's Minds*(London: Fontana, 1978) , p. 122.

同时还为儿童带来了机会。

彼得森（Peterson）注意到移民儿童的文化创新能力。他以埃及儿童卡通为例，发现移民引发的全球消费为埃及儿童的身份认同提供了一个新的途径。儿童通过卡通的消费，形成一种想象的共同体，由此建构出一种混合着阿拉伯和伊斯兰色彩与世界性、现代性特征的区域文化意象。[①] 儿童的这些实践不仅改变了移民群体自身的文化，而且也推动了当地社会的文化再生产。

当代社会学所展示的这些儿童移民的图像提醒我们，并不存在单一的移民童年经验，即使在国家内部，移民儿童的童年多样性也越来越多地受到全球发展不平衡的塑造。

小　结

童年的社会问题是当今社会学的主要议题之一。根据科萨罗的归纳，人们一般从以下几种角度对其予以认识和理解。第一种角度是将儿童看作所谓的外群体（out-group）。在这里，儿童被看作成人世界的麻烦制造者和破坏者。将儿童看作社会问题的第二种角度是从对儿童安全的担忧与焦虑出发，特别是在不确定的"风险社会"中。这种担忧体现为一种周期性的"道德恐慌"。最后一种角度是责难受害者，要求儿童为自己的问题负责。[②]

显然，这些"问题化"儿童、童年的方式并没有从根本上澄清儿童社会问题的原因，其背后仍然隐藏着童年－成年二元对立的立场。

事实上，童年的危机绝不只是儿童的问题，其深层次折射出社会结构的变化。因此，在本章中，我们首先分析了晚期现代性给童年带来的影响，其最重要的影响是将儿童从原先的社会结构中解放出来，提升了儿童在社会中的能见度。传统的童年观将儿童限定在社会结构的边缘位置，使其任由成人来支配。然而，随着社会的"个体化"趋势，越来越多的个体

---

① M. A. Peterson, "The Jinn and the Computer: Consumption and Identity in Arab Children's Maga-zines", *Childhood*, Vol. 27, No. 2(2005): 361 – 390.
② 〔美〕威廉·A. 科萨罗:《童年社会学》，程福财等译，上海社会科学院出版社，2014，第 231 ~ 233 页。

自由空间被释放出来，儿童与成人的关系得以重置，儿童越来越被承认为一个社会行动者。

有关童年的诸种问题，可以放在不同的层面来探讨。这里，我们主要从家庭、社会、全球三个层面探讨了一些基本的童年社会问题，包括儿童忽视与虐待、儿童贫困、儿童暴力与欺凌、童工、儿童兵、移民儿童等。

当然，这些问题可以同时从多个层面上来分析。以儿童贫困为例，一个常见的假设是儿童贫困是家庭造成的，因此对儿童贫困的救济就是帮助儿童的家庭脱贫，为儿童的父母提供就业辅助。然而，贫困与社会财富的分配机制及社会不平等有关，布拉德肖（Bradshaw）注意到大多数关于经济增长与物质生活质量的研究都忽视了儿童，或者把儿童当作可有可无的变量①，因而很少直接关注儿童的经济状况。新的研究不仅注意到这一点，而且把这一问题与全球化进程所塑造的贸易与经济秩序联系起来，儿童贫困尤其是发展中国家的儿童贫困（包括童工）实际上是全球财富与劳动分工体系的一部分。

当代有关童年的社会问题的研究的另一个重要特征是关注儿童在面对诸种童年问题时的行动性，例如，新的研究主张用"工作儿童"来代替"童工"的概念，这实际上是对儿童贡献的肯定。这些童年的社会问题中出现的儿童图像，不仅显示出儿童的空间已经扩展到成人的公共领域，也显示出儿童可以或有能力占据不同于以往的社会位置。

---

① Y. Bradshaw, "New Directions in International Development Research: A Focus on Children", *Childhood*, Vol. 1, No. 3(1993): 134 – 142.

第五章　作为结构形式的童年

传统的关于"儿童""童年"的理论，关注的重点是作为个体的儿童或儿童个体的（童年期）发展，较少关注儿童群体的历时或共时变化，忽视从宏观上关注儿童群体及童年问题，恰如德国学者考夫曼（Kaufmann）所言，这导致整个社会对儿童、童年的"结构性忽视与漠不关心"。① 鉴于此，库沃特普（Qvortrup）主张从"儿童"（child）研究转向"童年"（childhood）研究②，将童年视作一个永恒的社会范畴，以此来提升儿童的结构位置。

这种主张在很多新童年社会学家诸如梅奥尔、阿兰宁那里得到肯定的回应。梅奥尔赞同库沃特普基本立场，强调儿童构成一个社会群体，是社会的永恒特征，他们有关"成为儿童意味着什么"以及"与成人互动意味着什么"的知识，能够增进我们对社会秩序如何运行的理解。③ 阿兰宁则将童年结构研究延伸到对世代的探讨中。

由于结构取向的研究并不只是理论上的操弄而已，而是有真正的政治

---

① Kaufmann, *Zukunft der Familie*(Beck: München, 1990). Cited in Flemming Mouritsen and Jens Qvortrup(eds.), *Childhood and Children's Culture*(Odense: University Press of Southern Denmark, 2002), p. 45.

② Flemming Mouritsen and Jens Qvortrup(eds.), *Childhood and Children's Culture*(Odense: University Press of Southern Denmark, 2002), p. 47.

③ Berry Mayall, "Conversation with Children: Working with Gengerational Issues", in Pia Christensen and Allison Jame(eds.), *Research with Children: Perspectives and Practices*(London and New York: Routledge, 2000), pp. 109 – 124.

和政策的结果①，因此其在当代新童年社会学研究中格外引人关注。

第一节　童年的结构视野

就目前童年社会学的总体进展来看，关于"儿童""童年"的论述中，有两种典型的观点：一是童年建构论，二是童年结构论。两种观点的侧重点不太一样。前者关注作为社会现象而非自然现象的童年，后者则强调现代童年的结构性特征。我们在第三章中已经对此进行了基本的论述。

总的看来，童年的结构视野是在批判传统童年研究的基础上逐渐形成的。这种视野突出了童年的永恒性，呈现出以往忽视的儿童社会位置特征。

传统童年观的局限

传统上有关"儿童""童年"的知识，主要来源于教育学、心理学、哲学等。艾莉森·詹姆斯等学者用"前社会学中的儿童""社会学中的儿童"来分别概括传统学科有关童年的理论以及当代社会学的童年认识。

其中，"前社会学中的儿童"包含五种有关儿童的认识，它们是邪恶的儿童、纯真的儿童、天性本然的儿童、自然生长的儿童、无意识的儿童。② 其中，对邪恶儿童的认识主要来自宗教领域中的原罪观。纯真的儿童、天性本然的儿童分别来源于以卢梭为代表的启蒙哲学及以洛克为代表的经验哲学。自然生长的儿童主要来自发展心理学的研究，这种认识假定儿童发展具有自然性，其代表者为皮亚杰。无意识的儿童则源于精神分析学派的研究，以弗洛伊德为代表。

詹姆斯等人的概括，反映出我们对童年的一些传统的核心认识：童年的脆弱性、童年的暂时性、童年的自然性、童年的区隔性等。

---

① 〔英〕Michael Wyness：《童年与社会：儿童社会学导论》，王瑞贤、张盈堃、王慧兰译，台北：心理出版社，2009，第51页。

② Allison James, Chris Jenks and Alan Prout, *Theorizing Childhood* (Cambridge: Polity Press, 1998), pp. 9 – 17.

传统的关于儿童发展的教育学、心理学理论——认为儿童是无能力的、弱小的、非理性的——指导下的当代童年实践，主要依赖于对儿童的保护主义策略。保护是成人世界的责任，而儿童的义务就是快乐。如恩纽（Ennew）指出，儿童被认为无须承担责任，他们有权受到保护，应受到教化，但没有自主性。[1] 尽管这种童年版本源于特定的西方文化背景，但其越来越为全世界所有儿童而设置。因此常出现这种图像：那些未能提供给儿童这种童年版本的父母，往往被认为是失败的父母；那些不符合这种版本特征的童年生活，总是一种不那么令人满意的童年。

把童年视为一个特殊的、脆弱的阶段，这种认识并非现代才有。根据阿利埃斯的研究，到 18 世纪中期成人开始认为他们是不同于儿童的人。儿童不再被视为小大人。童年被视为脆弱的特殊时期，成年则相反。[2] 阿利埃斯得出这一结论的证据，主要来自中上层城市家庭阶层。

当代有关童年脆弱性的认识，不仅反映在家庭、学校中，也反映在各种公约文本中。《儿童权利公约》条款规定，缔约国应采取一切适当措施确保儿童得到保护，不受基于儿童父母、法定监护人或家庭成员的身份、活动、所表达的观点或信仰而加诸的一切形式的歧视或惩罚。[3] 这种规定背后实质上是对儿童/童年的脆弱性的认识。

在一般的意义上，童年常常被理解为人类生命历程的特定的早期阶段，其特征是精神、生理快速发展，向成年阶段迈进。这种认识反映在心理学对人类生命历程的划分中：一般分为婴儿期、幼儿期、童年早期、童年中期、青年期、成年期、老年期等。其中的发展主义根基，往往不为人所关注。

詹姆斯和普劳特将这些传统心理学、教育学视野下的儿童、童年认识，概括为我们前文述及的"主导框架"。这种"主导框架"认为儿童发展是自然的、连续的、定向的、表现为一个有序序列的阶段性的过程。这种模型实质上是一种生物进化模型：孩子发展成一个成年人的过程，就是一个思维从简单到复杂、行为从非理性到理性的过程，儿童的活动——他

---

[1] Judith Ennew, *The Sexual Exploitation of Children* (Cambridge: Polity Press, 1986) , p. 21.

[2] Philippe Aries, *Centuries of Childhood: A Social History of Family Life* (New York: Alfred A. Knopf, 1962) , p. 25.

[3] 参见《儿童权利公约》（UNCRC）。

们的语言、游戏和互动，可被视为发展进步的重要标志。①

这种以预先确定的顺序通过各线性发展阶段的模式，对人类学家来说，是非常熟悉的。在早期，人类学家常复制泰勒、摩尔根等学者提出的人类进化假设。这是米德在其早期著作中所质疑的模式，这种模式支持了一种童年的意识形态：童年无关乎社会和文化的变化，因为重点是自然的、生物的、作为生命普遍阶段的"童年"。这种观点成为一种特别强大的和有效的意识形态的原因，在于其表现为"不是"一种意识形态，因为童年是自然的、不可避免的、普遍的。

随着"童年是一个独特的生命阶段"这一认识的普及，童年逐渐被制度化为欧洲和新世界社会的一部分，其有很多制度化途径，诸如义务教育和相应地使儿童被有偿工作排除在外、司法系统内的特殊待遇、将儿童排除在公民参与（如投票）外、儿童公共空间的建设。儿童因此被区分出来，根据年龄与能力，置于通常由专业人士监管的专门指定的、特别的、受保护的组织环境中。这种西方童年观念中的区隔和制度化的背后，是一种"前社会学的儿童"的认识：认为儿童是依赖的、脆弱和无能的；儿童是天真的、自发性的，应免于责任与道德义务。在这种童年的图像中，儿童是"生成"（becomings）而不是"存在"（beings）——也就是说，他们被理解为处于一个未完成的、依赖的发展阶段，而不被认为是完整的、独立的、冷静的。② 因此儿童被认为需要由他们的父母和家庭来照料和指导，以便给他们提供资源和保护，而父母则要为儿童的福利、发展和管控承担责任。

将童年划分出来，并将儿童从亨德里克所说的"有重要意义的社会活动"中区隔出去的做法③，不仅体现在当代各种童年话语（如一些关于儿童的法律话语，包括取缔工厂使用童工、提高法定的结婚年龄等）的生产

---

① Allison James and Alan Prout(eds.), *Constructing and Reconstructing Childhood: Contemporary Issues in the Sociological Study of Childhood* (London: Falmer Press, 1997) , pp. 10 – 11.

② Jens Qvortrup, "Childhood Matters: An Introduction", in J. Qvortrup et al. (eds.), *Childhood Matters: Social Theory, Practice and Politics*(Aldershot: Avebury, 1994) , pp. 1 – 24.

③ Harry Hendrick, "Constructing and Reconstructing of British Childhood: An Interpretative Survey, 1800 to the Present", in Allison James and Alan Prout(eds.), *Constructing and Reconstructing Childhood: Contemporary Issues in the Sociological Study of Childhood* (London: Falmer Press, 1997) , pp. 34 – 62.

中，而且也是成人不断努力的一部分：他们努力控制童年及其含义。霍兰德（Holland）认为：

> （我们关于童年的描述）展现了人们在社会与精神方面所付出的努力即旨在实现成人与儿童之间困难的区别，以使童年远离无法达到的成年。人们试图建立各种二元对立的范畴，并形成稳固的有悖实际成长与发展连续性的二分法。人们积极地尝试保持童年——如果不是真实的儿童——纯洁而不受污染。①

在这里，如帕金翰所言，童年在本质上常常被定义为一个排除性的问题。不论后浪漫主义如何强调儿童的内在智慧与理解力，儿童都是从"儿童不是什么"与"儿童不能做什么"的角度来定义的。儿童不是成人，因此他们就不被允许去接触那些被界定为属于成人的事物，以及那些成人认为只有他们自己才能理解或控制的东西。② 这实际上不仅剥夺了儿童的自我决定的权利，而且也导致一种将童年从儿童自身排除出去的倾向，似乎儿童越来越需要一个童年来证明自己是儿童。这造成了儿童/童年的本体论的缺失。

童年的永恒性

如何提升儿童/童年的能见度或可见性，是新童年社会学关注的核心问题。建构派的答案是，通过强调儿童的社会行动能力，来凸显儿童作为社会范畴的地位。结构派则主张应由"儿童"研究转向"童年"研究，以"童年"这个概念来提升儿童的能见度。

为什么要使用"童年"而非"儿童"作为思考的关键概念？在结构派主将库沃特普看来，传统的儿童研究是以个体儿童为核心的。这是有问题的：第一，视儿童（child）为超历史的个体；第二，忽视了作为群体或集体的儿童（children）；第三，忽视了儿童群体的建构能力；第四，忽视了

---

① Patricia Holland, *What Is Child? Popular Images of Childhood* (London: Virago, 1992), pp. 12 – 13.

② David Buckingham, *After the Death of Childhood: Growing Up in the Age of Electronic Media* (Cambridge: Polity Press, 2000), p. 13.

童年的历史变迁；第五，潜在地将个体儿童从社会中分离出来。① 鉴于此，他提倡关注童年的发展，而不是儿童的发展。在有关"儿童发展"的传统观念中，人们常常视童年为一个阶段，而在"童年发展"的观念中，童年则被视为一种社会结构形式，而不单是一段有待个体度过的时期。需要注意的是，在他看来，"作为阶段的童年"与"作为结构形式的童年"两者之间并不矛盾，但传达出不同的意义。

图 5-1 显示出两种童年观的关系。左边的垂直竖条代表着纪年的时间序列，而图中的单元格则代表着不同的世代结构位置。图 5-1 中有两个箭头，其中向上的箭头代表着传统个体儿童研究的取向。譬如研究一个 20 世纪 90 年代出生的儿童到从出生到 21 世纪 10 年代的发展状况。这一时间段大约为 20 年，对应着儿童个体的童年时期。在"作为阶段的童年"的观念中，一个生于 20 世纪 90 年代的儿童到达 21 世纪 10 年代，意味着其童年已经结束，开始迈入成年。

在这种观念中，儿童发展的动力学表征在于个体个性的阶段性变化：在性征上，表现为身体机能从不成熟到成熟；在认知发展上，表现为从少能到有能；在情感发展上，表现为从感性到理性；等等。

如果按向下的箭头看，则可发现当 70 年代的儿童成年后，其童年并未消失，而是依然存在，成为社会的一部分。图 5-1 中的每一单元格都显现着特定时期特定形式的童年、成年、老年。在此，童年的发展、变化并不由个体决定，而是由某一时期的经济的、政治的、文化的、技术的、意识形态的因素等共同决定。因而，不同于儿童发展的动力因素，童年发展的动力不源于个体，而源于各种社会参数的相互作用。作为一种结构形式，童年便是其产物。正因如此，我们才可能探讨童年的连续与变迁、童年的文化变异等议题。

视"童年"为一种结构形式这种认识的贯彻，体现在 20 世纪 80 年代至 20 世纪 90 年代初期库沃特普主持的"作为社会现象的童年"研究项目中，该项目的重点是从社会学角度分析当代童年，其中分别由来自 16 个工业化国家的学者来描述童年在他们国家的社会位置。

---

① Jens Qvortrup, "Sociology of Childhood: Conceptual Liberation", in Flemming Mouritsen and Jens Qvortrup(eds.) , *Childhood and Children's Culture*(Odense: University Press of Southern Denmark, 2002) , p. 47.

	童年	成年	老年
21世纪10年代			
20世纪90年代			
20世纪70年代			
20世纪50年代			
20世纪30年代			

图 5 - 1 童年的位置

资料来源: Jens Qvortrup, "Sociology: Societal Structure, Development of Childhood, and the Well-Being of Children", in Asher Ben-Arieh, Ferran Casas, Ivar Frønes and Jill E. Korbin(eds.), *Handbook of Child Well-Being: Theories, Methods and Policies in Global Perspective*(London: Springer, 2014) , p. 663 – 707。

该项目的新颖性表现在：一是将儿童或童年作为观察、分析的单位；二是关注作为一个社会群体的儿童，并相应地关注作为社会范畴的童年；三是与传统相反，不是将儿童视为"下一代"，而是视其为今日社会的一部分，聚焦童年的当下状态，即思考童年对儿童当下而不是对未来的成年而言意味着什么。

项目具体关注的议题集中在以下几个方面：童年的社会志即人口和家庭中的儿童、儿童活动、童年经济学、面向儿童的公平分配、法律中的儿童等。

这种视角下的研究寻求的是童年中社会的、历史的、经济的、法律的而非个体的因素，更多地关注童年如何发展或变化，而不是单个儿童如何成长。同时这种视角也有助于阐释哈德曼的研究发现——存在一种自我管理、自治的童年世界，这个世界并不一定必然反映出成人文化的早期发展。① 如果这样的话，那么在社会科学中没有理由不可以像分析其他群体或范畴一样，来分析儿童或童年。

在新童年社会学那里，从结构角度来探讨童年的方法已为很多学者所运用。例如，新童年社会学旗手詹姆斯、普劳特等人便认为童年是不同社

---

① Charlotte Hardman, "Can There Be an Anthropology of Children? ", *Journal of the Anthropological Society of Oxford*, Vol. Ⅳ, No. 2(1973) : 85 – 99. Reprinted in *Childhood*, Vol. 8, No. 4(2001) : 501 – 517.

会的一种特殊的结构与文化要素。① 梅奥尔也有类似的主张。

在这些学者中，对童年结构观点的论述最为完备的是库沃特普。可以说库沃特普确立了新童年社会学"童年结构研究"的基本范式。这一范式的主要观点②如下。

第一，童年是社会结构的一种特定和独特的形式。

在这种认识中，童年被视为一种特殊的结构形式，它不是由儿童的个体特征或年龄来界定的，尽管基于实际原因，年龄可能是一个描述性的参考。童年作为一种结构形式，在概念上可与"阶级"的定义相比较，可以说，相对而言占主导地位的社会群体组织标示了童年的位置。就现代童年而言，其社会位置与社会教育制度、法律制度密切相关。譬如，现代儿童的童年常常在学校中度过，这意味着童年的结束与义务教育的结束通常是相一致的。又如，从法律上讲，儿童属于未成年人，而这一社会位置实际上是由成人给定的。

第二，童年不是暂时的，就社会学视野看，它是一个永恒的社会范畴。

这一观点并非彻底反对儿童心理学及传统社会化理论的假设：儿童需经历若干发展阶段才达到成熟。在某种意义上这一观点显然是正确的，然而其不利于社会学对童年的全面理解。在库沃特普看来，童年不会因个体变化而消失，其会继续存在，不管多少儿童迈入或离开童年。在童年历史变迁的研究中，我们并不能从个体的角度得到解释——尽管这个角度可能有益，但必须首先考虑社会参数的变化。

第三，童年是社会的一部分，是整个社会分工的一部分。

新童年社会学主张儿童是社会的积极参与者，不仅因为他们能够影响父母、老师及其他与他们交往的人，并同时受到这些人的影响，而且还因为以下两点。首先，他们参与了社会分工，特别是学校工作。学校工作与社会整体工作不可分离，它是劳动市场的一部分。其次，童年的存在会强烈影响到成人社会的各种计划，不仅包括父母的计划，还包括社会、经济

① Allison James and Alan Prout(eds.), *Constructing and Reconstructing Childhood: Contemporary Issues in the Sociological Study of Childhood* (London: Falmer Press, 1997), p. 8.

② Jens Qvortrup, *Childhood as a Social Phenomenon: Lessons from an International Project*(Vienna: European Center, 1993), pp. 11 – 18.

方面的计划。

这样，如果儿童确系社会分工的一部分，那么可以合理地认为，儿童必然与一定的资源或利益的分配有关。这不仅表现为在家庭层面上，儿童占用或需要监护人提供一定的资源，而且表现为在社会层面上，儿童有权要求最低限度的社会资源如教育资源。

第四，与成人一样，童年受到社会力量（诸如经济、制度等）的影响，尽管可能是以特定的方式。

库沃特普认为，对童年社会学而言，这是一个至关重要的观点，因为它告诉我们，所有的年龄群体都生活在共同的社会中——这种看法反对"儿童生活在一个特殊的世界中"的假定的想法，虽然与成人相比，儿童可能的确受到不同的对待或安排。当然这并非表明儿童不能以不同的方式解释世界，而是表明任何人包括儿童在内，都不可能避免更广泛的诸多宏观因素，包括经济力量、环境事件、城市规划、政策创定等的影响。

这些影响对儿童而言，可能是直接的，也可能是间接的，后者则往往更难以被发现。这就导致在很多社会问题上，儿童不会被考虑。譬如，对于一个化工厂的建立，人们会评估其对环境的影响，但很少考虑其对所在地区儿童身心健康的影响；在一个社会的失业人口的统计与研究中，罕有以儿童或童年作为统计单位或直接研究对象的。

詹姆斯等人将以库沃特普为代表的结构主义的童年研究归纳为新童年研究的四大范式之一①，显然是由于这种研究不只是不同于此前的童年理论与研究，而且开创了一种新的研究模式。

童年的结构位置

新童年社会学把儿童定位为社会行动者，不过，如果以结构的视野重新审视的话，可以发现儿童（童年）与成人（成年）的总体结构性关系是前者对后者在权利、权力、资源等层面的制度性依赖。事实上新童年社会学学者亦意识到了这一点，这体现在对前述"主导框架"的批评中。"主

---

① Allison James, Chris Jenks and Alan Prout, *Theorizing Childhood* (Cambridge: Polity Press, 1998), pp. 26 – 33.

导框架"不仅是传统童年研究的特征，而且也名副其实地体现了儿童在社会中的结构位置。

这种结构性依赖关系如此自然，以至于人们认为它是社会所固有的。成人是给予者和提供者，儿童是接受者和消费者。成人是保护者，儿童是受保护者。成人被认为是成熟的、理性的和强大的，儿童被认为是不成熟的、非理性的和脆弱的。儿童逐渐地、慢慢地融入社会，童年不过是一个暂时的、预备的阶段。因此，它意味着儿童不是社会的成员，至少不是社会的完全成员。这样，儿童被化约为潜在公民的身份，是"生成中的人类"而不是"人类存在"。①

库沃特普认为，在某种程度上，成人和儿童被区别对待，被赋予不同的权利，被给予不同的义务等的原因，必须从其他地方而不是在本体论的话语中寻找。成人和儿童之间的关系不是由哲学管控的，而是通过权力和利益来建构的。儿童无法要求得到平等对待，是因为他们不够大。② 在这里，年龄成为利益、权力分配的一个基本的决定性因素。

在当代，以"年龄"规约儿童、童年，特别体现在政治与法律领域。儿童与政治、法律的关系不同于成人。成人因为是理性的、有行动能力的个体，所以完全享有各种法律赋予的权利，儿童由于年龄不够，其权利被限制。然而维尼斯提醒我们，关于"儿童能做什么""儿童不能做什么"的与年龄等级有关的法律控制几乎没有什么逻辑可言，譬如在英国16岁儿童可以与异性结婚，而多数国家的年龄是18岁，这里的两岁之差，在发展上是没有理由的。③ 儿童受到这种年龄规约，成人却没有，这实际上显示出"年龄"的文化属性。

事实上，儿童在社会、政治、经济上的结构位置，如第二章所分析的，总体上是被排斥和边缘化的。成人与儿童的关系，不只是成人在社会中为儿童提供生活资料，而且包括成人保护儿童避免受到社会不良影响

① Jens Qvortrup et al. (eds.) , *Childhood Matters: Social Theory, Practice and Politics*(Aldershot: Avebury, 1994) , p. 4.

② Jens Qvortrup, "Sociology of Childhood: Conceptual Liberation", in Flemming Mouritsen and Jens Qvortrup(eds.) , *Childhood and Children's Culture*(Odense: University Press of Southern Denmark, 2002) , pp. 43 – 78.

③ Michael Wyness, *Childhood and Society* (Hampshire and New York: Palgrave Macmillan, 2006) , p. 30.

（体现在传统的社会化概念中）。这样，儿童被成人社会排除出去，其边缘化位置通过各种制度而正式确立。巴迪（Bardy）发现：

> 他们（儿童）被置于"等候室"，如学校等机构中，在成人的指导和监督下等待成为成年人。这种社会排斥的结果是，未成年人对成人的依赖变得越来越深，时间越来越长，例如经济的依赖就是这样，因为社会要求儿童接受教育。[①]

这种结构性排斥，使得儿童成为一个沉默的少数群体。由于儿童不被允许享有和成人一样的权力、影响、权威方面的资源，在这种区分中，他们处于一种不利的地位，因而儿童不得不依赖成人，反过来，这种依赖性关系不可避免地合理化了儿童、童年的从属性。

需要注意的是，从结构的角度来思考儿童、童年，并不意味着所有儿童均以相同的方式经验童年。这里强调的重点不是个体的儿童，尽管这有其价值，而是强调个体童年被决定的结构要素：年龄、阶层、种族、性别等。换而言之，存在工人阶级的童年、黑人的童年、女性的童年等，在此，结构的视野与多样的童年观并不矛盾。

另外，童年的结构位置体现在童年与国家的关系中。现代福利国家建构了一种特定的童年概念，同时为儿童创造了一个由各种专业机构组成的公共空间，并以法律形式予以规定，例如，儿童被要求接受学校教育，并且父母有责任为儿童提供这样的条件。人们假设这些机构符合儿童的最大利益，能够为儿童的照料、发展、教育提供安全、可靠的空间。儿童发展的进步模式便由这种观点主导，这些机构也是国家行使影响儿童的权力的重要途径。在这些教育机构中，人们度过了他们的童年时期。换言之，在这一教育框架下儿童"属于"国家/社会，国家在监管着这个系统，并以这个系统作为工具，传递特定的信息、价值与标准。[②] 这样，国家以学校的形式代替父母承担社会化儿童的主要责任，为儿童未来做好准备。

---

① M. Bardy, "The Manuscript of the 100-Years Project: Towards a Revision", in J. Qvortrup et al. (eds.), *Childhood Matters: Social Theory, Practice and Politics* (Aldershot: Avebury, 1994), pp. 299 – 318.

② L. Shamgar-Handelman, "To Whom Does Childhood Belong", in J. Qvortrup et al. (eds.), *Childhood Matters: Social Theory, Practice and Politics* (Aldershot: Avebury, 1994), pp. 249 – 266.

　　对学校的这种分析视角，提出了一个重要的问题即儿童、童年的社会空间问题。恩纽认为，儿童在现代社会是被"隔离"的，在空间上是被"放逐"的。[①] 科瓦里克（Kovarik）亦关注这一问题，在分析童年的空间与时间维度时，他提出"舞台"（stage）与"脚本"（script）两个相关的概念。"舞台"是指位置的设计和结构，而"脚本"决定舞台活动的流程。[②] 儿童在社会中的位置类似于此，儿童被主要的社会活动所排斥，他们的舞台（结构位置）是被给定的，他们在特定的时空（童年）中等待成为成人。

　　对儿童而言，社会空间绝不是一个中立的位置概念，厄里（Urry）认为，空间性有多方面的含义，除了有地区的含义外，还包括距离、运动、邻近、特征、感知、象征和意义，空间对于诸如阶级、国家、资本主义关系、父权制等社会实体中的因果关系的实现程度具有重要影响。[③] 基于此角度，詹姆斯等人的结论是，童年是一个受到压制的、从属的社会空间，其界限由老人霸权所建立并通过纪律受到管理，童年和成年的边界通过照料、保护、隐私等意识形态而获得合法性。[④]

　　此外，当代女性主义的研究亦显示出儿童的从属位置。阿兰宁注意到，目前已经有很多女性主义研究关注妇女与儿童的关系，并反思这种关系与男性－女性关系的相似性。[⑤] 传统社会通过父权制及公共与私人领域的区分，将儿童养育与照料归入私人领域，作为妇女的主要责任，并将儿童归入妇女的附属物。在这里，儿童的社会位置被参照女性成人来定位和区别，这显示出他们处于双重边缘化位置的社会现实。

---

① J. Ennew, "Time for Children or Time for Adults", in J. Qvortrup et al. (eds.), *Childhood Matters: Social Theory, Practice and Politics*(Aldershot: Avebury, 1994), pp. 125 – 144.

② J. Kovarik, "The Space and Time of Children at the Interface of Psychology and Sociology", in J. Qvortrup et al. (eds.), *Childhood Matters: Social Theory, Practice and Politics*(Aldershot: Avebury, 1994), pp. 101 – 122.

③ J. Urry, *Consuming Places* (London: Routledge, 1995), p. 13.

④ Allison James, Chris Jenks and Alan Prout, *Theorizing Childhood* (Cambridge: Polity Press, 1998), p. 38.

⑤ L. Alanen, "Gender and Generation: Feminism and the 'Child Question'", in J. Qvortrup et al. (eds.), *Childhood Matters: Social Theory, Practice and Politics*(Aldershot: Avebury, 1994), pp. 27 – 42.

第二节　世代与童年的社会位置

除了从儿童（童年）与成人（成年）的关系中分析童年的位置外，世代也是新童年社会学研究者常常采用的一个视角。实际上世代本身就蕴含着一种关系。

在对世代问题的探究上，早期研究的代表是德国学者曼海姆。其认为，代（世代）这种社会现象反映的只不过是一种特殊的位置身份，代具有内在一致性、统一性，从本质上说是由在社会整体中位置相似的个体组成的。① 将"代"视为一种特殊的"位置"，是"作为结构形式的童年"这一观点的核心立场之一。借助该概念，可更清晰地显示童年在社会中的位置。

作为关系的童年

儿童的一个重要的特征是所有儿童都会长大并最终离开他们的童年，在这种意义上，库沃特普提醒我们，童年是所有社会永恒的结构特征，作为一种结构形式，童年可以与社会的其他结构形式或范畴进行比较。如果是这样的话，那我们必须承认童年不只是过渡性的，而是生命历程中一个普遍性的存在，所有社会都会通过各种不同的结构位置、规则、法律等将"儿童"从"成人"中区分出来。② 这也是库沃特普使用"童年"一词的原因，因为儿童们生活在一个被界定的领域中，无论是在时间、空间、经济还是其他方面，他们都有共同的特征。

如前所述，儿童与成人之间一个最简单的区别是年龄。年龄划定了儿童与成人的结构边界，反之，这种边界强化了童年的概念。每个儿童都有年龄，人们据之来细化儿童的发展阶段。年龄本身也是社会学中常见变量之一。社会学家常在对不同群体（或世代）、分层系统的研究中涉及年龄并将之理论化，但早期社会学对年龄的问题，主要是从衰老、老年化意义

---

① 〔德〕卡尔·曼海姆：《卡尔·曼海姆精粹》，徐彬译，南京大学出版社，2002，第80页。
② Jens Qvortrup, "Childhood Matters: An Introduction", in J. Qvortrup et al. (eds.), *Childhood Matters: Social Theory, Practice and Politics*(Aldershot: Avebury, 1994) , pp. 1 – 24.

上来探讨的，很少将"儿童""童年"作为一种年龄范畴来看待。

帕森斯从社会结构的角度论述年龄与性别时，注意到所有社会中每个正常个体的最初地位都是儿童，但是他并没有据此讨论童年作为一种地位的情况。[①] 事实上，年龄被视为自然给定的，是日常生活组织的自然呈现。伦纳德（Leonard）在概述社会学有关年龄的探索时指出，年龄在社会学中没有被严格地界定，与年龄相关的问题仍然没有被社会学系统地考虑。年龄主要是由心理差异决定的，年龄关系不过是基于自然差异的组群关系，而不是与社会相关的一个独立的范畴。[②]

为了有效思考童年的位置，需要将童年从生物年龄限制中解放出来，进而考虑童年的社会性。事实上，童年本身就是一种文化产物，长期受到诸多社会因素制约。

这些社会因素中最重要的是各种制度。从教育制度来看，根据历史学者吉利斯（Gillis）的研究，在前现代社会中，教育并不是仅仅与儿童有关，直到现代，其才仅仅与儿童有关。在 19 世纪早期，学童（school children）的概念——认为仅有儿童需要上学，因此仅当年幼时才需要上学——是不存在的。[③] 但到 19 世纪末，随着工业化进程的推进，上学开始越来越仅与童年有关。1880 年，英国教育法案规定所有 5~10 岁儿童应上学。其结果是儿童被从工作场所中排除出去，而成人不属于教室，这里，年龄便是一个关键的选择标准。将儿童从成人中分离出去的政策不限于教育，还包括各种各样有关保护儿童的政策，如 20 世纪初期关于童工的公约。

将儿童作为一个特别的群体，并通过各种政策、措施将其分离出来的过程，凸显了一种对"童年"概念的支配性控制。这一有关"儿童做什么才是正确的"的概念支配着儿童的经验。上述这一过程展示了童年的社会与文化建构属性，这是童年的文化政治学的核心议题。同时，这一过程主要是通过一个强有力的成年的概念而实现的，换言之，儿童就是成人所不纳入

① T. Parson, "Age and Sex in the Social Structure of the United States", *American Sociological Review*, Vol. 7, No. 5(1942): 604 – 616.

② Diana Leonard, "Persons in Their Own Right: Children and Sociology in the UK", in Lynne Chisholm et al. (eds.), *Childhood, Youth and Social Change: A Comparative Perspective* (London: The Falmer Press, 1990), pp. 58 – 70.

③ J. R. Gillis, *A World of Their Own Making*(Oxford: Oxford University Press, 1997), pp. 61 – 80.

其中的人。

因而，要弄清楚"童年是什么"以及"儿童"如何被理解，需考虑到成年与成人的概念。反之，成年、成人的概念，可以从"什么是儿童"的认识中推演出来。在这种意义上，童年实际上是一个关系性范畴。

这种观点与詹克斯的观点是一致的。詹克斯认为，在社会学理论中，如果不考虑成人的概念，那么儿童是无法想象的。① 反之，如果不首先界定儿童，那么给成人以及成人社会一个界定也将是不可能的。因此在一定程度上对儿童、童年的研究，本质上就是对儿童（童年）－成人（成年）关系的研究，更进一步，为了理解童年，世代是必须考虑的一个关键概念。

世代的概念，可以使我们思考儿童与成人之间的权力关系。梅奥尔以"世代化"（generationing）这个词来描述儿童、成人之间的关系。在阿兰宁那里，"世代化"被理解为"世代结构化"（generational structuring）。② 借助"世代化"这一过程，人们可以知道"成为儿童"（被结构化为儿童）或"成为成人"（被结构化为成人）的社会过程。

世代化观点的重要性，在于它建立了一种关系取向，其中儿童与成人是密切相关的。关系取向可以说明人们如何定位儿童与成人的关系。对梅奥尔而言，这些关系出现在许多层面上，可据此将这些关系划分为以下几种：一是儿童与成人个体之间的关系；二是不同世代群体之间的关系，如父母亲及其后代的关系——父母与儿童属于不同社会群体的成员；三是更大范围内社会的规范，诸如支配父母责任的某些观念；四是宏观层面上施加于儿童的社会政策。③

这些层面的关系相互影响，生产出童年与成年的范畴。

如果接受梅奥尔、詹克斯、库沃特普等人的观点，那么由此可将"童年"视为作为少数群体的儿童所占据的结构空间。在此情况下，可思考童

---

① Chris Jenks(ed.), *The Sociology of Childhood: Essential Readings*(London: Batsford Academic and Educational Ltd. , 1982), p. 10.

② L. Alanen, "Childhood as a Generational Condition: Children's Daily Lives in a Central Finiand Town", in L. Alanen and B. Mayall(eds.), *Conceptualizing Child-Adult Relations*(London: Falmer, 2001), p. 129.

③ Berry Mayall, *Towards a Sociology for Childhood: Thinking from Children's Lives*(Buckingham: Open University Press, 2002), pp. 28 – 30.

年的政治位置。

将儿童归为少数群体，是欲挑战而不是证明现有的成人与儿童之间的权力关系。这种儿童研究方法，不是来自对童年的内在兴趣，而是来自对社会结构的控诉以及对相应的统治意识形态的控诉。其优点在于，儿童被认为与成人一样，或者被认为和所有人一样：他们被看作能动的主体。这是一种"为儿童"的社会学（a sociology for children），而不是儿童的社会学（a sociology of children）。[①]

世代差异

世代的概念，显示了童年的关系性特征，提升了"儿童""童年"范畴的社会学地位，不过，儿童在实际的世代条件下，位置未必得到提升。其中原因在于，尽管儿童与成人在相互关系中并没有什么不同，但是这种关系却远非对称的。[②] 从结构论立场看，童年仍然是一个被支配的范畴。

儿童作为一个詹姆斯等人所谓的"少数群体"，其对资源、权力等的支配程度和支配能力与成人是不一样的。在一般意义上，人们并不会歧视儿童，但是有证据表明在不同年龄群体即世代之间存在系统性差异，童年、成年的呈现方式截然不同。

欧德曼（Oldman）认为，有三组因素塑造着童年的本质，这三组因素分别是结构性（structural）因素、规范性（normative）因素、管理性（regulative）因素。[③] 库沃特普认为这些因素可将作为社会范畴的童年与其他世代范畴（成年、老年）区分开来。[④] 当然，这些标准也可以应用到其他年龄群体上。

首先，最明显的因素是管理性因素。这特别体现在各种以年龄为标准的法律条款中。例如，大多数国家均以18岁作为是否享有完全权利的分界

① Berry Mayall, *Towards a Sociology for Childhood: Thinking from Children's Lives* (Buckingham: Open University Press, 2002), pp. 28 – 30.

② Leena Alanen, *Modern Childhood? Exploring the "Child Question" in Sociology*(Jyväskylä: Kasvatustieteiden Tutkimuslaitos, 1992), p. 64.

③ David Oldman, Conflict and Accommodation Between Ideologies in the Regulation of Children's Right(paper to the Conference on Social Policies for Children and Adolescents, Florence, 1991), p. 1.

④ Jens Qvortrup, "Macroanalysis of Childhood", in P. Christensen and A. James(eds.), *Research with Children: Perspectives and Practices*(London and New York: Routledge, 2000), pp. 66 – 86.

线，那些低于此年龄的人则受到限制与保护。除了法律支持外，这也得到大多数成人的赞同。这就将儿童与成人在政治权利上区分开来。在此观点中，儿童在童年阶段应受到关注的重点实际上不是权利而是保护。其中原因如艾德森（Alderson）所分析的那样，"权利的概念最初基于理性、独立性、自由的价值观念之上。由于这些被认为是成年而非童年的特征，形成了一种假设即儿童并不应具有公民权利。相反，儿童的保护需要通常才是强调的重点"①。

这种假设尤其体现在选举权与被选举权上，我们发现极少有法律赋予儿童这些权利。事实上，儿童的人权从来没有得到清晰的表述和适当的实践。尽管《儿童权利公约》对儿童的一些权利进行了确认②，然而这并不能改变儿童在现实世界中实质上处于无权的政治地位的情况。儿童的权益，仍然需要成人来保障。这可能是"儿童的最大利益"这一保护儿童权益基础准则的内在悖论所在：作为权利主体的儿童，不得不向成人让渡部分主体权利。这恰恰体现了儿童的弱势社会位置。

管理性因素的另一个明显体现是儿童有责任上学。在具体的施行中，各个国家有所不同。然而，一般的事实是绝大多数儿童有 8 ~ 12 年都在学校度过。"上学"这一强制性力量，是最强有力的管理因素之一，其将儿童与其他世代区别开来，而在历史上很多儿童其实并不上学。

其次，规范性因素。管理性因素与规范性因素不太容易区分，因为前者亦常常源于一些规范。不过，相对而言，规范性因素有更大的自由裁量空间。规范性因素的目的在于管控儿童的行为，无论是在法律上还是在非法律意义上。许多规范都基于有关儿童的科学理论所强调的意识形态或道德理念。③ 例如，有关儿童成熟、能力、脆弱水平的观念以及一些自以为理所当然的"正确"态度，也许是不适用的。然而，它们却一直存在、运作，尽管它们的存在形式、功能已经发生变化。

从儿童的视角看，规范性因素常在保护与参与之间摇摆，对一个世代

---

① P. Alderson, *Children's Consent to Surgery*(Buckingham: Open University, 1993) , p. 45.

② 参见《儿童权利公约》（UNCRC）。

③ David Oldman, Conflict and Accommodation Between Ideologies in the Regulation of Children's Right(paper to the Conference on Social Policies for Children and Adolescents, Florence, 1991) , p. 1.

而言具有肯定性或否定性价值的事物，对其他世代而言可能具有相反的价值。例如，有关儿童有偿工作的理解。一般成人反对童工的理由在于，认为儿童是脆弱的，容易受到伤害，他们应当去上学；儿童缺乏能力，不能正确处理金钱。因此，成人不允许儿童通过该途径去获得理财经验，同时否定了他们参与一些力所能及的工作而获得的尊重，这些尊重与从父母那里要零花钱的感觉是不一样的。① 对成人而言，工作的价值是积极的、肯定性的，而对儿童而言，其价值往往被视为消极的、否定性的。

最后，结构性因素，其体现在政治、经济等层面。一些法律规定或规范的推行，可能对一些世代（成人）是有利的，对另一些世代（儿童）则是不利的。这里的要点在于假定成人与儿童在年龄或世代上截然不同。因此，这使我们可运用类似结构的术语来探讨成人与儿童，就像经济、政治、社会、技术领域内的探讨一样。为此，库沃特普选择了两个维度来探讨不同世代之间的结构差异，这两个维度是经济维度与空间维度。

作为一个社会群体，儿童一直享受着社会福利发展的成果，而社会福利往往被作为衡量儿童生存状态的一个基本指标。然而，如果我们从世代的角度看，儿童是否曾经或常常受到歧视，或其福利与社会发展是否相一致，并不是很明确，例如，在何种程度上儿童与其他世代如成人、老人分配到同样的资源？这涉及世代之间的歧视。目前尚缺乏这方面的系统信息，不过可从儿童的可支配收入、贫困情况等间接看出相关情况。

很多报告显示了儿童贫困率的变化。例如，美国国家贫困儿童中心（National Center for Children in Poverty）的研究成果指出，20世纪80年代早期以来，美国3岁以下儿童的贫困率已经大幅度下降，从1980年的27%下降到2000年的18%② ，然而在某些地区，儿童贫困率仍然高于成人贫困率，一个重要原因便是世代结构上的不平等。

从空间维度上看，相较成人，儿童受到很多限制。在实践中人们常以"保护"儿童为优先选项，而忽视儿童的愿望，如儿童希望在新的环境下获得新的经验。以城市空间来说，当代城市空间主要是成人主导的，往往

---

① C. Ward, "Opportunities for Childhoods in the Late Twentieth Century Britain", in B. Mayall(ed.), *Children's Childhoods: Observed and Experienced*(London: The Falmer Press, 1994), pp. 144 – 152.

② Michael Wyness, *Childhood and Society*(Hampshire and New York: Palgrave Macmillan), 2006, p. 32.

基于成人的经济利益而建设，很少考虑到儿童的需求。城市三要是成人的世界，童年不过是城市缝隙中的"岛屿"。儿童的生活空间在"保护"的名义下被大大压缩，自由、自主探索的机会越来越为其所不及，这显示出成人与儿童的潜在冲突。

儿童所受到的这些限制，显示出现代童年与成年的差异：童年在社会结构中处于被支配的附属位置。反之，这些限制又不断强化了儿童在政治、经济、社会空间上的弱势地位。它们的相互作用构成了一种强大的世代差异的自我再生产秩序。

童年与世代公正

童年的世代位置表明，儿童与其他世代在政治、经济、社会资源等方面存在系统性的分配不平等。然而，一般的关于不平等的社会学研究，考虑的因素往往是种族、教育、阶层、性别等，对于世代因素则很少涉及，而传统的社会学则将儿童视为家庭或家户的依赖者，这使得年龄或世代很少作为社会不平等分析的变量。

以库沃特普等人为代表的结构派新童年社会学研究突破了这一局限，而倡导使用一种以世代为单位的童年概念，认为童年与成年、老年不同。这种角度使我们认识到世代之间的秩序与公正问题。

那么，儿童、童年在世代资源分配中处于什么样的位置？以权利来说，尽管过去200年来的社会运动促进了不同成人群体的政治与公民权利的扩展，儿童的权利却很有限。在自由主义理论的支持者如马歇尔（Marshall）看来，完全的公民权只属于成人。个体转变为公民的关键标准是成熟与能力。自治的权利主体的道德身份是基于自我管理与执行自我意愿的能力的。[1] 儿童没有被赋予完全的公民权，是因为他们没有能力执行自己的选择权，遵循自己的意志，为自己的命运负责。因此，儿童必须依赖他人才能完全获得公民的政治与社会权利。这便意味着儿童的基本需要，从法律上看，需由国家或父母来确保满足，结果是我们必须承认儿童的边缘位置这一事实。

从生命历程角度看，儿童相对于其他世代的边缘位置不仅是没有问题

---

[1]　T. H. Marshall, "Citizenship and Social Class", in T. H. Marshall and Tom Bottomore(eds.), *Citizenship and Social Class* (London: Pluto Press, 1992), pp. 3 – 49.

的，而且可能是合理的。与种族、性别等不可变因素相比，年龄会变化，个体会从一个年龄群体进入另一个年龄群体。有些学者如丹尼尔斯（Daniels）认为，个体在生命的不同阶段受到不平等的对待是合理的，符合公平的标准。[①]因为不管其何时迈入哪个年龄群体，每一个体进入某一年龄群体之后，都受到同等的对待。这样，童年作为一个权利受限的阶段，是没有问题的。毕竟，儿童在未来终将享有完全的权利。然而，其他一些学者认为这一观点难以令人信服。假定每一世代与此前或此后的世代受到同样对待，是完全不现实的，因为这包含着一种非历史的、静态的社会观。事实上，政治的、经济的、社会的因素等使得每一世代的起点均不一样，同时也带来生命历程的不同机会。丹尼尔斯的观点是从个体的角度出发的，忽视了世代之间的结构性关系，没有考虑到特定时期的社会情况，如 20 世纪 30 年代"大萧条"对不同世代的影响。

关于儿童群体与成人群体的世代公正问题，温特贝格（Wintersberger）为我们提供了两条思考路径：一是着眼于劳动世代分工的角度，二是着眼于福利国家的角度。这两个角度密切相关。

在现代社会，没有哪个因素像学校化（scholarization）一样对童年产生如此深刻的影响，其中儿童保育革命对儿童身心的影响尤为深刻。然而，人们却很少注意到学校化所带来的儿童在劳动世代分工及资源分配中的边缘化现象。这是童年政治经济学的核心问题之一。温特贝格从此角度总结了六种童工模式。[②]

首先，在前工业社会中，童年由农业与家庭劳动分工主宰。在家庭经济中，儿童与成人一起工作。儿童的价值与收益平衡主要限于家庭经济的层面。从整体上看，儿童并没有从成人中分离出来，而是在社区中与成人融为一体。进入早期工业社会后，儿童开始卷入工业童工，也就是说，童工不再限于家庭经济，还涉及工厂。在这一时期，劳动的世代分工仍然是同步的，儿童与成人都工作，但儿童的剩余价值开始为资本家所抽取。到了后

[①] N. Daniels, *Am I My Parents' Keeper? An Essay on Justice Between the Young and the Old* (Oxford: Oxford University Press, 1988), p. 54.

[②] Helmut Wintersberger, "Work, Welfare and Generational Order: Towards a Political Economy of Childhood", in Jens Qvortrup (ed.), *Studies in Modern Childhood: Society, Agency, Culture* (London: Palgrave Macmillan, 2005), pp. 201 – 220.

来，童工开始真正为资本所驱使，儿童被视为人力资本。由于技术的进步，生产过程开始从追求绝对剩余价值向追求相对剩余价值转变，也就是说剩余价值不再源于延长工作时间或对童工的早期剥夺，而是来源于对劳动者技能的更有效利用。这一阶段，劳动的世代分工的特点是先教育，然后工作，最后退休，亦即一种历时的劳动分工。童工由于对儿童的伤害而被禁止，取而代之的是将儿童送进学校的一种非直接的"剥夺"，这样，人们将儿童与工作场所隔离开来。

随着童年的神圣化、情感化，儿童开始从生产资料变为耐用消费品（consumption durables）。该过程正如泽利泽所分析的那样，由于儿童对他们的父母不再具有物质上的价值，儿童的世代收益开始由物质层面转向情感层面。① 在这一阶段，儿童不是他们父母老年的安全保障，而是为了他们父母的自我实现而出生的。再往后，儿童被视为积极的、自主的新消费者。一种革新性的没有传统教育价值的儿童玩具出现了，其代表为美泰公司的芭比娃娃。儿童文化逐渐为市场所控制。最后，在后工业社会，随着技术、经济、社会革新的加快，生产与消费的领域开始交融，一种新的童工出现，儿童作为后现代生产者，回到生产世界。其特点是游戏、学习、工作的混合。休闲活动、上学、有偿工作、无偿工作等之间的界限不再那么明显。从长远来看，这可能意味着儿童、成人的时间利用模式的趋同。

为了呈现六种模式的关系，温特贝格引入了主体与客体的维度（见表 5 – 1）。

表 5 – 1　童工模式

儿童的位置	生产	消费
儿童作为主体	①前工业社会的生产者 ②早期工业社会的生产者 ⑥后工业社会的生产者	⑤新消费者
儿童作为客体	③人力资本	④耐用消费品

资料来源：Helmut Wintersberger, "Work, Welfare and Generational Order: Towards a Political Economy of Childhood", in Jens Qvortrup (ed.), *Studies in Modern Childhood: Society, Agency, Culture* (New York: Palgrave Macmillan, 2005), p. 205。

---

① 参见〔美〕薇薇安娜·泽利泽《给无价的孩子定价：变迁中的儿童社会价值》，王水雄等译，格致出版社，2008。

儿童的经济角色，在这些模式中显示出一种螺旋式的演变：从早期工业社会的生产者到人力资本再到后工业社会的生产者。但是正如温特贝格的自我批评，这里的分析，为了便于理解童年的经济的演变，其主要是基于一种成人中心的视野，并没有反映出儿童、童工的历史发展的复杂性。[①]因此，一些问题仍然需要解决：西方社会这种童年经济角色的变化，是否是平衡休闲、教育、有偿或无偿工作的一种特定方式？如果儿童介入生产是最终目标，那么为什么要把儿童从生产系统中隔离出来并取缔童工？

从经济生产系统中将童年隔离出来的明显表现是学校。有些论者认为，将儿童从工作场所赶到学校，是另一种形式的剥削。这种观点的代表者是欧德曼，他认为儿童不只是构成一个少数群体。成人与儿童之间存在阶级关系，在社会类别的意义上，支配阶级（成人）在经济活动上剥削次要阶级（儿童）。[②] 这种剥削关系体现在学校中。学校的教师、管理者通过控制学生学校劳动中的资产即控制学生的自我价值资本，来维护其自身的专业自主，并获取报酬。这构成一种教师短期价值与学生长期价值之间的特殊剥削关系。此外，世代之间的剥削在家庭中也有表现：经济关系越来越主导着家庭的情感关系，不仅儿童与父母相处时间渐少，而且父母对儿童的控制类型也有性质上的变化。儿童越来越受到家庭外成员的照顾，这种照顾的本质与意义逐渐被追求经济收入最大化的各类儿童照料机构所控制。这一儿童照料的商业化趋势，本质上就是剥削儿童。

这种观点尽管可能过于激进，但为我们审视世代关系提供了一个角度。温特贝格提供的另一个角度是从福利国家的视角看世代契约。

在传统社会中，对儿童的福利基本是视而不见的，儿童不过是抵抗老年时期各种风险的一种保险。在家庭经济中，养儿育女的效益表现为世代之间的一种直接的回馈。父母们投资儿童，期待获利，或将其作为童工，或养儿防老。在现代社会，由于分工及公共养老保险的发展，传统的世代直接回馈被间接回馈所取代。老年的安全不再依赖于个体的生物再生产以

---

① Helmut Wintersberger, "Work, Welfare and Generational Order: Towards a Political Economy of Childhood", in Jens Qvortrup(ed.), *Studies in Modern Childhood: Society, Agency, Culture* (New York: Palgrave Macmillan, 2005), pp. 201 – 220.

② David Oldman, "Childhood as a Mode of Production", in B. Marry(ed.), *Children's Childhoods: Observed and Experienced World* (London: The Falmer Press, 1994), pp. 153 – 166.

及年轻一代照顾的意愿与能力。以法律形式存在的国家退休金制度,保障人们老年的生活。

然而,现代国家的各种福利制度,隐藏了儿童与成人之间的世代契约,这一问题伴随着发达国家老年化进程的推进而逐渐凸显出来。

吸收女性主义的理论贡献,温特贝格认为,尽管在不同类型的国家福利模式中,世代契约有着不同的体现,但所有的福利国家,在很大程度上都是成人主义的、父权制的。首先,福利国家大多漠视儿童,无论是在福利概念还是在实践中。其次,如果考虑儿童的话,其基本是以一种家长制的方式来思考的,也就是由父母、其他成人决定什么对儿童是好的。再次,在国家福利条款中,成人一般被视为个体来考虑,对儿童的态度则是家庭主义的。最后,在社会政策的篮子中,有关儿童的社会政策在很多方面都不那么重要。[①]

那么,在世代之间,儿童是否拥有社会公正?博耶(Bojer)曾基于罗尔斯的公正理论,探讨儿童的社会公正问题。她发现大多数分配公正的理论很少涉及儿童。尽管罗尔斯本人并未直接谈及儿童社会公正问题,但博耶认为,罗尔斯的公正理论原则上承认儿童是完全的人,是社会公正方面的独立的主体。就生命历程角度看,社会公正理论应将儿童包括进去。[②]童年作为所有人必经的一个阶段,其状况会对未来的成年有巨大影响。因此,社会投资童年应当是合理的。但是,她没有解释优质童年本身为何是有价值的。

有些学者另辟蹊径,从世代交替的角度,认为儿童世代与老年世代的资源分配不是一个零和游戏。埃斯平 – 安德森(Esping-Andersen)指出未来老人的福利取决于当前儿童的福利,因为儿童是明日的工作者。今日儿童与成人之间的分配冲突,不过是暂时的。通过投资儿童,未来成人的生产力将得到提高,未来一代工人将能更好地支付老年一代的退休金。[③] 如

① Helmut Wintersberger, "Work, Welfare and Generational Order: Towards a Political Economy of Childhood", in Jens Qvortrup(ed.), *Studies in Modern Childhood: Society, Agency, Culture* (New York: Palgrave Macmillan, 2005), pp. 201 – 220.

② Hilde Bojer, "Social Justice and the Rights of Children", in Jens Qvortrup(ed.), *Studies in Modern Childhood: Society, Agency, Culture*(New York: Palgrave Macmillan, 2005), pp. 221 – 230.

③ G. Esping-Andersen, " A Child-Centred Social Investment Strategy ", in G. Esping-Andersen, G. Duncan, A. Hemerijck and J. Myles(eds.), *Why We Need a New Welfare State*(Oxford: Oxford University Press, 2002), pp. 26 – 67.

果是这样的话，儿童与其他世代之间并不必然存在冲突的关系。

第三节 童年结构与儿童能动性

童年的结构视野，突出了以"童年"作为分析单位的研究。这种研究无疑提升了"儿童""童年"在社会学中的能见度。然而，有些学者质疑了这种研究中对"童年"结构的单一理解，认为由结构与行动的社会学范畴来看，不应忽视儿童的能动性，为此，维尼斯主张在多样性的文化与社会背景下重新概念化儿童的能动性。[①]

作为单一结构形式的童年

将"童年"视为社会结构的一个构成部分，以及视"童年"为一种特定的结构形式，是童年结构派的核心观点。如前所述，其主要代表是库沃特普。

有关儿童、童年研究的传统学科如心理学、教育学等往往侧重从"个体""发展"的角度来概念化儿童。有别于此，库沃特普主张一种以"童年"而非"儿童"这一概念为基础的童年社会学，并认为童年构成一种特定的结构形式，其特征不是由儿童个体或年龄决定的，而是由各种社会力量诸如政治、经济、文化等共同决定的。[②] 在这种意义上，童年的本质主要根据童年相对于其他主要群体的社会位置来界定。

在库沃特普看来，现代社会中童年有两个明显的特征：一是所有的儿童在童年期的绝大部分时间里都需要上学；二是儿童的法律地位是未成年人，这个地位是相关的支配群体即成人指定的。这两个特征都是非生物性的，而是社会性的，是由社会力量以特定方式决定的。[③]

---

① Michael Wyness, *Childhood* (Cambridge: Polity, 2015) , p. 34.

② Jens Qvortrup, "Sociology of Childhood: Conceptual Liberation", in Flemming Mouritsen and Jens Qvortrup(eds.) , *Childhood and Children's Culture* (Odensen: University Press of Southern Denmark) , 2002, pp. 43 – 78.

③ Jens Qvortrup, "Sociology of Childhood: Conceptual Liberation", in Flemming Mouritsen and Jens Qvortrup(eds.) , *Childhood and Children's Culture* (Odensen: University Press of Southern Denmark) , 2002, pp. 43 – 78.

　　由此，他强调对童年的社会学理解就是要求识别作用于所有儿童的结构性因素以及那些将童年与其他社会群体如成人所处的阶段区分开来的因素。通过将童年描绘为一个给定的社会架构的一部分，有助于将童年与其他群体所处的阶段相比较，以及对不同国家或历史时期的童年进行比较。

　　这种视野使得库沃特普发现，现代国家中的童年呈现出一些共同的趋势。[①] 一是作为一种世俗化趋势的制度化。前面所说的上学便是该趋势的一部分，除此之外，还包括学前教育、日托机构、课外活动如各种音乐、体育、舞蹈兴趣班等，它们构成儿童生活中的制度之网。

　　关于这一点，艾莉森·詹姆斯等人进一步将之与社会空间联系起来，认为现代学校、城市等构成了童年的重要空间，并以"控制"为核心来探讨这些空间对童年的影响。这些空间通常被教师、父母与同辈群体视为传统的、结构化的社会化场所，它们与特定的控制模式有密切关系，例如，学校、操场、餐桌、街道、儿童自己的卧室等虽然具有不同的性质，但都具有共同的因素。这些场所会随着时间而发生变化：餐桌变为画画的地方，教室走廊转化为惩罚的地方，街道成为威胁的空间象征。然而，这种设置的转换主要是成人的特权，儿童感受到的是一种控制与约束。[②] 通过这些，成人们创造出一个属于童年或为了童年的空间。然而，这是否一定对儿童有益？这恐怕需从儿童的视角加以考量。

　　二是家庭化趋势。随着以亲密感为核心的家庭意识形态的兴起，家庭被认为是对儿童及其发展来说无可争议的最恰当、最有益的空间。这在家庭形态上表现为父亲与母亲角色的劳动分工。父亲承担赚钱养家的责任，母亲则作为家庭主妇，担负起照顾小孩的责任。对儿童，父母除了经济上的责任，还有教育、道德、社会化方面的责任。

　　与此同时，个体化（individualisation）也逐渐成为一个重要的趋势。随着森尼特（Sennett）所描述的"公共人的衰落"[③]，个体的成功与幸福为人们所追求。个体化同时也为家庭化设置了限度，或者说其导致了一种去

---

①　Jens Qvortrup, "Sociology of Childhood: Conceptual Liberation", in Flemming Mouritsen and Jens Qvortrup(eds.), *Childhood and Children's Culture*(Odensen: University Press of Southern Denmark) , 2002, pp. 43 – 78.

②　Allison James, Chris Jenks and Alan Prout, *Theorizing Childhood*(Cambridge: Polity Press, 1998) , pp. 38 – 39.

③　Richard Sennett, *The Fall of Public Man*(Knopf: New York, 1977).

家庭化的趋势。

个体化往往意味着，在某些方面个体更注重自我而不是自己作为家庭成员的一面。这一过程也影响儿童。在库沃特普看来，这体现在各种组织机构中。在现代，相比儿童作为家庭成员，儿童作为某些组织机构的成员的现象更为普遍，但是儿童并不像属于家庭那样属于某一个组织机构，其成员资格是可替换的。儿童生活的这些变化，是此前没有的。在获得工作之前，由于儿童有更长的时间待在学校、家庭或各种组织机构中，因而，相较于中世纪的童年，在一定意义上现代儿童的童年延长了。换言之，现在的儿童年龄更大了。然而，从儿童的视野看，童年似乎越来越短了，因为在很小的年纪，儿童就参加各种成人式的正式团体，这些团体有与成人团体一样的科层制、时间管理、组织功能等，儿童被要求实现明确的目标与任务。这些表明，儿童不是仅仅正在成为社会的成员，而是在实质上就是社会的成员，他们不是外在于社会，而是正参与到社会进程中。

制度化与个体化的影响，还带来一种个性化（individuation）的趋势。一方面，个性化承认个体的特殊性；另一方面，在现代社会制度下，个体却又是如此相似。这里暗含着一种矛盾。现代社会制度为自主的个体提供了一个共同的环境，这使得所有个体能够被同等地对待，然而这种"同等"位置使得科层制的控制成为可能，甚至是其所必需的。这种状况下的个体，至少从原则上来看，在位置上是平等的，他们必须遵循相同的规范。

当然，这些趋势对儿童的影响是多面的。例如，个体化并不意味着儿童不受管控，考虑到现代社会的各种风险，儿童需要接受各种组织机构的监管。各种儿童组织机构制度的存在，综合来看，对儿童而言代表着一种进步，因为儿童受到保护与照料，而如果考虑到现代社会父母双薪工作的现实，制度化的童年似乎是不可避免的。

除了保护与照料之外，制度化能使儿童更快地适应现代社会规范，它是一种有效的管理儿童时间的方式，但这剥夺了儿童自由支配时间的选择。制度化在一定程度上压缩了儿童的空间，将儿童从自然、街道中分离出来，而置于由各种建筑物包裹的被成人们认为安全与可控的场所。留给儿童的只是成人世界结构中的各种孤立的"岛屿"，只有在这些"岛屿"上，儿童才能度过真正的自由时光。

库沃特普的上述视角，本质上强调了作为单一结构形式的童年，尽管这种视角为我们理解当代童年特征做出了重要理论贡献，然而，由于忽视童年经验的多样性，其也遭到一些批评。

单数童年还是复数童年？

就当代童年的总体状况看，如我们在第四章中所述，"童年"不是单一的、均质的，"童年如何被儿童经验"涉及贫困、社会不平等、种族歧视、战争、疾病等诸种社会力量的影响，因而童年的面貌异常多样。然而，强调童年同一性的结构论的童年研究却很少考虑这些问题，或者把这些问题留给其他学科去探讨，这引起了一些学者的反思。

詹姆斯、詹克斯与普劳特三人抛出"单数童年还是复数童年"的问题。在他们看来，这是一个相当重要的问题，它不仅是一个关于方法的问题，更为重要的是，它向社会结构主义的童年研究方法提出了一个核心挑战：将"童年"视为一个单一的概念是否是可能的或者可行的？[1]

尽管单一结构形式的"童年"概念有助于提升童年作为社会学范畴的地位，促进童年的比较研究，但单一结构形式的"童年"概念不是没有问题的。阿兰宁指出，有关童年的日常知识与社会科学研究的证据表明，成为一个儿童或成人的人，在活动、机会、经验与认同上是不同的。[2]

虽然库沃特普本人努力提倡一种单一结构形式的童年，但实际上他自己也已意识到，"童年"这一范畴，就像性别、种族、阶层一样受到其他社会因素的影响，这自然会塑造出不同面貌的童年。用其自己的话来说是这样的："在某种意义上童年的确具有多元性。谁能声称只存在一种童年呢？很明显，儿童的生活是非常不同的，至少取决于他们父母的社会经济背景。但同时，这种观点最终会对任何概括性观点构成一种妨碍，因为它表明独特性超过了共性。"[3] 在他主编的《现代童年研究：社会、能动性与

---

① Allison James, Chris Jenks and Alan Prout, *Theorizing Childhood* (Cambridge: Polity Press, 1998), p. 125.

② L. Alanen, "Childhood as a Generational Condition: Children's Daily Lives in a Central Finand Town", in L. Alanen and B. Mayall, (eds.), *Conceptualizing Child-Adult Relations* (London: Falmer, 2001), pp. 129 – 143.

③ J. Qvortrup et al. (eds.), *Childhood Matters: Social Theory, Practice and Politics* (Aldershot: Avebury, 1994), p. 5.

文化》一书中，他甚至专门撰写了一篇文章谈"童年的多样性"。

在如今这个快速变化的社会，即使是年龄相仿或同属于一个年龄群体的儿童们也可能经历着不同的童年。以前述的童工问题为例，童工在今天的欧美和其他发达国家已经成为历史，但在世界其他地区，它仍然是许多儿童日常生活的一部分。据联合国儿童基金会统计，2012 年，在 5 ~ 17 岁的儿童中，有11%的儿童是童工[1]，撒哈拉以南非洲的童工比例最高，童工占 5 ~ 17 岁儿童的 26%。[2] 他们的工作经常是在危险的、不受监管的工作场所操作不安全的机械或处理对他们健康有害的化学品。

而对全球范围内大多数儿童来说，疾病和过早死亡是一个常见的风险。根据联合国儿童基金会的数据，2012 年有近 660 万 5 岁以下儿童死亡。也就是说，每分钟有 12 名儿童死亡[3]，而只要简单的低成本的干预措施如提供干净的水、适当的劳动法和一些教育机会，便可以挽救这些生命。根据世界卫生组织的数据，2010 ~ 2020 年，有 1.52 亿婴儿早产，每 40 秒就有 1 个早产婴儿死亡[4]，这迫切需要我们采取行动，加强对早产的预防，同时更好地照顾受影响的婴儿及其家庭。

在高收入国家中，童年带给人们不同的，也许是矛盾的感知，这与一般人的想象不同。当代西方一种流行的童年观是童年本身是一段高风险的时期，所有儿童均有可能遭受事故、性侵犯或疾病等各种风险。因此，对童年和儿童健康的态度表现为一种风险管理，各种风险诸如学校事故、不健康饮食等都是父母和其他成年人进行风险管理的对象。傅雷迪（Furedi）批评这种"儿童总是面临风险"的霸权观念，这种观念导致对儿童的过度宠爱和过度保护。[5] 可能的结果是，儿童永远不会获得技能来处理风险。

显然，关于"童年是什么"以及"儿童如何被看待"，不同的观点存在于全球范围内。因此，"复数的童年"可能更为现实，如果这样，那么

---

① UNICEF, *Child Labour and UNICEF in Action: Children at the Centre*(Geneva: UNICEF, 2014),
p. 3.

② "Child Labor Statistics", https: //data. unicef. org/topic/child – protection/child – labour/.

③ UNICEF, *Levels & Trends in Child Mortality* (New York: United Nations Children's Fund, 2013),
p. 12.

④ WHO News, "152 Million Babies Born Preterm in the Last Decade", https://www. who. int/news/
item/09 – 05 – 2023 – 152 – million – babies – born – preterm – in – the – last – decade.

⑤ F. Furedi, *Paranoid Parenting: Why Ignoring the Experts May Be Best for Your Child*(Atlanta, GA:
A Cappella Books, 2002), pp. 30 – 31.

应该承认"成为一个儿童"有多种方式，而不是坚持一种单一的和僵化的理解。

　　事实上，就童年研究领域看，比阿特丽斯·怀廷（Beatrice Whiting）等人在早期成果[1]中，便意识到童年的经验在同一文化中或在不同文化间具有差异。科宾（Korbin）明确提出，当代童年研究的中心任务之一，是描述和解释"多样的童年"。[2]

　　总的看来，关于"单数童年"还是"复数童年"的争论主要是新童年社会学研究的内部问题，是社会结构论的童年观与社会建构论的童年观的分歧之一。社会建构论的童年观，强调童年的多元性，所谓童年的多元性，不仅指地区、群体、文化价值、民族或阶层之间的童年差异，而且指童年在这些层面的差异形成的过程。[3] 社会结构论的童年观，则强调童年作为社会分析范畴的独立性，由此童年可与其他范畴相互比较。诚如库沃特普所说：

　　　　我们认为，童年是一种恒定的形式，即使其成员会不断变化，即使其自身随历史发生变化，童年永远也不会消失。后一点是一个很重要的观点……童年与其他结构形式——年龄群体、社会阶层等——的相互关系会随着社会系统和社会构成的变化而不断发生变化。这样，我们必须密切关注童年的结构性变化，以及其他任何社会–经济群体的结构性变化：它们彼此相互影响，并且在根本上受到同样的外部力量的影响。[4]

　　当然，结构论与建构论的童年观并非对立的。在强调童年所受的社会影响方面，这两种观点存在共性，例如，社会建构模式和社会结构模式都

---

① 例如 B. Whiting and J. Whiting, *Children of Six Cultures: A Psychocultural Analysis* (Cambridge, MA: Harvard University Press, 1975)。

② Jill E. Korbin, "Childhood Studies", in H. James Birx(ed.), *Encyclopedia of Anthropology*(Thousand Oaks, CA: SAGE Publications, Inc, 2006).

③ Ivar Frønes, "Structuration of Childhood: An Essay on the Structuring of Childhood and Anticipatory Socialization", in Jens Qvortrup(ed.), *Studies in Modern Childhood: Society, Agency Culture*(New York: Palgrave Macmillan, 2005), 267 – 282.

④ J. Qvortrup, "Childhood Matters: An Introduction", in J. Qvortrup et al. (eds.), *Childhood Matters: Social Theory, Practice and Politics*(Aldershot: Avebury, 1994), pp. 1 – 24.

认同童年是一个建构的结果。① 它们之间的共性，为我们理解单数童年、复数童年提供了一种思路，分析的挑战在于不仅要抓住童年多样性现象，而且要抓住作为社会实践的儿童的童年生活本身，这涉及儿童行动的问题。

作为行动的童年

艾莉森·詹姆斯等人在评述库沃特普的结构方法的童年研究时，指出这一方法存在一个假设即儿童不是不完整的，作为一个群体，他们是社会行动者。②

那么，怎样在结构的视野下理解儿童的行动？这就需要我们思考作为社会行动者的儿童对社会过程的影响，亦意味着要关注儿童的童年经验以及儿童在塑造自身童年的过程中所起的作用。

这一问题可放在"结构－行动"的框架中来探讨，尽管在结构与行动的争论中，儿童并不是焦点，但在艾莉森·詹姆斯与艾德里安·詹姆斯（Adrian L. James）看来，结构与行动的争论中，有两个问题对童年研究具有特别重要的启示。③

首先是结构的双重性问题。吉登斯认为，结构与行动之间存在一种错误的二元论关系。他批评那种将结构与行动对立起来的认识——行动由于受到结构的约束而变得无所作为。按照结构二重性的思想，与其说结构外在于人类行动，不如说人们因限制而没有单独认识到结构是循环往复进行的人类行动的中介和产物。制度或大规模的社会借助其成员活动的连续性而具有了结构性特征，但社会成员能够借助展示这些结构特征的能力而进行他们日复一日的活动。④ 吉登斯的这种观点体现在布尔迪厄的文化再生产的概念中，借助各种文化形式，人们的活动再生产出社会，进而导致社会变迁以及社会结构的延续。

以此看，童年也显示出这一双重性特征。一方面童年可被理解为一种

---

① 〔英〕艾莉森·詹姆斯、克里斯·简克斯、艾伦·普劳特：《童年论》，何芳译，上海社会科学院出版社，2014，第5页。

② Allison James, Chris Jenks and Alan Prout, *Theorizing Childhood* (Cambridge: Polity Press, 1998), p. 32.

③ Allison James and Adrian L. James, *Constructing Childhood: Theory, Policy and Social Practice* (Hampshire and New York: Palgrave Macmillan, 2004), pp. 39 – 40.

④ 〔英〕安东尼·吉登斯：《社会理论与现代社会学》，文军、赵勇译，社会科学文献出版社，2003，第64~65页。

社会结构，但另一方面需要考虑到儿童在这一结构中的行动性。这样，个体通过"童年"，必然既涉及结构，也涉及行动。艾莉森·詹姆斯与艾德里安·詹姆斯认为，从社会实践层面看，童年与成年在日常生活中是交织在一起的，因此仅仅关注童年的结构变迁是不够的，因为它们并不独立于社会关系，毕竟是人给生活赋予这些结构概念的。这样，应当去回答哪些特定因素持续影响我们对儿童、童年的思考，童年概念变迁的转折点在哪里，以及与童年有关的社会空间被塑造与有序化的方式是什么等问题。

其次是结构与行动争论中对个体行动的理解问题。吉登斯提倡使用具有实践意识的反思性个体这一概念。反思性个体在内容变化多样的行动中利用规则和资源进行知识活动，由此通过这些行动推动社会再生产，但行动主体与结构不是两个独立范畴，也非两极，而是具有一种前文所说的双重性。社会系统的结构特征既是循环进行的实践媒介，又是其结果。结构并不外在于人，不只是一种限制，而是既是一种限制，也是一种能力。①

尽管关于结构与行动的观点可能不一，但是理论家们都试图将社会再生产、社会变迁解释为社会行动的结果，认为社会结构并不是限制个体的僵硬的结构形式，而是社会行动赖以发生与获得意义的流动的社会背景。在这种意义上，童年既可被视为一种结构形式，又是一个儿童参与社会再生产的行动过程。

这样看来，作为发展与成长阶段的童年与作为结构形式的童年并不矛盾。从童年的内部即儿童的视角看，童年不可避免地是一个成长与发展的过程，儿童年龄会增长、体能会增强、体重会增加等，但这一过程，从童年外部来看，同时也是儿童获得特定的社会位置的过程，而这一位置为既定社会结构如世代所规范。在这种情况下，童年构成一种结构框架，并由此界定了什么是儿童、儿童应当怎样。

基于此，弗洛恩斯（Frønes）提出童年的共时性与历时性结构。他认为，成长是一个带有特殊"位置"与"阶段"结构的过程，具有相应的规范与期待。这些与年龄相关的规范与期待，对作为成长过程的童年有不可忽视的影响。他将"阶段"理解为一段具有结构稳定性的时期，将"转变"理解为从一个阶段到另一个阶段的流动时期。这样，历时性结构是指

---

① 苏国勋、刘小枫主编《社会理论的诸理论》，上海三联书店，2005，第135页。

一系列转变与阶段，共时性结构是在这些稳定阶段内部的结构与动力。①

因此，童年可以概念化为一种历时与共时的结构框架，是一系列包含独特社会结构与生活方式的阶段，是一种这些阶段之间的转变，是一个通过这一框架成长的过程。作为一定历史时期的儿童生活的背景，童年是一种社会事实与结构性框架；作为成长，童年是一个"儿童劳作"的过程。

对弗洛恩斯来说，结构论的童年观并未忽视儿童的能动性。"成为一个儿童"固然将儿童纳入童年的框架中，但"通过"童年的过程却十足地体现了儿童生活作为社会实践的一面，并且儿童"通过"童年有着不同的路径与轨迹，相反，这也会塑造结构本身。童年作为经济的、社会的、文化的框架，构筑起儿童的生活与位置，但童年同时是儿童创造的，在这个发展过程中，儿童并不是单纯的客体，而是社会主体。

相较库沃特普的观点，弗洛恩斯的观点有所发展，其实际上综合了三种童年观（见表5-2）。

表5-2　弗洛恩斯观点中综合的三种童年观

童年观	具体内容
童年作为结构框架	童年构成一定历史时期儿童的生活条件
童年作为过程	童年就是儿童的成长
童年作为行动	童年就是儿童的实践

这一认识既吸收了传统心理学、教育学等学科的童年见解——视童年为一个儿童成长与发展的阶段，又考虑到了新童年社会学的各派研究：建构派认为童年是社会建构的，儿童是社会行动者，重视儿童的行动能力、社会贡献；结构派则强调童年过程的社会结构因素。

小　结

"结构"是经典社会学的关键概念之一，如第一章所述，也是新童年

---

① Ivar Frønes, "Structuration of Childhood: An Essay on the Structuring of Childhood and Anticipatory Socialization", in Jens Qvortrup(ed.), *Studies in Modern Childhood: Society, Agency, Culture*(New York: Palgrave Macmillan, 2005), pp. 267 – 282.

社会学的关键概念。通过这一概念，新童年社会学发展出一种结构模式的童年研究。

传统的儿童角色多为受害者、被保护者，因此有关"儿童""童年"的研究，常常被置入"家庭""家户"的范畴之中，"儿童""童年"很少单独作为统计、分析与研究的单位，而结构模式的童年研究一开始便将"儿童""童年"作为独立的社会范畴予以确认，并试图以此提升儿童的社会学能见度。为此，库沃特普更是主张以"童年"研究来统摄相关"儿童"研究。

结构模式的童年研究，凸显了童年作为社会范畴的永恒性，改变了传统社会学对儿童的忽视。在传统社会学探讨中，譬如在探讨社会再生产时，很少有理论家思考儿童的地位、位置、作用，这导致对儿童的一种结构性忽视。也很少有理论家思考儿童作为社会行动者对社会再生产的贡献，儿童一般被视为学习者、社会化的对象，而很少被定位为贡献者。

为什么忽视或不重视儿童？童年的结构研究给予我们一个很好的解答。这由儿童在社会中的位置所决定，显然儿童在权力、资源配置等方面处于弱势地位，这种弱势地位决定儿童不可能有像成人一样的发声机会，尽管儿童可以像艾莉森·詹姆斯等人所说的那样，被视为一个自治的"少数群体"，但其政治、法律上的权利仍然相当有限，无法像女性主义者那样开展争取自身权利的赋权运动。

童年的结构模式研究揭示出儿童对成人的依赖不是仅限于某一方面，而是结构性的，体现在多个层面，包括政治、经济、社会等。这种结构性依赖无所不在，以至于人们视之为理所当然，往往忽视了这种结构性依赖背后的社会建构属性。例如，人们常以生理年龄来强化儿童/童年与成人/成年的区隔，在政治领域，人们把年龄作为儿童享有某些权利的标准；在经济领域，年龄则成为划分"坏的童工"与"好的工作"的主要依据；在社会政策（包括教育政策）中，年龄等级以国家法律形式被确立，人们以此规约童年。然而，由于这种"建构"是由成人支配的，这恰恰反映出儿童附属的、被支配的位置。

在具体的研究中，"世代"是观察、分析童年结构的一个最重要的角度。其有两点重要启发：一是童年可被视为一种世代位置，由此可显示出不同世代之间的资源分配情况及支配程度；二是可将童年视为一种世代关系，进而关注世代公正问题。

由于童年的结构论强调童年作为结构形式的单一性，这引起忽视儿童能动性的隐忧，但如果视童年为儿童实践的话，其实两者并不矛盾。尽管偶有争论，结构的视野仍然为我们提供了一种新的视角，通过该视角我们可对童年的变迁进行宏观的、比较的研究，并且重要的是，在这一视角下，"儿童""童年"不再是边缘化的。

第六章　童年与新媒介

　　当前，儿童的生活越来越被一种全球性媒介文化——尤其是以数字技术为基础而形成的一种新媒介①文化——所包围，这已经构成当代童年的显著特征之一。如果这样，那么新媒介下童年将会面临什么样的命运？是造就一种"媒介化童年"②（mediatized childhood），还是导致"童年之死"或一种引人担忧的"童年技术化"③（technologizing of childhood）？这些问题激起了一系列关于"童年"与"新媒介"的争论，其中一些争议构成前述童年危机话语的一部分，另一些争议则围绕着"儿童是新媒介的受害者"还是"儿童本身就拥有潜在的媒介素养"、新媒介与儿童社会性发展等议题展开。

　　不过，总的看来，目前关于"童年"、"儿童"与"新媒介"的关系，一种更为积极的、正面的视角开始出现，新的研究强调需要在对儿童社会

---

① 根据 Glen Creeber 与 Royston Martin 的观点，新媒介是随数字电脑的发展而发展的媒介交流技术的产物。新媒介与万维网、数字电子、数字电影、个人计算机、DVD、CD、移动电话、虚拟现实、人工智能、便携媒介播放器、视频游戏等技术有关。参见 Glen Creeber and Royston Martin(eds.)，*Digital Cultures: Understanding New Media*(Maidenhead: Open University Press, 2009) 。

② Kirsten Drotner, "Mediatized Childhoods: Discourses, Dilemmas and Directions", in Jens Qvortrup (ed.)， *Studies in Modern Childhood: Society, Agency, Culture* (New York: Palgrave Macmillan, 2005) , pp. 39 – 58.

③ David Buckingham, "New Media, New Childhoods? Children's Changing Cultural Environment in the Age of Digital Technology", in Mary Jane Kehily(ed.)， *An Introduction to Childhood Studies* (Maidenhead: Open University Press, 2009) , pp. 157 – 172.

生活的广泛理解的背景下，尤其是对童年历史的广泛理解的背景下，重新认识儿童、童年与以数字技术为基础的新媒介的关系。这种新的定位使我们意识到新媒介实际上为儿童创造了一个新的社会世界。

第一节　新媒介，新童年

媒介对童年的影响事实上早已引起关注与讨论。在 20 世纪 80 年代，除了波兹曼的研究外，还有梅罗维茨关于电子媒介对社会行为的影响的研究，不过他们的研究主要侧重印刷术、录像机、有线模拟电视等技术、机器或媒介与儿童的关系。新的研究则主要关注以互联网、移动通信等技术为基础而形成的屏幕媒介给儿童带来的影响。

变化的媒介环境

英国学者利文斯通（Livingstone）这样描述以数字技术为基础、以网络为载体进行信息传播的新媒介所带来的变化：

> 在 20 世纪 60 年代，当我还是一个孩子的时候，典型的英国家庭拥有一台只有 3 个频道的电视机，电话要么放在门厅，要么出现在街角……书必须到图书馆去借，计算则需要借助计算尺，电脑只会存在于科幻小说里面……如今，在富裕国家中，儿童们的生活被这样那样的媒体包围。在英国，7～16 岁的儿童中有 4/5（79%）的人在家里拥有互联网，5～6 岁的儿童中也有超过一半的人可以上网。[1]

如果说这种变化在欧美发达国家基本已经完成，那么在发展中国家新媒介的社会渗透正如火如荼，互联网（以及移动网络、手机、平板电脑）的普及十分迅速，尽管国家、地区之间的差异依然很大，但是总的看来，新媒介大体在世界范围内平稳地推进与发展。

当然，这种发展并不意味着新媒介会取代原有的以报刊、广播、电视

---

[1] 〔英〕索尼亚·利文斯通：《儿童与互联网：现实与期望的角力》，郭巧丽译，电子工业出版社，2013，第Ⅲ页。

等为代表的老媒介，但它以一种复杂的、隐蔽的方式重新塑造着原有的老媒介，改变着人们的交流与生活方式。就像书本没有取代原来的口传叙述与交流形式，电视并没有取代书本，互联网也没有简单地取代电视，但其中前者都改变了后者。

虽然当前电子媒介激增，但纽曼（Neuman）的研究发现，很少有证据显示儿童对印刷品的阅读事实上在减少，儿童不过以不同的方式、出于不同的理由去阅读。[①] 以上网行为为例，儿童能够将多种活动结合在一起，他们可以一边在电脑上看电视或者听音乐，一边与朋友聊天或做作业。这不只是儿童的多任务能力的展现，还显示儿童能通过当代新媒介展示出他们与媒介的自主性关系。

这种现象显然反映了当代媒介环境的一个重要特征：聚合（convergence）。聚合是指此前各种不同的技术、文化形式或实践之间的边界的模糊或消融，不仅体现在生产环节，还体现在接收环节。[②] 聚合是技术变迁本身带来的结果。以互联网为代表的新媒介"数字化"了各种文化交流形式，不仅包括文本，还包括视频、图片、声音等，这使得电脑远非简单的电子机械，而是成为一种传递、生产各种各样讯息的工具，成为用于娱乐、交流、阅读等的复合的多媒体工具。在过去几十年间，我们可以看到电视、收音机、印刷媒介、移动电话、电脑等相互融合的趋势。

然而媒介聚合并不是单纯由技术驱动的，其背后的一个重要驱动力是商业。跨国公司、网络提供商、广播与娱乐工业等共同推动了这一趋势。1990 年时代（Time）与华纳（Warner）的合并就是一个典型的例子。

当前的互联网电视即互联网与电视的"跨媒介"结合，在很大程度上也是由商业市场推动的。传统电视是单向选择的，观众只能通过遥控器有限地选择电视节目，而互联网电视则在传统电视中植入了网络的功能，借助"电视盒子"，观众可自由点播自己喜爱的节目，同时还可以回播或录播，并且可以通过电视查阅网页、收看天气预报、订购车票等。传统的电

---

① Susan B. Neuman, *Literacy in the Television Age: The Myth of the Television Effect* (Norwood, NJ: Ablex, 1995), p. 13.

② David Buckingham, "New Media, New Childhoods? Children's Changing Cultural Environment in the Age of Digital Technology", in Mary Jane Kehily (ed.), *An Introduction to Childhood Studies* (Maidenhead: Open University Press, 2009), pp. 157 – 172.

视为了维持原有的收视率而引入互联网技术，而互联网则需要开拓新的市场，两者一拍即合。

技术与商业共同发挥作用，逐渐侵蚀了所谓的"新""旧"媒介之间的界限，这使得我们很难将"新"媒介从报纸、收音机、电话、电视等传统媒介中抽离出来。因此，越来越不可能简单地分析、理解新的信息交流技术，并且伴随新的技术的快速传播与更替，人们逐渐将注意力从技术本身转向对技术功能的关注。这尤其体现在儿童身上。例如，Ling 的研究发现，儿童很少出于更先进的技术而购买一部新的智能手机，而是希望以一种新的方式跨越时空地交流。[①]

新的媒介技术深刻地改变了人际交流与大众交流的形式，特别是"自媒体"的产生，使得人们由从前单纯的信息接收者变为生产者。目前已经有越来越多的青少年拥有手机与电脑，他们用它们来开展聊天、发布博客文章、编辑照片、拍摄视频等创造性活动，这不仅形成一种新的"生产"模式，而且本身也是一种新的人际交流模式。

在一定程度上，新媒介的发展折射出传统文化与社会等级的衰落，而新的文化形式既表达出新的社会身份认同，又创造出新的社会身份认同形式，这使得从前的边缘群体更容易被呈现，这些边缘群体包括妇女、土著群体、下层阶级、弱势儿童、残障人士等。[②] 就儿童而言，新媒介的发展也为他们提供了自我表达与发声的机会，例如网络为落后地区儿童提供了让公众了解他们生活状况的途径。

此外，伴随着媒介聚合而产生的另一种重要趋势是媒介全球化。在最近 30 年中，媒介信息的生产、设计、分配、应用等，越来越显示出全球化的趋势。今天的媒介已经构成文化全球化过程的一部分。借助新兴技术而加速发展的讯息与文化商品的全球流动，增强了汤姆林森（Tomlinson）所说的"复杂的连接性"[③]（complex connectivity），这种"复杂的连接性"，不仅会影响当代童年，而且会在未来塑造出一种新的童年。

---

① R. Ling, "The Mobile Connection: The Cell Phone's Impact on Society", *American Family Physician*, Vol. 59, No. 9(2004): 1455 – 1463.

② H. Jenkins, *Convergence Culture: Where Old and New Media Collide*(New York: New York University Press, 2006), p. 45.

③ John Tomlinson, *Globalization and Culture*(Cambridge: Polity Press, 1999), p. 2.

梦魇还是乌托邦？

新媒介的出现，引发了人们不同的反应。一方面，新的技术因为拥有积极的潜能，尤其是学习、教育方面的潜能，而被认为对儿童是有益的；另一方面，对于被视为脆弱、需要被保护、纯真的存在的儿童来说，新的技术可能带来危害，导致前述"童年的危机"。

这种矛盾的心态体现在人们对电视的看法中。在20世纪50～60年代，电视与其他新的电子科技被广泛地描述为学校的未来。然而对这一乌托邦式的未来的描绘常常伴随着对文化衰落与消失的担忧。在家庭中，看电视既被看成一种新的家庭休闲娱乐活动，又被认为侵蚀了自然的家庭互动纽带。① 技术乐观派们认为电视最终会取代教师的角色，但这种认识又引起人们的忧虑，因为其使儿童远离了自然人际交往，可能会导致发展障碍。恰如奥思唯尔（Oswell）指出的，电视作为一种儿童情感培养与教育发展工具的媒介，一方面受到称赞，另一方面由于它使得儿童远离健康的或有价值的活动而受到谴责。②

由电视的出现所引发的担忧与不安，更鲜明地体现在对儿童暴力与电视关系的争论中，例如，人们常常认为，由于儿童的模仿天性，电视使得儿童的行为比从前更容易出现暴力倾向。这种担忧至今也没有消失，并且改头换面，转化为人们对儿童与新媒介的认识。像对传统媒体的担忧一样，人们常认为儿童的种种问题似乎是新媒介所带来的，如儿童花费太多的时间在电脑屏幕面前导致了肥胖问题③等。

尽管针对新媒介的指责很多，然而新媒介亦带来了很多可能。派珀特（Papert）认为，电脑改变了从前的印刷与晶体管电视的线性的学习限制，而儿童是最先对这些新技术做出反应的群体，电脑解放了他们的创造天性和学习欲望——这在传统的学习方法中明显是被阻碍与受挫的，电脑天生

---

① L. Spigel, "Make Room for TV: Television and the Family Ideal in Pos=war America", *American Journal of Sociology*, Vol. 98, No. 6(1993): 1462 – 1463.

② D. Oswell, "Television, Childhood and the Home: A History of the Making of the Child Television Audience in Britain", *British Journal of Sociology*, Vol. 26, No. 3(2002): 463 – 464.

③ 〔英〕Chas Critcher：《老问题，新答案？——有关儿童与新媒介的历史和当下话语》，载方卫平主编《中国儿童文化》（第五辑），浙江少年儿童出版社，2009，第23页。

是"儿童的机器"。① 与此同时，这些技术所提供的创造性潜力，常使得艺术技巧方面的训练显得是冗余的：电脑使所有人都成为艺术家。数字技术将要做的远非破坏自然的人际关系和学习形式，而是解放儿童固有的自发性和想象力。② 卡茨（Katz）认为新媒介具有非凡的解放的可能性，它提供给儿童机会去逃避成人的控制，创造出自己的文化与社区。③ 儿童首次能够越过社会惯例的边界，越过他们的长辈们规定的关于什么对他们有益的僵化概念。

如果说关于新媒介对儿童的正面影响，探讨的主要焦点是教育与解放功能，那么负面影响的讨论焦点则主要在新媒介作为娱乐工具这一方面。这种担忧显示在前述有关童年的"道德恐慌"中。

对于这些言论，无论是担忧新媒介的负面影响，还是欢呼解放儿童的潜能，其实关注的核心是一样的，都将目光聚焦于技术而不是技术的运用，这实际上是一种技术决定论的观点。这种观点认为技术本身将导致社会变迁，不论这些变迁是好的还是不好的；不论技术如何被使用以及社会背景怎么样，技术总是能引发社会与心理的变化。

一些学者对技术决定论提出了批判，认为技术并不是一个与社会生活分开的领域，而是生活中让一些事由不可能变得可能的一部分。麦肯齐（Mackenzie）与瓦伊克曼（Wajcman）对作为一种技术理论的技术决定论与作为一种社会理论的技术决定论进行了区分。④ 作为前者，技术决定论无疑是失败的：就从概念、设计、生产、销售、普及、投资、使用到产生结果这些程序而言，技术改革是一个彻底的社会化过程。但是作为一种社会变化的理论，技术决定论包含了"部分真理"，技术与其他因素一起充当了社会的建构者。

着眼于技术与政策的角度，利文斯通则认为技术决定论对政策进行了

---

① Seymour Papert, *The Children's Machine: Rethinking School in the Age of the Computer* (New York: Basic Books, 1993) , pp. 1 – 21.

② D. Buckingham, *Beyond Technology: Children's Learning in the Age of Digital Culture* (Cambridge: Polity Press, 2007) , pp. 31 – 49.

③ J. Katz, *Virtuous Reality: How America Surrendered Discussion of Moral Values to Opportunists, Nitwits and Blockheads like William Bennett* (New York: Random House, 1997) , p. xxi.

④ D. Mackenzie and J. Wajcman(eds.) , *The Social Shaping of Technology* (Buckingham: Open University Press, 1995) , p. 5.

误导，因为它把技术当作解决社会问题的途径，而忽略了相关机构的作用。正是相关机构对技术进行了设计，为技术提供了资金，并且对技术的具体实施构成了影响。[①] 在他看来，新媒介增加了一些问题，但是不能简单地从技术方面理解或依靠技术手段来解决这些问题。因此，他主张从社会层面、沟通层面上思考互联网等新媒介的影响。

在这种意义上，新媒介绝不仅仅是一种技术。我们需要在宏观的经济、政治、社会的背景下，在"新""旧"媒介与文化形式日益融合的背景下理解它们。尽管媒介是"新"的，但人们面临的可能仍然是旧问题。我们需要超出技术决定论，技术的确可能会有巨大的创造、教育、民主潜力，但这种潜力能否被发挥出来取决于技术如何被使用及建构它们的社会关系。

就儿童与新媒介的关系而言，新的技术本身并不会使儿童更具有创造性，也不会使儿童更善于学习。如果要发挥新技术的潜能，那么可能首先需要儿童以"传统"的方式学习如何使用软件、硬件。事实上新媒介识读能力与老媒介识读能力并不是相互排斥的。美国媒介素养联盟（Alliance for a Media Literate America，后改名为"国家媒介素养教育协会"）将"媒介素养"界定为一系列的沟通能力包括访问、分析、评估和交流各种印刷与非印刷信息的能力。媒介素养本质上是跨学科的，它代表了对我们周围复杂的、不断变化的电子与通信环境的一种必要的、必然的和现实的反应。[②] 我们应该摒弃"新""旧"的截然区分，更多关注在新的媒介时代儿童与新媒介是怎样关联的、儿童如何应对新媒介以及新媒介如何塑造他们的童年世界。

童年的再塑

在技术层面之外，新媒介的确创造出新的社会与人文关系。这一点可以从塔普斯科特（Tapscott）从世代的角度对当前"网络一代"与 20 世纪

---

① 〔英〕索尼亚·利文斯通：《儿童与互联网：现实与期望的角力》，郭巧丽译，电子工业出版社，2013，第 29 页。

② Cited in Allan Martin and Jan Grudziecki, "DigEuLit: Concepts and Tools for Digital Literacy Development", *Innovation in Teaching and Learning in Information and Computer Sciences*, Vol. 5, No. 4 (2006): 249 – 267.

60 年代婴儿潮一代的比较分析①中看出。

在他看来，婴儿潮中出生的一代对新技术是充满敌意的。那一代人认为技术降低而不是提高了生活质量。对工薪阶层群体来说，数字技术使他们的工作生活更为繁忙了。大公司应用传真机、寻呼机、蜂窝电话、电子邮件、局域网、互联网等技术加快工作节奏与加大工作压力，因而他们怀念此前的慢节奏生活。但对儿童而言，新技术具有巨大的魅力，他们热衷于各种电子设备，迷恋电子游戏等，而成人们则对沉浸其中的青少年表现出深深的忧虑，担心他们沉迷于网络。

其次，老一代的人通常认为新媒介文化堪忧，这引发一种卓特纳（Drotner）所描述的"媒介恐慌"，从小说、杂志到电影、电视、漫画等，每一种新媒介的出现，总是引起不断重现的强烈的公众反应。② 例如，之前人们认为漫画的出现扼杀了青少年的思考能力，说唱音乐威胁了学校教育，等等。

再次，由传统媒介所强化的新媒介恐慌，导致父母们担心失去对儿童的控制，而网络世代的儿童，不仅是天生的技术爱好者，更是新内容的创造者。皮尤研究中心（Pew Research Center）的数据显示，2012 年，在美国，93% 的青少年在家庭中可以连接网络，其中约有 23% 的青少年拥有平板电脑，这个比例与成人一样；37% 的青少年有智能手机；1/4 的青少年是手机族，这个比例远远超过成年人。③

最后，数字革命并不单单由成人掌控。数字革命的核心是互联网，而没有人能控制互联网的扩张速度，这种扩张是市场力量推动的结果。任何人包括青少年都可以在互联网上传播信息。

上述这些因素产生一种新的"世代鸿沟"。适应旧的交流方式的老一代的人对新一代以及新的交流媒介感到不安。新一代比老一代能更好、更迅速地理解与拥抱新媒介，这挑战了原有的秩序。

---

① Don Tapscott, *Growing Up Digital: The Rise of the Net Generation*(New York: McGraw Hill, 1998) , pp. 48 – 50.

② Kirsten Drotner, "Modernity and Media Panic", in Michael Skovmand and Kim Christian Schroeder (eds.), *Media Cultures: Reappraising Transnational Media*(London: Routledge, 1992) , pp. 42 – 64.

③ Mary Madden et al. , *Teens and Technology 2013*(Washington, D. C. : Pew Research Center's Internet & American Life Project, 2013) , p. 2.

"世代鸿沟"的出现，表明新媒介已经深入人们生活的方方面面，构成人们的基本生活环境，可以说现在已经进入了"媒介化生存"的时代。据国际电信联盟统计，截至 2022 年，全球 80 亿人口中估计有 53 亿人使用互联网，约占世界人口的 66%。移动宽带用户继续快速增长，接近移动蜂窝用户。统计数据进一步显示，年轻人是网络连接的驱动力，15～24 岁的年轻人中有 75% 上网。① 网络的普及大大方便了儿童获取信息以及与他人联系，同时也深刻地改变了童年的面貌。

尽管以数字技术为基础的新媒介带来的"世代鸿沟"，在一定程度上反映出儿童与老一代、儿童与父母或教师之间日益紧张的关系，但新技术却为儿童的创造性提供了更多的可能，增强了儿童的生产性能力，同时也有助于生产各种独特的童年文化。

网络公民参与是这种生产性能力的体现。公民参与对推进民主价值实现具有重要的意义，然而年轻人对公共生活的兴趣一直在下降，但是网络媒介如 YouTube、Facebook 等的出现，为他们提供了获取信息、与他人互动进而参与社会进程的新机会与不同模式。蒙哥马利（Montgomery）等人指出，新的交流形式对促进年轻人的公民参与起着重要的作用。② 不像传统媒介环境下儿童被认为只是媒介影响的对象，新媒介环境下的儿童或年轻人已经成为处理他们自己事务的行动者，成为日常生活的意义与实践的共同创造者。

在发展中国家某些边远地区，尽管儿童很难接触新媒介，但只要给予参与媒介生产的机会，他们就能展示出他们的贡献。例如，梅因切斯（Meintjes）在南非让一群 9～17 岁儿童学习通过广播制作来记录他们的生活、经历与兴趣。这些儿童极度贫困，他们常常受到死亡的威胁，其中很多是孤儿。通过参与广播制作，儿童获得自信、知识与技能（包括批判性思考的能力）以及意见表达的机会。③ 而新媒介无疑给予了儿童更多这样的机会。

① ITU, *Measuring Digital Development: Facts and Figures 2022* (Geneva: ITU, 2022).

② K. Montgomery, B. Gottlieb-Robles and G. O. Larson, *Youth as E-Citizens: Engaging the Digital Generation* (Washington, D. C.: Center for Social Media, American University, 2007), p. 207.

③ H. Meintjes, *Growing Up in a Time of AIDS* (case study prepared on behalf of Clacherty & Associates for the Regional Inter Agency Task Team on HIV and AIDS, 2009), pp. 1–15.

新媒介在给儿童增权的同时，也催生了各种童年文化，如儿童手机文化、网络游戏文化、虚拟社区文化等。以手机为例，其已经成为儿童与青少年生活中理所当然的一部分。他们运用手机来组织活动、与重要朋友联系、编织社交网络、与家人互动等。在青少年中，与电子书相关的一些应用软件已经成为流行的平台，这种平台综合了文字、卡通、音乐与其他媒介的特征，如移动应用开发商 Lauchpad Toys 的 Toon tastic[①] 以及 Musharraf Ali Farooqi 创建的 Storykit[②]，它们鼓励和支持儿童创造出他们自己的故事、戏剧与书籍。

由于新技术对童年的侵入，儿童的世界甚至身体被技术化了，电子设备不仅构成儿童的交流、表达工具，而且成为儿童自我的一部分。"真实"与"虚拟"、身体与机器、主体与客体等之间的传统界限开始模糊、消失。在今日的媒介环境里，现实是混合的现实，是流动性的，在虚拟王国与物理王国之间游走。我们不再能够在"真实世界"与"网络世界"之间明确划界，因为技术扩展了我们身体的运动范围、触觉、视觉，将我们与环境的互动媒介化了。[③] 这导致新媒介对"儿童""童年"的再塑涉及情感与情绪、语言与认知、自我与社会发展等层面。

第二节　新媒介与儿童社会性发展

在童年与新媒介的研究中，儿童社会性发展是关注的一个重要方面。儿童社会性发展是指儿童在与他人的关系中表现出来的行为模式、情感、态度和观念以及这些方面随着年龄而发生的变化。[④] 一般认为学校、家庭、社会是影响儿童社会性发展的三大主要环境因素，但随着全球技术的发展，一种新的力量正不断挑战家长、学校、邻里（社区）在儿童社会性发展过程中的位置，这种力量便是新媒介的力量，特别是由智能手机、互动电视、多媒体节目、掌机游戏等构成的现代新媒介信息网络对儿童的发展

①　https://venturebeat.com/business/launchpad - toys/.

②　https：//www.storykit.com/about.

③　Mark Hansen, *Bodies in Code: Interfaces with Digital Media*(New York: Routledge, 2006) , p. 1.

④　方建移、胡芸、程肪：《社会教育与儿童社会性发展》，浙江教育出版社，2005，第3页。

所起到的作用越来越大。

儿童社会化的"第四媒介"

当代报纸印刷业正处于深度危机中。在北美，截至 2016 年，印刷报纸在此前的 7 年中已经失去 290 亿美元的收入。这与人们阅读量的下降相同步，自 1998 年以来，人们的阅读意愿一直在下降，特别是在 20~40 岁的年龄群体中。[1] 这受到"第四媒介"[2]——互联网的影响。

"第四媒介"已经成为儿童日常生活中的一部分。2007 年，在美国，2~17 岁的人口中有 78% 的人可以在家里上网，13% 的人可以在他们自己的卧室上网。在欧洲，儿童使用互联网的比例也在上升，2008 年，瑞典 77%、芬兰 88% 的 6~10 岁儿童使用互联网，在欧盟 27 个国家 16~17 岁的儿童中，使用互联网者的数量占到 75%。[3] 在中国，截至 2022 年 6 月，我国网民规模为 10.51 亿，互联网普及率达 74.4%。[4] 互联网应用也在持续发展。

互联网不只是一种简单的通信工具或设备，它在儿童群体中的重要影响表现为它使儿童的生活形式、交友方式、教育模式等都发生了本质上的变化，儿童的社会化过程变得完全不同于纸媒时代。尼葛洛庞帝（Negroponte）用"数字化生存"这一术语来描述新媒介对儿童生活的影响。今天，数字一族的行动已经超越了多媒体，正逐渐创造出一种真正的生活方式，而不仅仅是知识分子的故作姿态。这些网上好手结缘于电脑空间。他们自称为比特族或电脑族，他们的社交圈子是整个地球。他们聚会的地方不是巴黎的咖啡厅，也不是位于剑桥的贝聿铭建筑。他们的沙龙是在"网"上的某个地方。[5]

事实上，早在 20 世纪 60 年代，麦克卢汉（McLuhan）就提醒，任何

---

① Hedy Fry, Interim Report on Media Study: The Impact of Digital Technology(report of the Standing Committee on Canadian Heritage, 2016), p. 4.

② 这一概念目前存在争议，参见张允若《对"第四媒介说"的再质疑》，《当代传播》2005 年第 6 期；张允若《互联网不是"第四媒介"》，《新闻与写作》2006 年第 4 期；张允若《对"第四媒介说"的质疑》，《新闻实践》2002 年第 6 期。本书在这里沿用这一说法。

③ 〔英〕索尼亚·利文斯通：《儿童与互联网：现实与期望的角力》，郭巧丽译，电子工业出版社，2013，第 24 页。

④ 中国互联网络信息中心：《第 50 次中国互联网络发展状况统计报告》，2022，第 1 页。

⑤ 〔美〕尼古拉·尼葛洛庞帝：《数字化生存》，胡泳、范海燕译，海南出版社，1996，第 264~265 页。

对社会与文化变迁的理解，如果不具备关于作为环境的媒介的作用方式的知识，都是不可能的。[①] 因此，为了解儿童的数字化生存具体如何，我们不应简单地预测新媒介如何影响儿童，而应该研究、分析在实际的环境下儿童如何运用新媒介。

利文斯通和波维尔（Bovill）向我们展示了儿童如何将各种电子信息与娱乐资源融入他们的日常生活。其着重探讨了家庭环境下儿童的新媒介使用模式，发现英国儿童花费在媒介交流上的时间相当多。在媒介运用方面，年轻人的使用取向是主题驱动（theme-driven）而不是媒介中心（medium-centred）的。其中年龄与性别是决定主题或兴趣的两个最重要的因素，另外还有社会阶层上的差异。男孩最普遍的兴趣是运动，其次是音乐、幽默和科幻小说。女孩的兴趣更加多样化，包括音乐、体育、自然、动物、幽默、恐怖和明星。大多数年轻人发现叙述性屏幕媒体（如电视、网络视频、电影）比较符合他们的兴趣。事实上，叙述可能提供一个利用新媒体的"方式"。在兴趣驱动下，许多年轻人既选择印刷媒体也选择屏幕媒体来表达他们的兴趣，但就性别看，男孩更青睐屏幕媒体而女孩更多地支持印刷媒体。[②] 这一调查显示出媒介在儿童性别社会化过程中的影响。

在儿童交流方面，互联网即时通信软件发挥着重要的作用。即时通信软件对儿童的魅力在于，其使儿童能够自由地表达自我，特别是那些儿童感到面对面交流时不便言说的内容，如让人感到不快的恋人分手的事情。根据克利福德（Clifford）的调查，40%的儿童用户使用即时通信软件来表达面对面交流中不想说的话。[③]

对很多成年人而言，面对面交流是一种更高级别的沟通，而儿童则会根据自己特定的需要来选择新媒介所提供的各种沟通与交流方式，从电子邮件、即时通信、BBS、聊天室、文字信息、电话及其他交流方式中选择，只是把面对面交流当作沟通的一种形式而已。儿童选择网络交流，往往是

---

① Marshall McLuhan, *Understanding Media: The Extensions of Man*(Cambridge, MA: Mentor Bools, 1964) , p. 26.

② Sonia Livingstone and Moira Bovill, *Young People, New Media*(London: Department of Media and Communications, London School of Economics and Political Science, 1999) , p. 4.

③ J. Clifford, *Quick Clique*(San Diego Union Tribune, August 25, 2001).

基于对隐私性、亲密性、自信心等因素的考虑。

虽然互联网在儿童社会化过程中能起到积极作用，但互联网的匿名性、虚拟性及带来的大量低俗信息，使得公众对儿童使用互联网的风险表示出相当程度的担忧。互联网上关于犯罪、暴力或是恐怖的内容，对尚不能分辨现实和想象的儿童来说存在风险。① 然而，互联网本身并没有为儿童创造风险。利文斯通主张超越有关儿童与互联网的"道德恐慌"论，而将风险与机遇连接起来。② 在很多方面，网络为儿童提供了很有价值的机会，如与同龄人一起学习、讨论性知识的机会，特别是对女童而言，互联网为她们在性行为方面的沟通、信息获取等提供了一个相对安全的空间。

此外，由于互联网的普及在全球的速度不一，不同国家或社会之间存在"数字鸿沟"（digital divide）或有些学者所说的"数字区隔"（digital a-partheid），这使得不同经济状况下的儿童在新技术使用上存在差异。③ 在互联网已经越来成为儿童成长的一个必需品的环境下，没有或只有有限的机会接触网络，会给儿童带来一些负面的影响。可以预见，成长在网络匮乏或丰富的环境下，儿童社会化的程度必然不同，有关教育与互联网关系的研究已经表明了这一点。

另外一些学者特别关注媒介在儿童政治社会化过程中的影响。奥斯汀（Austin）指出，尽管一般公众认为年轻人对政治事务缺乏兴趣，但有证据显示，他们对周围的世界很感兴趣，即使他们对传统风格的新闻报道难以信服，但当参与足够方便，如以互联网作为平台时，他们还是会积极参与公共事务的。④

---

① C. Critcher, "Making Waves: Historic Aspects of Public Debates about Children and Mass Media", in K. Drotner and S. Livingstone(eds.), *International Handbook of Children, Media and Culture* (London: Sage, 2008), pp. 91 – 104.

② 〔英〕索尼亚·利文斯通：《儿童与互联网：现实与期望的角力》，郭巧丽译，电子工业出版社，2013，第 219 页。

③ F. Koss, "Children Falling into the Digital Divide", *Journal of International Affairs*, Vol. 55, No. 1 (2001): 75 – 90.

④ Erica Weintraub Austin, "Processes and Impacts of Political Socialization", in Dagna Lemish (ed.), *The Routledge International Handbook of Children, Adolescents and Media* (London: Routledge, 2022), pp. 294 – 302.

屏幕媒介学习

就介质形式而言，屏幕媒介（screen media）是当代各种媒介中对儿童社会性发展影响最明显的一类。所谓"屏幕媒介"是对具有屏幕的各类DVD、TV、iPad、手机和其他移动设备等媒介的统称。根据莱德奥特（Rideout）与哈梅尔（Hamel）对美国婴幼儿的研究，在2岁之前有74%的幼儿直接接触到电视。2岁以下的幼儿平均每天花费1.5小时看各种屏幕媒介。[1] 在美国，8～18岁儿童平均每天花费7个小时在各种媒介中。[2] 大多数父母认为，特定类型的屏幕媒介内容对幼儿的发展是有益的，但有些学者认为过早接触屏幕媒介会导致过度刺激，引发儿童日后的发展问题。[3] 美国儿科学会亦不建议让幼儿观看屏幕，认为其可能对他们有伤害。[4]

屏幕观看、幼儿能力、早期发展之间的关系相当复杂。在幼儿各种能力的发展中，运用语言来交流感觉、想法与经验的能力是优先发展的。语言学习的过程是一个认知发展的过程，涉及感知、注意、记忆、推理、决定等。巴尔（Barr）研究发现，幼儿更倾向从现场互动中而不是从屏幕人物中学习。18个月以下的幼儿从屏幕媒介中学习是相当困难的。他们缺乏经验，只具有有限的理解屏幕内容的认知能力。这种"视频理解缺陷"不仅体现在屏幕媒介中，而且体现在其他象征媒介如书籍、图片中。屏幕媒介本质是一种人、事件的象征再现而不是物理呈现。婴儿在阅读图画书的时候，也会遇到类似的困难。巴尔将此称为一种"转换"缺陷即幼儿将二维内容转换成三维情境的经验障碍。[5]

但是这一障碍可以得到克服。西姆科克（Simcock）等人的研究显示，

---

[1]　V. Rideout and E. Hamel, *The Media Family: Electronic Media in the Lives of Infants, Toddlers, Pre-schools and Their Parents* (Menlo Park, CA: Kaiser Family Foundation, 2006) , p. 17.

[2]　Craig A. Anderson, Brad J. Bushman, Edward Donnerstein, Tom A. Hummer and Wayne Warburton, "SPSSI Research Summary on Media Violence", *Analyses of Social Issues and Public Policy*, Vol. 15, No. 1(2015): 4 – 19.

[3]　F. J. Zimmerman, D. A. Christakis and A. N. Meltzoff, "Televison and DVD/Video Viewing in Children Younger than 2 Years", *Archives of Pediatric and Adolescent Medicien*, Vol. 161, No. 5(2007): 473 – 479.

[4]　American Academy of Pediatrics, "Media Use by Children Younger than 2 Years", *Pediatris*, Vol. 128, No. 5(2011): 1 – 6.

[5]　R. Barr, "Transfer of Learning Between 2D and 3D Sources During Infancy: Informing Theory and Practice", *Child Development*, Vol. 70, No. 5(1999): 1067 – 1081.

首先，幼儿的日常生活与屏幕内容及形式之间的相关程度将决定幼儿能否及如何从屏幕中学习。[1] 当屏幕内容是现实主义风格的时，儿童更有可能从中学习。其次，屏幕内容的社会情境性会激发幼儿的直接互动或引发某种类型的反应，促进儿童的学习。卡克玛（Krcmar）的研究证实了这一点。[2] 再次，屏幕内容涉及声音、视觉元素，能吸引或维持儿童的注意力。有一些研究便关注媒介内容中的各种刺激如何帮助或妨碍儿童的学习。[3] 最后，媒介使用环境也会影响儿童的学习。直接相关的一些因素有重复、共同观看、背景电视等，其他因素有父母的介入、其他儿童的加入等。重复会促进儿童的词汇学习，幼儿与父母的共同观看有利于语言的更好发展，背景电视则由于降低了亲子互动的质量，可能会影响幼儿的学习。

各类屏幕媒介也提供给儿童体验、学习情绪的途径。例如，儿童可能会在他们首次看到恐怖电影时遭遇最初的恐惧。更大些的儿童则会通过网络的途径来释放愤怒、焦虑。鉴于如今儿童有大量的媒介接触时间，他们的大部分社会互动发生在屏幕世界中并不令人奇怪。

儿童的情绪发展包括感知、处理、表达各种正面、负面情绪的能力以及识别他人情绪的能力的提升。有很多因素会影响儿童的情绪发展，包括生物因素、环境因素等。早期的研究显示，早产幼儿有更高的产生社会-情绪问题的风险。[4] 那些缺乏父母照料的幼儿很难有安全的依附感，难以与其他幼儿、成人形成良好的有意义关系。[5] 在影响儿童情绪发展的因素中，媒介是一个重要的因素。尽管早期的研究者认识到电视在儿童情绪理解、情绪经验、情绪能力发展中的重要作用，但很少有实证研究关注屏幕节目中各种情绪的特征及儿童如何学习情绪。

[1] G. Simcock, K. Garrity and R. Barr, "The Effects of Narrative Cues on Infants' Imitation from Television and Picture Book", *Child Development*, Vol. 82, No. 5(2011): 1607 – 619.

[2] M. Krcmar, "Can Social Meaningfulness and Repeat Exposure Help Infants and Toddlers Overcome the Video Deficit? ", *Media Psychology*, Vol. 13, No. 1(2010): 32 – 53.

[3] A. A. H. Gola and S. L. Calvert, "Infants' Visual Attention to Baby DVDs as a Function of Program Pacing", *Infancy*, Vol. 16, No. 3(2011): 295 – 305.

[4] B. M. Lester, J. Hoffman and T. B. Brazelton, "The Rhythmic Structure of Mother-Infant Interaction in Term and Preterm Infants", *Child Development*, Vol. 56, No. 1(1985): 15 – 27.

[5] R. Feldman and A. I. Eidelman, "Parent-Infant Synchrony and the Social-Emotional Development of Triplets", *Developmental Psychology*, Vol. 40, No. 6(2004): 1133 – 1147.

在 20 世纪 90 年代，仅仅有两项研究①系统地探讨儿童节目中的情绪问题，进入 21 世纪以来，相关研究逐渐增多，特别关注屏幕媒介对儿童情绪的负面影响，如带来可怕、恐惧的体验。盖蒂尔（Gentile）与沃尔什（Walsh）的调研显示，那些孩子处于 2 ~ 17 岁的父母中有 62% 的人报告说，他们的孩子看到电视、电影中的一些事件时会受到惊吓。② 媒介内容所呈现的恐怖与忧虑，会影响儿童的行为。例如，房屋火灾或被水淹没的图像，将会增加儿童对自己生活中类似事件的担忧，并且媒介描述所带来的惊吓对儿童的影响可能是长期的。

有些研究者让儿童报告他们自己有关恐惧的媒介观看体验。康托尔（Cantor）等人曾研究小学儿童观看电视或电影时的惊吓体验，发现76% 的儿童曾经有此体验，其中23% 的儿童说，他们的恐惧依然存在。在引发儿童惊吓的具体因素中，超自然力量是最常见的。③

与从前的儿童相比，现代儿童生活在一个"媒介饱和"（media-saturated）的环境中。这一环境的影响之一是儿童越来越多地从媒介屏幕形象中学习特定的性别角色，同时运用媒介技术来展示他们自己的性别认同。

20 世纪 70 年代，学者们就对儿童电视节目中的性别角色开始了研究。这些研究指出了节目中女性具有刻板的特质。更近的一些研究显示出节目中的女性形象呈现为关系取向的、感性的、常常需要帮助的。在有关儿童电视节目性别角色的研究中，奥布里（Aubrey）与哈里森（Harrison）发现，男性角色数量要远远多于女性角色，前者是后者的两倍。④ 史密斯（Smith）与库克（Cook）则发现，美国儿童电视节目中女性比男性更多地

① R. Houle and R. S. Feldman, "Emotional Displays in Children's Television Programming", *Journal of Nonverbal Behavior*, Vol. 15, No. 4(1991): 261 – 271; A. J. Weiss and B. J. Wilson, "Emotional Portrayals in Family Television Series That Are Popular among Children", *Journal of Broadcasting & Electronic Media*, Vol. 40, No. 1(1996): 1 – 29.

② D. Gentile and D. Walsh, "A Mormative Study of Family Media Habits", *Applied Developmental Psychology*, Vol. 23, No. 2(2002): 157 – 178.

③ J. Canto, S. Byrne, E. Moyer-Guse and K. Riddle, "Descriptions of Media-Induced Fright Reactions in a Sample of US Elementary School Children", *Journal of Children and Media*, Vol. 4, No. 1 (2010): 1 – 17.

④ J. S. Aubrey and K. Harrison, "The Gender-Role Content of Children's Favorite Television Programs and Its Links to Their Gender-Related Perceptions", *Media Psychology*, Vol. 6, No. 2(2004): 111 – 146.

展现出性魅力，且拥有更理想的身材。① 戈尔茨（Götz）与莱米什（Lemish）对 24 个国家的儿童节目的比较研究②揭示了节目在角色、年龄、身材方面的性别刻板印象，其中男孩更多具有对抗者特质，女孩则往往属于一个团队。女性较之男性往往是弱小的。

　　儿童的内容偏好亦有可能与儿童的生理性别有关。例如，伽利陶南迪亚（Garitaonandia）等人通过对欧盟国家儿童的研究，发现 9~13 岁的女孩对肥皂剧更感兴趣，男孩则对体育节目更感兴趣。③ 在媒介技术与儿童性别认同方面，凯利（Kelly）等人提醒我们要注意技术能力与性别认同建构之间的关系。④ 事实上，技术能力往往被建构为具有男性气质的存在，是男性霸权的一个来源，这体现在儿童与数字技术的关系上。许多研究发现，在技术接触方面，男孩和女孩之间并不存在性别鸿沟，但是在技术使用方面却有差异，男孩更有可能使用电脑来玩游戏，而女孩则往往用它来写博客、网文。像互联网一样，男孩、女孩在如何使用手机方面也有所不同。⑤

　　一些男孩使用数字知识作为男子汉气质建构的基础，而不是像传统中那样以身体力量为基础。霍洛威（Holloway）等人有关英国儿童对电脑态度的研究指出，电脑已经成为班级环境中男性气质与女性气质的竞争性中介。⑥ 这些儿童在"小家伙"与"技术男孩"之间做出区分，前者只是运用电脑玩玩游戏或浏览网页，后者则精通电脑技术，是男子汉。女孩对网络的应用也受到很多学者的关注，研究侧重网络作为女孩自我表达、玩身份游戏、建立社区的空间的一面。例如，维克里（Vickery）

① L. J. Smith and C. A. Cook, *Gender Stereotypes: An Analysis of Popular Films and TV*(Los Angeles, CA: The Geena Davis Institute for Gender and Media, 2008), pp. 12 – 23.

② M. Götz and D. Lemish (eds.), *Sexy Girls, Heroes and Funny Losers: Gender Representations in Children's TV Around the World*(New York: Peter Lang, 2012), p. 44.

③ C. Garitaonandia, P. Juaristi and J. A. Oleage, "Media Genres and Content Preferences", in S. Livingston and M. Bovill(eds.), *Children and Their Changing Media Environment: A European Comparative Study*(Mahwah, NJ: Lawrence Erlbaum, 2001), pp. 141 – 158.

④ D. M. Kelly, S. Pomerantz and D. H. Currie, "No Boundaries? Girls' Interactive, Online Learning about Femininities", *Youth & Society*, Vol. 38, No. 1(2006): 3 – 28.

⑤ Monica Anderson, *Digital Romance: How Teen Boys and Girls Differ*, https://www.pewresearch.org/short – reads/2015/10/13/digital – romance – how – teen – boys – and – girls – differ/.

⑥ S. L. Holloway, G. Valentine and N. Bingham, "Institutionalizing Technologies: Masculinities, Femininities, and the Heterosexual Economy of the IT Classroom", *Environment and Planning: A*, Vol. 32, No. 4(2000): 617 – 633.

研究了网站是如何被女孩作为性别表达、交流的平台而发挥功能的。[①]显然，在儿童与新媒介的关系中，他们并不只是社会化的对象，亦会运用新媒介构建独一无二的世界。

儿童发展障碍与媒介接触

新媒介对儿童社会性发展的影响的一个常常引人忧虑的方面是媒介接触给儿童发展带来的生理、心理或精神问题与障碍，如厌食症、暴食症、注意缺陷多动障碍、孤独症等。

以厌食症为例。厌食症是饮食失调的体现，而饮食失调对儿童的发展会产生长久影响。一项持续了长达 21 年（1979～2000 年）的随访研究的结果显示，15.6% 的厌食症患者死于与厌食症相关的原因。[②] 厌食症还会带来压抑、焦虑、慢性病痛、自杀行为、失眠、心血管与神经系统问题、紧张的人际关系、骨骼密度的降低、初潮推迟等。

厌食症与媒介所塑造的苗条身体图像有关。媒介的过度影响降低了人们对身体形象的满意度、增加了饮食失调的风险，特别是对儿童而言，苗条理想身形的内化影响更为强烈。尽管对男性身体形象的分析不多，但有关男孩的研究证实媒介接触与身体形象的忧虑、饮食行为之间存在相关性。[③] 饮食失调在青春期前的儿童尤其是少女中特别容易出现。在对流行的儿童视频与图书的分析中，亥波索（Herbozo）等学者报告说，与身体相关的信息在每个视频中出现有 8.7 次，在每本书中有 2.8 次。在 60% 的视频中，苗条是肯定的女性特征，在 32% 的视频中，男子汉气概则是受到肯定的男性气质。[④]

---

① J. R. Vickery, "Blogrings and Virtual Communities for Adolescent Girls", in S. R. Mazzarella(ed.), *Girl Wide Web 2. 0: Revisiting Girls, the Internet, and the Negotiation of Identity*(New York: Peter Lang, 2010) , pp. 183 – 202.

② S. Zipfel, B. Lowe, H. C. Deter and W. Herzog, "Long-Term Prognosis in Anorexia Nervosa: Lessons form a 21-Year Follow-Up Study", *Lancet*, Vol. 355, No. 9205(2000) : 721 – 722.

③ K. Harrison and B. J. Bond, "Gaming Magazines and the Drive for Muscularity in Preadolescent Boys: A Longitudinal Examination", *Body Image: An International Journal of Research*, Vol. 4, No. 3 (2007) : 269 – 277.

④ S. Herbozo, S. Tantleff-Dunn, J. Gokee-Larose and J. K. Thompson, "Beauty and Thinness Messages in Children's Media: A Content Analysis", *Eating Disorders: The Journal of Treatment and Prevention*, Vol. 12, No. 1(2004) : 21 – 34.

饮食失调的另一表现是暴食症带来的肥胖。世界卫生组织数据显示，自 20 世纪 80 年代以来，肥胖人口已经翻了一番，2014 年全球有约 19 亿成人超重，13% 的成人肥胖。儿童肥胖成为重要的问题，2020 年有 3900 万 5 岁以下儿童超重或肥胖。[①] 其中一些原因便与媒介有关：电视节目和电脑游戏的增加导致"沙发土豆"族出现[②]；借助诸如儿童电影、电视剧等媒介，越来越多的快餐企业向儿童推销他们的食品；等等。

维纳（Viner）与科勒（Cole）对英国儿童的分析揭示，在童年时期过度接触媒介会导致 30 岁时更高的体重指数。儿童每增加一小时看电视时间，其成年后肥胖的风险将增加 7%。[③] 肥胖与媒介接触的关系十分复杂。以电视收看行为为例，美国通信和媒介理事会归纳出媒介影响儿童肥胖的四个主要机制：

第一，儿童使用媒介时，久坐时间越来越长，导致身体活动减少。

第二，儿童在看电视时吃零食行为增加，消费了更多的高脂肪食品，吸收了不必要的卡路里。

第三，儿童从各种媒介广告中习得不健康的饮食实践，偏好快餐食品、低营养食品。

第四，电视及其他媒体干扰了儿童的正常睡眠模式，而更晚、更少的睡眠会带来更高的肥胖风险。[④]

在这些因素中，第三个因素即食品广告尤其引人关注。鲍威尔（Powell）等人对大约 5 万个食品广告的分析显示，98% 的儿童广告食品在成分上有高脂肪、高糖、高盐的特点。在美国电视中仅有 3% 的广告中的食品符合健康与服务部门推荐的高营养、低卡路里食品标准。[⑤]

---

① WHO, "Obesity and Overweight", June 2021, http://www.who.news.

② Christina Paxson, Elisabeth Donahue, C. Tracy Orleans and Jeanne Ann Grisso, "Childhood Obesity", *The Future of Childhood*, Vol. 16, No. 1(2006): 3 – 18.

③ R. M. Viner and T. J. Cole, "Television Viewing in Early Childhood Predicts Adult Body Mass Index", *The Journal of Pediatrics*, Vol. 147, No. 4(2005): 429 – 435.

④ Council on Communications and Media, "Children Adolescents Obesity and the Media", *Pediatrics*, Vol. 128, No. 1(2011): 201 – 208.

⑤ L. M. Powell, G. Szypke and F. J. Chaloupka, "Exposure to Food Advertising on Television among US Children", *Archives of Pediatric & Adolescent Medicine*, Vol. 161, No. 5(2007): 553 – 560.

随着互联网的发展及便捷性的增强，食品制造商扩展线上渠道，面向儿童宣传食品。根据韦伯（Weber）等人的数据，[①] 有一半的网站鼓励儿童让他们的父母购买广告中的食品，但其中仅有17%的食品是有营养的。对在线媒介的内容分析显示出其与电视广告商类似的商业模式，在最流行的儿童网站中，存在大量食品广告，很多食品都是高热量、低营养的。[②] 由于低幼儿童并不能理解商业广告的内容，他们很容易受到这些食品广告的影响。

在儿童发展障碍中，注意缺陷多动障碍也受到很多研究者关注。从1998～2000年到2007～2009年，5～17岁儿童的注意缺陷多动障碍患病率从6.9%上升到9.0%。[③] 注意缺陷多动障碍表现为一种行为失调，会危害儿童的认知与社会情绪功能。

在关于媒介接触对注意缺陷多动障碍的影响的研究中，很多研究未能细致分析注意缺陷多动障碍为什么与媒介有关联。媒介接触对注意缺陷多动障碍的影响涉及媒介的两大特性：快节奏与暴力内容多。"刺激－习惯"（arousal-habituation）假说认为在观看期间或之后，娱乐媒介的快节奏会增加刺激。[④] 从长期看，儿童会逐渐习惯于这种媒介唤醒的刺激，他们的唤醒系统将适应于这种持续的刺激。唤醒基线的提高会导致儿童在其他活动中的厌倦、注意力缺乏、多动。另一种"浏览－转移"（scan-and-shift）假说认为快节奏的娱乐媒介使得儿童形成一种浏览、转移而不是选择、聚焦的注意风格。结果是儿童对处理那些需要集中注意力的任务如阅读、游戏等不能胜任。[⑤]

至于暴力内容，"暴力－诱发"（violence-induced）假说认为娱乐媒介

① K. Weber, M. Story and L. Harnack, "Internet Food Marketing Strategies Aimed at Children and Adolescents: A Content Analysis of Food and Beverage Brand Web Sites", *Journal of the American Dietetic Association*, Vol. 106, No. 9(2006): 1463 – 1466.

② L. M. Alvy and S. L. Calvert, "Food Marketing on Popular Children's Web Sites: A Content Analysis", *Journal of the American Dietetic Association*, Vol. 108, No. 4(2008): 710 – 713.

③ L. J. Akinbami, X. Liu, P. N. Pastor and C. A. Reuben, "Data from the National Health Interview Survey, 1998 – 2009", *NCHS Data Brief*, No. 70(2011): 1 – 8.

④ A. Lang, S. H. Zhou, N. Schwartz, P. D. Bolls and R. F. Potter, "The Effects of Eidts on Arousal, Attention, and Memory for Television Messages: When an Edit Is an Edit Can an Edit Be Too Much?", *Journal of Broadcasting and Electronic Media*, Vol. 44, No. 1(2000): 94 – 109.

⑤ P. S. Jensen, D. Mrazke, P. K. Knapp, L. Steinberg, C. Pfeffer, J. Schowalterand T. Shapiro, "Evolution and Revolution in Child Psychiatry: ADHD as a Disorder of Adaptation", *Journal of the American Academy of Child and Adolescent Psychiatry*, Vol. 36, No. 12(1997): 1672 – 1679.

中的暴力内容会妨碍自制力的发展。接触暴力内容会激起个体的攻击本能。① 由于攻击与过度刺激、不恰当的反应有关，这种本能的不断激起会导致较少的自制行为。

相近的研究有克罗恩伯格（Kronenberger）等人关于观看暴力电视、玩暴力游戏对青少年行动与注意力的影响的研究，陈（Chan）与拉比诺维茨（Rabinowitz）分析看电视、玩视频游戏的时间与青少年注意力之间的关系的研究，等等。② 这些研究均指出，媒介接触与注意力之间存在负相关关系，而与青少年攻击行为正相关。然而就目前看，很少有关于不同性别儿童媒介接触与注意缺陷多动障碍关系的实证研究，个体差异变量也很少被考虑。

关于儿童发展障碍与媒介接触，一些学者倡导运用新媒介来增进儿童的健康与福祉。例如，多纳霍（Donahue）等人建议使用媒介向年轻人提供正面的、积极的信息，以减轻负面信息、可能具有伤害的信息的影响。③ 一些非营利组织开始创造出新的社会营销方式促进儿童的福利水平提升。致力于预防青少年意外怀孕的"全国预防青少年意外怀孕运动"组织④，其策略之一是与娱乐媒体合作，通过将预防青少年怀孕的信息提供给媒介专家包括推特写手、杂志专栏作者、网站搭建者、博客撰写者，使相关信息融入年轻人最流行的媒介中，吸引他们关注此类信息。一项由非营利性组织推行的名为"认识 HIV/AIDS"的公共教育运动⑤，除了使用电视、收音机、网上阅读材料传播信息外，还直接将相关信息植入电视节目中，同时通过纸质媒介和网络提供相应的教育资源。

此外，在线游戏通过鼓励健康消费亦可以帮助改正儿童的一些不良倾向，促使儿童形成积极的、健康的生活方式。例如潘佩克（Pempek）与卡

① T. A. Hummer, Y. Wang, W. G. Kronenberger, K. M. Mosier, A. J. Kalnin, D. W. Dunn and V. P. Mathews, "Short-Term Violent Video Game Play by Adolescents Alters Prefrontal Activity During Cognitive Inhibition", *Media Psychology*, Vol. 13, No. 2(2010): 136 – 154.

② W. G. Kronenberger, V. P. Mathews, D. W. Dunn, Y. Wang, E. A. Wood, A. L. Giauque and T. Q. Li, "Media Violence Exposure and Executive Functioning in Aggressive and Control Adolescents", *Journal of Clinical Psychology*, Vol. 61, No. 6 (2005): 725 – 737; P. A. Chan and T. Rabinowitz, "A Cross-Sectional Analysis of Video Games and Attention Deficit Hyper-Activity Disorder Symptoms in Adolescents", *Annuals of General Psychiatry*, Vol. 5, No. 1(2006).

③ E. H. Donahue, *Using the Media to Promote Adolescent Well-Being* (Princeton and Brookings: The Future of Children, 2008), pp. 1 – 8.

④ 参见 http://thenationalcampaign.org/，2017 年该组织更名为 Power to Decide。

⑤ 参见 http://kff.org/，"HIV/AIDS"专题。

尔弗特（Calvert）发现，玩 Pac-Man 广告游戏后，那些来自低收入家庭的 7~9 岁儿童更有可能选择健康的零食，因为儿童玩这种游戏时，如果吃香蕉、喝果汁，会获得点数，而选择苏打水、薯片，则会被扣除点数。① 流行游戏借助经典条件反射可以促进儿童的健康行为增加，这颠覆了我们对在线游戏的刻板认识。

新媒介，新空间

新媒介为儿童社会性发展也带来新的空间，尤其是在想象力、创造力的增强方面。不过早期电视研究关心的却是媒介如何限制想象与创造，侧重评估电子媒介所带来的可能负面影响。例如，威廉姆斯（Williams）对一个加拿大小镇的儿童在拥有电视之前与之后的比较研究发现，该镇儿童原本在创造性方面要强于其他两个小镇，但在电视引入两年之后，在创造性测试中的得分下降了。② 有些学者对电视与儿童想象力的关系提出另一种解释，认为看电视减少了儿童进行其他创造性活动的时间；电视中的快节奏故事增加了儿童的压力，妨碍了儿童以富有想象力的方式进行更复杂的活动。③

随着新的社交媒介出现，媒介与儿童想象、创造的关系开始引起新的关注。今天的儿童不再只是媒介描写的对象，而是成为活跃的媒介生产者，他们借助社交媒介参与各种在线社区。在全美 8 岁及以上儿童中基于社交媒介的参与是相当常见的，无论种族或阶层。④ 一些研究关注青少年使用社交媒介进行消费活动。调研显示，将近 48% 的青少年网民在线购买图书、衣服或音乐等，并且这一比例正不断上升。⑤ 另一些研究则显示，

① T. A. Pempek and S. L. Calvert, "Tipping the Balance: Use of Advergames to Promote Consumption of Nutritious Foods and Beverages by Low-Income African American Children", *Archives of Pediatrics & Adolescent Medicine*, Vol. 163, No. 7(2009): 633 – 637.

② 参见 T. M. Williams(ed.), *The Impact of Television: A Natural Experiment in Three Communities* (New York: Academic Press, 1986)。

③ P. M. Valenburg, "Television and the Child's Developing Imagination", in D. G. Singer and J. L. Singer(eds.), *Handbook of Children and the Media*(Thousand Oaks, CA: Sage, 2001), pp. 121 – 134.

④ V. Rideout, U. Foehr and D. Roberts, *Generation M2: Media in the Lives of 8-to 18-Year-Olds*(Menlo Park, CA: Kaiser Family Foundation, 2010), p. 2.

⑤ Amanda Lenhart, Kristen Purcell, Aaron Smith and Kathryn Zickuhr, *Social Media & Mobile Internet Use among Teens and Young Adults*(Washington, D. C. : Pew Research Center, 2010), p. 27.

社交媒介的生产实践正在稳步增加，很多在线社交网站都受到儿童的喜爱。在英国通信管理局的一份调查中，最受欢迎的是一个针对青年人的社交网站 Bebo，其后是 BBC Children、游戏网站 MiniClip、儿童唱歌网站 Nickelodeon Kids、社交网站 Piczo 和 Disney Online 等。[①] 青少年常常通过这些网站在线分享他们的艺术创作如照片、视频、故事、艺术作品等，有些青少年则将社交媒介作为交友、约会、发展浪漫关系的平台。伦哈特（Lenhart）等人调研发现，大约有 35% 的青少年曾经有约会的经验，其中 1/4 的青少年约会对象来自在线网络。[②]

儿童的这种媒介实践，标志着新媒介使用方面的一种"创造性转变"，这在之前的儿童媒介研究中常常被忽视。

传统有关创造的研究往往从认知的角度强调个体的因素，而当代儿童研究者们意识到创造是一个更广泛的、社会性的过程，特别是社交媒介的出现，颠覆了从前对原创性、智慧财产的认识。在社交媒介中，青少年不断改变他人的贡献或为其增添新内容。在何种程度上这属于原创？高特利（Gauntlett）持一种情境化的创造观，认为创造是将积极的人类心智、物质或电子世界一起融入一种创新性的活动过程中，这个过程同时带给人们愉悦感。[③] 这一创造行为体现在青少年网络社区参与中。

以在线少儿编程社区 Scratch 为例。Scratch 提供多媒体的创作环境，其目的是为年轻人提供一个空间通过编程来创作他们自己的互动故事、卡通、游戏、艺术等。自 2008 年建立以来，很快就有了 100 万登记使用者，有超过 200 万个项目上传。Scratch 的编程模块可以输入二维图像，包括手工绘制或来自网络的图像，这使得该社区在新手中特别受欢迎，这些新手希望创作具有文化意义、个人风格的作品。Scratch 充满活力的原因之一，在于其项目创新的开源性，这使人们很容易将原有的旧项目与新项目结合

①　Ofcom, *The Future of Children's Television Programming: Research Report*(London: Office Of Communications, 2007) , p. 194.

②　Amanda Lenhart, Monica Anderson and Aaron Smith, *Teens, Technology and Romantic Relationships: From Flirting to Breaking Up, Social Media and Mobile Phones Are Woven into Teens' Romantic Lives*(Washington, D. C. : Pew Research Center, 2015) , p. 3.

③　D. Gauntlett, *Making Is Connecting: The Social Meaning of Creativity, from DIY and Knitting to YouTube and Web 2. 0*(Cambridge, UK: Polity Press, 2011) , p. 76.

起来。事实上，该网站上大约有 40% 的项目都是原有项目的重新组合（remix）。① 在 Scratch 上所有项目都会被系统默认为采用知识共享署名许可协议，其规定任何人都可以再次使用某一项目的代码或资源，只要能够注明其来源。在如今版权全球化的背景下，这显示了开源许可的一些益处。尽管一些教育者将这种重新组合视为欺骗，但其他人则认为这种类型的生产是一种日常创新活动的形式，重新界定了日常事物的功能。

在新媒介中，重新组合甚至已经成为儿童自我表达与交流的一种主导方式。例如，伊拉克儿童创建博客，分享战火纷飞下巴格达日常生活的经验。他们重新组合电视节目、当地新闻图片与声音以及他们自己的创作，在博客上发布。② 伦哈特（Lenhart）等人的调查显示，大约有 1/5 的青少年有这种将在线内容重新组合的经历。③ 这种对既有媒介内容以创新方式进行重新组合的过程，可被理解为一个分析、评论的过程："从既有的文化库中采样，需要仔细分析现有的结构和材料的运用；重新组合需要考虑到恰当的结构与潜在的意义。通常重新组合涉及不同文化领域内材料的创造性并置。"④ 借助新媒介，这种重组生产活动为儿童想象力发展提供了一个智力脚手架。

尽管受全球化的影响，新媒介文化似乎呈现出趋同的一面，但通过对13 岁的索菲亚（Sophia）与布雷恩（Brain）二位儿童的研究，利安德尔（Leander）与弗兰克（Frank）指出，现代趋同文化提供的创作可能性可以增强个人的能动性，能够帮助构建起一个独一无二的专家型自我，并使儿童顺利地嵌入同龄人社区。⑤ 索菲亚花费数小时来对她喜欢的品牌、图表菜单、墙纸进行挑选、组织、编辑和重新组合。利安德尔与弗兰克认为，索菲亚以这种方式运用从流通的图片中收集起来的碎片创造出新的意义，之后把它们作为公共资源分发出来。这正是后现代对自我不断进行构建、

① Y. Kafai, D. Field and K. Searle, *Everyday Creativity in Novice E-textile Designs*(Atlanta Georgia: Conference on Creativity & Cognition, 2011), pp. 353 – 354.

② HNK, "HNK's Blog Is a Diary of Iraqi Girl", http: //iraqigirl. blogspot. com.

③ Amanda Lenhart, Kristen Purcell, Aaron Smith and Kathryn Zickuhr, *Social Media & Mobile Internet Use among Teens and Young Adults*(Washington, D. C. : Pew Research Center, 2010), p. 23.

④ H. Jenkins, *Confronting the Challenges of Participatory Culture: Media Education for the 21st Century*(Chicago, IL: John D. and Catherine T. MacArthur Foundation, 2006), p. xx.

⑤ K. Leander and A. Frank, "The Aesthetic Production and Distributing of Image/Subjects among Online Youth", *E-Learning*, Vol. 3, No. 2(2006) : 185 – 206.

更新的一种方式。布雷恩也进行了类似的创造性工作，通过参与在线游戏"星球大战"，他对这个游戏中他的在线角色的虚拟身体进行了改变和调整，虽然他所做出的决策主要由游戏的参数来决定，而不完全出自他的想象。当索菲亚无法从网站中找到素材的时候，就自己创造这些新的东西，而布雷恩则从游戏制作者提供的选项中挑选自己满意的角色。这些儿童实际上已经进入了文化产品制造者和消费者的混合阶段。

互联网在为一些儿童提供了一些资源使之变得更加具有创造性的同时，对于那些之前不喜欢用纸笔写作的人来说，实际上也扩展了创造性的可能。[①] 事实上，创新性正是"N-Gen"（网络世代）文化的特征，网络世代对新媒介技术感到十分自在，以至于拥抱它[②]，因此他们毫不犹豫地接受它并参与其中。

第三节　新媒介与商业化童年

自现代大众市场产生以来，儿童一直是试图获取商业利益者追逐的目标。然而，儿童在绝大多数情况下是被忽视的或边缘化的，他们的需要并没有被真正地考虑。在新媒介背景下，儿童/童年与消费问题引起新的关注。不过，新的研究不再局限于媒介对儿童消费的影响，而是转而关注消费行业如何建构儿童的主体以及新媒介下童年的商业化。

媒介商业文化

许多证据表明，商业化已经侵袭到儿童日常生活的方方面面。现在的儿童已经成为历史上最注重品牌、最具有消费力、最崇尚物质主义的一代。一项针对全球 15 国 70 个城市的调查显示，有 75% 的受访美国青少年希望更有钱，居全球之冠，有 61% 的受访美国青少年希望更有名。[③]

---

① 〔英〕索尼亚·利文斯通：《儿童与互联网：现实与期望的角力》，郭巧丽译，电子工业出版社，2013，第 75 页。

② Don Tapscott, *Growing Up Digital: The Rise of the Net Generation*(New York: McGraw Hill, 1998), p. 71.

③ Juliet B. Schor, *Born to Buy: The Commercialized Child and the New Consumer Culture*(New York: Scribner, 2004) , p. 16.

事实上，有关儿童的媒介商业文化，在 20 世纪 30 年代已萌发，那时商人们开始专门生产一些商品来满足儿童消费者的特定需要。通过支持早期儿童发展研究，商业销售在流行童年观念的建构中发挥着重要的作用。例如将皮亚杰的观点应用到商业世界中。当时《儿童生活》(*Child Life*)号称其为儿童们自己的杂志，基于儿童的色彩偏好与思维模式来刊登各类故事。这些努力标志着美国童年社会学家库克（Cook）所谓的独特的儿童消费者文化的兴起。[①] 到 50 年代，随着战后经济的繁荣、中产阶级规模的扩大、新的媒介技术的发展，新的青少年文化形成。

20 世纪 80 年代，有线电视与儿童频道的发展开始改变媒介景观。尼克国际儿童频道（Nickelodeon）成为美国最成功的儿童电视行业的企业，不仅赚取了大量利润，而且也赢得了教育界人士、父母们的称赞。它的广告收入从 80 年代中期的 1300 万美元，上升至 90 年代的 6000 万美元，其中很大一部分由儿童电视广告业贡献。[②] 尼克国际儿童频道与维亚康姆（Viacom）的 MTV 一起，对儿童节目产生强有力的影响，它们引导着一种丰富的、时髦的图像审美风格，创造出一种只属于儿童的内容世界并且打破了很多儿童电视的条条框框，如只针对女孩的节目往往难以成功。随后新一代儿童电视网络开始出现，到 90 年代中期，Fox 儿童频道已经成为Fox 广播公司利润最高的部门。1998 年，Fox 开设了家庭频道，在白天播放儿童电视节目，并于 1999 年创立了 Boyz 频道与 Girlz 频道。[③]

儿童商业市场研究也随之发展。为了有效地瞄准、锁定儿童群体，商人需要理解儿童的消费动机是什么。从心理学家、教育学家、社会学家那里得到启发，广告业整合各种研究工具包括深度访谈、罗夏墨迹测验、主题知觉测试等，形成一种新的研究领域：消费心态学。其运用统计学、心理学的一些方法来对目标市场进行更精准的定位。在麦克尼尔（McNeal）一篇很有影响的论文中，他将心理学的发展概念转换为流行的语言，通过

---

① Daniel Thomas Cook, "The Other Child Study: Figuring Children as Consumers in Market Research, 1910s – 1990s", *The Socilgogical Quarterly*, Vol. 41, No. 3(2000): 487 – 507.

② Juliet B. Schor, *Born to Buy: The Commercialized Child and the New Consumer Culture*(New York: Scribner, 2004), pp. 39 – 68.

③ Kathryn C. Montgomery, "Digital Kids: The New Online Children's Consumer Culture", in Dorothy Singer and Jerome Singer(eds.), *Handbook of Children and the Media*(Thousand Oaks, CA: Sage Publications, 2001), pp. 635 – 650.

将标志儿童特定发展阶段的需要分层化，而将 5～13 岁这一时期称为"消费者学徒期"。① 由此其成为儿童市场最坚定的支持者，促进了童年概念商业价值的形成。

儿童媒介及广告业的发展与儿童消费能力的增长是一致的。儿童消费能力在 20 世纪后期得到长足提升，在 1960～1980 年翻了一番，从 60 年代到 90 年代增加了 3 倍。20 世纪末，美国 3160 万青少年每年在零售市场上花费 1550 亿美元。4～12 岁的儿童控制或影响将近 5000 亿美元的开销。② 在 20 世纪 90 年代，食品商发起新的"Fun Food"运动，利用儿童不断增长的消费能力与独立性需要来推销商品。③ 儿童们需要创造他们自己的身份认同，而商品能够产生一种拥有感、差异感。

随着互联网进入千家万户，儿童营销企业不断增强影响、扩大影响范围。儿童成为广告商重要的目标，与互联网发展是相呼应的。当 1993 年互联网开始发展时，儿童已经被定位为繁荣的媒介市场的中心，出现各种各样为满足儿童需要而定做的品牌——从专门电视频道到杂志再到音乐等。④ 而随着网络的急速发展，儿童在数字媒介市场中的价值迅速增大。这些因素创造出一种高度商业化的数字媒介文化。结果是，数字一代成为市场研究中最被看重的群体。

在互联网中，品牌推广达到一个新的高度。商人们利用无数机会促使儿童积极介入品牌。例如，在线内容提供商被鼓励为儿童提供互动的游戏场景，让儿童可以管理各种品牌元素包括品牌 logo、品牌特征、品牌视频，并通过剪切与粘贴进行新的创造，然后将其呈现在一个公共在线空间中，以便其他儿童可见。⑤ 一些新的互联网公司迅速成立，力促儿童在线购买与消费。尽管市场调研者发现父母并不希望他们的小孩在网上购物，但一

---

① James McNeal, "The Child Consumer: A New Market", *Journal of Retailing*, Vol. 45, No. 2(1969) : 15 – 22.

② Matthew Klein, "Teen Green—Teenage Spending", *American Demographics*, Vol. 20, No. 2(1998) : 9 – 42.

③ Michael F. Jacobson and Laurie Ann Mazur, *Marketing Madness: A Survival Guide for a Consumer Society*(Boulder, CO: Weatview Press, 1995) , p. 25.

④ Juliet B. Schor, *Born to Buy: The Commercialized Child and the New Consumer Culture*(New York: Scribner, 2004) , pp. 25 – 26.

⑤ Kathryn C. Montgomery, *Generation Digital: Politics, Commerce, and Childhood in the Age of the Internet*(Cambridge, MA: MIT Press, 2007) , p. 30.

些公司另辟蹊径开发出"数字钱包"，由父母的信用卡授信给儿童进行有限的网上消费。

这一媒介商业化趋势，既给儿童消费环境带来巨大影响，也塑造了新的儿童消费文化特别是虚拟消费文化。

儿童虚拟消费

从历史的角度看，儿童媒介消费受到一定时期可运用的特定媒介的影响。以电子游戏为例，从 20 世纪 70 年代中期开始，其逐渐成为儿童媒介新的构成部分。尽管从如今的角度看还显简单，但早期的游戏如 Mario、Pac-Man 等在 80 年代风靡一时。[①] 最初的这些游戏往往与电视、手动游戏联系在一起。随着计算机的发展，电子游戏进入私人家庭，功能也逐渐增多。游戏市场逐渐繁荣，其所带来的年收入远超过电影行业。

随着数字技术的发展，电子游戏出现在各种新的数字平台与媒介特别是智能手机、平板电脑中，催生出各种各样的在线游戏，尤其是大型多人在线角色扮演游戏吸引了很多青少年。根据盖蒂尔（Gentile）的调查，在10 ~ 13 岁的儿童中，电子游戏最受欢迎，男孩比女孩玩电子游戏的时间更长。[②] 在线游戏任务需要花费更多的时间与精力，这导致公众对儿童过分沉迷于游戏的担忧以及学术界的争论。

相比成人，青少年是更积极的新媒介内容创造者和消费者。在美国，大约 57% 的在线青少年为互联网创造内容，超过一半的青少年从网上下载音乐。8 岁以上儿童的媒介消费主要集中在电视、视频、DVD、音乐等上面，平均每天超过 3 小时。[③] 欧洲的研究[④]显示，11 ~ 16 岁儿童最喜欢的在线活动是看视频与使用社交网络，前者占 59%，后者占 63%；即时通信非常流行，有 1/3 的儿童使用网络完成家庭作业、玩游戏；其他在线活动

---

① J. Tobin(ed.), *Pikachu's Global Adventure: The Rise and Fall of Pokémon*(Durham: Duke University Press, 2004) , pp. 53 – 67.

② D. A. Gentile, "Pathological Video-Game Use among Youth Ages 8 to 18, A National Survey", *Psychological Science*, Vol. 20, No. 5(2009) : 594 – 602.

③ Amanda Lenhart and Mary Madden, *Teen Content Creators and Consumers* (Washington, D. C. : Pew Internet & American Life Project, 2005) , p. 2.

④ Sonia Livingstone, Giovanna Mascheroni, Kjartan Ólafsson and Leslie Haddon, *Children's Online Risks and Opportunities: Comparative Findings from EU Kids Online and Net Children Go Mobile* (London: London School of Economics and Political Science, 2014) , p. 10.

还包括阅读新闻、上传图片、下载音乐或电影等。这显示出儿童生活的媒介化现实。

哈斯布林克（Hasebrink）与波普（Popp）提出"媒介库"（media repertoire）的概念来描述当前儿童媒介消费过程的一个特点：儿童能够结合各种媒介的优势，建立起他们自己的媒介库。[①] 这一术语有助于我们更好地理解不同媒介之间的关系，尤其是"老"媒介与"新"媒介之间的关系。一般而言，我们往往认为"新""老"媒介的关系是冲突的，"新"媒介会取代"老"媒介，但许多儿童新媒介消费的研究驳斥了这一假设。调查显示，尽管3/4的美国青少年会上网购物，但是有78%的女生及75%的男生宁愿去实体店铺购物[②]，这似乎不同于一般的刻板印象。即使儿童花费很多时间在社交网络或在线游戏上，他们也会读书、听音乐或看电视，这反映出儿童媒介消费的复合趋势。

伴随着这一趋势，当前的媒介工业亦开发出新的工具，运用新的策略来推广在线广告：

- 将广告与内容整合在一起；
- 运用即时通信及其他青少年中流行的数字交流形式来进行虚拟行销；
- 打造使用户能够与其产品互动的品牌化环境；
- 开展基于网络的交叉促销活动，试图驱使儿童浏览广告站点。[③]

这些策略的运用，使得与儿童相关的虚拟商业世界快速发展，对其规模进行具体估算非常困难。瓦斯科（Wasko）以两个个案为例，试图探讨虚拟行销的问题，分析经济因素如何植入在线虚拟社会，这是此前儿童媒介研究中忽略的一个方面。

---

① U. Hasebrink and J. Popp, "Media Repertoires as a Result of Selective Media Use. A Conceptual Approach to the Analysis of Patterns of Exposure", *Communications*, Vol. 31, No 3(2006)：369 – 387.

② Drew Desilver, "Shop Online? Many Teens Do It, But More Prefer the Store" http：//www. pewresearch. org/short – reads/2013/06/10/teens – shop – with – clicks – but – prefer – bricks/.

③ Kathryn Montgomery, "Digital Kids: The New On-Line Children's Consumer Culture", in D. G. Singer and J. L. Singer(eds.), *Handbook of Children and the Media*(Thousand Oaks, CA: Sage, 2001), pp. 635 – 650.

瓦斯科关注两个在线虚拟宠物网站——Neopets 与 Webkinz，研究这些网站对儿童的魅力以及如何定义作为消费者的儿童。①

Neopets 是一个虚拟宠物社区，它是"免费"的网站，由大量广告支持。会员可以从大量独一无二的动物种类中创造或收养四个宠物。这些宠物需要饲养、娱乐。Neopets 世界有不同主题板块，譬如神秘岛、失落的世界、仙境等；还有各种各样的商店，可使用点数为宠物购买食物以及玩具、书籍、衣服、武器等，点数可以通过各种方式赚取。Neopets 世界有自己的邮政局、报纸、旅馆、音乐厅、饭店、银行。宠物还可以拥有自己的宠物，其被叫作 petpets。Neopets 社区的成员平均每月花费 6 小时 15 分钟在网站上，时长名列同类网站第二位。每月其网页被浏览大约 27 亿次。

Neopets 公司的目标是成为全球最大的青少年娱乐网络。该公司声称在植入广告方面居于领先地位。其将广告商的商业产品、服务、品牌、名字整合进风格化的活动与场景中，进而使产品成为活动或游戏的一个重要组成部分。在 Neopets 世界中，有很多重要场景与游戏是受到赞助的，赞助商有麦当劳、迪士尼、奥斯卡迈耶等，还有一些游戏与电影、电视节目或其他赞助商有关。

Neopets 网站不仅仅是收养、照料宠物的网站，它很容易被理解为资本主义消费者文化的训练场所。② 与物质主义、消费主义相关的主题相当明显，体现为其所设置的银行与股票市场。玩家可以多种方式获得商品或为点数出售商品。一些风格化衣服或装饰也可以通过 Neopets 现金卡购买。

另一种将虚拟世界与商品联系起来的策略是直接建立一个虚拟的动物世界，就像 Webkinz 一样。不像 Neopets 世界那样复杂，Webkinz 目标对象是 6～13 岁的儿童。该网站拥有自己的货币、零售产品、各种活动等。要使宠物免于饥饿，维持宠物的健康、幸福就需要照顾它们，它们需要食物，而食物需要购买或赢取。宠物不会死亡，但可能会患病，需要在 Dr. Quack 诊所有偿就诊。

---

① Janet Wasko, "Children's Virtual Worlds: The Latest Commercialization of Children's Culture", in David Buckingham and Vebjørg Tingstad(eds.), *Childhood and Consumer Culture*(Hampshire and New York: Palgrave Macmillan, 2010), pp. 113 – 129.

② Janet Wasko, "Children's Virtual Worlds: The Latest Commercialization of Children's Culture", in David Buckingham and Vebjørg Tingstad(eds.), *Childhood and Consumer Culture*(Hampshire and New York: Palgrave Macmillan, 2010), pp. 113 – 129.

Webkinz 的主要特色是玩家可以建立并布置房子，可设计的对象包括户外、衣服、树顶房间等。玩家的宠物可以围绕房子散步，可以邀请其他玩家来参观房子。食品、衣服及其他东西可以储藏在冰箱、衣橱、玩具盒里。玩家可以通过 Kinz 邮政或在聊天室进行互动交流。与 Neopets 有所不同，Webkinz 的广告主要为 Webkinz 产品服务。Webkinz 经销商不断宣传这个网站，包括收藏卡、书签、宠物便携包、雕像、衣服、手提包、化妆品、背包、圣诞装备等。此外，Webkinz 还通过支持慈善事业来提升声誉。

这些虚拟世界受到儿童的欢迎，主要原因在于它们的互动性与参与性。这是新媒介尤其是虚拟网站的一个重要特征。虚拟世界为儿童的互动、友谊的建立提供了一个新颖的机会，或许亦提供了一种对成为公民与过社区生活的学习机会。

然而，从经济维度看，这些新媒介却十足地反映出童年世界的商业化趋势，而儿童并不能够将娱乐与商业区分开来，即使达到 16 岁也不能完全理解广告游戏的本质。[①] 很多儿童网站，不过是试图教育儿童如何成为消费文化中一个"好"的消费者而已。

去商业化童年？

在过去几十年中，消费文化的影响范围明显扩大，发展程度明显提升。对儿童而言，他们能够购买的商品的数量、范围极大增加和扩展了，他们的购买力呈指数提升。[②] 购物不只是一种单纯的商业行为，而且成为一种自我认同的方式，并且儿童也越来越多地视媒介消费为必不可少的社交活动。

对于前文所描述的儿童消费，学者们的反应是两极化的。一种观点认为在消费活动中，儿童具有自主性、独立性，他们是有权利的、自主的消费者，根本不是商业文化的被动受害者，他们能按自己的真实需要购买、消费。他们购买书籍、文具、食品，是基于他们的实际需求，他们够做出符合其发展阶段的消费决定。

---

① A. Nairn, "'It Does My Head in…Buy It, Buy It, Buy It!' The Commercialization of UK Children's Wbe Sites", *Young Consumers*, Vol. 9, No. 4(2008): 239 – 253.

② Sandra L. Calvert, "Children as Consumers Advertising and Marketing", *The Future of Children*, Vol. 18, No. 1(2008): 205 – 234.

与此相反，另一些学者认为市场本质上对儿童的真正需要与权益是有害的。作为受众的儿童没有能力来理解广告的说服意图，也没有足够的经验来理智地判断商业信息的真伪。[①] 商业媒介只不过是商业资本的一种刺激，是对儿童需要的一种利用，因此需要控制儿童的媒介消费，根据克罗斯（Cross）的分析，其理由有三个方面。

一是父母们认为他们有权影响和控制他们的孩子，使其免受好莱坞商业文化的影响。这与维多利亚时期的家庭价值观是特别一致的，即应当控制针对孩子的广告。

二是认为儿童缺乏足够的信息甚至能力来做出理性的消费选择，而那些针对儿童的广告本身就是不公平的。

三是西方宗教的一个信条即"欲望导致沉迷"。尽管这一信条在现代世俗社会已不被接受，但其仍被认为适用于儿童。许多人相信，由市场所激起的欲望破坏了儿童内在的纯朴，导致儿童沉迷，甚至会妨碍儿童成为一个有创造性的、理性的成人。[②]

这里的三个原因，实际上也是国内很多父母保护儿童远离市场的理由。例如在对儿童影像制品的监管上，父母们很少允许儿童自己去市场上购买 VCD、DVD 等，特别是游戏类光盘。因为他们担心儿童会做出错误的选择，固执地认为儿童会沉迷于游戏、不思进取，丧失学习的兴趣。这种担心不无理由，但也反映出成人们在媒介消费领域是如何看待、监管儿童的。

克莱恩（Kline）更是用尖锐的言辞表达了对媒介商业文化的批评，在他看来，市场从来就不会激发儿童形成某种崇高目标或具有个性的正面形象，也不会给他们提供一些故事帮助他们适应生活的艰辛，更不会促使他们积极行动，或者尽最大力量帮助他们成熟。商业利益相关者试图使利润最大化，根本不可能期望他们关心文化价值和社会目标，他们只会支持商

---

① William Leiss, Stephen Kline and Sut Jhally, *Social Communication in Advertising: Persons, Products and Images of Well-Being*(London: Routledge, 1990), p. 365.

② Gary Cross, "Valves of Adult Desire: The Regulation and Incitement of Children's Consumption", in David Buckingham and Vebjørg Tingstad(eds.), *Childhood and Consumer Culture*(Hampshire and New York: Palgrave Macmillan, 2010), pp. 17 - 30.

业媒介的商业主义文化的影响。[1] 托马斯（Thomas）亦赞同这一观点。[2]

比克莱恩稍温和的学者，认识到商业文化对童年的无处不在的侵袭，但主张打造一种适度去商业化的童年即"低商业化童年"（less commercial childhood）。该主张的代表是《天生买家》一书的作者肖尔（Schor）。

在肖尔看来，要打造低商业化童年，首先，政府需要介入。政府需要加强对广告和媒体的管制，应确保儿童的网络隐私安全，针对儿童的营销必须公开所有的信息。应通过法案，规定需要披露电视、电影、影碟影带、书籍、广告和网络中的付费植入性营销，而披露的程度，则根据广告受众的年龄而定，例如对低幼儿童而言，相关的信息应该口述，而不能只有文字表述。企业在进行真实人生情境中的植入性营销、同辈与隐秘营销时，都必须陈述清楚。另一种披露的方式是《家长权利法案》中提出的革新营销的方式。积极促使家长参与，让家长多承担一点责任，督促营销人员在自己的工作中形成更强的社会责任意识。其目的是让儿童在消费之前拥有充分的信息。

其次，倡导无广告校园（AD-free schools）。政府应当限制以校园广告为形式的行销行为。学生在学校里接触到广告是被强迫的，并且校园广告通常推销的是糖果、休闲点心、软饮料以及一些会降低儿童健康、幸福指数或违背学校教育天职的商品。日益泛滥的公司赞助课程也侵入课堂，对学习的基本原则和必要的知识体系构成威胁。另外，应当明令禁止赞助教材，教科书中不可出现品牌名称或公司赞助的内容，同时也不可让公司利用儿童在学校进行有关营销研究的调查或者访谈。

最后，应强调社会合作的必要性。儿童常面临同辈消费的压力，可通过协商合作式的方案让家长与儿童一起来制定规则，以此降低儿童的同辈压力，让儿童愿意接受比较严格的规范。面对有同辈消费压力的商品，可建立团体对话机制，让学校和教师协会彼此沟通、举行工作坊讨论诸如电影分级、电子游戏、校园时尚、花钱的方式甚至是过生日的习惯等话题，进而共同提出一些应对之法。

---

[1]　Stephen Kline, *Out of the Garden: Toys and Children's Culture in the Age of TV Marketing*(London: Verso, 1993), p. 350.

[2]　Susan Gregory Thomas, *Buy, Buy Baby: How Consumer Culture Manipulates Parents and Harms Young Minds*(New York: Houghton Mifflin Company, 2007), pp. 1 – 22.

肖尔认为上述这些方法对重建低商业化童年而言，具有非常关键的作用。[①] 尽管这并不是一件容易的事，媒介集团、包装食品和软饮料生产者、广告代理商以及许多向儿童营销的企业，通过活动捐款、游说和公关，试图抵制革新，但一种"去商业化的生活""去商业化的家庭"仍然是可能的。肖尔以自己为例来说明这一点，当她第一个孩子出生后，她就决定不主动让他看电视，因为总有一天小孩会理解电视是怎么一回事，但如果小孩想看电视，也并不禁止，然而有趣的是，她的小孩从未要求看电视。

第四节　儿童的新社会世界：数字文化

20 世纪 90 年代，尼葛洛庞蒂宣称"数字化"将决定我们的生存。[②] 尽管他的论断受到一些人的质疑，但几乎所有人都无法回避的事实是：数字化时代已经来临。如果说存在一种儿童文化的话，那么它同样也受到这一数字化时代的影响，这构成当代儿童的一种新社会世界——数字文化。数字文化包括数字电影、数字游戏、数字音乐、数字电视等。[③] 当前对儿童数字文化的关注集中在基于互联网技术的虚拟社区、数字游戏以及基于智能手机的移动交流文化上。

儿童文化的数字化转向

如果将儿童文化[④]粗略地划分为传统儿童文化与现代儿童文化的话，那么可以发现传统儿童文化主要是以纸媒为介质的，是一种印刷文化，而现代儿童文化更多地呈现出数字化或电子化的一面。

广义上看，印刷文化是指以文本为基础的各种文化形式，包括虚构文

---

① Juliet B. Schor, *Born to Buy: The Commercialized Child and the New Consumer Culture*(New York: Scribner, 2004) , pp. 189 – 212.

② Nicholas Negroponte, *Being Digital*(London: Hodder & Stoughton, 1995) , p. 6 （亦可参见中译本《数字化生存》，胡泳、范海燕译，海南出版社，1996）。

③ Glen Creeber and Royston Martin(eds.) , *Digital Cultures: Understanding New Media*(Maidenhead: Open University Press, 2009) , p. 3.

④ 一些学者认为，儿童文化可以在一系列被称为"玩耍"（这是用来指代儿童赖以互相交流的亚文化的术语）——儿童的游戏和口头故事——的独特文化形式中找到。国内学者边霞就将儿童文化界定为口语文化。

学作品、流行杂志、各类期刊、教育手册等各种纸媒印刷物。印刷文化史学家维根德（Wiegand）认为，印刷文化作为一门学科，除了涉及作为商品的图书之外，还应该涉及"识字"的概念的变迁、技术发展对撰写与阅读实践的影响、印刷品的流通等。① 印刷文化的概念，有时强调相对于"口头"的"印刷"的优先性，而"印刷"与"口头"的区别在民间故事研究中特别被重视。

就儿童印刷文化史看，早期有英国图书出版商纽伯瑞（John Newbery）出版的《小小口袋书》（*A Little Pretty Pocket Book*，1744 年）。尽管这本书不是原创的，不过是收集了从前的各种道德与教育文本，然而此书确是英美现代儿童读物的鼻祖，标志着一种特别的儿童印刷文化的开端。1765 年纽伯瑞出版的《捡橡果的孩子》（*The History of Little Goody Two-Shoes*）获得了比《小小口袋书》更大的成功，促进了青少年印刷文化的繁荣。

随后，印刷术的进步、生活水平的提高、识字率的上升，带来了 19 世纪晚期儿童文学的"黄金时代"。这一时期的作品有奥尔科特（Alcott）的《小妇人》（*Little Women*，1868 年/1869 年）、奥尔德里奇（Aldrich）的《一个坏男孩的故事》（*The Story of a Bad Boy*，1870 年）等。《汤姆·索亚历险记》的出版，体现出这一时期的青少年小说十分盛行。

在 20 世纪初期，儿童印刷文化特别是儿童文学作为一个独特的出版类型而受到重视。在美国，由鲍姆（Baum）创作的著名儿童幻想小说《绿野仙踪》（*The Wonderful Wizard of Oz*）于 1900 年出版。在一战、二战期间，对童书的需求持续增长。有关儿童文学的专门评论杂志，如《号角书》（*The Horn Book*）开始定期出版，由富兰克林·马修斯（Franklin K. Matthews）提议发起的"童书周"活动亦开始举办。

至 20 世纪 50 年代，由于国家对学校及图书馆的支持，它们出资购买各类图书，无论是在美国还是在英国，儿童图书市场都一片繁荣。② 从 20 世纪 50 年代到 21 世纪，世界儿童与青少年图书交易一直在增长，并且儿

---

① W. A. Wiegand, "Theoretical Foundations for Analyzing Print Culture as Agency and Practice in a Diverse Modern America", in J. Danky and W. A. Wiegand(eds.), *Print Culture in a Diverse America*(Champaign: University of Illinois Press, 1998), pp. 1 – 16.

② Peter Hunt(ed.), *International Companion Encyclopedia of Children's Literature*(London: Routledge, 2004), p. 481.

乎所有青少年类图书出版量都在增长中，图画书更是风靡全球。

然而，近几十年来儿童印刷文化特别是儿童文学的成功，遮蔽了一个问题即目前青少年中为快乐而阅读者的比例下降了。英国的一项主题为"儿童对阅读的态度"的调查发现，1998～2003 年，儿童的阅读愉悦感大幅下降，尤其是在青少年中。[①] 虽然相当一部分儿童仍然喜欢读故事并对自己的阅读能力很自信，但是儿童中读者的比例一直在下降，其中男孩比女孩下降更明显。一些研究发现，儿童很少喜欢去图书馆阅读，而宁愿通过电视来阅读。[②]美国恺撒家庭基金会（Kaiser Family Foundation）2010 年的一项关于媒介使用的调研亦发现，在此前 10 年中，为快乐而进行日常阅读的时长逐渐下降，青少年每天阅读图书的时间大约仅为 25 分钟，取而代之的是，基于屏幕的阅读时长在上升，并且大约有一半的青少年使用电子媒介来做家庭作业。[③]

当前在青少年阅读文化中已经出现数字化趋势，很多青少年开始拥有电子阅读器。最畅销的电子书往往是青少年读物、漫画等。一些出版商如迪士尼，已经拥有自己的品牌和专门市场，其电子书销售增长迅速。图书统计（BookStats）显示，2014 年美国电子书的销售数量大约增长 10%，达到 5.127 亿本。[④]

与电子书相关的 App 成为非常流行的平台，它使青少年阅读可以探索应用一种包括叙述、图像、音乐等多种形式的复合文本。一些关于童谣、民间故事的 App，往往基于原有的儿童读物品牌如芝麻街、迪士尼等而开发。来自海洋之家传媒（Oceanhouse Media）的与苏斯博士（Dr. Seuss）相关的 App，其销售量已经达百万量级。[⑤] App 的开发为传统出版商提供了机

① M. Sainsbury and I. Schagen, "Attitudes to Reading at Ages Nine and Eleven", *Journal of Research in Reading*, Vol. 27, No. 4(2004) : 373 – 386.

② Christina Clark and Kate Rumbold, *Reading for Pleasure*(London: National Literacy Trust, 2006) , p. 12.

③ V. Rideout, U. Foehr and D. Roberts, *Generation M2: Media in the Lives of 8-to 18-Year-Olds*(Menlo Park, CA: Kaiser Family Foundation, 2010) , p. 31.

④ Jon Fingas, "US Book Publishers Now Make More Money from Online Sales than Physical Stores", https://www. engadget. com/2014/06/30/publishers – make – more – from – online – sales/.

⑤ Peggy Intrator, "Children's Book Go Multimedia, Multinational, Muti…Everything", https://publishingperspectives. com/2012/02/childrens – books – go – multimedia – multinational – multi – everything/.

遇并对其提出挑战，为了在市场上获得成功，出版商需要不同的编辑与设计能力，以便吸引读者。除了基于既有故事的再创造，一些数字应用软件如 Launchpad Toys 的 Toontastic、Musharraf Ali Farooqi 的 Storykit 还鼓励和支持儿童创作自己的故事、漫画与图书。

一些作者与出版商通过网络平台不断更新内容来吸引青少年读者。例如，受哈利·波特（Harry Potter）热的推动，罗琳（J. K. Rowling）在 2012 年创办了数字娱乐网站 Pottermore①，以此与读者互动，进而获得更大的文化产值。另一些作者则直接使用已有的社交网站来宣传并吸引读者。

儿童的电子阅读并不是完全取代纸质阅读，它们往往是混杂的，但在青少年世界中，电子媒介往往更受欢迎。根据美国出版业年度报告，电子图书的销售额呈逐年增长的趋势，2013 年电子书的销售额创下历史新高，较 2011 年增长 43%。②至 2021 年，美国的电子书销售额达到 11 亿美元。③图书行业研究小组发布的《消费者对电子书阅读的态度》④ 显示了 2013 年电子阅读的发展趋势：42% 的电子书阅读者喜欢在专门的电子书阅读器上阅读，大约 82% 的电子书买家更喜欢电子书而不是纸质书。

从商业的角度看，儿童文化由印刷文化向数字文化的变化，也反映出市场的数字化转向。当前儿童与青少年已经成为数字市场繁荣的中心。根据 Mediaweek，当市场营销从传统的销售模式向数字媒介转变时，预计消费将增加 20%~30%。⑤ 新的互动技术为激发媒介市场潜力提供了基础，改变了传统媒介的格局，更重要的是，重新界定了儿童生活的社会边界。

事实上，在青少年数字媒介或 App 中，商人们已经成功地将内容、广告、数据收集、销售等捆绑在一起。数字技术能够追踪每个人的线上活动、兴趣、行为偏好，进而分析出个体的心理特质、社会阶层等信息。运用特定的商业策略，可以深度地介入青少年的发展需要、喜怒哀乐、自我

---

① 参见 https://www.pottermore.com。

② BookStats, *US Publishing Industry Annual Survey Reports*, Volume 4(Data Highlights, 2014).

③ Amy Watson, *E-Books in the U. S. —Statistics & Facts*, https://www.statista.com/topics/1474/e – books/#topicOverview.

④ Gary Price, *Consumer Attitudes Toward E-Book Reading* (Washington D. C. : Book Industry Study Group, 2013), p. 2.

⑤ Mike Shields, "Forecast 2006: Interactive Media", *Mediaweek*, January 2, 2006.

认同。以至于有些群体认为需要抵制商业对数字文化的侵袭，商业文化应归其位，要防止其对儿童的剥削，应将更高的家庭、社区、环保、民主等价值传递给儿童。他们呼吁调查关于儿童的新媒介市场实践。[①] 像对"儿童消费"的忧虑一样，这些反映出人们对待儿童数字文化的复杂态度。

数字游戏

儿童文化数字化的一个明显表现是数字游戏及以游戏为主题的虚拟社区譬如 Club Penguin 以及前文谈及的 Neopets 与 Webkinz 的出现。根据斯莫伦（Smolen）的数据，截至 2012 年底，有超过 400 个虚拟世界是专门针对儿童设计的。[②] 作为一种在线空间，其虚拟性挑战了传统的"公共 – 私人"空间的区分，该区分试图将儿童从成人世界中分离出来而给予其特殊的保护。在这种情形下很多人坚守一种网络时代的新浪漫主义童年观，希望为儿童建立一座虚拟的带有防火墙的在线花园。父母在虚拟世界中，应被定位为评价者、选择者、控制者。[③]

在早期媒介研究中，人们常常认为儿童对数字媒介尤其是游戏媒介的运用是与年龄相关的。不仅儿童对游戏的理解有别于其他年龄群体，而且他们更容易学会如何运用新技术。其结果是，在媒介掌握如电子游戏操作方面，儿童比成人更为老练，有更渊博的知识。

这种视野将儿童视作相对于"成人"的独特的"他者"，忽视了儿童并不是一个高度同质的年龄群体，而数字媒介也是多种多样的。这种视野也没有解释儿童的媒介实践是如何进行的。实际上，儿童的数字游戏总是与其他实践或因素如种族、欺凌、学习、歧视等有关。儿童的数字游戏应被视为儿童的一种文化实践。

儿童的游戏文化远不止于玩游戏本身，游戏也被儿童以不同的方式出于不同的目的运用。新的研究特别关注儿童"参与"游戏的动机、风格、

---

① 如 Campaign for a Commercial-Free Childhood, 参见 http://www. commercialfreechildhood. org。

② Wendy Smolen, "Making It to the Top: Tweens Rule the Virtual World Space", http://kidscreen.com/ 2012/12/05/making – it – to – the – top – tweens – rule – the – virtual – world – space/.

③ Rebekah J. Willett, "The Discursive Construction of 'Good Parenting' and Digital Media—The Case of Children's Virtual World Games", *Media, Culture & Society*, Vol. 37, No. 7(2015): 1060 – 1075.

场所，而将数字游戏视为一种"参与"文化。

伊藤美智子（Mizuko Ito）等人概括了三种不同的儿童参与游戏的风格：一是"闲逛"（hanging out）风格，儿童参与游戏尤其是娱乐游戏，主要是出于社会化的动机；二是"业余"（messing around）风格，儿童参与游戏是出于兴趣，主要是为了了解和掌握、精通游戏；三是"极客"（geeking out）风格，在这种风格中，儿童是突出的技术、游戏狂人，花费大量时间、资源来满足其兴趣。[①] 显然，这种视野下的研究，更关注"游戏"是如何被儿童"使用"的。

在这种意义上，作为一种亚文化现象，儿童游戏文化也可被理解为皮尔斯（Pearce）所谓的"游戏实践共同体"。[②] 游戏成员之间分享共同的经历，发展出一套处理游戏任务或与游戏相关的活动的方式，为儿童提供了身份认同、社会发展的途径。

关于性别与游戏的问题一直是游戏实践研究中的重要议题。一些研究显示男孩比女孩更倾向于玩电子游戏，男孩玩的游戏更多的是体育、射击、汽车、动作游戏以及大型多人在线角色扮演游戏，女孩则喜欢玩社交、模仿类游戏。在美国，男孩比女孩玩游戏的时间更长。卢卡斯（Lucas）与雪莉（Sherry）的研究[③]显示，女孩更喜欢涉及社会互动、可以探索与解决问题的游戏，男孩则倾向于竞争性的、破坏性的游戏，女孩不仅偏好不那么暴力的游戏，而且在游戏人物、环境选择上也不同于男孩。

此外，儿童数字游戏本身包含的性别刻板印象也受到研究者的关注。一些研究者注意到，流行的游戏如射击游戏，严重依赖于性别刻板印象，常把女性人物描绘成软弱的、性欲强烈的形象。[④] 一些女性主义学者亦关注男孩与女孩游戏的不同类型。例如，卡塞尔（Cassell）与詹金斯（Jen-

---

[①] Mizuko Ito et al. , *Hanging Out, Messing Around, and Geeking Out: Kids Living and Learning with New Media* (Cambridge, MA: MIT Press, 2013) , p. 7.

[②] C. Pearce, *Communities of Play: Emergent Cultures in Multiple Games and Virtual Worlds* (Cambridge, MA: MIT Press, 2009) , pp. 4 – 5.

[③] K. Lucas and J. L. Sherry, "Sex Differences in Video Game Play: A Communication-Based Explanation", *Communication Research*, Vol. 31, No. 5(2004) : 499 – 523.

[④] T. Hartmann and C. Klimmt, "Gender and Computer Games: Exploring Females' Dislikes", *Journal of Computer – Mediated Communication*, Vol. 11, No. 4(2006) : 910 – 931.

kins）致力于探讨游戏中的性别固化模式，以及游戏工业对女性玩家的态度。① 后来的研究者如卡法伊（Kafai）等人亦认为性别是游戏实践的一个值得思考的重要方面。② 这些研究者们也强调，仅仅关注性别，可能存在将男孩或女孩同质化的风险。

总的来看，在当前的数字游戏特别是技术复杂的数字游戏中，女性通常缺乏参与。一个此前被忽视的原因是虚拟技术行业的性别竞争。那么如何为女性赋权？贝尔托齐（Bertozzi）建议，可以通过让女性玩一些传统的男性游戏如捕食游戏来缩小性别差异。③ 捕食游戏的玩家必须学习如何协商权力的分配、怎样谈判、如何生存、怎样面对成功的压力或接受不可避免的失败。通过玩这种游戏，女性能够学会享受高风险、高回报的生存环境。在虚拟世界中打破传统的性别禁忌的便捷性，使男性和女性都能探索并改变僵化的性别结构。此外也可以制定一些政策来打破刻板印象，鼓励女性参与。④

除了性别，种族与社会阶层在儿童游戏实践中也是一个引人关注的方面。在线数字游戏是一个中村（Nakamura）所说的"数字种族策源地"（digital racial formation）。⑤ 在很多电子游戏中，少数族裔不仅未被充分代表，而且其形象塑造充满成见。90%的非裔美国女性角色在视频游戏中的功能不过是充当道具、旁观者或受害者⑥。非裔美国人、拉丁美洲人的形象通常是边缘性角色，要么是罪犯，要么是受害者⑦，而白人成年男

---

① J. Cassell and H. Jenkins, *From Barbie to Mortal Kombat: Gender and Computer Games* (Cambridge, MA: MIT Press, 1998).

② Y. B. Kafai, C. Hetter, J. Denner and J. Y. Sun, *Beyond Barbie and Mortal Kombat: New Perspectives on Gender and Gaming* (Cambrige, MA: MIT press, 2008), pp. 1 – 3.

③ Elena Bertozzi, "Killing for Girls: Predation Play and Female Empowerment", *Bulletin of Science, Technology & Society*, Vol. 32, No. 6(2012): 447 – 454.

④ Elena Bertozzi, "'You Play like a Girl!' Cross-Gender Competition and the Uneven Playing Field", *Convergence: The International Journal of Research into New Media Technologies*, Vol. 14, No. 4 (2008): 473 – 487.

⑤ L. Nakamura, *Digitizing Race: Visual Cultures on the Internet* (Minneapolis: University of Minnesota Press, 2008), p. 15.

⑥ D. Leonard, "Live in Your World, Play in Ours: Race, Video Games and Consuming the Other", *Studies in Media and Information Literacy Education*, Vol. 3, No. 3(2003): 1 – 9.

⑦ David J. Leonard, "Not a Hater, Just Keeping It Real: The Importance of Race- and Gender-Based Game Studies", *Games and Culture*, Vol. 1, No. 1(2006): 83 – 88.

性常是正面形象。

儿童对此亦很关注。卡法伊等人发现，一些儿童对缺乏非白人选项的阿凡达形象非常不满，他们更期望阿凡达具有拉丁美洲人或非裔美国人形象。[①] 这一局限性可能被视为强化了有关人种、种族身份的刻板印象与社会等级。

此外，研究者还关注儿童玩数字游戏的地点、空间。儿童常在家中玩电子游戏，因为家是儿童能够接触电子游戏的常见场所。当在家中玩游戏时，儿童通常不得不面对控制他们游戏时间的各种规则，以及与父母的冲突、协商。[②] 在网吧环境下，儿童最能展示出他们的游戏能力，并能创造出新的游戏玩法，而学校环境下的游戏主要服务于教育目的，用来发展儿童的创造力。有学者建议建立一种以数字游戏为基础的学习系统。[③]

移动中的文化

在发达国家以及快速发展的发展中国家，儿童与青少年接触智能手机的机会越来越多。2015 年，在美国，73% 的青少年拥有智能手机。[④] 手机逐渐成为儿童生活必不可少的工具，它挑战了经验中儿童传统的生活方式，因为当代智能手机已经不只是简单的通话设备，它是多功能的工具，不仅可用于交流，而且可用于上网、玩游戏、听音乐等。

此前关于手机的研究，大多集中在短信与语音通话方面。随着智能手机、移动网络及其他移动终端的出现，移动交流已经渗入各种媒介中。此前一些限于电脑上的活动，现在逐渐在手机上也可进行。然而，对于以手机为载体的移动交流行为，在 2000 年之前很少有学者研究，之后学者们的

① Y. B. Kafai, M. S. Cook and D. A. Fields, "'Blacks Deserve Bodies Too!' Discussion and Design about Diversity and Race in a Tween Virtual World", *Games and Culture*, Vol. 5, No. 1(2010): 43 – 63.

② P. Aarsand, "Parenting and Digital Games: On Children's Game Play in US Families", *Journal of Children and Media*, Vol. 3, No. 3(2011): 318 – 333.

③ C. -S. Chang, C. -Y. Lin and P. -M. Hu, "Development of Children's Creativity and Manual Skills Within Digital Game-Based Learning Environment", *Journal of Computer Assisted Learning*, Vol. 30, No. 4(2014): 377 – 395.

④ Monica Anderson, "How Having Smartphones(or Not) Shapes the Way Teens Communicate", https://www.pewresearch.org/short – reads/2015/08/20/how – having – smartphones – or – not – shapes – the – way – teens – communicate/.

兴趣才渐增。

目前有关以社交为目的的手机使用的研究已经越来越多。在挪威、中国香港、芬兰、日本等已出现很多调研，关注青少年的首次手机使用。皮尤研究中心的"互联网与美国生活"项目对青少年手机使用的调查报告显示，根据 2014～2015 年开展的调查，有高达 92% 的青少年每天通过各种移动设备上网，其中 24% 的青少年总是在线。[1]

通过对埃塞俄比亚、加纳、肯尼亚、尼日利亚、津巴布韦等发展中国家近 5000 名手机用户阅读习惯的为期一年的调查，联合国教科文组织在 2014 年发布了一份名为《移动时代的阅读》[2] 的研究报告。报告中的分析显示，移动设备已成为非洲贫困地区民众阅读的主要途径；在尼日利亚、埃塞俄比亚、巴基斯坦，尽管一些手机仅有很小的或黑白的屏幕，然而有数十万人正通过手机阅读完整的图书。这是一个好趋势，也显示出未来通过一种全新方式即移动阅读，为世界上最为贫困的人们提供书籍的潜力。

青少年是今日手机最活跃的使用者。由于手机可用于发送短信、传送图片、打电话，其已经成为青少年日常互动的一个核心媒介。此外，手机还成为和同性交往、和异性发展与维持浪漫关系的一个工具。

手机在增进友谊的同时，也给儿童带来一些人际关系方面的问题如焦虑、欺凌与不安全感。邦德（Bond）注意到，手机的使用导致欺凌、跟踪事件的增加以及一种被称为"快乐掌掴"（happy slapping）的社会现象的产生。"快乐掌掴"描述的是：当一个人受到身体攻击时，整个过程被用手机拍摄并与他人分享，进而引起进一步的羞辱和焦虑。[3] 此外儿童还以不回复短信、不接电话作为一种惩罚或心理武器，以此给同辈压力或给他人制造麻烦。

对那些被欺凌的儿童而言，手机成为一个棘手的问题，因为欺凌者任何时候都可以呼叫或用短信折磨他们。由于这种现象常常发生在私人手机中，不易被关注，可能不被界定为"网络欺凌"。利文斯通等人的一项跨

---

① Amanda Lenhart, *Teens, Social Media & Technology Overview 2015* (Washington, D. C. : Pew Research Center, 2015) , p. 1.

② UNESCO, *Reading in the Mobile Era* (Paris: UNESCO, 2014).

③ Emma Bond, "Managing Mobile Relationships: Children's Perceptions of the Impact of the Mobile Phone on Relationships in Their Everyday Lives", *Childhood*, Vol. 17, No. 4(2010) : 514 – 529.

欧洲的研究指出，1% 的 9～10 岁儿童、2% 的 11～12 岁儿童、3% 的 13～14 岁儿童、6% 的 15～16 岁儿童曾经受到基于手机的欺凌，这些欺凌是通过电话、短信、图像或视频实现的。①

这显示出移动文化对青少年生活影响的复杂性：一方面增强了青少年的社会联系，另一方面也带来种种负面影响。

色情短信便是困扰手机交流的另一大问题，在某些案例中，色情短信成为青少年约会或献殷勤的一部分。伦哈特（Lenhart）在一项关于美国 12～17 岁儿童色情短信的研究中发现，15% 的儿童曾收到这类短信，4% 的儿童承认曾经发过此类短信。② 欧洲的研究显示，在 11～16 岁儿童中，有 15% 的儿童曾从同龄儿童那里收到此类短信，3% 的 9～16 岁儿童通过手机看过色情图片。③

这些有关色情信息的调研与关注，集中反映了不断增长的"道德恐慌"，这是当代童年的社会建构的核心之一。④ 成人何以对手机产生恐慌？因为手机改变了青少年从父母那里解放出来的方式。⑤ 手机使得青少年可以逃避父母的监管，自由地接听电话与发送短信。手机所下载的内容模糊了公共与私人的界限，那些可能被认为是隐私的内容如裸体、性行为等很容易传至公共领域被共享，因此手机的使用被认为存在更多的风险。

然而，有其他研究指出，移动手机及社交网络也为青少年自我认同的发展提供了另一种途径，而移动技术本身并不使得风险更难控制。

譬如，邦德基于 30 位青少年移动电话日常使用经验的研究发现，移动电话对青少年形成身份认同（性别认同）发挥着越来越大的作用。⑥ 作为现代生活中自我呈现的一个重要支撑，移动手机对儿童的公众形象——在

---

① S. Livingstone et al. , *Risks and Safety on the Internet*(London: The London School of Economics and Political Science, 2011) , p. 62.

② A. Lenhart, *Teens and Sexting*(Washington, D. C. : A Pew Internet & Life Project Report, 2009) , p1.

③ S. Livingstone et al. , *Risks and Safety on the Internet* (London: The London School of Economics and Political Science, 2011) , p. 7.

④ S. Scott, S. Jackson and K. Backett-Milburn, "Swings and Roundabouts: Risk Anxiety and the Everyday Worlds of Children", *Sociology*, Vol. 32, No. 4(1998) : 689－705.

⑤ L. S. Clark, *The Parent App: Understanding Families in the Digital Age*(Oxford: Oxford University Press, 2013) , p. 4.

⑥ Emma Bond, "The Mobile Phone = Bike Shed? Children, Sex and Mobile Phones", *New Media & Society*, Vol. 13, No. 4(2010) : 587－604.

友谊群体中受欢迎与被接受的程度——有相当重要的影响，它为年轻人提供了一个日常展演的空间。

此外，新的移动技术如基于位置或地图的服务、近场通信（near field communication）也逐渐出现，不过这方面的研究还很少。

小　结

当代童年的特征之一是儿童越来越生活在一个全球媒介文化的环境中，尤其是基于互联网以及数字技术而形成的新媒介文化环境中。童年越来越被"媒介化"，新媒介由于其本身的空间特性，如莫斯（Moss）与皮特里（Petrie）所言，能给儿童创造与冒险的机会[1]，儿童因此经常挑战既有的社会文化规范。与此同时，许多父母、教育家认为媒介渗透甚至控制了儿童的生活。这导致一种类似于对"儿童""童年"社会问题的担忧的媒介担忧，这实际上是西方现代以来童年危机话语的一部分。

新的研究强调需要超越单纯的技术层面，从新媒介与儿童的共构（co-construction）关系层面去探讨儿童的媒介实践。

毋庸置疑，新媒介塑造了童年，重新界定了儿童生活的边界。如果说从前的儿童世界主要在学校、家庭、社区的话，那么当下儿童生活空间则更加广泛和复杂，牵涉到虚拟与现实、线上与线下的互动、转换以及相互影响。

儿童的社会关系亦因新媒介而发生新的变化。根据哈托普（Willard W. Hartup）的研究，在社会性发展过程中，儿童与他人之间形成两种关系：垂直关系和水平关系。前者是指那些比儿童拥有更多知识和更大社会权力的个体（主要包括父母和老师）与儿童之间形成的一种依附关系。后者是指儿童与那些具有相同社会权力的个体（主要包括同辈）之间形成的一种关系。[2] 在新媒介环境下，垂直关系中的成人权威受到削弱，这使得

---

[1]　P. Moss and P. Petrie, *From Children's Services to Children's Spaces* (London: Routlege Falmer, 2002) , p. 128.

[2]　Willard W. Hartup, "Social Relationships and Their Developmental Significance", *American Psychologist*, Vol. 44, No. 2(1989) : 120 – 126.

儿童、成人之间可能会形成更平等、更民主的关系。

　　由于新媒介商业的快速发展，在新媒介所塑造的新的社会关系中，儿童与商业的关系引起研究者们的关注，人们担心童年的纯真被商业所利用。这反映出一种广泛的关于童年本质的信念：儿童被视为柔嫩的、易受影响的、脆弱的、纯洁的，应该由父母保护，因为他们太容易被市场所侵蚀，在某种程度上，儿童"自然地"与商品世界格格不入。① 然而，儿童完全被媒介为获取商业利益而利用的断言，忽视了儿童使用媒介的复杂方式，没有理由相信儿童比成人更容易是商业文化的天生的被动受害者。

　　事实上，当前的研究显示出，相比成人，儿童是更积极的新媒介内容创造者和消费者。一方面，新媒介为他们创造了一个新的社会世界；另一方面，新媒介也被儿童以富有创造的方式如"重新组合"（remix）来"使用""配置"。

　　因此，当代童年不可避免地通过新媒介被定义、表达，在此意义上，童年是一种媒介建构的产物，但亦像数字文化的参与本性一样，这种数字童年也是儿童自身参与建构的产物。

---

① Ludmilla Jordanova, "Children in History: Concepts of Nature and Society", in G. Scarre (ed.), *Children, Parents and Politics* (Cambridge: Cambridge University Press, 1989) , pp. 3 – 24.

第七章　作为权利的童年

20 世纪，儿童权利逐渐成为公共领域里一个不断出现的议题。众所周知，权利是西方民主社会的核心特色，有关儿童、童年与权利及政治的关系的讨论，实际上就是艾莉森·詹姆斯与艾德里安·詹姆斯等人所谓的"童年的文化政治学"的一部分。童年的文化政治学尝试理解童年的文化决定论，其中包括儿童被界定的社会地位、被安排的社会身份以及儿童自己对他们社会位置的影响。[①] 这里的社会身份，自然涉及儿童政治与经济身份，而儿童本身对其社会位置的影响则表现在儿童在多大程度上能够参与社会进程。

当前关于儿童、童年与权利的争论不再集中在儿童是否能够享有权利或是否应当给予儿童权利上，而是更关注儿童是如何行使并实现权利的。在弗里曼（Freeman）看来，儿童"拥有"权利与被允许"运用"这些权利之间存在重大区别。[②]

第一节　儿童的权利

儿童拥有权利目前已经成为一种普遍性的认识，这种认识与童年的现

---

① Allison James and Adrian L. James, *Constructing Childhood: Theory, Policy and Social Practice* (Hampshire and New York: Palgrave Macmillan, 2004), p. 6.

② Michael Freeman, "Children's Rights as Human Rights: Reading the UNCRC", in Jens Qvortrup, William A. Corsaro and Michael-Sebastian Honig (eds.), *The Palgrave Handbook of Childhood Studies* (Hampshire and New York: Palgrave Macmillan, 2009), pp. 377 – 393.

代概念是相呼应的。自 18 世纪以来，西方现代童年观的核心一直强调童年不同于成年的独特性。这种理解造成了后来在儿童权利上的分歧，譬如儿童应该拥有作为人的一切权利还是拥有特定的权利、儿童的隐私权与父母的照顾之间的冲突等。它们是儿童权利讨论中的核心问题。理解这些问题，需要将其放到儿童权利的历史以及更广泛的当代社会与文化背景中。

从拯救儿童到儿童权利

儿童的权利话语萌发于工业革命时期。伴随 19 世纪欧洲工业革命的发展，一些新的社会问题开始出现，如童工、童年贫困、儿童健康与福利问题等。在 19 世纪，英国开始出现一些有影响的儿童慈善组织：1867 年，Barnardo's 儿童慈善机构建立；1883 年，利物浦防止虐待儿童协会（Liverpool Society for the Prevention of Cruelty to Children）成立；1884 年，伦敦防止虐待儿童协会成立；1889 年，全国防止虐待儿童协会成立。[①] 在德国、法国、美国，儿童福利慈善机构亦大量建立。

这些慈善组织以及建立它们的慈善家们常常被视为"儿童拯救者"（child-savers），然而他们拯救的是儿童身上的什么？

默多克（Murdoch）指出，19 世纪儿童拯救者的中心策略是将儿童从那些道德堕落的家庭中拯救出来——以社会改革者的观点看——而道德堕落是他们贫困的一个原因。[②] 英国 1834 年新济贫法（New Poor Law）规定，济贫院是唯一的国家管理的贫困救助机构。济贫院将儿童从他们穷困潦倒的父母那里解救出来。社会改革者宣称，为了使儿童成为公民，需要将儿童与他们的贫困父母分离开来。[③] 这种解救意味着儿童贫困不是天生的，儿童是环境的受害者，而他们的父母则往往被描述为虐待的、忽视的、酗酒的、沉溺于性的。

这样，为了救助儿童，他们被从最亲的父母和其他家人那里带离，置入一个新的家庭空间内。改革者们将儿童机构特别是那些为照料儿童而建

① L. Murdoch, *Imagined Orphans: Poor Families, Child Welfare, and Contested Citizenship in London* (New Brunswick, NJ: Rutgers University Press, 2006), p. 3.

② L. Murdoch, *Imagined Orphans: Poor Families, Child Welfare, and Contested Citizenship in London* (New Brunswick, NJ: Rutgers University Press, 2006), p. 4.

③ L. Murdoch, *Imagined Orphans: Poor Families, Child Welfare, and Contested Citizenship in London* (New Brunswick, NJ: Rutgers University Press, 2006), p. 7.

立的"家庭系统"，描述为最适合儿童成长、学习民主及工作的地方。

然而，这种拯救可能将儿童置入一个更危险的环境中。例如，贝勒莫（George K. Behlmer）在他对英国全国防止虐待儿童协会的研究中指出，防止虐待儿童协会迫使家庭分裂，侵蚀了父母的权利，破坏了作为堡垒的家庭①，而将儿童从他们的父母那里带离，托付给机构照料，并没有真正拯救儿童。

早期的儿童拯救运动，实际上主要是由一种道德感推动的，这种拯救儿童的话语在 1910 年后，逐渐为一种权利话语所取代。② 1909 年，瑞典女权主义者、社会改革家爱伦·凯（Ellen Key）出版了《儿童之世纪》，该书第一章就语出惊人，宣称"儿童有选择父母的权利"③，这意味着儿童有权在家里受到高质量的照顾和接受良好的教育，而不是随便选择父母。1923 年，Save the Children（救助儿童会）的奠基者杰布（Jebb）起草了《日内瓦儿童权利宣言》，随后该宣言于 1924 年在国际联盟获得通过。这个具有历史开创意义的宣言，后来成为联合国《儿童权利公约》的基础。

在当代，"儿童具有权利"这一认识已经成为一个共识。然而权利并不存在于真空中，当前研究显示，人们理解儿童权利的方式是不一样的。

对于儿童权利，阿查德（Archard）认为其有两个层面：道德层面与法律层面。道德权利与法律权利并不是完全不同的权利，这个区分主要基于权利是如何被理解的。道德权利是那些我们感觉应当具有的权利，法律权利则是根据法律条款我们具有的权利。④ 拥有某一项道德权利并不意味着拥有同样的法律上的权利，即使人们强烈感觉应该这样做。从历史上看，法律权利的形成常常由在道德上人们应当享有某些权利的观念驱动。但是某项权利被法律确立为权利，并不一定是因为道德的要求。

儿童的某些权利已经被法律所规定，这固然是一个事实，但是在有些

---

① George K. Behlmer, *Child Abuse and Moral Reform in England, 1870 – 1908*, reviewed by Neal A. Ferguson, *Albion: A Quarterly Journal Concerned with British Studies*, Vol. 15, No. 3 (1983): 257 – 258.

② E. R. Dickinson, *The Politics of Child Welfare from the Empire to the Federal Republic* (Cambridge, MA: Harvard University Press, 1996), p. 68.

③ Ellen Key, *The Century of the Child* (New York and London: G. P. Putnam's Sons, 1909), p. 1 （中译本：《儿童之世纪》，魏肇基译，晨光书局，1936）。

④ David Archard, *Children: Rights and Childhood* (London and New York: Routledge, 2004), p. 54.

法律条款中儿童的权利并没有得到明确叙述。这就给道德权利留下了空间。哪些是道德权利，不是一个事实判断，相反这关系到关于个体应当享有什么权利的道德争论。因此阿查德认为，当我们在思考儿童是否具有权利时，我们可以用两种方式来回答：一种是指出法律条款中的儿童权利，另一种是指出在道德上应给予儿童什么样的对待。①

显然，有关儿童的道德权利涉及社会与文化背景，伊格纳蒂耶夫（Ignatieff）便指出，不应当将权利视为一张"道德王牌"，而应当思考其政治、社会背景，有必要对其予以跨文化理解。②

比辛（Bisin）提供了一个例子。③ 在巴基斯坦，儿童必须步行一小时去溪流取水，一些较大的儿童需为全校取水。由于缺乏清洁措施，儿童到处排便。因此，储水槽、水龙头、公共厕所的提供是十分必要的，这不仅能降低儿童患病的风险，而且能节约儿童的时间与精力，使他们有更多时间接受教育。在这个例子中，水对儿童的生活是非常重要的，但在西方，水的供应却是理所当然的。由于多重因素，巴基斯坦并不能为所有儿童提供这些条件。在这里，如果基本的生活资料供给是一种"权利"的话，那么由谁来承担责任？还是说提供生活资料是一种道德义务？这实际上涉及儿童的福利权利，我们将在后文回到这一问题。

有关儿童权利的讨论的核心焦点仍然在个体层面。一个不给予儿童权利的强有力的理由是儿童还没有能力成为权利的持有人。根据意志理论或选择理论（will or choice theory），一种权利就是一种被保护的选择。根据利益理论（interest theory），一种权利就是对一种重要利益的保护。基于意志理论，似乎只有具有选择能力的人才有权利，而基于利益理论，任何具有重要利益的人都有权利。因而依照意志理论，如果儿童没有能力做出选择的话，那么儿童就没有权利。然而，一些意志理论的支持者认为仅由儿童缺乏执行选择的能力并不能推论出儿童缺乏权利。儿童依然拥有权利，但他们的选择可不由自己而由他们的代表来执行。④ 这些代表为儿童做出

---

① David Archard, *Children: Rights and Childhood* (London and New York: Routledge, 2004), p. 54.

② M. Ignatieff, *Human Rights as Politics and Idolatry* (Princeton, NJ: Princeton University Press, 2003), p. 84.

③ S. Bisin, *New School Sanitation Brings Positive Behaviours* (Islamabad, Pakistan: UNICEF Pakistan Real Lives, 2007), https://www.unicef.org/pakistan/reallives_3882.html.

④ David Archard, *Children: Rights and Childhood* (London and New York: Routledge, 2004), p. 55.

选择，直到儿童日后有能力做出选择之时。这就带来了新的问题即由谁来代表儿童以及如何决定儿童应当享有什么。

此外，如果承认儿童享有权利，那么儿童究竟享有哪些权利？他们应享有成人的所有权利还是部分权利？他们享有成人没有的权利吗？作为儿童，给予他们特定的权利，在某种意义上是没有问题的。特定的权利为特定的群体所享有，例如儿童应拥有接受教育的权利，但是如果儿童拥有特定的权利，这是否仅仅是因为儿童的身份？

为此，早期的权利理论家费恩伯格（Feinberg）将成人权利与儿童权利分为三种：一种是 A-rights，指成人独有的权利；一种是 C-rights，指儿童独有的权利；一种是 A-C rights，指儿童与成人共享的权利。① 许多人认为成人权利包括自由权，但儿童的权利不包括这一权利，而只包括福利权。

琼斯（Jones）与韦尔奇（Welch）注意到，自由权利背后的假设是每一个个体应该都有能力为自己、自己的家庭负责，并且通过个体的努力会过上好生活。但是有些个体缺乏自主性与能力，这就带来另一种权利即福利权利。② 福利权利是保护一个人福祉的权利，包括个体健康、生存、获得受教育机会等权利。其本质目标是让个体最大限度地行使他们的自由权利。自由权利倡导国家行动的最小化，以使个体实现最大限度的自主。福利权利则要求国家介入，为那些需要的人提供健康、教育、经济等方面的支持。这两种权利之间存在冲突。当代有关儿童权利的种种争论实际上均源于这两种权利之间的矛盾。

参与还是保护？

当前有关儿童权利的观点分歧尤其体现在儿童参与权利与保护权利的争论中。众所周知，在儿童权利方面，与儿童相关的最重要国际法律文书是《儿童权利公约》，不过该公约亦带来了"儿童究竟应享有哪些权利"

---

① Joel Feinberg, "The Child's Right to an Open Future", in W. Aiken and H. LaFollette(eds.), *Whose Child? Parental Rights, Parental Authority and State Power*(Totowa, NJ: Rowman & Littlefield, 1980), pp. 124 – 153.

② Phil Jones and Susan Welch, *Rethinking Children's Rights: Attitudes in Contemporary Society*(London: Continuum, 2010) , p. 32.

的争论。

安妮·富兰克林（Annie Franklin）和鲍勃·富兰克林（Bob Franklin）认为，《儿童权利公约》展现了一个"3P"参考框架：保护（Protection）、提供（Provision）与参与（Participation）的权利。[①] 前两个属于儿童的福利权利，第三个则是儿童的自我决定权利。这就涉及儿童保护权利与参与权利之争。

就儿童权利的发展历史来看，1924 年《日内瓦儿童权利宣言》还没有确认儿童是一个享有权利的个体。该宣言包括五条准则：

1. 必须提供儿童正常发展所需的各种物质与精神的需要。

2. 必须提供食物给饥饿的儿童，并向患病的儿童提供必要的治疗；给予身心发展迟缓的儿童以适当的援助；对行为不良的儿童要给予改过的机会；孤儿和流浪儿必须获得庇护所，并得到适当的援助。

3. 遇到危难时，儿童应当优先获得救助。

4. 儿童享有独立维持生计的地位，必须避免受到任何形式的剥削。

5. 儿童必须获得适当的养育，使其才能贡献于全人类。[②]

这里的语调依然更多地属于 19 世纪"拯救儿童"话语而非当代"儿童权利"话语。它更多是论及成人保护儿童的责任而不是儿童的自我决定权利。1989 年的《儿童权利公约》才明确儿童作为权利拥有者的身份，它是第一项有关保障儿童权利且对签约国具有一定约束力的国际性约定。

根据科恩（Cohen）的说法，《儿童权利公约》草稿最初由波兰政府提交给联合国人权委员会，但被退回。二稿中给予儿童在关于他们自己的事务中的意见表达权，这构成公约第十二条的主体。[③] 科恩曾参与公约的起草，认为由于赋予了儿童权利主体的身份，这个条款将会改变世界儿童的

---

① A. Franklin and B. Franklin, "Growing Pains: The Developing Children's Rights Movement in the UK", in J. Pilcher and S. Wagg(eds.), *Thatcher's Children?*(London: Falmer, 1996), pp. 95 – 114.

② *Geneva Declaration of the Rights of the Child*, Adopted 26 September, 1924, League of Nations.

③ Cynthia Price Cohen, "The Role of the United States in the Drafting of the Convention on the Rights of the Child", *Emory International Law Review*, Vol. 20, No. 1(2006) : 185 – 192.

地位。① 由此公约建立了儿童权利主体的概念。

当代很多学者亦十分强调儿童的参与权利。巴德姆（Badham）就认为，参与是《儿童权利公约》的拱顶石。如果没有儿童与年轻人的积极参与，不能保障他们享有好童年的权利，那么任何有效进展都不能取得。②

强调"参与"权利，实质上是视儿童为拥有自己观点与意见的社会行动者，而不仅仅是被动的客体或是有待解决的社会问题。这是新童年社会学的主要立场之一。

然而，对于儿童参与，人们有着不同的解释。例如，弗里曼注意到，在《儿童权利公约》的总体框架下，有关儿童权利的构想中存在一些达成一致意见的"绊脚石"，如参与权利，思想、道德、宗教自由的权利。有一些问题如未出生儿童的权利、女童割礼与歧视等在伊斯兰国家中是很有争议的问题，难以在公约的框架下解决。他指出，这些问题最终只能折中应对，但是折中的立场是否必然有利于儿童，这很难说。③

有一种观点甚至宣称《儿童权利公约》的"权利"视角或方法本身就是不恰当的。巴赫（Bach）进行了总结：

> 不论排斥的理由是贫困、种族、对差异的恐惧还是缺乏政治影响，结果是一样的：不认同或不被接受、无权或默默无闻、经济上脆弱、较少的生活经验、有限的生活前景。对社会整体而言，对个体或群体的社会排斥是社会团结与经济繁荣的一个主要威胁。运用权利的方法，处理有关儿童或成人的个体或系统的排斥，是不恰当的。那些残疾人正在呼吁一种基于社会包容与认同的方法，意识到单靠人权宣言并不能解决问题。④

在此观点看来，仅从"权利"的角度出发不能解决儿童遭到排斥的问

---

① Cynthia Price Cohen, "The Role of the United States in the Drafting of the Convention on the Rights of the Child", *Emory International Law Review*, Vol. 20, No. 1(2006): 185 – 192.

② Cited in C. Willow, *Participation in Practice: Children and Young People as Partners in Change* (London: Save the Children, 2002), p. Ⅵ.

③ M. Freeman, "The Future of Children's Rights", *Children & Society*, Vol. 14, No. 4(2000): 277 – 293.

④ M. Bach, *Social Inclusion as Solidarity: Rethinking the Child Rights Agenda*(Toronto: The Laidlaw Foundation, 2002), p. Ⅹ.

题，需要从权利、经济状况、政治认可等的关系中去理解社会排斥。特别是有关残疾儿童的排斥问题与整个社会对童年的区隔、残障的排斥过程有关，不可能简单从权利的角度得到解决，而是需要结合教育的途径。

普帕瓦克（Pupavac）亦持有与"权利"视角不同的观点。尽管儿童权利国际框架的新颖性在于儿童被认为不仅是权利保护的接受者，而且本身就是权利享有者，但是将权利享有者从道德行动者（那些能够确保权利实现的人或团体）中分离出来，破坏了儿童是权利保障责任承担者的这一认识。她指出儿童权利的本性在于能够代表儿童。在儿童权利的国际框架下，"为了儿童"既不是由儿童也不是由父母而是由专业人士倡导的。她认为确保权利实现的责任由父母转移到国家的这一变化，常常会削弱发展中国家成人的道德行动力。①

从实践上看，虽然公约条款强调了很多儿童权利，然而公约本身并不具有强制性，如果不被纳入国内法的话，公约所列出的儿童种种参与权利是不能实现的。此外，相当多的儿童"参与"机会是由一些组织给予儿童的。参与这些组织进程的儿童可能会发现他们的参与不过是象征性的，他们也并不能宣称自己代表其他大多数儿童。事实上，儿童权利的实际实现远未完成。在很多公约及宣言中，鉴于他们的特定脆弱性，儿童仍然被列为一个有权获得保护的特别群体。

《儿童权利公约》的跨文化适用性

尽管《儿童权利公约》是一个非常重要的文书，它所规定的儿童权利已经受到广泛认可，但有些权利，如儿童爱的权利——这是一个有争议的提法——并没有被公约涵盖，却包含在日本《儿童宪章》（1951年）中。

然而，毫无疑问，《儿童权利公约》是我们讨论儿童法律权利的一个很好的起点。这不单是因为它是一份得到最广泛签署的文书——有190多个国家（美国除外）、地区签署了该公约，也是因为该公约编码了一种儿童权利观的隐喻。公约所给予的儿童权利是"我们"所认为的儿童权利，至少是西方自由民主的后启蒙社会的"我们"所认为的重要的权利。

---

① V. Pupavac, "Misanthropy Without Borders: The International Children's Rights Regime", *Disasters*, Vol. 25, No. 2(2001): 95 - 112.

公约视儿童为权利主体，拥有基本的权利；承认儿童拥有能动性，他们的声音应当被倾听。然而阿查德提醒，"给予"儿童这些权利并不意味着"实现"它们，因为目前公约的实际与法律影响仍然是有限的。[①] 世界各地对儿童权利的系统忽视依然在继续。此外，公约对国内法尚没有产生重要的影响。那些签署公约的国家被要求制定国内法以确保满足儿童的基本需要，并向儿童权利委员会报告公约的实施情况，然而很多签约国不过开出儿童权利方面的一张空头支票，这些国家并没有及时提供年度报告。

产生这些现象的一个重要原因是，没有考虑到《儿童权利公约》的跨文化适用性问题。琼斯与韦尔奇归纳了人们对《儿童权利公约》的批评。其中一个批评是，公约对与"参与"相关的儿童权利通常以西方的观念来解释。[②] 西方观念认为个体是自主的，强调权利中的个体选择，但是其他一些强调社会合作或社区重要性的文化观念则常常被忽视。这就提出了一个重要问题即人们看待儿童权利的方式如何被文化观念所塑造。

庞奇（Punch）研究玻利维亚农村儿童的生活。在那里，儿童在很小的时候，就被期待参加工作并成为家务中的积极贡献者。这赋予儿童的社会位置一定程度的流动性，进而使他们能够脱离成人的监管，而这在西方发达国家很罕见。庞奇认为，由此儿童成为一种复杂社会过程的一部分，在这一过程中儿童确认了他们的能动性，创造出他们自己的时间和空间，尽管受到成人、其他儿童或结构因素等的限制。她举了一位母亲与大女儿的例子来揭示儿童与父母如何共同承担做家务的责任。在该例子中，母亲想让女儿走半小时路程送饭给她的父亲，女儿不想去，结果是母亲送饭，条件是大女儿需要照看小弟弟及家畜。[③]

这个例子反映出不同文化中对儿童参与权的理解是不一样的。非西方文化中这些实例，反映出公约的跨文化适用性困境及各国对于童年概念理解的差异。对此，维尼斯总结了三点。

第一，公约似乎尊重文化差异，在前言中宣称"适当考虑到每一民族

①　David Archard, *Children: Rights and Childhood* (London and New York: Routledge, 2004), pp. 58 – 59.

②　Phil Jones and Susan Welch, *Rethinking Children's Rights: Attitudes in Contemporary Society* (London: Continuum, 2010), p. 65.

③　Samantha Punch, "Negotiating Autonomy: Childhoods in Rural Bolivia", in L. Alanen and B. Mayall (eds.), *Conceptualizing Child – Adult Relations* (London: Falmer, 2001), pp. 23 – 36.

的传统及文化价值对儿童的保护及和谐发展的重要性"，但实际上模糊了文化差异。公约将儿童的利益限制在家庭与学校的区隔世界里。家庭被视为"社会的基本单元"，强调家庭是自然的私有的实体，儿童依附于生物意义上的父母亲。根据博伊登（Boyden）等人的看法，这与儿童是家族与社区的成员并应参与更多公共的、成人导向的活动如工作的理念并不一致，其也与公约第十五条"确认儿童享有结社自由及和平集会自由的权利"相互矛盾。博伊登指出，公约一直贯穿着主导性的道德信息即父母应该将学校排在工作之前[1]，但是在某些文化中并不如此。在前述案例中，儿童就被期待在很小的时候就参与家庭工作。我们无法假定学校一定符合儿童的最大利益，特别是在贫困地区。

第二，公约包含一种文化偏见，政策决定者思想中存在以生物学为基础的双亲家庭的想法，忽视了全球各种不同的儿童照顾模式。由于强调核心家庭，公约忽略了亲属与社区可以作为儿童寄养的可接受的环境。此外，关于儿童虐待问题，核心家庭并不一定是儿童安全的最佳保证。在某些案例中，其他照顾与安排可能会更有效地保障儿童福利。

第三，公约的个体化取向。[2] 虽然公约也有强调集体权利的条款，但是公约所关注的"儿童权利"，暗示着一种个体儿童的正常的学徒模式（the normal apprenticeship mode），这是一种典型的西方观点。

阿查德研究《儿童权利公约》后，发现在最基本的层面上许多文化就什么是儿童的最大利益并无共识。一些文化认为所有儿童应接受基础教育，另一些文化则认为仅男孩具有此权利，更有一些文化认为儿童根本没有受教育的权利。一些从道德层面看文化差异的学者坚持一种道德相对主义：A 文化认为符合儿童最大利益的事情，并不同时被 B 文化认为符合儿童的最大利益，然而无论是 A 文化还是 B 文化都有权认为自己是正确的。[3] 但是这样一种道德相对论，在实践中并不能说服人们容忍差异。这正是造

① J. Boyden, "Childhood and Policy Makers: A Comparative Perspective on the Globalization of Childhood", in Allison James and Alan Prout(eds.), *Constructing and Reconstructing Childhood: Contemporary Issues in the Sociological Study of Childhood*(London: Falmer Press, 1997), pp. 190 – 229.

② Michael Wyness, *Childhood and Society*(Hampshire and New York: Palgrave Macmillan, 2006), pp. 213 – 214.

③ David Archard, *Children: Rights and Childhood* (London and New York: Routledge, 2004), p. 63.

成公约在理解与实践之间存在矛盾的关键原因。

第二节　童年、福利与国家

在当代，无论是儿童的保护权利、教育权利，还是参与权利，其确认、保障与实现，都关系到国家。考克本（Cockburn）在论述儿童公民权利时便指出儿童公民权利的本质及实现取决于儿童、家庭与国家的相互关系。[1]

国家在儿童权利实现的过程中扮演着重要的角色。国家的力量除了直接体现为有关儿童的各类法律与政策（涉及教育、健康、家庭等领域）外，还体现在与儿童相关的组织机构（如儿童福利院）、儿童活动场所（如青少年宫）的建设中。在儿童权利中，儿童福利权利的保障与实现更是与一个国家的经济发展水平有着密切的关系。

童年的国家管理

在讨论儿童权利时，必然会涉及权利的保障与责任问题。在现代社会，人们会自然地认为国家应当承担保障儿童权利实现的责任，但儿童权利的历史告诉我们，早期儿童福利权利的保障主要来自家庭、宗族而非国家。

本书在前面论述儿童权利前史时提及了早期的儿童拯救运动。发起这些运动的社会改革家与慈善家拥有一个浪漫的信念即童年应该是幸福的，是人生中最美好的一段时光。19 世纪晚期的美国教育家维金（Wiggin）写道："一个幸福的童年是一种无法用言语来形容的宝贵的记忆。当经验给生活的全部乐趣蒙上一层阴影时，我们回首童年，来恢复我们疲惫的心灵。"[2] 这种信念使得童年与成年彼此几乎对立：如果成人是承担责任的，那么儿童则免于责任；如果成人需要工作，那么儿童则只需游戏。

---

[1]　Tom Cockburn, *Rethinking Children's Citizenship*(Hampshire and New York: Palgrave Macmillan, 2013) , p. 153.

[2]　Kate Douglas Wiggin, *Children's Rights: A Book of Nursery Logic*(Boston, New York: Houghton Mifflin, 1892) , https://www. gutenberg. org/cache/epub/10335/pg10335. html.

　　具有这种童年信念的慈善家们，开始假定享有这种童年应当是儿童的权利。在前述的儿童权利前史中，可以看到这种儿童权利思想是如何发展的。在 19 世纪末，儿童的权利已经不再局限于生存、教育、保护方面，而是扩展为作为一种特别权利的童年。

　　维金便认为，儿童拥有不可剥夺的童年的权利。[①] 这种权利，很明显不同于成人可能声称自己具有的独立与自由的权利，正如美国伊利诺伊州公共慈善委员会所指出的，依赖是儿童的天生条件。[②] 这种认识正是早期儿童拯救运动的组织者所持有的。例如，1910～1913 年美国限制童工运动的领导者麦凯威（McKelway）起草的《矿井、工厂与车间中的美国儿童的依赖宣言》这样表述："我们（指儿童）宣称我们是无助、依赖的，我们有依赖的权利，我们应当受到保护，应享有童年的权利。"[③] 在这里，儿童在享有童年的权利方面是受到保护的。

　　然而儿童的这一权利由谁来保障？在杰布女士起草的《日内瓦儿童权利宣言》中，保障儿童的这些权利实际上是成人的责任，人类有责任提供给儿童最好的东西。这与儿童拯救组织的宗旨是一致的。这些国际组织或国际法规对儿童的关注，如范布伦（Van Bueren）所说，反映出一种自 20 世纪初期开始的童年概念的演变。[④]

　　与国际组织一样重要的是在国家层面上所采取的行动。19 世纪晚期至 20 世纪早期，儿童权利保障的加强与国家在儿童生活中重要程度的提升是高度相关的。事实上，只有国家能够保障这些权利。如果家庭与学校对儿童而言是仅有的合适的环境，那么国家必须确保儿童在家中或学校中受到良好的对待，能够度过他们应拥有的童年。对儿童权利的这一保护行动本身，与国家的更大目的是一致的，国家的更大目的是确保社会再生产能持续进行，以面对未来社会的竞争。儿童的利益与国家的利益是同一硬币的

---

① Kate Douglas Wiggin, *Children's Rights: A Book of Nursery Logic*(Boston, New York: Houghton Mifflin, 1892) , https://www. gutenberg. org/cache/epub/10335/pg10335. html.

② A. M. Platt, *The Child Savers: The Invention of Delinquency*(New Brunswick, NJ: Rutgers University Press, 2009) , p. 135.

③ Alexander J. McKelway, *Declaration of Dependence by the Children of America in Mines and Factories and Workshops Assembled*, 1910.

④ G. Van Bueren(ed.), *International Documents on Children* (London: Save the Children, 1993) , p. xv.

两面。

现代国家对童年的介入体现在法律层面。法律是童年生产、管理、再生产过程重要的组成部分。法律塑造着特定的作为社会秩序形式的童年。弗里曼指出，立法——结果表现为法律——是一种合法性的象征。它有能力设定关于什么是正确、什么是错误的新的标准。① 一旦形成一种正式的、明确的规则系统与管理机制，法律即呈现为一种规范及管理社会现实的高度特殊化的系统。

法律将童年制度化了，它规范着儿童与成人的关系的一些重要方面，界定了童年的一些关键特征，如成熟的年龄、性关系的许可年龄、入学的年龄等。菲翁达（Fionda）认为，任何一部法律中的童年，都能对我们看待儿童或儿童需要的方式产生重要的影响，并做出相应的反馈。② 作为一种文化编码，法律反映出成人与儿童在不同社会中是如何被区分的，同时法律也提供一种保护儿童的机制。对儿童而言，法律已经在他们的生活中占据了核心地位，对儿童的经验塑造、社会位置产生着重要的影响。社会政策是童年的国家管理的更具体的层面。为了使儿童权利成为社会现实，必须有相应的政策来确保成人的支持。某一群体享有哪些法律权利，体现在明确的条文中，但若没有广泛社会支持，这些条文将很难或不能发挥真正的功能。在这方面，艾莉森·詹姆斯、艾德里安·詹姆斯、戈达德（Goddard）等学者专门探讨了法律与教育政策是如何建构儿童的。③

有些论者从国际公约与各国政府间的关系入手来强调国家介入童年的必要性。根据傅丁（Fortin）的调查，联合国《儿童权利公约》与《欧洲人权公约》已经成为欧洲国家的重要文件，其在多个方面促进了儿童的权益保障。尽管这些公约的作用仍很微弱，但它们已推进了各国政府对儿童生活的改善。现在这些公约已经成为欧洲国家国内法的一部分，对与儿童

---

① M. Freeman, "The Next Children's Act?", *Family Law*, Vol. 28(1998): 341 – 348.

② J. Fionda, "Legal Concepts of Childhood: An Introduction", in J. Fionda(ed.), *Legal Concepts of Childhood* (Oxford: Hart, 2001), pp. 3 – 18.

③ 参见 Allison James and Adrian L. James, *Constructing Childhood: Theory, Policy and Social Practice*(Hampshire and New York: Palgrave Macmillan, 2004); J. Goddard, A. James and S. McNamee (eds.), *The Politics of Childhood: International Perspective, Contemporary Development* (Hampshire and New York: Palgrave Macmillan, 2004)。

相关的法律原则有实践层面的直接影响。^① 从这里可见，如果说公约所载的儿童权利不应仅是一种道德文本的话，那么其保障必然依赖国内政策与法律的落实。

一个悖论是，旨在保障儿童最大权益的国家行动却不是由儿童驱动的，儿童自己很少有发声的机会与行动的空间，在西方文化中儿童往往处于政治世界的边缘。^② 儿童的这一政治地位根源于他们社会身份的缺乏，这显示出儿童福利权利与儿童自决权利的矛盾。

儿童的福利权利

儿童权利的近代诞生历史显示国家介入童年管理的初衷是保护儿童、提供给儿童合适的发展条件，这实际上是一种福利权利。

儿童的福利权利与儿童在社会或国家中的位置有关。关注童年史的德莫斯指出，童年史是一段我们最近才开始唤醒的梦魇。我们进一步回溯历史就会发现，越往前回溯，人们照顾儿童的水平越低，儿童越有可能被残害、遗弃、鞭打、恐吓、性虐待。^③ 在德莫斯的童年历史梳理中，他确认了儿童福利或者儿童虐待的一些模式，先是杀婴模式，然后是遗弃模式，接着是干预与社会化模式，最后是帮助模式。

需要承认的是，德莫斯的归纳存在一些问题，例如，儿童的福利是否的确存在一种进化的连续性值得怀疑；再如，他对儿童福利的考察主要限于家庭的层面。在传统社会，公共社会对儿童照顾与福利的关注很少，儿童需要更多地依赖家庭关系来获得福利，然而在现代社会，公众对儿童福利日益关注，这就必须考虑到国家的政策与制度。

德莫斯关注的是由成人——主要是父母——决定的儿童福利模式，这实际上与世代关系相关。在一定程度上，儿童福利会对成人福利有影响。

---

① J. Fortin, "Children's Rights and Impact of Two International Conventions: the UNCRC and the ECHR", in M. Thorpe and C. Cowton(eds.), *Delight and Dole: The Children Act 10 Years on*(Bristol: Jordans/Family Law, 2002), pp. 101 – 108.

② Michael Wyness, *Children, Citizenship and Political Participation: English Case Studies of Young People's Councils* (paper presented at "Children in Their Places" Conference, Brunel University, 2001), pp. 3 – 4.

③ Lloyd deMause, "The Evolution of Childhood", in C. Jenks(ed.), *The Sociology of Childhood: Essential Readings*(Milton Keynes: Open University, 1992), pp. 48 – 62.

库沃特普就认为在不同的年龄群体或世代之间，如儿童、工作的成人和老人之间存在一种互惠的世代契约。① 他的出发点同德莫斯是一样的，其思考是基于传统社会的。在传统社会，儿童福利与成人福利存在明显的相互关联，儿童是一种抵抗老年危机的保险。围绕养育儿童的成本与收益，在家庭的层面上存在直接的跨世代互惠关系。而在现代社会，由于专业化及公共养老保险系统的建立，早前的简单互惠关系终结了。在西方，二战以后流行的理念是，应由法律来确定国家养老规划，规范贡献的衡量标准和应享有的权利。

有些论者如琼斯和韦尔奇从自由权利与福利权利的关系出发来看儿童的福利问题。自由权利假设个体有责任为个人、家庭创造美好生活并且通过个体努力能够实现这一目标。自由权利侧重强调个体自主与责任，认为所有个体都有相同的生活起点，都有同等的能力去实现美好生活，但事实并非如此，有些人一出生就生活在富有家庭中，有些人则生而贫困，因此就有必要讨论另一种权利即福利权利。② 福利权利旨在帮助个体最大限度地实现他们的自由，包括提供基本的生活条件、健康照料、教育、工作环境、休息与娱乐以及参与文化生活的机会。福利权利与自由权利的不同在于，后者最大限度尊重个体自主决定，前者则要求国家介入，给那些需要的人提供经济补贴和健康、教育方面的保障等，要求国家采取行动确保雇主不危及个体的福利权利。结果造成这两种权利之间的冲突：为了提供福利，国家强制收取税收，限制个体与公司行为。自由权利促进个体自主与责任，福利权利却强调个体的相互依赖以及对彼此福利的共同责任。但是，儿童福利究竟在多大程度上由国家提供或由家庭保障，依然是争论的焦点。

阿查德则将儿童福利纳入其所说的"照料者主题"（caretaker thesis），在此主题之下来解释为什么儿童无法自主做出决定，以及他们的照料者如何为儿童做出决定。③ 在自由主义的分析框架下，儿童处于一种不成熟的、

---

① Jens Qvortrup, "From Useful to Useful: The Historical Continuity in Children's Constructive Participation", in A. -M. Ambert(ed.), *Theory and Linkages Between Theory and Research on Children/ Childhood* (Greenwich, Connecticut: JAI Press, 1995) , pp. 49 – 76.

② Phil Jones and Susan Welch, *Rethinking Children's Rights: Attitudes in Contemporary Society* (London: Continuum, 2010) , pp. 31 – 32.

③ David Archard, *Children: Rights and Childhood* (London and New York: Routledge, 2004) , p. 77.

需成人代为做决定的状态。儿童被认为认知能力尚未发展，就他们自身相关的事务，尚不能做出明智的决定，因为他们容易冲动，他们的决定可能是多变的，因而儿童应接受家长式管理。儿童的这一不成熟状态，一方面是永恒的，因为他们不会像患病后恢复健康一样从非理性、无知中恢复；另一方面是暂时的，主要是因为儿童会成长，最终儿童会成为理性的、自主的成人。

成人们假定他们可以为儿童做出选择，就像儿童如果是成人就会做出类似的选择一样。不过，这里存在一种矛盾。一个正常的成人，鉴于其所认为的合乎其最大利益的选项，会做出合理的决定，但是儿童面临的选择却不同。儿童的选择被成人照料者代行，基于儿童即将成为的成人的利益，作为儿童照料者的成人需要选择儿童如果是成人时会做出的选项。这一选择以儿童尚未成为但最终会成为的成人的名义而进行，但儿童自身无法评估成人照料者所做出的选择如何影响他们未来的生活。

在阿查德看来，解决这一矛盾的方法是信托（trust）。所谓信托是出于特定目的的一种安排，财产的拥有者即信托人将其管理权授予受托人。受托人需要管理财产并使信托人获益。成人照料者就是儿童利益的受托人，其有责任促进儿童福利，直至儿童有能力自己决定。[①]

这种儿童福利的概念，实际上强调了两点。

第一，将儿童保护纳入儿童福利权利中。弗里曼便将福利权利分为福利与保护两种权利。[②] 如果强调保护的话，保障儿童福利权利就能够提供给儿童基本的生存条件包括健康、居住环境、食物与水、安全、卫生等。这种权利具有道德主张的特征。

第二，这里的儿童福利权利是一种成人而非儿童自己行使的权利。儿童身心健康成长的条件的提供是成人照料者的责任，而儿童免于这种责任。这些显示在目前的国际公约与国内法律中，例如，法律规定应为儿童提供基本的教育，以促进他们心智、身体的发展。

儿童福利与"国家的儿童"

当把福利视为儿童的一种权利时，必然涉及责任问题。一般而言，权

① David Archard, *Children: Rights and Childhood*(London and New York: Routledge, 2004), p. 79.

② M. Freeman, *The Rights and Wrongs of Children* (London: Frances Pinter, 1983), p. 40.

利通常会与责任有关，譬如一个人拥有隐私权便意味着他人有责任尊重他的隐私权利。责任则往往与道德义务有关，有些学者基于儿童的无能、脆弱、不成熟的特性，而将保障儿童福利权利视为一种道德责任。

琼斯和韦尔奇将责任区分为两类：第一类，在积极的权利中，国家或他人有责任为个体提供必需的东西，这通常与福利权利有关；第二类，在消极的权利中，责任是不妨碍个体所做之事，这通常与自由权利有关。①

按此划分，儿童的福利权利可归入积极权利这一类。换而言之，关于儿童福利的任何权利的保障都应当是成人或国家应有的义务。当然，这种认识背后实际上显示出儿童在决定其福利内容时的一种边缘位置。成人们在决定与儿童有关的事务时，也很少咨询儿童对福利的理解与观念。这反映出一种根深蒂固的认识即儿童心智尚未成熟，因而需要他人为其做决定。

成人们为儿童提供保护而"假定"他们能够决定什么最符合儿童的最大利益，知道如何满足儿童的福利需要并制订最佳福利提供方案。帕顿（Parton）对英国 20 世纪 70 年代至 21 世纪初期儿童福利的研究，显示了成人们的这种"成人主义"的认识。②

将儿童福利作为成人的责任的观点反映在《儿童权利公约》中。该公约将儿童权利与福利置于保护的框架中。公约序言强调儿童有权享有特别照料和帮助，深信家庭作为社会的基本单位，作为家庭所有成员，特别是儿童成长和幸福的自然环境，应获得必要的保护和帮助。③ 除此，公约第五条要求缔约国应尊重父母以及当地习俗认定的家族或社会成员、法定监护人或其他对儿童负有法律责任的人的责任、权利、义务，让他们以符合儿童接受能力的方式适当指导和引导儿童行使公约所确认的权利。

该公约最重要的方面之一便是视儿童福利的提供为成人的责任。成人的责任主要体现在家庭与国家层面。不过，家庭与国家在儿童福利中究竟承担着什么角色？儿童通常在家庭中由血缘父母养育，这是一个自然的假

---

① Phil Jones and Susan Welch, *Rethinking Children's Rights: Attitudes in Contemporary Society* (London: Continuum, 2010), p. 36.

② 参见 N. Parton, *Safeguarding Children: Early Intervention and Surveillance in a Late Modern Society* (Hampshire and New York: Palgrave Macmillan, 2006)。

③ 参见《儿童权利公约》（UNCRC）。

设，而国家与家庭则分别代表着不同的公私领域，它们在儿童养育及儿童福利中的角色是不一样的。首先，家庭有责任提供给儿童一定的福利，这也意味着父母具有一定的自主性，可根据他们自认为合适的方法决定如何养育。然而，当家庭破裂或儿童遭受重大伤害，他们的父母无法行使他们养育的权利时，儿童的保护责任将由父母承担转为国家承担，由国家最终决定是否将儿童交给收养家庭或其他机构来抚养。

弗罗斯特（Frost）在家庭、国家、儿童的三角关系中来分析儿童与国家的关系。在他看来，儿童照料与国家构成一种"增强"（enhanced）的关系，当家庭遇到麻烦时，儿童与国家的直接关系将会加强。就法律而言，在司法权上国家就是儿童的父母，那些受到家庭忽视的儿童就是国家的儿童。[①]

儿童福利中最常见的问题就是受到虐待，前文已经述及。但是处于国家照料下是否对儿童成长一定有利或不利？以家庭为基础的福利提供与以国家机构或亲属为基础的福利提供之间存在张力。有些学者主张重建家庭以保障儿童福利，其重建方式有三种：一是亲属照料，即在扩大家庭或亲属网络中为儿童寻找照料者；二是家庭寄养，让儿童与一些不具有法定看护义务但能够提供家庭生活的人生活在一起；三是收养，在这种形式中新的父母将取得照料儿童的永久法律义务。[②] 这三种形式都是国家介入并试图为儿童重新再生产家庭的替代形式。

国家在福利包括儿童福利中的角色与国家本身的福利制度亦有关。2003 年的《欧盟社会状况》报告介绍了四种福利国家模式：斯堪的纳维亚模式（Scandinavian model）、盎格鲁－撒克逊模式（Anglo-Saxon model）、大陆模式（continental model）、地中海模式（Mediterranean model）。[③] 一般来说，一个国家的福利现实并不与理想的福利模式相一致，而是与各种文化、历史、传统的因素交织在一起。国家福利的模式在很大程度上是由劳动的商品化/非商品化的程度决定的，受到经济效率、社会公正与平等程

---

① Nick Frost, *Rethinking Children and Families*: *The Relationship Between Childhood Families and the State*(London: Continuum, 2011) , p. 96.

② 参见 N. Frost, S. Mills and M. Stein, *Understanding Residential Care*(Aldershot: Ashgate, 1999) 。

③ European Commission, *The Social Situation in the European Union*(Luxembourg: Office for Official Publications of the European Communities, 2003) , pp. 101 – 102.

度的影响。

像劳动分工一样，这些模式由于仍然具有父权制性别秩序特征而受到女性主义者的批评。受此启发，温特贝格（Wintersberger）认为，从世代秩序看，所有的福利国家在相当程度上都是成人中心的、家长式的，而忽视了儿童。但不管怎样，一个国家的福利制度对儿童福祉都至关重要。在相对民主的福利国家中，儿童贫困率较低，也相对容易确保儿童权利的实现。在权利由公民的劳动市场位置决定的保守福利国家中，儿童福利可能会是一个大问题。此外，福利国家的性别秩序也会影响儿童福利：对女性友好的福利国家，更有可能对儿童也是友好的。为此温特贝格提倡打造一种"开明的家长式福利国家"（enlightened paternalist welfare state），[①]来保障儿童的福利权利。

第三节　儿童与政治

尽管儿童被认为应具有福利权利，然而在政治领域，儿童却被排除在权利之外。在大多数西方国家，只有成年人才具有政治上的权利如选举权与被选举权，虽然北欧地区的一些国家提供给儿童一些建言献策的渠道，但总体来看，儿童一般处于政治领域的边缘。

这反映出儿童在整个社会中的地位，这种情况正如联合国《儿童权利公约》起草者在一份简要报告当中指出的，在政治领域中排除儿童的理由是"儿童的特殊身份，原则上是指儿童没有政治权利"[②]。

作为公民的儿童

关于儿童在现代社会政治生活中的角色，一般而言人们并不强调儿童的公民权利，而只是有限度地坚持儿童是公民，很少实质性地支持他们的主张。

---

① Helmut Wintersberger, "Work, Welfare and Generational Order: Towards a Political Economy of Childhood", in Jens Qvortrup(ed.), *Studies in Modern Childhood: Society, Agency, Culture*(New York: Palgrave Macmillan, 2005), pp. 201 – 220.

② M. John, "Children's Rights in a Free Market", in S. Stephens(ed.), *Children and the Politics of Culture* (Princeton, NJ: Princeton University Press, 1995), pp. 105 – 140.

　　早期的理论家马歇尔（Marshall）在分析公民权利时，甚至并不认为儿童是公民，因为儿童需依赖成人，没有政治权利。儿童至多不过被视为"未来的公民"（citizens in the making）。① 把儿童界定为未来的公民，也就是视儿童的公民身份为一种"正在形成中的身份"（status in the making），需要通过一系列过程才能获得。这种过程被描述为一个儿童自己学习或受其他教育者指导的过程。在这种情形下儿童无法为他们自己的权益发声。

　　形成这样一种看待儿童公民身份或权利的观点，是因为西方社会中人们普遍认为儿童缺乏能力，儿童在经济、教育上均依赖成人。在流行的发展心理学中，往往强调儿童缺乏道德判断能力，从发展程度上看还不成熟。换而言之，只有那些完全有能力的、能负责任的社会成员才具有公民身份。

　　根据考克本的分析，上述这一认识即排除儿童完整的社会成员身份，并否认他们作为公民的身份，在 19 世纪才逐渐制度化。在 19 世纪，社会政策快速增多，这些社会政策将儿童从成人与公众生活领域移出，在教育与保护的名义下将儿童置于学校中。② 在这一过程中，伴随着童年的现代概念与儿童福利的兴起，以增进儿童福祉为核心的政策将儿童从公众世界及成人空间中分离出来，建立了一种以年龄为基础的社会排斥系统：儿童不是社会的完整的成员，不具有完整的资格包括获得公民身份或公民权利的资格。

　　尽管探讨儿童特别是婴幼儿的公民身份或公民权利是相当困难的，然而对于少儿或青少年来说，其社会位置显然是不同的。因而，仍然有必要去思考我们在何种程度上认为儿童具有公民权利。如果儿童不被承认是公民的话，那么我们所谈论的儿童权利，便值得重新反思。

　　当代学者劳伊（Lawy）与比埃斯塔（Biesta）提出一种新的公民身份的概念即"作为实践的公民身份"（citizenship – as – practice），以区别于此前的"获得性的公民身份"（citizenship – as – achievement）。后者将公民身份界定为通过一系列发展与教育过程而获得的身份，这与人们对一个人如何成为一个公民的认识有关。在这种框架中，儿童并不是完整的公民。

---

① T. H. Marshall, "Citizenship and Social Class", in T. H. Marshall and T. Bottomore, *Citizenship and Social Class*(London: Pluto, 1992), p. 16.

② Tom Cockburn, "Children and Citizenship in Britain", *Childhood*, Vol. 5, No. 1(1998) : 99 – 117.

这一观点最重要的弱点在于其与年轻人对公民身份的理解不相符合。"作为实践的公民身份"并不假定年轻人在一个预定的轨道上迈向他们的公民身份之路或教育系统的作用在于运用恰当的策略与方法使他们为成为"好"公民做准备。① 在这里，公民与非公民的身份之间并没有显著的区别。"作为实践的公民身份"是包容性而非排他性的，因为其假设社会中的每个人包括年轻人在内都是公民。

这一概念本身并没有赋予年轻人与成人相同的社会责任，尽管劳伊和比埃斯塔认为，需要确认年轻人是社会的一部分，并且承认年轻人的社会生活是社会政治、经济、文化秩序的一部分——这会提供给年轻人多样的参与机会。

不过，"作为实践的公民身份"这一概念，尊重作为社会行动者的年轻人的声音与利益，它并不将特定的公民身份或权利的概念强加于年轻人，而是首先着眼于年轻人自己的解释以及年轻人自己是如何选择行动的。根据劳伊与比埃斯塔的认识，"作为实践的公民身份"与"获得性的公民身份"的不同之处在于如何理解公民身份与学习的关系。前者不是将公民界定为学习过程的结果，而是认为公民身份的动力机制与年轻人的日常生活经历有密切的关系，这也是不能将公民身份简单看作单一过程的结果的原因。② 为了完全理解在民主社会中"成为公民"意味着什么，就需要将公民身份看作特定社会经济、政治、文化环境下一个涵盖性的、关系性的概念。

客观上看，"作为实践的公民身份"这一概念考虑到了儿童与年轻人作为行动者与反思主体的作用，然而这一实践的特定本质与内涵仍然是不清晰的，并且这一概念未能解释儿童的行动如何受到既有社会政治、经济、文化条件的影响以及他们的行动是如何影响他们自身的。

鉴于此，利贝尔（Liebel）提倡一种自下而上的基于儿童生活与经验

① Robert Lawy and Gery Biesta, "Citizenship-as-Practice: The Educational Implications of an Inclusive and Relational Understanding of Citizenship", *British Journal of Educational Studies*, Vol. 54, No. 1(2006): 34 – 50.

② Robert Lawy and Gery Biesta, "Citizenship-as-Practice: The Educational Implications of an Inclusive and Relational Understanding of Citizenship", *British Journal of Educational Studies*, Vol. 54, No. 1(2006): 34 – 50.

的公民身份的概念①，特别强调社会内部的关系、儿童是如何被定位的以及权力与权利的问题。

"自下而上的公民身份"（citizenship from below）的概念，并不预先设定公民的概念，而是从日常生活入手来界定它，其中社会的权力与结构关系是被着重考虑的一个方面。儿童的公民身份是特定社会权力与结构关系的呈现。公民权不同于特权，它与被权力所排斥的基本的人的权利有关。"自下而上的公民身份"，首先着眼于年轻人无权力甚至无权利的状况。自下而上的视角意味着儿童知道自己被剥夺了完全的公民权利，意识到他们被卷入今日各种社会、经济生活。因此，了解儿童可能抵抗与挑战成人实践的方式是非常重要的，尽管这种方式并不是那么明显或具有建设性。在成人世界中，儿童很难被倾听，他们被排斥在政治权利之外，他们没有机会参与政治行动。儿童必须考虑到他们的社会位置，这意味着他们不得不在一个不是他们创造的社会空间里开拓空间。

但是，这里有一个问题需要思考，那就是成人与儿童的权利差异。这种差异本身不是生物因素决定的。它们是社会建构的，受制于历史与文化条件。例如，在某些文化中儿童从小就承担责任，而不是被视为脆弱的、需要照顾的存在。而后者是西方文化中儿童在法律上一般被视为公民但在实际中却不被看作平等的公民的原因。李斯特（Lister）主张儿童与成人一样是平等的公民，但在权利上却是有差异的社会成员。②儿童并不一定要依成人的标准才可以被理解，儿童也并不只是单方面依赖成人，事实上儿童与成人是相互依赖的。

显而易见，儿童依赖他人，然而从社会延续及未来存在看，所有社会成员都依赖于儿童。在考克本看来，要对公民身份进行再思考必须认同公民身份不是一种所有权，而是基于社会连带的、非契约的互相依赖。③

如果是这样的话，儿童的公民身份或权利不能被简单视为一种个人拥有的法律权利或特权，也不能以成人为中心的标准来预先概念化它，而应

---

① Manfred Liebel, "Children's Citizenship—Observed and Experienced", in Manfred Liebel et al. (eds.), *Children's Rights from Below: Cross-Cultural Perspective* (Hampshire and New York: Palgrave Macmillan, 2012), pp. 183 – 195.

② Ruth Lister, "Children and Citizenship", *Childright—A Journal of Law and Policy Affecting Children and Young People*, Vol. 223, No. 2(2006): 22 – 25.

③ Tom Cockburn, "Children and Citizenship in Britain", *Childhood*, Vol. 5, No. 1(1998): 99 – 117.

从儿童的日常生活与实践中理解它。

儿童的政治观点

尽管在当代社会中，儿童的社会位置被设定为与政治无关，然而这并不是否认儿童会经历政治社会化过程，儿童可能会通过媒体、家庭、朋友、学校等形成有关政治的认识与观点，因为儿童的生活显然会受到社会上政治、经济活动与政策的影响。

儿童究竟是没有能力、不愿意参与政治活动还是没有机会参与？儿童、年轻人与政治的关系如何？对于这些问题的探讨，常常得到悲观的结论：年轻人对政治的反应特别消极，年轻人对政治的兴趣与参与程度有不断下降的趋势。

根据帕金翰的研究，这在美国表现最为明显，年轻人对于基本政治的无知成为美国公众日益关心的问题，尽管大学生对政治的关注还是有所加强。例如，在1947～1988年，在世界地图上能准确定位欧洲的年轻人，从45%下降到25%；能够认出杰出政治人物或回答出最近发生的政治事件者的占比比起年长的一辈也下降了很多。同时，厌烦国家选举的年轻人的比例从历时变化上看也有所下降，从20世纪70年代的50%下降到了20世纪90年代的40%。[①] 这些变化也体现在其他国家如英国。2000年英国国家社会研究中心（National Centre for Social Research）组织了一项针对14～24岁的年轻人的政治观点的调查，结果发现年轻人对于社会与政治的议题存在一定的兴趣，但对于主流的政治显示出漠不关心与嘲讽的态度。[②]

这些变化似乎证实了年轻人对政治的无感，然而同时需要注意的是，越来越多的年轻人对新媒体的兴趣日益上升，他们越来越倾向于运用新媒体来表达自己的观点、立场。年轻人对传统政治议题缺乏兴趣并不是不关心这些事情，而是因为在传统的报纸、电视新闻媒体中，居于主导地位的往往是成人。巴夫纳尼（Bhavnani）指出，年轻人对政治与新闻媒体的兴趣缺乏，本身也是他们的一种合理的反应：为什么他们要不厌其烦地了解

---

① 〔英〕大卫·帕金翰：《童年之死》，张建中译，华夏出版社，2005，第189页。

② Clarissa White, Sara Bruce and Jane Ritchie, *Young people's Politics: Political Interest and Engagement Amongst 14 – 24 Year Olds*(York: Joseph Rowntree Foundation, 2000) , p. 11.

一些他们无力影响的事情？① 从此角度看，年轻人不应被视为冷漠的或不负责任的，而是仅应被视为被剥夺了权利而已。

儿童、年轻人本身并非没有政治表达的意愿，在一定条件下儿童甚至可以是政治活动家。韦尔斯（Wells）基于对美国、伊朗、南非个案的研究显示出儿童、年轻人能够积极地介入政治活动。在各种政治运动中，年轻人（学生）常常成为对抗政府的抗议者。② 韦尔斯的"政治"界定主要限于政治行动。如果我们接受一个宽泛的政治定义，而不是将其局限于政治行动或政治组织的话，那么其实儿童很小的时候便通过诸如家庭、学校等制度发展出了"政治"的概念，他们每天体验权力、公平、正义、原则、法律、控制等，所有这些概念在他们能够以投票方式表达出自身对它们的态度之前就已经形成了。③

这一对"政治"的更广泛的定义也让我们对儿童、年轻人参与政治的多样化形式有了新的认识。事实上当代年轻人的政治表达已经呈现出一个新趋势即相对于对政治体制、政党活动的兴趣，当代年轻人对单一政治议题的热情更强。例如，年轻人对一些组织和活动，如 Live Aid 慈善演唱会等有强烈兴趣，这显示出年轻人政治兴趣的普遍性转变。

互联网的发展鼓励了人们参与政治，不管是对青少年还是对成年人而言。一项英国的调查研究发现，15～24 岁年龄段的人中只有 10% 的人在线下参与过任意一种形式的政治行动，但在互联网上参加政治活动的人的占比是该数字的三倍。在美国 12～17 岁的人中 38% 的人称他们会到网上去表达自己的观点。④

对于一些对政治感兴趣的青少年而言，互联网能推动他们积极表达。一位来自政治家家庭的女孩米莉（Milly）在网上留下她的心声："我真的不理解人们怎么能够说他们对政治不感兴趣。你对'不要袭击伊拉克'集会和游行有什么看法？有大量 18 岁以下的青少年参加了集会游行。你对禁止没有版权许可的音乐传播会有什么看法？你对未来五年内每个在

① Kum-Kum Bhavnani, *Talking Politics* (Cambridge: Cambridge University Press, 1991), ｐp. 172 – 175.

② Karen Wells, *Childhood in a Global Perspective*(Cambridge: Polity, 2015) , p. 119.

③ Cedric Cullingford, *Children and Society: Children's Attitude to Politics and Power*(London: Cassell, 1992) , pp. 1 – 6.

④ 〔英〕索尼亚·利文斯通：《儿童与互联网：现实与期望的角力》，郭巧丽译，电子工业出版社，2013，第 160 页。

英国的人都拥有身份证的可能性有什么见解？对对 18 岁以下的人进行全国宵禁又有什么观点呢？"① 米莉认为这些问题与青少年密切相关，因此她十分感兴趣。

当然，更多的儿童对政治的兴趣，源于直接与他们相关的本地问题如社区犯罪、学校教育、当地环境等。这可能与儿童的阅历有关。一些以青少年为样本的研究指出，年轻人并不特别见多识广，仅仅有少数人拥有沃克（Walker）所说的一种政治上的"基于事实的意识"（fact-formed consciousness）。② 然而这并不是说儿童对政治一点儿也不感兴趣，而是说儿童对自身政治地位的认识，在很大程度上降低了他们的政治参与积极性。

在这里，需要注意的是：第一，儿童的政治无涉，并不表明儿童比大多数成人无知，也不说明儿童的能力有限，不足以理解复杂的政治争论。事实上这仅是成人在一些情况下以儿童的纯真为借口剥夺了他们的公民权而已。

第二，我们在期待儿童成为未来的合格公民的同时，却将儿童排除在政治世界之外。要想解决这种矛盾，必须给予儿童、年轻人一定的机会来开展政治行动，而不只是表达意见，换言之，应该按照他们自身的特点赋予其作为政治行动者的自由。

迈向实践的公民参与

在一定程度上，儿童不仅有能力参与政治进程，目前在某些地区，我们甚至业已看到儿童的介入：从社团、俱乐部到各种组织，从地方机构到国家政府，等等。

科比（Kirby）与伍德黑德（Woodhead）以尼泊尔的个案为例来分析儿童的社会参与实践。③ 20 世纪 90 年代，尼泊尔大约有 1000 个儿童社团

---

① 〔英〕索尼亚·利文斯通：《儿童与互联网：现实与期望的角力》，郭巧丽译，电子工业出版社，2013，第 166 页。

② A. Walker, "Young People, Politics and the Media", in H. Robertson and D. Sarchev(eds.), *Young People's Social Attitudes: Having Their Say—The Views of 12 – 19 Year Olds*(Essex: Barnardo's, 1996), pp. 118 – 127.

③ Perpetua Kirby and Martin Woodhead, "Children's Participation in Society", in Heather Montgomery, Rachel Burr and Martin Woodhead (eds.), *Changing Childhood: Local and Global* (Milton Keynes: The Open University, 2003), pp. 233 – 284.

成立，其主题涵盖游戏、学习、社区行动等方面。这些儿童社团主要是由两个非政府组织 Save the Children Norway 与 Save the Children US 培育起来的。大多数社团中的儿童年龄为 8～16 岁，组织结构类似于成人组织，有明确分工。

其中一个社团是 Palpa 地区的 The Shrii Bagela Bal Club。这个社团有 26 名成员，包括 11 名女孩、15 名男孩。该社团具有选举制度。社团每个月在一个成人亦使用的社区中心召开一次会议。他们的行动包括建设一个花园、一个排球场，出演街道戏剧以及举办其他一些竞赛，也有一些非正式的活动譬如唱歌与跳舞。另一个社团位于 Chitawan 地区的 Namuna Gaun 村，名称是 Chandra Surya Bal Samhua。其所在村庄于 1993 年被洪水冲毁。该社团中大约有 25 名男孩、15 名女孩投入村庄的重建发展中，他们发挥着成人一样的作用。他们还监督和检查厕所清洁、房屋整理的情况，并为最为干净的家庭发放相应的奖励。他们也支助一些儿童上学。这个社团每天活动一小时，星期六全天开展活动，儿童可以参与各种有趣的活动，包括比赛、戏剧、绘画等。①

尼泊尔的这些儿童社团是儿童公民参与的一个有趣的例子，但是这里存在一些问题。

首先，尽管儿童社团旨在增强儿童的参与能力，但这些社团是在成人的指导下成立的，在一定程度上受到成人的干涉。其次，在这些社团中男孩往往占据着关键性位置，女孩则更多居于服务性位置，这反映出传统性别角色影响了分工。

当然，这并不意味着儿童社团本身没有作用，客观上它们为儿童提供了民主管理自己事务的一个机会。

除了不发达国家外，一个来自西方发达国家的例子是英国 Marylebone Borough 学生议会。② 该议会成立于 1994 年，基于法国青年议会的模式，目的在于提升青少年参与地方议题讨论的能力。这个议会位于英国中部一个中等城镇，由 24 名成员组成。选举是该学生议会的特色。议员候选人必

---

① J. Rajbhandari, R. Hart and C. Khatiwada, *The Children's Clubs of Nepal: A Democratic Experiment* (Kathmandu: Save the Children US, 1999), pp. 1 – 54.

② Michael Wyness, *Childhood and Society* (Hampshire and New York: Palgrave Macmillan, 2006), pp. 224 – 225.

须对学校每个年级发表政见，议会各项活动程序设置仿照成人议会。这些学生代表可以在个体或组织层面上对当地决策施加一定程度的影响。

类似的是，在斯洛文尼亚，当民主议会制于 1990 年被引入时，也设立了一个儿童议会。每年儿童被提供一个选定的议题，并被给予深入了解它的机会。1996 年已经有 100 多名 13～15 岁的儿童被他们的学校选中，在斯洛文尼亚儿童议会上来讨论选定的议题。[①]

毋庸置疑，选举或投票权是现代社会民主制度的一个重要的特征。鉴于儿童福利对国家经济潜能的重要性，坎皮格里奥（Campiglio）认为，儿童与未成年人对社会经济与政治提出的任何重要问题都需格外重视，特别是在有关民主、福利与经济发展关系的议题上，而这往往被政治家们忽视。因此他主张赋予儿童投票权，以提升儿童福利。[②] 赋予儿童投票权带来的选举规则变化，能促使政治家们考虑儿童利益进而将儿童福利纳入政党议程，并促进市场与政治更好地分配资源。

坎皮格里奥的着眼点在于世代资源配置的公平，不断增强的世代不平衡促使其建议将投票权赋予儿童。持有类似观点的学者还有施密特（Schmitter）、贝内特（Bennet）等，他们从各自学科包括经济学、政治学、法学的视角提出类似的建议。[③] 既然父母们在日常生活中代表儿童做决定，那么也可以考虑在政治议题中由父母代儿童行使投票权。不过具体如何代为行使这一权利，仍然是一个存在极大争议的问题。

不管怎样，这对促进儿童的公民参与而言是有利的。前述一些儿童民主参与的调查显示出儿童政治参与意愿的下降。年轻人常常被描述为对政治参与漠不关心、对新闻媒体不感兴趣、对国家与国际时事无知的人群，然而新的社交媒介诸如 YouTube、Wiki、博客等为年轻人提供了新的互动与参与机会，这对培育年轻人公民参与热情具有十分积极的作用。

---

① G. Lansdown, *Promoting Children's Participation in Democratic Decision-Making* (Florence: UNICEF, 2001), pp. 18 – 20.

② Luigi Campiglio, "Children's Right to Vote: The Missing Link in Modern Democracies", in Jens Qvortrup(ed.), *Structural Historical, and Comparative Perspective*(Bingley: Emerald Group Publishing Limited, 2009), pp. 221 – 247.

③ 参见 P. C. Schmitter, *How to Democratize the European Union—And Why Bother?* (Lanham, MD: Rowman & Littlefield, 2000); R. W. Bennet, *Talking It Through: Puzzles of American Democracy* (Ithaca, NY: Cornell University Press, 2003)。

在这些新的媒介环境下，年轻人不再被视为媒介影响的对象，而是作为他们自己事务、社区中的行动者以及日常生活意义与实践的共同创造者。年轻人能通过选择性运用数字媒介技术来实现公民参与。许多公民与政治活动发生在 Facebook 的 Causes 平台上，其中成功的例子是奥巴马当选前的总统选举过程中年轻人通过参与 Facebook 上的讨论给选举带来了重要影响。① 显然，数字媒介中的即时互动，能促使年轻人公开发声并且能够使年轻人更积极地参与到地方或全球事务中去。

第四节　儿童的社会参与

在当代儿童、童年与权利的研究中，对儿童参与的强调，是一个非常突出的立场。这不仅肯定了儿童的主体能力，而且肯定了儿童作为社会行动者的地位。在关于儿童参与的研究中，除了政治参与外，还有很多研究者关注一般性的儿童社会参与，如艾德森对健康照料与医疗决定中的儿童参与的研究②、麦克纳姆（McNamee）等人对家庭破裂背景下儿童参与的研究③、巴特勒（Butler）等人对一般家庭生活背景下的儿童参与的研究④等。这些研究为我们思考儿童参与的性质与程度提供了洞见。

参与阶梯与成人角色

在对"参与"概念的讨论中，兰斯当（Lansdown）认为"参与"可以被界定为儿童参加或影响那些关于他们自己事务的进程、决定与活动，以实现对他们权利的更大的尊重。⑤ 因此，确认儿童拥有权利，并不是简单

① Dafna Lemish (ed.), *The Routledge International Handbook of Children, Adolescents and Media* (London and New York: Routledge, 2013), p. 354.

② P. Alderson, *Children's Consent to Surgery* (Buckingham: Open University Press, 1993).

③ S. McNamee et al., "Family Law and the Construction in England and Wales", in J. Goddard, A. James and S. McNamee(eds.), *The Politics of Childhood: International Perspective, Contemporary Development*(Hampshire and New York: Palgrave Macmillan, 2004), pp. 226 – 244.

④ I. Butler, M. Robinson and L. Scanlan, *Children and Decision Making*(London: NCB/JRF, 2005).

⑤ Gerison Lansdown, "The Participation of Children", in Heather Montgomery, Rachel Burr and Martin Woodhead(eds.), *Changing Childhood: Local and Global*(Milton Keynes: The Open University, 2003), pp. 273 – 283.

意味着儿童享有与成人一样的地位，也不是意味着成人不再担负对儿童的责任，相反，儿童不能，也不应当独自承担提供保证他们权利实现的必要条件的责任。

哈特（Hart）专门设计出一种参与阶梯来描述儿童参与的不同程度，这一参与阶梯有八个等级（见图7－1），包括：操纵；装饰；象征参与；指定但告知；咨询和告知；成人发起，与儿童共同决定；儿童发起，由成人指导；儿童发起，与成人分享决定。[①]

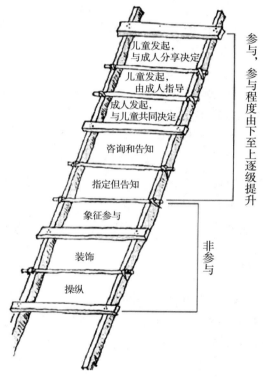

图7－1　儿童参与阶梯

资料来源：Roger A. Hart, *Children's Participation: From Tokenism to Citizenship*(Florence: UNICEF International Child Development Centre, 1992), p. 8。

其中"操纵"处于参与阶梯的最底部。常见的例子是有关影响儿童的

① Roger A. Hart, *Children's Participation: From Tokenism to Citizenship*(Florence: UNICEF International Child Development Centre, 1992), p. 8.

社会政策的政治海报。如果儿童们不能理解政策涉及的问题及相关行为，那么这就是对儿童的一种操纵。这样的操纵并不是一种将儿童带入社会民主进程的恰当方式。另一种操纵情况是儿童被咨询却没有获得任何反馈。譬如成人研究儿童画，询问并收集儿童的想法，但是在分析过程中，成人不会告诉儿童其是如何得出结论的，作为图画作者的儿童也并不知道他们的想法如何被运用。

第二层阶梯是"装饰"，例如，在一些场合儿童被组织起来唱歌或跳舞，但儿童自己不知道这些场合意味着什么。儿童参与其中，只是因为感到表演有趣，而不是因为事件本身的意义。与操纵不同的是，成人不会抹杀他们所受到的来自儿童的启发，只是以一种相对间接的方式利用儿童来实现目的。

所谓"象征参与"是指这样一种情况：儿童被给予发出声音的权利，但事实上却很少能选择交流的主体和方式，因为他们基本没有什么机会表达自己的意见。由于儿童养育的进步思想被误解，这种矛盾现象似乎在西方特别普遍。象征参与可以用来描述儿童如何参加会议。有些儿童被成人选中参加会议，但对议题却没什么准备，与同伴之间也少有讨论。由于儿童并不像我们想象的那样"天真"，儿童会知道这些参与是点缀性的。

从操纵到象征参与的三个阶梯，都属于非参与性模型。后五个属于参与性模型。

"指定但告知"阶梯，属于真正的参与。真正的参与具有四个特征：第一，儿童理解项目的意图；第二，儿童知道谁做决定及为何作此决定；第三，儿童发挥有意义的作用（而不是装饰）；第四，被清楚告知项目后，儿童志愿参与其中。

以会议为例，儿童可以以"操纵""装饰"的形式或"象征性"地介入其中，但也可以真正参与会议。以世界儿童问题首脑会议为例，组织方不是只将儿童作为年龄群体的代表，而是视儿童为重要的参与者，给予机会让儿童发挥他们的能力。例如，儿童被安排到每个世界代表那里，他们提醒、引导代表准时到某个会议室参与会议。在整个过程中儿童发挥着重要的作用。儿童有机会与各位领导人合影。对能够服务这样的重要盛会，儿童们自身也感到自豪。

在"咨询和告知"阶梯，儿童有时候作为成人的咨询对象而出现。一些项目是由成人设计的，但儿童的意见被给予重视和严肃对待。一个有趣的例子是美国尼克国际儿童频道——一个电视公司，其一些新的想法往往来自儿童。当儿童批评某一方案时，公司会根据儿童专家小组的意见，重新修改方案。

第六层阶梯"成人发起，与儿童共同决定"是一种真正的参与，因为尽管项目或活动由成人发起，但成人与儿童共同做出决定。这体现在一些社区项目中，如社区设施的建设等。

第七层阶梯是"儿童发起，由成人指导"，这种参与的例子在儿童游戏构想方面较多。即使是较小的儿童也能参与其中，成人则充当指导者、支持者和保护者。成人的支持性参与，表现在幼儿园儿童游戏活动中教师不会直接干涉儿童的游戏活动。

最上层的阶梯是"儿童发起，与成人分享决定"。哈特举了一个美国公立学校的例子。两个 10 岁的男孩曾看到过哈特将另一个班级的儿童带到树林中从一个隐蔽处观察动物行为。这两个男孩模仿哈特观察动物行为的方式，在教室里从桌子下面来观察其他儿童的行为。他们的老师发现并支持他们改进设计。这种活动对儿童了解自己非常有用，有助于解决学校中的冲突，并且提供了一种组织和管理班级的方法。[①] 令人遗憾的是，这种位于最高阶梯的参与，一般来说是很罕见的。

上述八层阶梯的参与，呼应了新童年社会学有关儿童作为社会行动者的认识。当然，这一参与阶梯本身并非没有瑕疵，譬如最后一个阶梯的参与，事实上是相当难以实现的，但毫无疑问的是，儿童参与阶梯的提出，肯定了儿童参与社会进程的能力。

此外，儿童参与阶梯的存在也意味着儿童参与需要成人的梯度式帮助。罗戈夫（Rogoff）提出一种"指导性参与"（guided participation）模式。[②] 事实上，成人在指导儿童参与方面扮演着重要的角色，这种角色依儿童的年龄、能力、具体情况等而变化。柯比（Kirby）列出了成人在儿童

① Roger A. Hart, *Children's Participation: From Tokenism to Citizenship* (Florence: UNICEF International Child Development Centre, 1992), p. 14.

② B. Rogoff, *Apprenticeship in Thinking: Cognitive Development in Social Context* (New York: Oxford University Press, 1990), p. 66.

参与中的角色（见表 7 - 1）。①

表 7 - 1　成人在儿童参与中的角色

角色	具体职责	角色性质
执行者	代表儿童采取行动	指导性的
指导者	告诉儿童如何去做	
通知者	告诉儿童正在发生什么，提供消息	
顾问	就如何推动事件发展提供建议	
鼓励者	鼓励儿童完善他们的想法	
服务者	提一些问题以发现儿童想做什么，提供资源	
观察者	针对群体中的事件进行反思并做出反馈	非指导性的

资料来源：Perpetua Kirby, Gillian Mann, Bridget Pettitt and Martin Woodhead, *Child-to-Child in South London: Evaluation Report*(London: Child-to-Child project, 2002) , p. 80。

这种构架不仅能使儿童做出更好的决定，更能促进儿童的发展。因此拉贾尼（Rajani）认为，如果儿童有更多的参与机会，那么他们就能获得更多的经验与更强的能力，并反过来进一步推动儿童更有效地参与。②

倾听儿童的声音

如何有效促进儿童更广泛地参与？首要的操作性原则是倾听儿童的声音，这实际上也是《儿童权利公约》第十二条所表达的要旨。目前，倾听儿童的观点与声音已经被世界许多国家政府承认为非常重要的原则，特别是在制定关于儿童、童年的政策时。很多非政府组织在介入儿童福利、儿童权利相关事务时亦十分强调倾听儿童声音的必要性。

然而，在 20 世纪 70 年代之前儿童的声音并没有受到足够的重视，无论是在学术研究还是在公共政策制定中。传统视野中儿童具有这种地位，是因为占据着权力与权威的成人常压制儿童的声音。③ 此时儿童不过是一

---

① Perpetua Kirby, Gillian Mann, Bridget Pettitt and Martin Woodhead, *Child-to-Child in South London: Evaluation Report*(London: Child-to-Child project, 2002) , p. 80.

② Rakesh R. Rajani, Discussion Paper for Partners on Promoting Strategic Adolescent Participation (New York: UNICEF, 2000) , p. 15.

③ Charlotte Hardman, "Can There Be an Anthropology of Children? ", *Journal of the Anthropological Society of Oxford*, Vol. Ⅳ, No. 2 (1973): 85 - 99. Reprinted in *Childhood*, Vol. 8, No. 4 (2001): 501 - 517.

个沉默的群体。

摩根（Morgan）注意到，尽管很多组织咨询儿童，但基本上很少会给予反馈。认为倾听儿童的声音很重要并承认儿童参与对提高儿童福利有帮助的这种认识仍然是零星的。[1] 此外，需要注意的是，倾听儿童的声音并不意味着接受儿童的观点，或者让儿童来控制有关他们事务的决定，而是意味着尊重儿童表达的权利，尊重儿童在任何决定中作为利益相关者的身份与地位，同时也尊重他们交流与表达情感、愿望的方式。简而言之，对兰斯泰德（Lansted）而言，这意味着承认儿童是他们自身生活的专家。[2]

梅宾（Maybin）与伍德黑德认为，有效的倾听需要成人为儿童创造机会，允许儿童以与他们能力、兴趣相一致的适当的方法来表达他们的情感，同时为那些有交流困难的儿童提供帮助。也就是说，成人应该以一种积极的方式来肯定与支持儿童的参与，而不是简单地判断儿童是否有能力参与。[3] 针对不同年龄、情况的儿童，需要做出相应的调整，例如，针对低龄幼儿，倾听绝不是听他们讲话，而是要与他们进行肢体语言的交流；针对残障儿童，则需要成人特别注意避免让他们产生被排斥感。

当前，"倾听儿童的声音"原则不仅被应用在关于儿童的事务，如家庭、学校、医院、公共政策制定等方面的事务中，而且也被很多研究者应用到童年研究中。

在英国，儿童有多种途径介入政策过程，或者通过公共组织，或者通过私人部门组织。英国儿童与青少年部将参与作为核心策略之一，并创办网站吸引儿童与青少年参与，"我们想听到儿童的声音，他们影响与塑造本地服务；他们对本地社区做出贡献；他们感到有价值；他们应被视为有责任的公民"[4]。其中，Children's Task Force 的任务之一就是确保在与儿童相关的国家健康服务计划实施中儿童的声音能够被倾听。

---

[1] R. Morgan, "Finding What Children Say They Want: Messages from Children", *Representing Childhood*, Vol. 17, No. 3(2005): 80 – 189.

[2] O. Lansted, "Looking at Quality from the Child's Perspective", in P. Moss and A. Pence(eds.), *Valuing Quality in Early Childhood Services*(London: Paul Chapman, 1994), pp. 28 – 42.

[3] J. Maybin and M. Woodhead, "Socializing Children", in J. Maybin and M. Woodhead(eds.), *Childhoods in Context*(Bristol: The Policy Press, 2003), pp. 1 – 38.

[4] Children and Young People's Unit, *Tomorrow's Future*(London: Children and Young People's Unit, 2000), p. 27.

另一项由英国经济和社会研究理事会（ESRC）支助的'青年公民与社会变迁研究"试图探讨青少年成年过程中的结构性机会与限制，以及作为能动者的青少年如何积极地建构、塑造他们自己的社会世界。该项目的一个子项目研究显示出青少年意识到他们具有较低的政治知识水平，但他们大多数认为以常规途径参与政治并不一定是为社会做出贡献的最好的方式。[①] 这些青少年对政治抱有热情，倾听他们的意见，可能会发现民主社会的缺陷。

此外，这一原则亦被运用至对家庭环境下儿童参与的研究中。如约瑟夫·罗特里基金会（The Joseph Rowntree Foundation）支助的由邓恩（Dunn）、迪特-迪卡德（Deater-Deakard）负责的一项涉及家庭破裂的研究。[②] 该项研究访问了超过460个具有不同家庭背景的儿童与青少年。大多数儿童对他们父母的分开感到困惑，也很少有人跟他们就此事展开交流。1/4 的儿童说，从未有人跟他们谈过这件事，只有5%的儿童被告知可以并被鼓励提出疑问。最有趣的是，一些青少年会对他们所面对的问题提出一些实际建议。其中一些儿童非常想念他们不在本地的父母，想去看他们。他们想出一些建议如周末见面，而非在上课日看父母。那些有发言权并感觉到有能力与他们父母交流的儿童，往往倾向于表现积极的情绪。

然而，这一原则的应用也会遇到一些问题，例如，强调"倾听儿童的声音"，是否必然暗示着研究者或其他人相对于儿童占据着道德高地；研究者可能理所当然认为更多地倾听（listen）就意味着听见（hear）；鉴于儿童参与的成本与收益，一些议题是否一定要儿童参与；等等。因此尽管在当代儿童与童年研究中，倾听儿童的声音并视儿童为积极参与者或共同研究者的趋势渐起，但我们需要反思艾德森所提出的一些问题：

1. 研究的目的：如果研究发现是对儿童有利的，那么对哪些儿童有利？他们如何获利？

2. 与儿童一起研究的成本与收益：这里可能存在一些风险或成本

[①] R. Lister, S. Middleton and N. Smith, *Young People's Voice: Citizenship Education* (Leicester: Youth Work Press, 2001), p. 57.

[②] J. Dunn and K. Deater-Deakard, *Children's Voice of Their Changing Families* (York: York Publishing Services, 2001), pp. 1 – 5.

如耽误时间、不便性、隐私侵犯、失败感、忧虑。

3. 隐私与保密：当来自访谈者的资料被报告所使用时，研究者是否应该与儿童一起检查这些引用与评论？

4. 选择、包括与排斥：一些儿童可能由于表达或听力障碍而被排斥，这种情况下如何做到公正？

5. 评论与反思研究的目的与方法：儿童或他们的照料者是否帮助了研究计划的开展？①

可以预见，对这些问题的探讨将有助于儿童更有效地参与。这些问题其实涉及儿童、童年研究的伦理，我们将在后面讨论。

有一些研究反映出儿童参与的两难。一个经典例子是基于鲍尔比（Bowlby）儿童情感依附理论的"陌生人焦虑"心理学实验。在这一富有争议性的实验中，幼儿被与母亲暂时分开，然后测试幼儿看到门口陌生人或母亲出现的反应，以此来评估幼儿的情感依附程度。② 在这一实验中，幼儿的忧虑通常是短期的，但却非常强烈。这种实验由谁参与？如果去做并从中了解一些情况，那么这是否值得？

不过，毫无疑问，作为儿童的基本权利，参与是避免儿童的声音在关于儿童的事务、研究或政策制定中仅仅作为象征的一种重要途径。

学校中的参与实践

有些学者关注的不是儿童如何参与，而是儿童如何具有参与的能力，强调儿童在民主社会中的参与离不开"教育"。布伦基特（Blunkett）指出，我们应当提供基本的教育支持，以确保所有 16 岁以上的年轻人具有最基本的能力，为终身学习、工作与成为公民奠定一个稳固的基础。③ 显然，未来的公民应是经过教育、接受特定社会价值观的个体。2002 年英格兰与

---

① P. Alderson, *Listening to Children: Children, Ethics and Social Research* (Barkingside: Barnardo's, 1995) , pp. 1 – 4.

② A. Clarke-Stewart, "Infant Day Care: Maligned or Malignant?", *American Psychologist*, Vol. 44, No. 2(1989) : 266 – 273.

③ Cited in Allison James and Adrian L. James, *Constructing Childhood: Theory, Policy and Social Practice*(Hampshire and New York: Palgrave Macmillan, 2004) , p. 133.

威尔士便将公民教育列为必修课程。① 课程的目的是使年轻人具有更高的政治素养，鼓励儿童讨论"争议性议题"。

事实上，英国教育部早就认可了公民教育的必要性，并推荐了这方面的一些指导用书。其中包括 2000 年出版的布里顿（Britton）所著的《积极公民权》。该书封面上这样描述它："我们民主社会的未来，取决于在多大程度上年轻人被鼓励提高公共与私人生活的质量，在此，我们热烈赞扬本书为推动这项事业所做的工作。"②

当然，尽管有关学校公民教育课程方面有很多建议，但课程内容往往流于意识形态的抽象演绎，其是否提高了儿童的参与度，是不明确的。因此，在实践层面上，需要学校提供更多的机会。虽然现在的社团给儿童参与带来更多的可能，但学校对儿童生活来说依然是具有重要影响力的机构，在促进儿童的积极参与方面发挥着主要的作用。

在利文斯通提及的一个例子中，15 岁的克洛伊（Chloe）热心于他们最近成立的学生委员会的工作，"我认为这一举动是一个好主意，主要是因为这是我们的学校"。通过学生们的建议，从装饰一棵圣诞树到要求为学生准备储物柜，看起来都已经有了成果。克洛伊在对学生委员会进行描述时，十分有激情地描述了委员会如何提出建议，是什么机制让孩子们与委员会联系起来，以及什么行动已经有了成果。③ 显然，学校对推动儿童的参与而言是一个重要因素。

但是有些学者质疑儿童在多大程度上能在学校环境下践行参与性民主（这是公民教育的核心）。儿童发挥行动性被认为具有风险，因而不能给予他们完全的公民权利，即使是在学校里。艾德森有关儿童学校参与的研究证实了这一质疑。④

艾德森调查了英国 2272 名 7 ~ 17 岁的学生，旨在分析公民教育与学校民主的关系。调查问题包括：你们学校是否有学校理事会、是否由儿童与

---

① Michael Wyness, *Childhood and Society* (Hampshire and New York: Palgrave Macmillan, 2006), pp. 220 – 221.

② F. Britton, *Active Citizenship: A Teaching Toolkit* (London: Hodder and Staughton, 2000).

③ 〔英〕索尼亚·利文斯通：《儿童与互联网：现实与期望的角力》，郭巧丽译，电子工业出版社，2013，第 184 页。

④ 参见 P. Alderson, "School Students' Views on School Councils and Daily Life at School", *Children & Society*, Vol. 14, No. 2(2000) : 121 – 134.

教师共同决定学校事务、在学校理事会上是否能探讨任何议题、学校理事会是否有助于使学校变得更好。学生根据其观点被分成三组：A 组包括 19% 的学生，他们认为学校理事会有助于使学校变得更好；B 组包括 33% 的学生，他们的观点与 A 组相反或不太肯定 A 组的观点；C 组包括 48% 的学生，他们说他们没有学校理事会或不确定，无法回答这个问题。在儿童参与方面，当被问及"教师是否倾听你的看法"时，A 组的学生更倾向于肯定的答案，B 组则持否定态度。当被问及"在惩罚之前，教师是否会明确解释他们如何惩罚并为何惩罚你"时，也出现了类似的差异。研究显示，所有的组都希望能够更多地被倾听与尊重，而不是被要求贡献想法与提出有用的建议。学生对学校的不满常常被归因于儿童的不成熟，这妨碍了他们对学校做出公平的评估。一些小组讨论涉及一些矛盾：有关民主、自由、公正司法的理论课与学校严格控制新闻出版、学生不能就惩罚进行上诉等之间的矛盾。

在这种情况下，儿童能够自由表达自己的观点是参与的一种前提，要被倾听首先要有机会表达。汉纳姆（Hannam）赞同儿童有权利被倾听，儿童知道学校里发生了什么，让儿童发声能提升他们的自尊与自我形象。有很多事情包括民主只有通过参与才能习得。将公民权利涵盖在课程中，其所传达的观念主要是，儿童应当发展参与能力，了解作为公民应该如何行动，并且只有通过参与和行动才能发展这种能力。①

此外，从另一个角度看，儿童参与能够促进学校改革。英国 Bedford-shire 地区的综合学校在 1996 年开始尝试将学生作为研究者，据该学校教师雷蒙德（Raymond）描述，在一些案例中学生能积极主导研究或者作为共同研究者。一些研究小组与学校员工一起进行研究，议题包括评估与改进科学课教学的方式、学校餐饮、将赞扬作为一种激励的形式等。学生运用各种方法如问卷调查、访谈、班级观察、群体讨论等开展研究。其中最具有挑战性的建议有关对见习老师的支持。学生知道见习老师掌握专门知识，但他们的教学技术实在令人难以满意。学生们很关心他们的课程，希望老师们能有所进步。雷蒙德列出了学生在参与学校改革各环节中的四种角色（见表 7 - 2）。

---

① Derry Hannam, "Kids Rule", Cited in *The Guardian*, October 24, 2000.

表 7 - 2　学生在参与学校改革各环节中的角色

参与学校改革的环节	学生的角色
数据收集	数据来源
讨论	积极的回应者
对话（教师主导）	共同研究者
重要发声（学生主导）	研究者

资料来源：Louise Raymond, "Student Involvement in School Improvement: From Data Source to Significant Voice", *Forum*, Vol. 43, No. 2(2001): 58 - 61。

在数据收集中，学生是数据来源。研究者通过问卷掌握学生信息。在讨论中，学生是积极的回应者。研究者邀请学生设计问卷、分析结果。学生的第三种角色是共同研究者。研究者与学生一起，共同研究特定议题。学生的第四种角色是研究者。学生自己确认对他们重要的研究议题。

这些不同的角色显示出学生介入学校改革的过程。但在某些情况下学生可能不会给予诚实的反馈，这是需要注意的。恐怕需要应用其他技术来促进儿童的有效参与。我们在后文将会进一步讨论该问题。

小　结

有关儿童权利的话语，至少可以追溯到 19 世纪。将"权利"赋予儿童，对儿童而言具有重要的意义，这意味着对儿童"能力"的确认。作为"权利"的承担者，儿童像成人一样被视为理性的、自主的、独立的，这显然不同于以往的认识。在传统的童年理论中，儿童通常被建构为不成熟的、依赖的、非理性的存在。

尽管可以说儿童应当拥有权利在当代社会中已经基本成为共识，然而，对于儿童究竟拥有什么样的权利，仍然存在分歧。这体现在围绕儿童的保护权利与参与权利的争论中。在 20 世纪，儿童解放运动的倡导者特别注重儿童的参与权利。在他们看来，基于儿童保护权利而描绘的儿童形象是有问题的，他们主张避免儿童度过这种"童年"。霍尔特认为，传统的童年理解合理化了有关限制儿童的法律与社会安排，由于儿童的地位被限定为成人的"超级宠物"，因此他们不可能实现他们自身的权益目标。^① 这种争论实际上反映出不同童年观念的冲突。在梅奥尔看来，有关儿童权利的争论中所呈现的相互冲突的童年观念可以被放在地方与全球的层面上来探讨。^② 这提醒我们需要考虑到"权利"背后的历史、社会、文化因素。

儿童权利的话语，描绘了一种新的童年隐喻，使儿童的社会位置被重新界定，不仅如此，儿童与国家、家庭的关系也出现新的变化。在当代，儿童的保护权利，往往被视为儿童的一种福利权利。由于这一权利的实现需要国家的支持，国家越来越深地介入童年的管理中，这体现在法律、政策等诸层面。它们不仅将童年制度化了，规范了儿童与成人的关系的一些重要方面，而且塑造着儿童的经验、主体位置，界定了关于童年的一些关键指标如成熟的特征、入学的年龄等，尽管它们也是一种保护儿童的机制。

儿童的公民权利也越来越受到研究者的重视。虽然探讨低龄儿童的公民权利相当困难，但是儿童在什么意义上没有或享有公民身份与权利仍然值得思考。区别于之前"获得性的公民身份"，新的研究提倡一种"作为实践的公民身份"，这种认识并不将特定的公民身份或权利的概念强加于儿童，而是首先着眼于对儿童利益的尊重，以给予儿童更多的社会参与的机会。

从某一方面看，儿童的公民身份是特定社会权力与结构关系的呈现。儿童并非没有能力或不愿意参与社会活动，他们只是缺少参与机会而已。某些地区的案例显示，儿童完全有能力参与政治进程，而新媒介的出现，则为儿童参与地方或全球事务创造了更多的可能。

不过，如何有效促进儿童更广泛地参与？这是当代儿童权利研究者特别关注的。其首要原则是倾听儿童的声音。目前，倾听儿童的观点与声音的原则已经被很多研究者贯彻到儿童与童年研究中，这体现在哈雷特（Hallett）与普劳特主编的《倾听儿童的声音：新世纪社会政策》

---

① J. Holt, *Escape from Childhood* (Medford: Holt GWS, 2013), pp. 75 – 80.

② Berry Mayall, "The Sociology of Childhood and Children's Rights", in Wouter Vandenhole et al. (eds.), *Routledge International Handbook of Children's Rights Studies*(London: Routledge, 2015), pp. 77 – 93.

一书中。

　　尽管总的看来，或如阿兰宁所批评的，今日有关儿童权利的学术讨论缺乏批评[①]，不过，这方面的探讨对思考、重构儿童（如移民儿童、工作儿童）的社会位置而言，具有十分重要的价值。

---

① L. Alanen, "Critical Childhood Studies?", *Childhood*, Vol. 18, No. 2(2011)：147－150.

第八章 从研究对象到研究者

最近 30 多年中，随着人文社会科学研究的发展，童年研究方法也发生了重要的变化，开始由实验室研究转向田野研究，由强调宏观研究转变为侧重微观研究，其研究方法也越来越多样化。在这些变化中，儿童的角色被重新定位，儿童是研究主体而非被动研究客体的认识愈发明显。这种转变意味着儿童本体地位的提升、对儿童社会行动能力的确认。

事实上，如果从儿童与研究者的关系[①]看，更能直接看出童年研究方法的演变：早期的"对儿童的研究"（research *on* children）、"关于儿童的研究"（research *about* children）已演变为目前的"与儿童一起研究"（research *with* children）、"为儿童的研究"（research *for* children）、"儿童开展的研究"（research *by* children）。目前国内已有一些学者注意到这一变化。[②]

第一节 作为研究对象的童年：传统研究方法

就现代童年研究的历史来看，早期的研究主要沿袭传统心理学、社会

[①] 国内关于这方面的研究很少。除单篇的期刊论文外，系统的研究仅有王艳的《研究者和儿童的关系》，其为南京师范大学 2014 年硕士学位论文。

[②] 参见席小莉、袁爱玲《对象、参与和领导——论儿童在研究中的角色演变》，《华南师范大学学报》（社会科学版）2013 年第 2 期；刘宇《儿童如何成为研究参与者："马赛克方法"及其理论意蕴》，《全球教育展望》2014 年第 9 期；等等。

学、史学的一些研究方法，其方法的核心特征是视"儿童""童年"为被研究的对象。在这种方法中，"儿童""童年"是被解释的、被定位的，其之所以值得研究，并非由于儿童是重要的社会行动者、儿童的世界本身值得研究，而不过是因为研究他们有助于理解成人社会的某些现象或人类社会变迁而已。

童年研究的社会史方法

在社会科学中，童年之所以引起学者的注意，与法国社会史学家阿利埃斯的开拓性研究有关。阿利埃斯分析了儿童在中世纪到18世纪家庭和社会中的历史变化，指出在中世纪社会，儿童观念并不存在，但这并不是说，儿童被人们忽视、抛弃或受到鄙视。儿童观念与对儿童的爱护不能混为一谈：儿童观念对应于一种对儿童特殊性的意识，根据这种特殊性可以对儿童与成人做基本的区分。此种意识在中世纪不存在。[①]

阿利埃斯的这一认识，主要是依据对当时艺术、绘画、宗教等中儿童形象的社会历史分析得到的。

一是通过对儿童图像史的分析来揭示儿童观的变化。他通过对西方艺术中裸婴形象、孩子（包括过早夭折的孩子）的肖像的分析来追踪人们对儿童态度的变化即人们开始承认儿童的人格、赋予儿童蕴含着诗意和亲情的特殊性。这种发展，最终在16～17世纪使得孩子、幼儿有了能与成人相区别的服装，特别是在社会的上层阶级中，而儿童服装的专门化，尤其是小男孩服装的专门化，在一个外表和服装具有巨大重要性的社会里意味着对儿童态度的重大变化，一种新的对儿童的情感开始出现，与孩子相关的事情被注意。

在绘画题材上，到17世纪，独立的儿童画像日益增多，而且普及开来。其时，全家福逐渐变得围绕着孩子来布局，孩子成了构图的中心。儿童甚至在风俗画中也保留着突出的地位：有无数约定俗成的儿童场景，如阅读课、音乐课等。接着儿童题材又表现在版画上。[②] 通过对中世纪到18

---

①　〔法〕菲力浦·阿利埃斯：《儿童的世纪：旧制度下的儿童和家庭生活》，沈坚、朱晓罕译，北京大学出版社，2013，第192页。

②　〔法〕菲力浦·阿利埃斯：《儿童的世纪：旧制度下的儿童和家庭生活》，沈坚、朱晓罕译，北京大学出版社，2013，第73页。

世纪的艺术史与绘画史的分析，阿利埃斯向我们展示了儿童是如何被发现的。

二是对肖像画中的家庭图景的分析。在他看来，出现于 16~17 世纪的家庭观念，和儿童的观念是不可分割的。就像中世纪不存在儿童观念一样，其时也不存在家庭的观念。① 在中世纪的世俗绘画中，室内场景极端稀少，但从 15 世纪开始，这样的场景开始变得越来越多。儿童出生的场景开始出现，圣母的出生为它提供了舞台，女仆、教母和助产士围绕在分娩者的床四周。这种日益增多的对房内景象的描绘，与一种新的观念的出现有关，这种新的观念指向的就是家庭生活。②

阿利埃斯引用了很多肖像画的例子来说明这一家庭性主题的发展，如蒙莫朗西家族的城堡中的家庭彩绘玻璃画、盛行于德国的传统形式的宗教性家庭肖像画等。这类肖像画不仅反映了个人主义的发展，还反映了家庭观念的变化。从此，家庭不再悄然无声，而是被认为具有重要的价值，人们用所有的情感去歌颂它。随之而来的是，家庭与学校一起将儿童从成人社会区隔开来，这就带来一种特定的童年观念：对于生活，儿童还不够成熟，在让他们进入成人世界之前，儿童必须受到一种特殊的对待、一种保护性的隔离。③

阿利埃斯的《儿童的世纪》一书，在当时并没有引起关注或得到认可。很少有史学刊物评述该书。不过，在当代社会科学中，该书则被视为一本重要的、权威的童年史著作。在 20 世纪 60 年代晚期及 70 年代早期，该书是唯一一本关于童年主题的书籍。在这之后，出现了三本儿童、童年史方面的代表性著作，分别是德莫斯所编的《童年史》（1974 年）、肖特（Shorter）的《现代家庭的形成》（1976 年）以及斯通（Stone）的《1500~1800 年英国的家庭、性和婚姻》（1977 年）。这三本书都与儿童、童年议题有关，但是它们关注的侧重点不一样。

德莫斯所编的《童年史》，关注的重点是亲子关系的演变。这种关系

---

① 〔法〕菲力浦·阿利埃斯：《儿童的世纪：旧制度下的儿童和家庭生活》，沈坚、朱晓罕译，北京大学出版社，2013，第 254 页。

② 〔法〕菲力浦·阿利埃斯：《儿童的世纪：旧制度下的儿童和家庭生活》，沈坚、朱晓罕译，北京大学出版社，2013，第 246 页。

③ 〔法〕菲力浦·阿利埃斯：《儿童的世纪：旧制度下的儿童和家庭生活》，沈坚、朱晓罕译，北京大学出版社，2013，第 330 页。

的演变是德莫斯所谓的历史的心理发生论解释的核心，是历史的动力因素。如其所强调的，历史变迁的中心动力既不是技术也不是经济，而是亲子世代互动、更替中个性层面的"心理"变化。德莫斯提出成人以三种不同的方式来看待儿童。作为一种投射反应（projective reaction），成人们常常将儿童视为他们自己无意识的投射即成人未知情绪与恐惧的投射。在这种投射反应背后，是一种原罪的思想。作为一种逆转反应（reversal reaction），成人们视儿童为他们自己童年时期的重要成人的替代，这样父母试图从他们的小孩那里寻觅爱。作为一种同情反应（empathic reaction），成人们强调儿童的需要并试图满足儿童的需要。父母们有可能以多种态度对待儿童。[1] 德莫斯坚信每一代父母都会比前一代父母做得更好，尽管其演化的动力机制仍然不是很清楚，在他看来，童年史就是一个梦魇，我们越往前回溯，儿童养育的水准就越低，儿童被杀害、遗弃、殴打、恐吓、性虐待的可能性就越高。[2]

德莫斯这一历史的心理发生论，在当时的历史学界并没有引起多大的关注，在一定程度上这与历史学家们对德莫斯概念的陌生有关，也与这一理论本身的不合理性有关：仅仅通过探讨亲子关系的互动来解释人类历史的发展是片面的。

肖特的探讨主题类似于阿利埃斯的，即现代家庭的起源，但与阿利埃斯的不同之处在于，他并没有看到"儿童"在现代家庭形成中的重要作用，而是更多地聚焦于青少年、成年人的性行为。"儿童"在他的书中并没有引起足够的重视。在他看来，传统家庭向现代家庭的转变与一种情感的出现有关，这体现在母亲与幼儿的关系中。在传统社会中，母亲对超过两岁的幼儿的发展与幸福漠不关心，而在现代社会中母亲将幼儿的福利置于首位。对肖特而言，这种转变直到 18 世纪后期才开始在一般民众中发生，而对阿利埃斯而言，17 世纪转变已经开始。基于法国的材料，肖特发现在 18 世纪中期，中产阶级家庭出现一种情感，其标志是母乳喂养儿童，而不再将儿童送到乳母那里。其他一些标志包括允许母亲与幼儿之间更自由地互动、不用襁褓包裹婴儿。这种情感的革命直到 20 世纪才在大众阶层

---

[1]　Lloyd deMause(ed.)，*The History of Childhood*(New York: Psychohistory Press, 1974)，pp. 1 – 3.

[2]　Lloyd deMause(ed.)，*The History of Childhood*(New York: Psychohistory Press, 1974)，p. 21.

中完成。[①]

与阿利埃斯一样，斯通试图探索 1500～1800 年家庭史的关键变化，他确认有三种类型的家庭，一种是 1450～1630 年的血统开放家庭；一种是 1550～1700 年的严格的家长制核心家庭；一种是 1640～1800 年的家庭成员在生活中关系密切的核心家庭。在他看来，现代家庭的核心特征之一即强化的情感纽带是以牺牲邻里与亲属关系为代价的，这一特征在 18 世纪英国中产阶级与上层阶级中得到完全确立。[②] 对斯通而言，亲子关系的变化是家庭变化的一个重要标识。与肖特一样，斯通所关注的不是从结构、经济或社会组织上来寻求解释，而是情感层面。

上述这些学者的共同点是他们都认为人们对童年的态度与观念发生了重大变化，但在 20 世纪 80 年代，他们的观点受到了广泛的批评。例如，安德森（Anderson）把他们的研究方法归结为研究家庭史的"情感方式"，以区别于传统的统计研究方法与家户经济研究方法。尽管他认为他们提出的问题是有效的，但是他指出他们论证的一些证据存在问题，批评他们充满推测甚至纯粹幻想的写作风格，认为他们的方法过多地鼓励了脱离文化背景的分析，没有细致地考察经济结构。[③]

在对阿利埃斯、德莫斯、斯通等提出批评的学者中，最著名的批评者是波洛克（Pollock）。她明确反对阿利埃斯的观点，也不赞同斯通对 17 世纪亲子关系特征的概括。她批评 20 世纪 70 年代的这些学者的研究方法是不完善的、技术是不完备的、结论是完全错误的。波洛克发现几个世纪以来父母对失子的悲痛在程度上并没有什么变化，也没有证据表明在 18 世纪之前父母对他们婴儿的死亡是漠不关心的，在 18 世纪之后就非常悲伤。在关于儿童的训练上，她发现的一些证据并不支持阿利埃斯、德莫斯、斯通等人的观点即儿童受到严厉的甚至残酷的训练，而是揭示出对儿童的暴行不过是例外，而不是惯例。[④]

---

① Edward Shorter, *The Making of the Modern Family* (London: Collins, 1976) , pp. 192 – 196.

② Lawrence Stone, *The Family, Sex and Marriage in Marriage in England 1500 – 1800* (Harmondsworth: Penguin Books Ltd. , 1977) , pp. 105 – 107.

③ Michael Anderson, *Approaches to the History of the Western Family 1500 – 1914* (Basingstoke: MacMillan, 1986) , pp. 61 – 64.

④ Linda Pollock, *Forgotten Children: Parent-Child Relations from 1500 to 1900* (Cambridge: Cambridge University Press, 1983) , p. 199.

除了波洛克的反驳之外，同时期的赖顿（Wrighton）亦认为，没有理由相信父母对他们小孩的态度与渴望在 17 世纪发生了根本的变化。[1]

但是，无论是阿利埃斯、德莫斯、斯通，还是波洛克等批评者，其实都是将儿童、童年的历史放在情感史的范畴内予以探讨的，他们没有将儿童、童年的历史与社会经济背景联系起来，没有考虑到对童年或家庭产生重要影响的特定社会结构。

20 世纪 90 年代以来，很多研究者注意到这些问题，例如坎宁安对影响童年的广泛存在的政治与社会结构十分重视。

童年的宏观视野：人口统计学方法

除了阿利埃斯、德莫斯、斯通等所运用的情感史的分析方法，安德森指出还有其他一些研究儿童、童年的方法如人口统计学的方法。[2] 这种方法适用于很多研究领域，能提供重要的数据包括结婚的年龄、儿童出生与死亡的数量、儿童的离家年龄、生育间隔等。这些事实构成儿童、童年史的基本面，当然这些事实本身并不能说明问题，需要我们去分析这些数据背后传达的意义。

在运用人口统计学的方法来研究儿童生活与家庭结构的变迁方面，比较重要的学者是赫尔南德斯（Hernandez），他以儿童而非家庭为分析单位描述了 19 世纪 30 年代至 20 世纪 80 年代美国家庭及童年发生的巨大变化。

在西方社会由农业社会向工业社会转型的过程中，美国家庭发生了深刻的转变。1830 年，70% 的儿童都生活在双亲农业家庭；到 1930 年，这一比例下降到低于 30%。而在这一时期，生活在父亲外出工作、母亲持家的家庭中的儿童比例由 15% 上升到 55%，这种类型的家庭成为 1930 年最典型的家庭组织形式。[3] 这一阶段，儿童们不再与他们的父母、兄弟姐妹一起为生计劳作；父母大多在外工作，母亲在家里做家务、照顾小孩。

与赫尔南德斯类似，库沃特普主张以"儿童/童年"为观察与研究的

---

① Keith Wrighton, *English Society 1580 – 1680* (London: Routledge, 1982) , p. 118.

② Michael Anderson, *Approaches to the History of the Western Family 1500 – 1914*(Basingstoke: Mac-Millan, 1986) , p. 41.

③ D. Hernandez, *Children's Changing, Access to Resources: A Historical Perspective* (Washington, D. C. : Society for Research in Child Development, 1994) , p. 4.

单位。在其主持的"作为社会现象的童年"项目中，重点便是从社会学角度看童年，由来自16个工业化国家的学者来描述童年在他们国家的社会位置。① 与传统相反，该项目不是将"儿童"视为"下一代"，而是将他们视为今日社会的一部分。

从研究方法上看，该项目引入了人口统计学的视野，关注家庭中的儿童地位。涉及的主题包括：一是童年的经济学问题，讨论父母与社会的儿童养育的"成本"、儿童对经济产出的贡献；二是社会资源的分配正义问题，探讨儿童是否公平地分享社会资源以及代际不平等是否真实存在；三是从公平的新视角探讨儿童的权利问题。

研究结果显示，与其他社会相比，欧洲人口的构成正在老化。20世纪80年代至90年代初，西欧社会的中位年龄已经上升到约35岁（在发展中国家约为20岁），通常只有1/4的家庭有孩子。这意味着，越来越少的儿童与成年人有直接利害关系。

在传统的观念中以及从经济上看，儿童"属于"家庭。尽管现代的家庭结构发生了变化，然而，由于父母有教养、照料和服务提供的最终责任，家庭仍然是儿童成长的最合适的环境。毫无疑问，"拥有"一个家庭，对儿童而言十分重要。如果以儿童为统计与研究单位，可以发现儿童群体的一些新的特点。例如，在经济方面，儿童在人均可支配收入方面，往往比起其他社会群体处于社会更下层。库沃特普认为，儿童的这一状况可以被视为成人社会"殖民化"儿童劳动的结果。他注意到，相对于其他年龄群体，当代儿童的物质条件一直在相对降低，尽管儿童越来越少、家庭规模越来越小。统计研究显示，无论是在时间还是在金钱上，已有孩子的家庭要想达到没有孩子的夫妇们的生活水平变得更加困难。重要的是，就世代的资源分配而言，有儿童的家庭所占的份额已相对较少，在工业化国家中常常少于30%，例如在丹麦是24%。②

当然，库沃特普并不是说儿童的状况在绝对的意义上变得更糟，相反儿童确实可能得益于社会总体福利的发展。然而他提醒我们应关注社会的

---

① Jens Qvortrup, "Societal Position of Childhood: The International Project Childhood as a Social Phenomenon", *Childhood*, Vol. 1, No. 1(1993) : 119 – 124.

② Jens Qvortrup, "Societal Position of Childhood: The International Project Childhood as a Social Phenomenon", *Childhood*, Vol. 1, No. 1(1993) : 119 – 124.

结构变化对童年位置的影响，例如，在经济上、人口上、政治上童年被边缘化。在当代，许多文化和结构因素（个体化、世俗化、双薪父母）"迫使"家长考虑其他选项如女性的新机遇，这可能会给生育率带来负面影响，从而降低儿童的数量，进而影响到各个年龄群体的人口平衡甚至政治上的位置。

正是基于人口统计学的调研数据，库沃特普提倡从结构的视角来探索童年的变动性。作为一个变量，童年是由社会中各种参数决定的，这些参数涉及政治的、经济的、社会的、文化的、宗教的因素等。例如，城市化、工业化不仅会创造一种的新的生活条件，而且会影响整个社会的结构。毫无疑问，不同参数会导致产生不同种类的社会，它们进而会产生不同的童年或童年观念。不过，库沃特普不赞同詹姆斯等人所主张的多元童年的观点，认为这种观点忽视了宏观社会经济因素对儿童的系统性影响。

詹姆斯等人运用联合国儿童基金会的统计数据来证明其多元童年的观点。在许多国家，与经济增长、国内生产总值增加相伴随的是社会两极化、不稳定与贫困。例如，在巴西，1987 年，40% 的穷人家庭的收入只占国民总收入的 7% 。[1] 联合国的统计显示，所有国家都在努力改善儿童的生活，1995 年后 5 岁以下的儿童死亡率大幅度降低，这一现象在低收入国家、中等收入国家特别明显。截至 2015 年，62 个国家实现了使 5 岁以下儿童死亡率较 1990 年降低 2/3 的目标[2]，其中很多国家是低收入国家。这些国家的进展显示，不论国家收入水平如何，通过综合政策支持、各种合理的策略、运用适当的资源，我们都有可能降低儿童死亡率。

实际上，当代运用人口统计学的方法来探讨儿童问题的尝试，最明显地体现在联合国的各种报告中，如每年出版的《世界儿童状况》。2013 年的报告主要聚焦于不利处境下的儿童，其中涉及很多与儿童福利有关的各个国家与地区经济及社会统计数据，涵盖健康、营养、HIV/AIDS、教育、儿童保护、早期儿童发展、儿童死亡率等方面。在儿童保护方面，指标涉

---

[1]　Allison James, Chris Jenks and Alan Prout, *Theorizing Childhood* (Cambridge: Polity Press, 1998) , p. 128.

[2]　UNICEF, *Committing to Child Survival: A Promise Renewed*(New York: UNICEF, 2015) , p. 18.

及童工、童婚、出生登记、女童割礼、家暴。[①]

这些统计数据，无疑呈现出世界不同地区儿童的基本状况。然而这种人口统计方法也存在一些缺点，如各个国家的数据可能是基于不同的标准评估或收集的。此外，这些数据的覆盖人口规模不尽一致，因而很难对世界不同地区儿童状况做深度比较与分析。

库沃特普认为，没有哪一种方法能单独生产出所有的童年知识。因此他亦意识到这种方法的缺点：仅以统计数据，无法看到社会、经济因素对童年的深刻影响。[②] 但这种方法无疑为我们理解当代童年做出了重要的理论与经验贡献，如对"少数群体儿童"研究模式产生了影响。虽然在对童年多样性的探讨方面，该方法鞭长莫及，但将研究聚焦于一个超越本土的世界童年的做法，提供了一种更广的视角，通过该视角可去分析童年的历史变迁过程及结构性因素。

社会调查

社会调查是现代社会学常用的一种方法。在 20 世纪早期，儿童开始出现在社会学文献中，在美国，其时影响最大的是芝加哥大学社会学系或芝加哥学派。该学派强调实证研究，运用诸如问卷调查、访谈、内容分析、案例研究等各种方法探讨问题。他们强调研究自然栖息地中的人，观察正在发生的社会生活而不是抽象的生活。

早期的代表性研究者是斯拉舍尔（Thrasher），其对青少年帮派的研究至今仍是这一方面的一个经典研究。[③] 该项研究前后持续 7 年，调查超过 25000 名帮派成员，分析了帮派与青少年问题、堕落、犯罪、政治等之间的关系，揭示出"青少年黑社会"是见缝插针存在的，并不特别出现于某一街区，城市的很多街区都存在这一现象，其成员往往是来自不同类型的底层街区的男孩。

---

① UNICEF, *The State of the World's Children 2013: Children with Disabilities* (New York: UNICEF, 2013), pp. 132 – 134.

② Jens Qvortrup, "Macroanalysis of Childhood", in Pia Christensen and Allison James (eds.), *Research with Children: Perspectives and Practices* (London and New York: Routledge, 2008), pp. 66 – 86.

③ E M. Thrasher, *The Gang: A Study of 1, 313 Gangs in Chicago* (Chicago: University of Chicago Press, 1927).

　　根据斯拉舍尔的调查研究，男孩子加入帮派或建立帮派是为寻求冒险、刺激、兴奋。帮派为那些社会弱势男孩提供了一个获得替代性满足的途径，尽管斯拉舍尔并不认为帮派会导致青少年问题及犯罪，但帮派确实是其中一个主要的影响因素。不过，其有关帮派的社会组织、发展及帮派生活对男孩的意义的研究显示出儿童与青少年有其特有的压力与个人愿望。这一研究为后来的青年文化、儿童文化的社会学研究奠定了基础。

　　长时间大跨度的社会调查中，有代表性的是 20 世纪 30 年代由斯托尔茨（Stolz）与琼斯（Jones）主持的奥克兰成长研究（Oakland Growth Study），他们以奥克兰东南部地区的儿童为样本，追踪儿童成长与发展的历程。从研究对象进入初中到 6 年后高中毕业，研究者在上百个不同场合中对这些儿童进行了观察、访谈与测量，他们运用了当时美国社会科学中与社会阶级测量有关的新方法，在生理、认知、社会交往等方面广泛地考察了儿童的个体发展，收集了关于家庭的性质、父母的职业以及生活水平等方面的详细数据。

　　在该研究中，有关儿童的纵向数据相当丰富，运用的研究方法主要有问卷调查与访谈。在整个研究过程中，研究者对儿童实施了两类问卷调查：在 1932～1938 年进行的有关社会交往与情感行为的八次问卷调查，以及在 1938 年进行的职业兴趣量表测试。问卷涵盖的主题包括家庭的情感氛围、亲子关系、与同龄人的关系、对待自我的态度等。研究人员每年都要拜访每一个家庭，并用日志的形式记录有关家庭生活的观察。这些调研获得了关于养育儿童的实践、家庭关系和同龄人的活动、经济与职业等的数据。[1] 在 50 年代的后续研究中，研究者对研究对象进行了更细致的访谈，让他们参与了一次全面的体检与精神病学评估，完成了一系列有关人格的调查。除了收集有关生活史的信息外，研究者还将精神病学的评估作为衡量这些儿童成年后心理健康的方法。[2]

　　这项研究一直持续到 80 年代。在奥克兰成长研究的基础上，埃尔德将研究重点转至研究美国大萧条时期的儿童的成长经历及其后果。这些儿童出生于 1920 年前后，受到美国经济大萧条的影响。埃尔德试图跟踪这群孩子从大萧条早期的青春期到他们步入中年的发展轨迹，观察经济受损如何

---

① 〔美〕G. H. 埃尔德：《大萧条的孩子们》，田禾、马春华译，译林出版社，2002，第 502～503 页。
② 〔美〕G. H. 埃尔德：《大萧条的孩子们》，田禾、马春华译，译林出版社，2002，第 506 页。

在这些儿童的社会关系与职业生涯、生活关系与人格中留下痕迹。

由于大萧条所带来的经济受损，家庭一方面要削减开支，另一方面要开辟多种收入来源。而家庭增加收入的活动包括让儿童通过参与社区工作赚钱，因而儿童们也被卷入家庭经济事务之中。埃尔德的研究发现，在经济受损的家庭中儿童的角色扮演会加速儿童进入成人世界。其所涉及的角色具有劳动分工的传统性别差异，他们倾向于按照成人方式给自己定位。经济困难与工作增强了他们与成人交往的愿望，也增强了他们"长大"的愿望。这种成人取向与家庭经济中各种角色的相关行为是一致的，这些行为包括：负责地理财（母亲的感觉）、朝气蓬勃的或勤劳的行为、表现出可靠性、女孩专心于家务、男孩表现出社会独立性。[1] 在家庭关系的层面，大萧条导致家庭权力的变化，母亲的地位上升。同女孩相比，大萧条的经济困难和父亲地位的丧失使得男孩接受传统成人角色的过程容易中断。[2] 此外，大萧条的经历对于儿童的自我发展与价值观有着持久的影响。

在这一研究过程中，埃尔德运用了很多定量研究方法包括经验测量、统计分析和建立模型等，其所依赖的大多数指标在测量层次上或者是定性的或者是定序的，存在一定的误差，而对分析和解释中什么样的误差是适当的，埃尔德自述不能确定。[3] 同时，由于他的研究样本并不是通过随机抽样得到的，所以要对研究结论加以推广是危险的。

但无疑，长期的社会调查为从宏观上了解儿童提供了极为有利的视角。例如，这种方法可以应用到对童年贫困问题的研究中。依据欧盟社区家户调查研究小组的追踪调查，可发现欧盟各国贫困家庭儿童的占比。欧盟国家中，丹麦16岁以下儿童贫困的比例为5%，法国为12%，德国为13%，英国则有32%的16岁以下儿童生活在贫困之中。[4] 对这些数据的差异背后原因的分析，可为各国采取行之有效的措施减少贫困提供依据。

---

① 〔美〕G. H. 埃尔德：《大萧条的孩子们》，田禾、马春华译，译林出版社，2002，第113～114页。
② 〔美〕G. H. 埃尔德：《大萧条的孩子们》，田禾、马春华译，译林出版社，2002，第120页。
③ 〔美〕G. H. 埃尔德：《大萧条的孩子们》，田禾、马春华译，译林出版社，2002，第507页。
④ 〔英〕Tess Ridge：《童年贫穷与社会排除：儿童的观点》，孙健忠、傅玉琴、吴俊辉译，台北：心理出版社，2007，第35页。

1991 年启动的"英国家庭定组调查"（British Household Panel Survey）项目曾发起多项青少年调查[1]，其取样广泛，有些调查的样本来自超过 5500 户家庭，人数超过 1 万名。这使大量运用定量研究方法来分析宏观社会变迁对儿童、青少年的影响成为可能。

在当代，有些研究项目只能依赖大型社会调查的方法开展，如 1997 年的"收入动态定组研究"（Panel Study of Income Dynamics）中的儿童发展支持研究，它是一项时间跨度长达 30 年的追踪调研。[2] 有些研究则运用大规模的电话问卷调查，如 1990 年的"收入动态定组研究"中的全国儿童看护调查以及 1989～1990 年儿童看护设施概况调查。[3] 分析大型调研的数据和普查资料，或多或少有助于评估全球化对儿童生活、福利和迈向成年的社会轨道的影响。

不过，尽管社会调查特别有利于在宏观上研究儿童，然而有些学者批评道，在很多运用定量方法的大规模社会调研中儿童常是被排斥的，儿童很少作为调研的主体，调查者宁愿选择成人作为了解儿童生活的主要消息提供者，而不是直接咨询儿童本人。[4] 因此，很少有直接关于童年经验的社会调查。在一般的人口调查中，研究样本主要来自成年人口，传统上儿童通常不被单独列出，而是被归入对家庭的统计中。

此外，社会调查所具体运用的访谈方法长期为教育学家、发展心理学家、儿童精神病学家所采用，但是如罗伯茨（Roberts）所指出的，直到最近，一般性的调查很少将儿童看作"受访者"（respondent），他们的声音没有真正被倾听。[5]

---

[1] "BHPS", https://www.iser.essex.ac.uk/bhps/.

[2] S. Hofferth and J. Sandberg, "Change in American Children's Time, 1981 - 1997", in Owens and Hofferth(eds.), *Children at the Millennium: Where Have We Come from, Where Are We Going?*(New York: Elsevier, 2001) , pp. 193 - 229.

[3] S. Hofferth, "Caring for Children at the Poverty Line", *Children & Youth Services Review*, Vol. 17, No. 1 - 2(1995) : 61 - 90.

[4] Jacqueline Scott, "Children as Respondents: The Challenge for Quantitative Methods", in Pia Christensen and Allison James(eds.), *Research with Children: Perspectives and Practices*(London and New York: Routledge, 2008) , pp. 87 - 108.

[5] Helen Roberts, "Learning to Children and Hearing Them", in Pia Christensen and Allison James (eds.), *Research with Children: Perspectives and Practices*(London and New York: Routledge, 2008) , pp. 260 - 275.

第二节　童年研究的民族志方法

在 20 世纪 90 年代，一些学者概括童年社会学研究的新范式时指出，民族志是童年研究的一种特别有用的方法。比起实验或调查类的研究，它能直接倾听儿童的声音，使儿童参与到社会数据的生产过程中。[1]

的确，相比心理学的儿童实验研究或传统社会学的调查方法而言，民族志这一儿童/童年研究方法能提供不同的、更为丰富的信息。不过，"儿童""童年"在民族志探索中的位置是不断变化的。

儿童角色的转变

在早期社会学、人类学探索中，儿童从来不是研究的中心，他们不过是被测量、实验、收集、比较的样本而已，如伍德（Wood）对中国、日本、韩国婴儿与幼儿的个头与发展的比较。[2] 之后的博厄斯（Boas）的研究从各地收集了各种关于儿童的数据，尝试比较、区分解剖结构上的人种差异。[3]

另一些学者则关注儿童的玩具、游戏、语言等。例如，史蒂芬森（Stephenson）对祖尼人儿童的习俗、风俗、游戏与经验进行了研究，她特别关注一些宗教性的、情感性的游戏。[4] 克鲁伯（Kroeber）展示了其对祖尼人 1~2 岁婴儿的语言的收集成果。[5] 门罗（Monroe）亦有同样的兴趣，在他对马萨诸塞州学童的传统游戏的调查中，运用"课堂作文"的方式，收集这些儿童的游戏，特别是儿童们唱的儿歌。他用当时广为接受的进化

---

[1] Alan Prout and Allison James, "A New Paradigm for the Sociology of Childhood? Provenance, Promise and Problems", in Allison James and Alan Prout(eds.), *Constructing and Reconstructing Childhood: Contemporary Issues in the Sociological Study of Childhood* (London: Falmer Press, 1997), pp. 7 – 33.

[2] E. E. Wood, "Notes on Oriental Babies", *American Anthropologist*, Vol. 5, No. 4(1902) : 659 – 666.

[3] F. Boas, "Changes in Bodily Form in the Descendants of Immigrants", *American Anthropologist*, Vol. 14, No. 3(1912) : 530 – 562.

[4] M. C. Stephenson, "Zuni Games", *American Anthropologist*, Vol. 5, No. 3(1903) : 468 – 497.

[5] A. L. Kroeber, "The Speech of a Zuni Child", *American Anthropologist*, Vol. 18, No. 4(1916) : 529 – 534.

论的理论来解释它们，认为这些押韵的儿歌是巫术实践的遗存，同时指出儿童在他们的游戏生活中很自然地与原始人或野蛮人的精神生活相联系。①

在这些研究中，儿童常出现在各种社会组织、亲属关系、家庭结构、命名仪式等当中，但往往处于边缘的位置。将儿童与野蛮人等同，或者认为儿童的行为不过是对成人的模仿，是社会学家、人类学家最常见的边缘化儿童的方式。如果儿童不过是模仿者，那么他们就不值得严肃对待，他们仅是成人的不成熟形态而已。

在 20 世纪 40～50 年代，流行的文化与人格学派关注生物的、环境的、社会文化的因素与人格养成之间的关系，对各种儿童养育实践尤其感兴趣，试图由此探索文化变迁对人格发展的影响。该学派十分强调成人（文化）是儿童的塑造者或训练者，特别关注成人如何控制、训练、惩罚、伤害儿童，成人如何进行与儿童相关的特定的生命仪式以及成人如何定位儿童。

这一时期，文化适应（涵化）是人类学家们关注的一个主要议题。一个例子是波尔加（Polgar）关于双语文化对印第安马斯魁基（Mesquakie）部落青少年影响的研究。② 在这里，儿童主要被作为研究文化适应时的调查对象，研究者的目的是考察在文化适应的过程中，相对于典型人格而出现的人格变化。这种目的亦体现在米德（Mead）的研究中。在米德看来，每一个民族有其各自不同的文化结构特色，在人类潜力的全弧上，他们会侧重各自不同的扇面，并进行选择性的褒扬与贬抑。当新的世代成长起来时，文化会对它们的成员进行引导，由于每一文化的价值观不同，其将会塑造不同气质的男性与女性人格。阿拉佩什人向往的是温柔、敏感的男人，蒙杜古马人向往的是暴烈的、有攻击性的男人，而德昌布利部落的男人则很少有责任心，并且多愁善感，易依赖他人。③

研究者常使用各种各样的测试诸如罗夏（墨迹）测验、主题统觉测验、生命史访谈、玩偶－游戏访谈、自传、书面描述、画人测试等来研究

---

① W. S. Monroe, "Counting-Out Rhymes of Children", *American Anthropologist*, Vol. 6, No. 1(1904): 46－50.

② S. Polgar, "Biculturation and Mesquakie Teenage Boys", *American Anthropologis*, Vol. 62, No. 2 (1960): 217－235.

③ 〔美〕玛格丽特·米德：《三个原始部落的性别与气质》，宋践等译，浙江人民出版社，1988，第 265 页。

儿童人格。例如，霍尼格曼（Honigmann）与卡雷拉（Carrear）运用麦考沃（Machover）的画人测试来研究爱斯基摩儿童与克里（Cree）儿童之间的人格差异。① 利斯塔德（Lystad）运用"故事访谈法"来调查加纳儿童的传统价值观念。② 古德曼（Goodman）则用"主题征文"（topical essays）的方法来比较日本与美国儿童的星座观，她明确指出儿童作为人类学信息提供者的价值：

> 儿童能够作为人类学式的信息提供者，他们拥有这一资格，就像社会中其他成人一样，他们精通社会文化的特定部分。鉴于儿童天性的优势，可以合理地假定，他们不仅能够，而且应该可以作为老练的信息提供者。儿童能够告诉我们第一手的信息，而不需要思考他们的社会与文化如何，不需要思考社会与文化层面上的童年观是什么……儿童作为信息提供者的这一认识并不新鲜，尽管其很少得到明确的表述或很少被运用。③

不过，多数研究仍主要视儿童为人类学调查研究的客体或对象，调查者的真正兴趣在于成人人格的发展。正如巴里（Barry）等人意识到的，儿童养育的跨文化研究，一般说来，是出于对一个成人的人格如何养成的兴趣。结果是儿童很少作为研究者感兴趣的中心议题。④ 因此，相当多的研究虽然聚焦于儿童却没有引发人们对儿童、童年研究的关注。

有关儿童与社会再生产行为（生育决定、生育的历史及社会阶层差异）的研究，在20世纪80年代开始出现。在这些研究中，研究者特别关注儿童的数量以及人们做出生育决定的原因（儿童的经济或社会价值）、婴儿性别对女性生育率的影响、世代群体与人口结构的关系等。

相较而言，20世纪80年代后期至90年代的一些研究成果更倾向于以

---

① J. J. Honigmann and R. N. Carrera, "Cross-Cultural Use of Machover's Figure Drawing Test", *American Anthropologist*, Vol. 59, No. 4(1957) : 650 – 654.

② M. H. Lystad, "Traditional Values of Ghanaian Children", *American Anthropologist*, Vol. 62, No. 3 (1960) : 454 – 464.

③ M. E. Goodman, "Values, Attitudes, and Social Concepts of Japanese and American Children", *American Anthropologist*, Vol. 59, No. 6(1952) : 979 – 999.

④ H. Barry, I. L. Child and M. K. Bancon, "Relation of Child Training to Subsistence Economy", *American Anthropologist*, Vol. 61, No. 1(1959) : 51 – 63.

儿童为关注的重点，将儿童的理论研究与儿童营养、学业成绩、同辈群体、宗教等联系起来。

例如，帕特里克·弗洛雷特（Patrick Fleuret）和安妮·弗洛雷特（Anne Fleuret）研究了肯尼亚 Taita Hills 地区的社会组织、资源管理与儿童营养状况变化之间的关系。该研究显示出，特定的再生产选择对儿童营养状况的影响，既不是连贯的，也不是单向性的，需要研究者超越传统的经济模式框架来理解。[1] 类似的主题，也出现在克鲁克斯（Crooks）对拉丁美洲伯利兹儿童营养状况与家庭因素、学业表现之间复杂关系的研究中。[2] 她综合运用质性与定量研究方法，把研究焦点放在家庭、儿童的能动性上，指出贫困、营养状况、学业表现之间的关系要远比我们所认识到的复杂。

有些学者开始注意到儿童作为社会行动者的地位。邓恩（Dunn）通过对家庭环境中学龄前儿童互动关系的研究，发现儿童被鼓励去理解他们文化世界中各种社会规则与社会关系。其研究主要基于详细的调查方法，这种方法不同于发展心理学的实验研究。邓恩视儿童为积极的家庭成员。她驳斥那种认为儿童是能力不足的社会成员的观点。"如果学前儿童不能理解他人，他们又如何有效地处理复杂的家庭世界？儿童对他人的理解，是有差异的，这倒是有可能的。"[3]

一方面，儿童在研究中角色的这种转变反映出研究方法自身的变化：从对儿童的研究到与儿童一起研究，从有关儿童的研究到儿童自主组织与实施的研究。关于后者，后文将述之。另一方面，儿童角色的转变也反映出儿童与成人之间权力关系的变化。在过去的研究中，儿童常被认为是能力不足、非理性的，他们不过是被解释、被参照的研究对象，往往由成人控制研究议题、设计研究目标、解释研究发现。在可能的情况下，儿童只是扮演着有限的参与角色，并且参与的大多是数据收集阶段，而很少介入数据的后续分析。儿童的参与不过是成人运用权力赠予儿童的一份礼物，

---

① P. Fleuret and A. Fleuret, "Social Organization, Resource Management, and Child Nutrition in the Taita Hills, Kenya", *American Anthropologist*, Vol. 93, No. 1(1991): 91 – 114.

② D. L. Crooks, "Biocultural Factors in School Achievement for Mopan Children in Belize", *American Anthropologist*, Vol. 99, No. 3(1997): 586 – 601.

③ J. Dunn, *The Beginnings of Social Understanding*(Oxford: Blackwell, 1958), p. 102.

而不是儿童的基本权利。① 在当代儿童研究中，很多研究者已意识到这一缺陷。

参与观察

民族志研究并不"验证"假设或者试图发现预先定义的各种变量之间的关系。相反，民族志研究者试图学习他们所研究社会群体或特定人口的语言与思维方式。其目的不仅在于获得关于所研究群体的知识，还包括了解该群体参与的社会过程。

其中，参与观察是一种基本的民族志研究方法，它对有效的田野工作至关重要。参与观察不但要介入被研究群体的生活，还要保持专业距离以便适度地观察与记录材料。② 对儿童、童年研究来说，参与观察便是融入儿童的生活中，长期、持续地观察他们。

在早期人类学家那里，民族志在一般方法论意义上主要是一种理解与描述异文化的工具。后来其被社会学家所吸纳，用来调查西方社会中其他群体的文化，例如芝加哥学派的早期城市社会研究。相对于传统心理学的儿童研究或早期社会学的儿童研究，从民族志的角度来研究儿童、童年、儿童文化，是一种巨大的进步，它抛弃了"验证儿童"的观念，而首先在方法论层面上将儿童建构为"他者"。③

这种认识特别体现在科萨罗的一系列研究中。科萨罗主张童年民族志的要旨便是研究儿童的内心世界与儿童文化。儿童创造了自己的社会文化，儿童的世界远比我们预想的要复杂得多。与我们以前的想象不同，儿童是熟练的社会活动参与者而不是被动的参与者。为了研究儿童文化，我们必须抛弃成人立场，从儿童的观点与立场去了解儿童的世界。④ 为此，必须像人类学家那样，尽可能地成为他们当中的一员，融入儿童文化之

---

① P. Hamill and B. Boyd, "Equality, Fairness and Rights: The Young Person's Voice", *British Journal of Special Education*, Vol. 29, No. 3(2002): 111 – 117.

② 〔美〕大卫·M. 费特曼：《民族志：步步深入》（第 3 版），龚建华译，重庆大学出版社，2013，第 28 页。

③ Andreas Lange and Johanna Mierendorff, "Method and Methodology in Childhood Research", in Jens Qvortrup, William A. Corsaro and Michael-Sebastian Honig(eds.), *The Palgrave Handbook of Childhood Studies*(Hampshire and New York: Palgrave Macmillan, 2009), pp. 78 – 96.

④ William A. Corsaro, *We're Friend, Right?: Inside Kid's Culture*(Washington, D. C. : Joseph Henry Press, 2003), p. 5.

中，记录他们的行为。

　　为了对儿童进行深度观察，研究者首先要被该群体接纳，获得参与观察的机会。由于成人在权力、力量、体型等方面远比儿童占优势，如何被儿童群体真正接纳，通常是一个相当有挑战性的问题。在美国加州伯克利地区、意大利博洛尼亚地区的童年民族志研究中，科萨罗发展出一种参与观察儿童活动的方法即"反应性"（reactive）方法，该方法对走进儿童世界特别有效。简单地说，这种方法是研究者走进儿童的活动区域，等待孩子们与研究者交流。① 这种进入儿童世界的方法不同于一般的成人介入儿童世界的方法，大多数成人常常以向孩子提问开始，而这些问题成人自己已知道答案，只是想以此来了解孩子们在想什么、要做什么，或者帮他们解决问题、给他们建议。

　　在这些研究中，科萨罗对儿童世界的复杂性，提出一些内行人的观点：作为父母，我们不能简单地塑造我们的孩子，事实上，儿童是社会化过程中的积极行动者，他们积极地从成人世界获取信息并创造出他们独一无二的童年文化。②

　　科萨罗的研究表明，观察儿童的行为可能很容易，但进入儿童的内心世界是很困难的，这一方面是儿童与成人的权力关系使然，另一方面与成人的成见有关，成人常常认为儿童的观点不那么重要。如果想被儿童接纳并进入儿童内心世界的话，童年民族志研究者需要放弃这种认识。

　　与科萨罗的策略相仿，曼德尔（Mandell）提出以"最少成人角色"（least adult role）来对儿童进行参与观察。③ "最少成人角色"意味着作为田野工作者的成人对儿童不施加任何权威，而是在尝试与儿童建立和谐一致的关系的前提下，建立起双方之间的信任关系。这样的角色，由于减少了成人的影响，可以使研究者更容易获得儿童的信赖。

　　霍姆斯（Holmes）相信，这种参与观察的方式可以帮助研究者与儿童建立良好的关系。对于如何以"最少成人角色"进行研究，他提出了一些

---

① William A. Corsaro, *We're Friend, Right?: Inside Kid's Culture*(Washington, D. C.: Joseph Henry Press, 2003), p. 10.

② William A. Corsaro, *We're Friend, Right?: Inside Kid's Culture*(Washington, D. C.: Joseph Henry Press, 2003), p. 4.

③ S. Mandell, "The Least Adult Role in Studying Children", *Journal of Contemporary Ethnography*, Vol. 16, No. 4(1988): 433 – 467.

更具体的方法，例如，首先，要求学校安排校车，以便研究者与儿童一起搭车去上学。校车是建立关系的一个绝佳地方，特别是因为校车里成人干预最少。其次，要求教师对研究者就像对学生一样。研究者与儿童一起做功课、吃点心、上体育课、参加学校旅行，以及由于做错事而受到教师批评。最后，使用与儿童一样的文具用品如蜡笔、铅笔、颜料、图书等，坐在儿童的椅子上。此外，在儿童的视线高度上与他们互动，当儿童坐着说话的时候，研究者应弯腰、跪下来或坐在地板上与他们对话。①

当然，在参与观察的过程中，儿童与成人的差异并不能完全消除。事实上成人的田野工作从未被儿童完全接受，因为成人并不能全盘放弃成人的地位。在参与观察的研究中，成人研究者应当是学习者，只有这样，我们才能体验到儿童感知世界的独特方式。

沃森（Watson）等人运用民族志方法研究苏格兰与英格兰地区 11～16 岁残障儿童的状况，挑战了对残障儿童的一般性认识。② 研究发现他们的生活受到个体的、文化的、结构的、经济的等各种因素相互交织的影响。在此之前，大多数残障儿童研究主要是从父母、专业人士的角度进行的，往往认为残障儿童是被动的、依赖的，他们的声音常常被忽视。

该研究为理解日常背景下的儿童互动，大量运用了参与观察法及访谈法。这些方法使研究者能灵活地在各种环境包括阅读课程、音乐课、户外活动、学校旅行等之间穿梭，还能让儿童"掌控"研究的进程，因为研究者需要不断对儿童的问题做出反馈。③ 这也使得儿童有可能更高程度地融入研究中，如成为项目责任者、研究者、同辈访谈者、数据分析者。

儿童与成人的权力、身份的差异，是童年民族志研究的最大挑战之一。研究者们需要找到一些方法来改变儿童与成人之间的不平衡，进而创造出一个儿童能够言说、能够被倾听的空间。为此，一些新的参与性研究方法开始发展起来。目前基于应用人类学、农业系统分析、耕作系统田野

---

① Robyn M. Holmes, *Fieldwork with Children* (Thousand Oaks, California: Sage, 1998), p. 18.

② Nick Watson, Tom Shakespeare, Sarah Cunningham-Burley and Colin Barnes, *Life as a Disabled Child: A Qualitative Study of Young People's Experiences and Perspectives* (ESRC Research Programme, 2015).

③ Nick Watson, Tom Shakespeare, Sarah Cunningham-Burley and Colin Barnes, *Life as a Disabled Child: A Qualitative Study of Young People's Experiences and Perspectives* (ESRC Research Programme, 2015), p. 186.

研究、快速农村评估等发展出一种"参与式乡村评估"（Participatory Rural Appraisal，PRA）方法。[1] 不同于当代占主导地位的实证主义研究范式，PRA 研究方法属于后实证主义或建构主义范式，而传统的实证主义调查往往是线性的、封闭的，追求测量、收集并分析统一的行为模式。与简单地分析统计数据不同，PRA 方法的关键原则是追求多样性，它尊重本土创新，关注复杂性，强调互动分析与对话，支持进一步的行动。在该方法中，无论是研究者还是被研究对象，都被视为积极的参与者。

在 PRA 方法中，"参与"不是一种技术或方法的机械应用，而是一个对话、行动、分析、变化的过程。[2] 一次参与的成功往往体现在过程中，而不是技术本身上，真正的参与要求不断地分享信息、反思与进一步行动。

奥凯恩（O'Kane）认为 PRA 方法可以代替民族志方法，特别是在一些有关儿童的研究中。首先，PRA 方法不那么具有侵袭性，也更透明，研究者与研究对象之间的关系要较民族志研究中更正式一些。其次，在民族志研究中，研究者的角色可能会变化或不太清晰，而在 PRA 中，研究者被视为活动的促进者。最后，与长期的参与观察不同，PRA 方法允许儿童选择特定的时间参与研究过程。这种方法能够让儿童们发挥出他们的积极作用。

在"儿童与决策研究"中，奥凯恩利用该方法研究儿童如何参与有关他们自身的事务的决策过程，试图揭示出在更大的结构层面儿童生活的文化背景。[3] 研究发现，儿童在决定过程中最在意的不是我们所认为的"想方设法得到我所想要的"而是"被倾听"。

与直接期待儿童回答研究者的问题不同，参与方法的运用为儿童创造出一个更灵活的环境，给予儿童更多的控制权，在这种意义上，这种方法实质上是一个强有力的工具或像查瓦拉（Chawla）与克约霍特（Kjorholt）所说的"赋权的过程"，使得儿童的需求、兴趣、声音优先地出现在成人

---

① J. N. Pretty, I. Guijt, I. Scooner and J. Thompson, *Participatory Learning and Action: A Trainer's Guide*(London: International Institute for Environment and Development, 1995).

② J. N. Pretty, I. Guijt, I. Scooner and J. Thompson, *Participatory Learning and Action: A Trainer's Guide*(London: International Institute for Environment and Development, 1995), p. 54.

③ Claire O' Kane, "The Development of Participatory Techniques", in P. Christensen and Allison Jame(eds.), *Research with Children: Perspectives and Practices*(London and New York: Routledge, 2008), pp. 125 – 155.

的研究议题中。① 在将这种方法应用到访谈儿童中时，还能够让儿童谈及一些更敏感的话题。

然而，参与研究技术也有一些劣势，例如，无法以一种标准的方式收集格式规整的信息；童年田野调查可能仅局限于被研究者（儿童）感兴趣的、愿意讨论的话题；需要耗费大量的时间来思考儿童（群体）如何参与；对于学习障碍或残障儿童，参与式研究面临更多的难题，可能需要借助于其他非传统研究方法如图画法来展开。

访谈田野中的儿童

访谈是民族志最重要的资料收集方法与技巧，访谈可帮助研究者理解所观察到的和体验到的东西。一般性访谈形式包括结构性的、半结构性的、非正式的、回忆式的访谈。结构性与半结构性的访谈目标明确，类似于口头形式的问卷调查。

在社会学中，结构性访谈更为常见。前述埃尔德对大萧条时期的儿童生活的研究就运用了这种方法。他通过与儿童母亲的访谈来收集数据，包括关于抚育孩子的时间、家庭关系、孩子和同龄人的活动、家庭经济与父母职业的数据，同时运用七级量表对她们的个人特征进行评分。此外，还对儿童实施了问卷调查。② 这些经过编码的定性资料为后续分析提供了丰富信息。

一些早期关注儿童的人类学家往往在参与观察中融入结构性或半结构性访谈，例如，米德在对萨摩亚儿童的研究中，常常首先和经过挑选的信息提供者进行面谈，随后对他们的陈述和其他信息提供者的陈述进行比较验证。此外还依照预设的问卷，通过随机的提问来调查儿童的工业知识，对社区传统的参与程度，在诸如计时、历法等方面对欧式教育的接受程度，以及女童在死亡、出生和流产等事项方面的经历或见识等。③ 这样，对每个儿童的研究都建立在翔实背景材料的基础上。

就当代来看，已有大量的文献讨论过关于访谈儿童，特别是处于不利

---

① L. Chawla and A. T. Kjorholt, "Children as Special Citizens", *PLA Notes*, No. 25(1996): 43 – 46.

② 参见〔美〕G. H. 埃尔德《大萧条的孩子们》，田禾、马春华译，译林出版社，2002。

③ 〔美〕玛格丽特·米德：《萨摩亚人的成年》，周晓虹、李姚军、刘婧译，商务印书馆，2008，第174页。

处境下的儿童的问题，如斯图瓦德（Steward）、格林斯托克（Greenstock）、法勒（Faller）等人的研究。[①]

相较定量研究方法，半结构性、非正式访谈更适用于深度质性研究，特别是涉及一些敏感性话题或有关个体的观点与经历的调查研究。这种方法的优势在于，能够针对每一位儿童的观点与经验，收集丰富、详细的数据。这种方法使儿童有机会评估个体访谈对隐私的保护程度，尤其是在调研一些敏感性问题时。一个例子是克利（Cree）等人对艾滋病阳性反应的父母的儿童的研究。[②]基于儿童中心的研究理念及对儿童权利的尊重，研究采用了一对一的访谈方法，同时结合了其他有助于促进参与的工具如玩偶、图画、计算游戏。对较小的儿童，运用一些简单的游戏、图片来辅助访谈，对大些的儿童，则运用主题卡片、手偶等来辅助访谈。这些访谈同时被录音，以便分析儿童语言的变化。

由于这类访谈常常可以在一对一的环境下进行，因此研究者能更多地关注个体儿童的需要，更能够运用一些创造性的方法来开展工作。在这种情形下，研究者能够发现儿童的一些细微的变化，如儿童感觉不适、紧张等，从而暂停或结束访谈。

霍姆斯发现，访谈田野中的儿童，尤其是访谈地点在学校时，可能会有问题。虽然在学校里的自由游戏时间，可能有很多机会访谈儿童，但背景的噪声常常造成干扰，因此录音设备无法发挥作用。有时候当研究者欲深入进行访谈时，儿童可能决定起身，加入附近的其他游戏活动，或者其他儿童会打断你的谈话。[③]尽管如此，但是霍姆斯从未把儿童带出教室或学校来开展访谈。离开熟悉的环境，把接受访谈的儿童与其他同学分隔开来，可能会给儿童带来焦虑。在教室、操场、校车等场所中寻找空隙进行非正式的或半结构化的访谈，效果最好。霍姆斯还运用画画的策略来促进

---

① 参见 M. Steward, K. Bussey, G. Goodman and K. Saywitz, "Implications of Development Research for Interviewing Child", *Child Abuse and Neglect*, Vol. 17, No. 1(1993): 25 – 37; J. Greenstock and M. Pipe, "Interviewing Children about Past Events: The Influence of Peer Support and Misleading Questions", *Child Abuse and Neglect*, Vol. 20, No. 1(1996): 69 – 80; K. Faller and M. Everson, "Introduction to Child Interviewing", *Child Maltreatment*, Vol. 1, No. 3(1996): 187 – 189。

② V. E. Cree, H. Kay, E. K. Tisdall and J. Wallace, "Listening to Children and Young People Affected by Parental HIV: Findings from a Scottish Study", *AIDS Care*, Vol. 18, No. 1(2006): 73 – 76.

③ Robyn M. Holmes, *Fieldwork with Children* (Thousand Oaks, California: Sage, 1998), p. 22.

访谈，儿童在画画时会特别专注，能够回答问题而不会被分心。此外，应在儿童视线的高度上进行访谈，如当儿童站立时，访谈者不妨蹲下来。①

不同于传统心理学中的访谈把儿童建构为被动的对象，民族志的访谈特别强调被访谈者的主动性、能动性。威斯卡特（Westcott）与利特尔顿（Littleton）指出，我们要明白访谈的优势与局限取决于研究者与儿童之间暗含的协议：是否有实验协议或访谈协议？是否承认儿童是访谈意义的共同建构者？② 对这些问题的反思是必要的，因为不同的访谈构架会影响儿童的心理。

在当代童年社会学中，已有很多学者运用这些方法来研究现代社会儿童的生活。例如，儒尔兹克（Jurczyk）与朗格（Lange）通过围绕儿童的日常活动、家庭生活、梦想等对儿童进行访谈来探索个体化、多元化、社会边界模糊对儿童生活世界的作用机制。③ 其对不同儿童的回答进行比较并进行理论上的分类，揭示出"现代儿童"这一术语背后的不同隐喻。此外，访谈法对分析由社会阶级、种族背景等因素造成的童年不平等的现象亦是十分有用的。这方面研究以拉鲁的研究为代表。她的研究小组对所招募的研究家庭进行"自然主义"的观察与访谈，以比较不同背景的家庭如何组织日常生活。其中她谈到一些实地调研与访谈的小策略，诸如假装喜欢他们提供的食品，即使那是自己极其不喜欢吃的东西；不表达对一些家长的政治观点的愤怒；在访问有婴儿的家庭时，通过抱婴儿来帮助自己融入情景中。④

一些学者指出访谈法在运用中存在的问题，例如，首先，儿童在单独接受访谈时可能感到紧张，尤其是在研究者针对儿童负面经验的访谈中，而成人研究者亦可能会对儿童隐私的保护问题感到焦虑。或可通过招募同龄儿童进行访谈来避免此类问题。其次，较短的访谈时间在一定程度上限

① Robyn M. Holmes, *Fieldwork with Children* (Thousand Oaks, California: Sage, 1998), p. 23.

② H. L. Westcott and K. S. Littleton, "Exploring Meaning in Interviews with Children", in S. Greene and D. Hogan(eds.), *Researching Children's Experience: Approaches and Methods* (London: Sage, 2005), pp. 141 – 157.

③ K. Jurczyk and A. Lange, "Blurring Boundaries of Family and Work——Challenges for Children", in H. Zeiher, D. Devine, A. T. Kjørholt and H. Strandell (eds.), *Flexible Childhood? Exploring Children's Welfare in Time and Space* (Odense: University Press of Southern Denmark, 2007), pp. 215 – 238.

④ 〔美〕安妮特·拉鲁:《不平等的童年》，张旭译，北京大学出版社，2010，第 263 页。

制了后续研究的可能性，儿童可能也有自身关注的问题，但研究者可能无法一一探讨。最后，访谈数据的丰富性与多样性，对研究者的分析是一个很大的挑战。①

除了面向儿童个体的访谈，还有一种儿童团体访谈方法即所谓焦点团体访谈法。儿童与他们的同龄人或朋友一起接受访谈，这使他们感到安全，特别是在面对较少的成人研究者时。同伴的支持在一定程度上弱化了儿童－成人之间的权力不平等。当一个儿童发表意见时，其他儿童会受到鼓励而表达自己的观点。

焦点团体访谈特别适用于研究同辈、制度等在儿童社会世界再生产中的作用，以及探讨童年的非个体化、同辈自我社会化。同辈自我社会化主要体现在与青少年相关的各种仪式中。沃尔夫（Wulf）、特沃伦（Tervooren）等人曾运用该方法来研究儿童迈向成年的转换机制。②

此外，近年来出现一种新的基于儿童传记的质性访谈方法，这种方法特别强调儿童的建构能力。不同于发展心理学关注儿童生活史的缺陷，社会学家如贝恩肯（Behnken）与津内克（Zinnecker）认为现代儿童有能力反思、建构他们自己的生活。③ 在这种视野中，儿童具有形成"自我传记"的能力，而现代性似乎是引发儿童自我叙述的主要因素之一，传统的乡村生活抑制了这种现代形式的自我呈现的发展。

第三节　从边缘到中心：新童年研究方法

在新童年研究中，人们越来越强调儿童作为社会行动者的角色、位置。事实上无论是在当代发展心理学关于儿童成长与发展的新研究中，还

---

① Michael Gallagher, "Data Collection Ananlysis", in E. Kay M. Tisdll, John M. Davis and Michael Gallagher, *Researching with Children and Young People: Research Design, Methods and Analysis* (London: Sage, 2009), pp. 65 – 127.

② 参见 Andreas Lange and Johanna Mierendorff, "Method and Methodology in Childhood Research", in Jens Qvortrup, William A. Corsaro and Michael-Sebastian Honig(eds.), *The Plagrave Handbook of Childhood Studies* (Hampshire and New York: Palgrave Macmillan, 2009), pp. 73 – 96。

③ 参见 Andreas Lange and Johanna Mierendorff, "Method and Methodology in Childhood Research", in Jens Qvortrup, William A. Corsaro and Michael-Sebastian Honig(eds.), *The Plagrave Handbook of Childhood Studies* (Hampshire and New York: Palgrave Macmillan, 2009), pp. 78 – 96。

是在对社会化理论的新近理解中，儿童都不再被简单看作被动的研究对象，而是被视为能够介入研究过程的积极参与者。

伍德黑德（Woodhead）与傅尔克（Faulker）这样描述这一转变：从早期将儿童作为科学实验的对象，到把儿童看作值得访谈与倾听的研究主体。[1] 人们越来越注重从儿童的立场、视角去探索、研究他们的世界。

以儿童为中心/焦点的研究

在 20 世纪 90 年代，有一些人类学家开始倡导"儿童焦点"（child-focused）或"儿童中心"（child-centred）的研究，如本瑟尔（Benthall）、托伦（Toren）、卡普托（Caputo）等人。[2] 在此之前，主张建立"儿童人类学"的哈德曼亦曾呼吁严肃地思考儿童问题，并指出一个优秀的民族志学者应该着眼于儿童的观点、经验、行为方式提出一些重要问题。

从 90 年代的情况来看，儿童在社会科学领域中的处境有明显的转变，其中最明显的转变是"儿童"的含义从过去研究中被动的、发展尚未完成的社会学徒、待研究的客体转变为主动的、积极的、有丰富意涵的主体、社会行动者。"儿童"跳出了以往人类学研究中被动的资料补充的角色，而成为"拥有自己文化"的、值得研究的社群。这种转变一方面显示了社会科学有关"主体性"的认识给儿童、童年研究带来的冲击，另一方面显示了人们对儿童认识的加深，这受到 20 世纪儿童权利与福利运动和思潮的影响。[3]

这种转变使得儿童的观点、思想成为研究的中心。不同于传统的儿童研究，以儿童为中心的研究，在方法与研究程序上，将儿童视为独立、自主的研究参与者或共同研究者，并在整个研究过程中遵循这一理念。这种

---

[1] M. Woodhead and D. Faulker, "Subject, Objects or Participants? Dilemmas of Psychological Research with Children", in Pia Christensen and Allison James(eds.), *Research with Children: Perspectives and Practices*(London and New York: Routledge, 2007) , pp. 10 – 39.

[2] 参见 J. Benthall, "Child-Focused Research", *Anthropology Today*, Vol. 8, No. 2(1992): 23 – 35; C. Toren, "Making History: The Significance of Childhood Cognition for Comparative Anthropology of Mind", *Man*, Vol. 28, No. 3(1993): 461 – 478; V. Caputo, "Anthropology's Silent Others: A Consideration of Some Conceptual and Methodological Issues for the Study of Youth and Children's Cultures", in V. Amit-Talai and H. Wulff(eds.), *Youth Cultures: A Cross-Cultural Perspective* (London: Routledge, 1995) , pp. 19 – 42。

[3] 李舒中：《西方人类学研究中"儿童"概念与意涵的转变》，载张盈堃主编《儿童/童年研究的理论与实务》，台北：学富文化事业有限公司，2009，第 51~92 页。

方法实际上将成人研究者定位为与儿童一样的共同学习者，因此，在研究中，首先要与儿童建立一种合作的关系，要开诚布公告诉儿童你是谁、研究什么、为什么做这项研究。这种方法允许儿童向研究者提出问题并要求研究者诚实回答，研究者并不试图回避难以回答或尴尬的问题，其真诚最终会赢得儿童的尊重与理解。

在具体操作层面上，以儿童为中心的研究常常运用"参与式"的方法，这使得儿童参与研究变得更有意义，而不是只对研究者有意义。这种方法特别有益于研究儿童的经验。

奥凯恩在一项有关看护系统下的儿童经验的研究中，设计出一种"自我决策表"，来帮助儿童表达他们的情感。[1] 许多成人会介入儿童的照料工作，并替儿童做出一些被成人视为理所当然的决定。通过把不同颜色的贴纸贴在图表中，儿童标识出他们所认为的最具有分量的决策以及那些居于次要地位的决策。运用该方法可促使儿童思考他们自身的经验并告诉研究者究竟哪些事情对他们是重要的。

这项研究显示出，日常决策如儿童应该做什么或可以去哪里等，对儿童而言，与影响他们未来的长远决策是同样重要的。

克拉克（Clark）则发展出一种"马赛克方法"（Mosaic approach）来促进儿童的参与。[2] 这种方法能使儿童（包括成人）更积极地参与到研究中，而不是仅依赖研究者。

"以儿童为中心"的研究方法，在一些非政府组织有关儿童事务的调研中常被采纳。这种方法的一种特别形式是"参与式行动研究"（Participatory Action Research，PAR）。阿托夫（Ataöv）与海德尔（Haider）运用这种方法研究土耳其六个不同街区的街道儿童对公共空间使用的观点、态度与使用公共空间的方式。[3] 该研究试图探索什么是最有效的参与，以及

---

[1] Claire O' Kane, "The Development of Participatory Techniques: Facilitating Children's Which Affect Them", in Pia Christensen and Allison James(eds.), *Research with Children: Perspectives and Practices*(London and New York: Routledge, 2008) , pp. 125 – 155.

[2] Alison Clark, *Transforming Children's Spaces: Children's and Adults' Participation in Designing Learning Environments*(London: Routledge, 2010) , p. 33.

[3] Anli Ataöv and Jawaid Haider, "From Participation to Empowerment: Critical Reflections on a Participatory Action Research Project with Street Children in Turkey", *Children Youth & Environments*, Vol. 16, No. 2(2006) : 127 – 152.

PAR 方法如何给街道儿童赋权。为了赋予儿童群体以权力，儿童的视角非常重要，因为成人常倾向于将儿童塑造成用成人思考环境的方式去看待公共空间的存在，这种态度妨碍了公共空间的利益相关者之间有意义的对话以及对空间更民主的使用。在该研究过程中儿童们积极参与各种活动，如运用艺术作为媒介来表达他们对街道的认知、他们的经验以及他们的喜好，通过戏剧扮演来呈现他们与其他儿童、社会工作者、警察、小偷、市政管理者在街道上的关系。

PAR 方法强调在研究过程中给儿童赋权，注重为儿童创造一种新的学习环境，促使他们将现实生活系统化，形成最佳问题解决方案，同时做出行动。在 PAR 中，研究者、儿童、田野实践者共同分享各种知识。一旦获得儿童的反馈，研究团队将重新一起反思，与儿童一起再次讨论，以此不断将研究推进下去。

"以儿童为中心"的研究，其核心是尊重儿童的立场，在研究过程中承认儿童的主体位置，如英国经济和社会研究理事会（ESRC）赞助的一项名为"作为共同研究者的学生"的研究，它是"向学生咨询教学与学习"项目的一部分。其将学生置于中心位置，研究目的是：第一，突出学生作为研究过程中的共同参与者的可能性，以此让教师与学生一起来丰富学校文化；第二，通过将学生作为研究者，希望学生能够产生新的认同，以此与教师合作，进而间接挑战学生的附属地位；第三，挑战一般的贬低学生社会能力的教学方式，让学生的声音能够更多地被倾听，强化这样一种认识即学校里的儿童能够承担共同责任。[①] 这种儿童与成人合作的研究，能促使儿童更深入地介入他们自身的事务，儿童也会有各种收获。

在前述童年民族志研究中，也有很多学者强调儿童立场、儿童视角的重要性。他们的研究实际上也可以被归为一种"以儿童为中心"的研究。

不过，在"以儿童为中心"的研究中，研究者会面临儿童、成人之间的权力、力量的不平衡及年龄差异的问题。有些学者建议扮演"朋友角色"与儿童建立联系。[②] 这种角色容易使研究者获得儿童的信任，同时弱

---

① Michael Wyness, *Childhood and Society* (Hampshire and New York: Palgrave Macmillan, 2006), pp. 201 – 202.

② G. Fine and S. Sandstrom, *Knowing Children: Participant Observation with Minors* (Newbury Park, CA: Sage, 1988), p. 18.

化研究者的权威，这种权威隐含在成人的社会地位与角色里面。以此，儿童像成人一样被给予尊重，而在研究过程中尊重儿童，便意味着儿童有权接受、不接受或终止研究。

艾德森（Alderson）与莫洛（Morrow）就"以儿童为中心"的研究，提出了一些值得思考的问题。例如，大多数儿童研究是在学校里面进行的，学校对儿童而言，常常意味着一种等级性、权威性的系统，在学校里，儿童很少具有控制感，往往感到有责任同意参与研究，或者教师要求学生参与。① 而"以儿童为中心"的研究项目除了要获得管理方、伦理委员会、家长的许可外，还需征询儿童本人的意见。这涉及儿童研究的伦理问题。

总的说来，"以儿童为中心/焦点"的研究，不仅尊重儿童个体的权利、儿童的立场，而且注意倾听儿童的声音，这使得儿童的意见能够有机会表达出来。

儿童作为研究者

"以儿童为中心"的研究可进一步发展为儿童作为研究者（children as researcher）或者由儿童组织、承担的研究（research by children）以及儿童主导的研究（child-led research）。

这种研究方法的发展，实际上回答了艾德森提出的两个问题：第一，按照新童年社会学的认识，儿童是社会行动者，儿童的生活与文化本身具有研究价值的话，那么儿童自身是不是最适合研究儿童的生活？第二，如果儿童是社会的积极参与者，那么儿童同样是积极的研究者吗？②

艾德森给予这两个问题肯定回答，并指出实际上儿童在学校环境下已经是研究者了，这一点特别体现在一些学校日常活动中，例如，儿童对班上养宠物的同学进行统计、通过访谈了解自己朋友的父母离婚对朋友的心理影响，以及儿童们一起讨论如何改建儿童操场，等等。但人们往往认为

---

① P. Alderson and G. Morrow, *Ethics, Social Research and Consulting with Children and Young People* (Ilford: Barnado's, 2004), pp. 95 – 110.

② Priscilla Alderson, "Children as Researchers: The Effects of Participation Rights on Research Methodology", in Pia Christensen and Allison James(eds.), *Research with Children*(London and New York: Routledge, 2008), pp. 87 – 108.

这些"研究"是学校"实践"活动，而并不认为其本身具有研究意义。另一种儿童介入研究的方式是参与由成人设计、执行的研究项目。这实际上是一种儿童与成人共同参与的研究。在这种关系中，儿童除了扮演传统的角色即信息提供者外，还帮助提出问题、收集并提供证据。事实上，儿童可能比成人对研究的下一个阶段更感兴趣，也可能比成人提出更尖锐的问题，如"为什么我们需要学校大会"。

维尼斯探讨了儿童参与成人研究项目的两类情形。一是儿童作为咨询者。在这类研究中，主要由成人决定研究计划，控制性的色彩较浓，但儿童对于所使用的研究方法、被调查的问题、研究的某些过程有一定的影响。研究者会咨询儿童以获得有关信息的反馈，不过儿童可能不屑反馈给研究者，在某些情况下儿童会回避此类要求。一个通常的解释是儿童缺乏相关的知识。

二是儿童作为田野工作者。例如，前述 ESRC 赞助的"向学生咨询教学与学习"项目，旨在挑战英国儿童的附属地位，鼓励他们参与教室和学校里的决策过程。[①] 该项目在研究过程中会涉及"雇佣"儿童研究者的问题。首先，儿童被邀请为研究者，可带来一些好处，如弱化研究者的成人角色。其次，儿童作为研究者或事件的报道者，在某些问题如学校欺凌上，会揭示成人视界中不能看到的一面。最后，将儿童作为研究者，可帮助儿童发展出各种技能，提升自尊水平，以及更多地投入学校学习。

"以儿童为中心"的研究宽松地涵盖了儿童介入成人研究的不同方法、阶段或程度。尽管一些方法是儿童友好的，但关键问题是成人与儿童分享知识与控制权的程度。这种程度可用前述哈特所提出的梯子比喻来呈现。在最低层级上，成人完全操纵儿童，儿童不过是装饰或点缀而已。儿童的真正介入始于儿童被咨询和告知。在最高层级上，儿童自己发起和组织研究。梯子的比喻能够显示出儿童在多大程度上真正参与研究以及儿童需要克服哪些结构性障碍。

不过，儿童是否能够有效与成人一起研究或（部分）参与其中，也与儿童自身理解相关问题的能力有关。例如，儿童是否能够理解批判性的言

---

①   Michael Wyness, *Childhood and Society* (Hampshire and New York: Palgrave Macmillan, 2006) , p. 202.

辞，或者有关种族的政治性议题。①

　　与儿童一起研究、视儿童为合作研究者的这种方法被 Save the Children（救助儿童会）应用到第三世界的儿童研究中。在越南，救助儿童会为更好了解儿童的生活、儿童的兴趣、儿童的关注、儿童的需要、儿童的能力，进行了一系列研究，这些研究的另一个目的是鼓励儿童直接介入有关他们的研究，积极参与研究过程，展示他们的能力。② 但是在最初的研究计划中，研究者们并没有关注儿童自身的能力、潜力、才智，而是给儿童贴上被动、脆弱的标签。后来的研究开始聚焦于那些赚钱谋生的儿童，才关注到儿童对自身工作的认识以及儿童的生存策略。研究发现儿童的观点与成人的观点有别，儿童更偏好报酬高、有趣、时间灵活的工作，他们喜欢与同龄人一起工作，而不是在成人的监管下工作。例如那些在胡志明市垃圾站工作的儿童，尽管该工作的工作环境十分恶劣、危险，然而儿童却很高兴，因为他们的报酬比其他儿童更高，且没有成人的监管，他们可以自主决定何时及如何工作。此外，在街上售卖彩票也是一种在儿童中十分流行的工作，因为其时间灵活。

　　救助儿童会展开的这些研究，不仅能够真正了解、认识儿童的世界，同时对成人而言也是一段十分有价值的学习经验，非常有利于减少成人对儿童的偏见。当与儿童一起研究时，成人研究者往往对儿童的能力感到惊奇，由此会改变对儿童的态度，这显示出儿童与成人一起工作的重要性。

　　儿童作为研究者介入成人研究所受到的主要限制之一是传统研究方法对书面文字在数据收集、分析过程中的强调。"照片评估"（Photo Appraisal）提供了一个克服这一局限的途径，该方法鼓励儿童用相机来记录他们的生活，然后对这些照片进行评论并挑选一部分出来以供展览或出版。③

---

① Priscilla Alderson, "Children as Researchers: The Effects of Participation Rights on Research Methodology", in Pia Christensen and Allison James(eds.), *Research with Children*(London and New York: Routledge, 2008), pp. 87 – 108.

② Joachim Theis, "Participatory Research with Children in Vietnam", in Helen B. Schwartzman (ed.), *Children and Anthropology: Perspectives for the 21ˢᵗ Century*(Westport, CT: Bergin & Garvey, 2001), pp. 99 – 109.

③ Joachim Theis, "Participatory Research with Children in Vietnam", in Helen B. Schwartzman (ed.), *Children and Anthropology: Perspectives for the 21ˢᵗ Century*(Westport, CT: Bergin & Garvey, 2001), pp. 99 – 109.

这是一种支持儿童表达、相互交流他们的观点，改变成人对儿童能力偏见的有效方法。以此，儿童能够成为真正的研究者。例如，在一个社区研究项目中，一群 3~8 岁儿童借助相机来调查、询问儿童们对改进社区的看法。[①] 这些儿童发布了他们的研究报告，其中一些被提交给当地官方并得到讨论，一些建议如在社区中央而不是靠近繁忙的外围道路的地方建设操场等被采纳。

此外，一种不太常见的儿童介入研究的方式是儿童发起并组织研究，这是完全由儿童开展的研究。对该类研究，凯利特（Kellett）建议从两种不同关系的角度来理解：一是儿童研究者与成人支持者之间的关系，二是儿童研究者与儿童参与者之间的关系。[②]

在凯利特看来，前者不同于一般研究中的儿童－成人关系。其中，成人不是单纯地管理、控制儿童，而是同时为儿童研究者提供必要的支持。在这种关系中，成人赋权给儿童，其寻求的是儿童与成人权利的平衡，成人不是简单地推行成人的标准，而是提供给儿童适当的训练、资源。这种关系中对儿童的支持与管理（见表 8－1）需要取得平衡。

表 8－1　儿童研究者与成人支持者关系中对儿童的支持与管理

支持	管理
赋能：认为儿童能够从事研究	影响：允许成人兴趣影响儿童研究内容
持续：训练儿童去收集数据、学习分析方法	限制：仅教儿童有限的技能
支持：协助儿童、提供支持	判断：暗示儿童的思想不值得研究
帮助：帮助儿童做一些跑腿活儿，而不是帮他们设计研究	控制：对参与者进行控制
赋权：为儿童研究者搭建宣传平台	劫持（hijacking）：劫持儿童研究的内容或所有权

资料来源：Mary Kellett, *Rethinking Children and Research*(London: Continuum, 2010) , pp. 90 – 91.

当然，要建立平衡的关系并不容易，尤其是对儿童而言，因为儿童们通常身处于一个视成人为权威角色的限定环境中。

---

① J. Miller, *Never Too Young: How Young People Can Take Responsibility and Make Decisions*(London: National Early Years Network and Save the Children Fund, 1997) , p. 36.

② Mary Kellett, *Rethinking Children and Research*(London: Continuum, 2010) , pp. 90 – 91.

　　至于儿童研究者与儿童参与者之间的关系，它是一个新的领域，罕有研究涉及。在这种关系中，儿童与儿童的互动是中性的，特别是在收集数据的过程中。不过，在有些情况下，依然存在权力不平衡，如在年长儿童与年幼儿童、正常儿童与残障儿童、富裕儿童与贫穷儿童、发达国家儿童与发展中国家儿童之间等，但是由儿童来开展的这类研究，可以获得一些成人研究者难以获得的信息。

"儿童－儿童"的研究

　　在由儿童自己组织、开展的研究中，"儿童－儿童"（child-child）或"儿童对儿童"（child-to-child）的研究是很特别的一种，从狭义上看，其中的关系属于凯利特所归纳的后一种关系。这种儿童对儿童的研究类似于成人对成人的研究，其优点在于能减少成人研究中潜在的权力不平衡，是一种真正基于儿童内部视野的研究。

　　作为一种儿童自主的研究，"儿童－儿童"的研究，最早出现于健康教育中。20 世纪 70 年代后期伦敦大学健康与教育领域的教授提出了这一方法。① 在 20 世纪 70 年代之前，健康教育基本上是保护主义的，主要依赖专家的介入，如教给父母基本的儿童健康原则、制定疫苗计划等。然而人们逐渐意识到儿童在这个过程中被忽视了，儿童能够被看作有效的行动者，儿童们有能力处理一些健康议题。

　　"儿童－儿童"的方法建立在儿童参与的原则之上，该原则是《儿童权利公约》的基本原则之一。"儿童－儿童"的方法，意味着儿童不仅有能力开展研究，而且有能力去影响成人。

　　一些儿童研究组织特别强调"儿童－儿童"研究中儿童的自我决定及行动。例如依托于伦敦大学成立的 Child to Child Trust（后改名为"Child to Child"）组织宣称，最有效的项目是让儿童自主做出决定而不是仅将他们视为成人的消息提供者的项目。针对健康领域，该组织确立了"儿童－儿童"方法的一些基本步骤：

　　1. 确定当地的一个健康问题，并完全理解它。由儿童与（或）他

---

　　① Heather Montgomery, Rachel Burr and Martin Woodhead(eds.), *Changing Childhoods: Local and Global*(Milton Keynes: The Open University, 2003) , p. 255.

们的老师、辅导者确定他们最关注的健康问题。

2. 了解关于该健康问题的更多信息。儿童运用各种方法，包括查阅图书或网络资源、访谈相关领域的专家或给他们写信，以获取更多信息。

3. 讨论所发现的结果与行动计划。儿童获得新的发现并将其作为他们下一步行动的基础。老师、辅导者可以帮助儿童评估收集到的信息。

4. 采取行动。所开展的活动，可能发生在学校、社区或家庭中，这取决于所选健康问题的性质，也可能取决于当地习俗及社区关系。

5. 评估：讨论结果。儿童与老师、辅导者一起评估活动的有效性，如果碰到意外的问题，一定要讨论它们。

6. 讨论下次如何使行动更有效。邀请其他儿童评估他们的活动，使之得到进一步改进，并继续行动。[1]

目前，"儿童–儿童"方法的应用范围已经扩展至与儿童相关的其他诸多事务或领域。在这方面，英国开放大学儿童研究中心走在前列，其一直支持由儿童及年轻人组织的研究。[2] 例如，萨瑟兰（Sutherland）是个 10 岁的小男孩。他对"儿童们的担心"很感兴趣，因为他自己常常有一些烦恼，所以想知道其他人是否有类似的烦恼。他试图探讨：儿童们担心的频率有多高、对什么感到担心；谁有更多的担心；当儿童们担心的时候，他们会怎么做。[3]

萨瑟兰运用问卷调查和访谈进行研究，他选择了一个学童年龄为 5~6 岁的班级为调查对象，同时对一些 5~6 岁的学童进行了访谈。研究历时两个月左右。此前，亨克（Henker）等人发现儿童有 21 种不同的担心[4]，在

---

① Child to Child Trust, "Approach", http:// www. child－to－child. org/about/approach. html，最后访问日期：2017 年 3 月 17 日。

② 该中心类似的研究项目很多，主要分为四类：9~10 岁儿童开展的研究；11~12 岁儿童开展的研究；13~15 岁儿童开展的研究；16 岁及以上儿童开展的研究。研究议题广泛，如"素食主义""全球变暖""校服""电脑使用""阅读"等。

③ Isobel Sutherland, *Children's Worries*, https://www. powershow. com/viewfl/eb336－ZDc1Z/Childrens_Worries_powerpoint_ppt_presentation.

④ B. Henker, C. K. Whalen and R. O'Neil, "Worldly and Workaday Worries: Contemporary Concerns of Children and Young Adolescents", *Journal of Abnormal Child Psychology*, Vol. 23, No. 6(1995)：685－702.

亨克的基础上，他发现有 28 种不同的担心，并对其进行编码，将它们归为
9 类，包括全球事件、未来、家庭与他人、疾病与死亡、做错事、学业、
事故、关系、其他担心。儿童最担心的是学业，其次是家庭与他人。从性
别上看，男孩更担心学业，女孩则更担心关系、家庭与他人（见表 8-2）。

表 8-2 不同性别儿童的担心

女孩的担心	男孩的担心
关系、家庭与他人	学业
疾病与死亡	未来、事故、疾病与死亡
学业	家庭与他人
全球事件	关系、其他担心
做错事、其他担心	做错事
未来、事故	全球事件

注：担心程度由上至下从高到低。

访谈的结果显示，女孩担心更多；儿童不能确定他们的担心是好事还
是坏事；遇到烦人的事情时，他们通常会向父母求助。

萨瑟兰的研究，符合此前亨克、西勒曼（Silerman）等人的研究结果[1]
即女孩较男孩有更多的担心，但萨瑟兰指出，这可能是因为女孩比男孩更
乐意分享她们的烦恼。[2] 这里的研究主要采用了访谈与问卷调查法，但一
些儿童能理解更复杂的研究方法，例如，9 岁的罗萨（Rosa）设计出一种
精致的针对 21 位触摸治疗师的随机试验法。治疗师通过一个 30 厘米外的
小孔伸出他们的手，然后罗斯投掷硬币来决定是将她的手放到治疗师的左
手还是右手上方。目的是测试治疗师是否能感觉到他们声称能治愈疾病的
各种各样的能量场。专家们称赞这一简单而新颖的方法能够提供证据显示

---

[1] B. Henker, C. K. Whalen and R. O'Neil, "Worldly and Workaday Worries: Contemporary Concerns of Children and Young Adolescents", *Journal of Abnormal Child Psychology*, Vol. 23, No. 6(1995): 685 – 702; W. Silverman, A. La Greca and S. Wasserstein, "What Do Children Worry About? Worries and Their Relation to Anxiety", *Child Development*, Vol. 66, No. 3(1995):671 –686.

[2] Isobel Sutherland, *Children's Worries*, https://www.powershow.com/viewfl/eb336 – ZDc1Z/Childrens_Worries_powerpoint_ppt_presentation.

治疗师的说法值得怀疑。[①]

由儿童们自主展开的研究，议题相当广泛。有些儿童对年长儿童照顾年幼儿童的行为很感兴趣，欲了解年幼儿童是否受到年长儿童欺凌、年长儿童是否占据优势[②]；有些儿童则想了解父母的工作体验及孩子们对父母工作的态度[③]；等等。

尽管由儿童展开的研究，可能会为儿童提供处理自己事务的合适的、真正的方法，但是假定由此会解决"成人 – 儿童"之间的权力关系问题，是危险的。巴克诺尔（Bucknall）与儿童一起研究的经验告诉我们，"儿童 – 儿童"研究中所涉及的权力动态对儿童研究者而言仍然是一个问题[④]，只不过其中权力关系的性质可能不一样。例如，在"成人 – 儿童"研究中会存在"讨好成人"（please the adult）的现象；类似地，在"儿童 – 儿童"研究中亦可能会出现"讨好朋友"的现象。有些儿童能通过一些微妙的否定性方法来施加权力，诸如打断访谈、在问卷上写愚蠢的回答，而有些儿童研究者很难处理他们和同辈之间的关系。

另一个问题是儿童并不是同质性的群体。如上述研究所示，儿童在性别、种族、年龄、身体、能力上的差异是客观存在的，并且儿童也意识到这些差异会影响他们之间的关系。一些有能力的儿童在研究他们的同辈时发现，要让能力较差的儿童做出有效的回应很困难。

"成人 – 儿童"的研究常受到批评，因为很多成人研究者由于自己的研究兴趣及研究成见，特别是由于自认为某些问题重要而忽视了儿童们关心的问题。然而，"儿童 – 儿童"的研究也面临相似的问题，巴克诺尔注意到，在实际研究中，有些儿童研究者惊奇地发现其他儿童对同样的问题并没有预期中的反应，这意味着即使是"儿童 – 儿童"的研究，也需要考

---

① L. Rosa, E. Rosa, L. Sarner, S. Barrett, "A Close Look at Therapeutic Touch", *Journal of the American Medical Association*, Vol. 279, No. 13(1998) : 1005 – 1010.

② Mary Kellett, *How to Develop Children as Researchers: A Step by Step Guide to Teaching the Research Process*(London: PCP, 2005) , p. 149.

③ Ruth Forrest and Naomi Dent, *How Are Nine to Eleven-Year-Olds Affected by the Nature of Their Parents' Jobs? A Small-Scale Investigation*, http://www. open. ac. uk/researchprojects/childrens – research – centre/research – children – young – people/aged – 9 – 10.

④ "Interview with Sue Bucknall about Research Relationships", in Mary Kellett, *Rethinking Children and Research*(London: Continuum, 2010) , pp. 27 – 29.

虑到其是否"儿童友好"(child-friendly)①,而在某些情况下,儿童更信赖成人,他们相信成人能够成功解决问题。

此外,有些学者质疑儿童或年轻人是否真正有能力开展研究。研究是一个高度技术化的过程,许多专家花费一生时间从事某一研究。很多年轻人(包括儿童)缺乏技能、专业知识、科学态度,特别是有些研究本身即凸显出儿童自身的边缘化、无权的位置。在年轻人尚未认识到自身现实的情况下,这可能导致双重边缘化的境地。② 这提醒我们可能理想化了"儿童开展有效研究"的潜能,以及可能增强了儿童的社会排斥感。

小　结

当代童年研究方法的转变,对应于社会科学中的反思性研究实践潮流。反思性被认为是现代社会科学研究中重要的方法构成部分③,对童年研究而言,反思性不仅对研究者推进研究是必要的,而且意味着反思童年知识的生产过程。

传统的童年研究方法生产出大量有关童年、儿童生活的知识。发展心理学的研究告诉我们有关儿童认知过程、行为发展的特征等的信息;社会学的研究让我们知道儿童是如何融入社会的;历史学的研究向我们展示出童年的过去面貌。然而,"儿童""童年"在以往的这些知识生产中不过是被"研究""分析""解释"的对象,很少作为研究的主体。儿童之所以值得研究,只是因为研究他们有助于成人了解某些社会问题,儿童的声音并没有被严肃、认真倾听。

20世纪90年代以来,研究者开始注意到此问题,主张重新定位儿童

---

① "Interview with Sue Bucknall about Research Relationships", in Mary Kellett, *Rethinking Children and Research*(London: Continuum, 2010), pp. 27 – 29.

② A. Dyson and N. Meagher, "Reflections on the Case Studies: Towards a Rationale for Participation?", in J. Clark, A. Dyson, N. Meagher, E. Robson and M. Wootten(eds.), *Young People as Researchers: Possibilities, Problems and Politics*(Leicester: Youth Work Press, 2001), pp. 65 – 66.

③ Pia Christensen and Allison James(eds.), *Research with Children*(London and New York: Routledge, 2008), p. 5.

与研究的关系。例如，艾莉森·詹姆斯等人视儿童为有能力参与研究的主体。[①] 研究的焦点开始从"对"儿童的研究转向"与"儿童一起研究，以及扩展到"由"儿童展开的研究。这种转变与新童年社会学的转变是一致的。

当前，如何更好呈现儿童的生活世界成为很多童年研究者思考的重要议题。在本章中，我们介绍了童年研究的社会史方法、人口统计学方法、社会调查等方法，它们各有优劣。库沃特普特别钟情人口统计学的方法，注重从宏观、结构的角度分析童年。

有些研究者则赋予民族志对儿童、童年研究的重要性。朗格（Lange）和米伦多夫（Mierendorff）在归纳童年研究方法的转变时，便将采用民族志方法列为其第一大特征。[②] 科萨罗更是运用该方法发现儿童文化的一些新特点。虽然民族志方法并不源于童年研究，但是运用这种方法研究儿童、童年，相较传统的发展心理学、教育心理学等来说却是一个不小的进步，它认为儿童、童年本身具有独立的研究价值与意义。

新的研究更是发展出"以儿童为中心/焦点"的研究策略，强调儿童在研究过程中的中心位置，主张儿童也是（合作或独立）研究者，能够探索有意义的研究议题。从儿童"被"研究到儿童"研究"，显示出儿童在研究中地位的变化，表明研究者与被研究者之间形成了平等、协作关系（这也可看作对儿童的一种新的赋权）。

这种方法可以归入"部落儿童"研究方法，其特点是重视儿童自己的观点，认为童年的社会世界本身就是充满意义的真实存在，而不是什么想象、游戏、拙劣的模仿或成人状态的不完善的早期形式。[③]

当然，需要注意的是，儿童与研究者关系的转变并不意味着儿童与成人在社会、政治、文化等领域权力关系的彻底扭转，而是一种初步的转变。事实上，童年研究中存在着复杂的伦理问题。

---

① Allison James, Chris Jenks and Alan Prout, *Theorizing Childhood* (Cambridge: Polity Press, 1998), p. 69.

② Andreas Lange and Johanna Mierendorff, "Method and Methodology in Childhood Research", in Jens Qvortrup, William A. Corsaro and Michael-Sebastian Honig(eds.), *The Plagrave Handbook of Childhood Studie* (Hampshire and New York: Palgrave Macmillan, 2009), pp. 78 - 96.

③ Allison James, Chris Jenks and Alan Prout, *Theorizing Childhood* (Cambridge: Polity Press, 1998), p. 28.

第九章　童年研究的伦理

伴随童年研究方法的转变，有关童年研究的伦理问题开始受到诸多学者注意，譬如艾莉森·詹姆斯等人强调，在研究儿童的社会身份时，伦理思考从来都不能止于表面的讨论，它显然会对儿童研究产生影响。[①] 不仅如此，其还可能对儿童生活产生重大影响。

有关研究的道德与伦理问题，关注的核心是如何尊重研究参与者，例如是否事先约定同意参与研究。伦理标准的设定，其目的最初也是保护研究者、研究机构及研究的声誉。然而，直到晚近，社会科学研究者才开始系统地思考童年研究的伦理问题。

第一节　童年研究的伦理评估

伦理议题在当代童年研究中是一个富有争议的话题，究竟需要满足什么样的标准才能有益于儿童，而不是剥削儿童，将他们简单视为一个具有研究收益的对象？如何在研究中最大限度地保障儿童权益？

尽管很多学者谈及"与儿童一起研究"与"与成人一起研究"之间的差异并肯定前者，不过，成人在与儿童一起研究中的角色仍然富有争议。

---

① Allison James, Chris Jenks and Alan Prout, *Theorizing Childhood* (Cambridge: Polity Press, 1998), p. 187.

前文提到，曼德尔提出"最少成人角色"立场，一方面承认儿童与成人之间的差异，另一方面建议研究者悬置成人除体型之外的一切特征。[①] 这里涉及一些伦理难题。

伦理构架

在最简单的意义上，伦理是指决定行为是正确还是错误的基本原则。"伦理"这个词源于希腊语中的 ethos，后者的意思是风俗或习惯，在现代语境下，伦理与风俗、行为何以好或坏的价值判断有密切关系。

从哲学层面看，道德与伦理哲学包含着特定的矛盾。大多数道德理论试图为伦理问题提供普遍的解决方案，然而这些理论相互矛盾，且其矛盾很难解决。[②] 因而伦理问题在思想与实践中饱受争议。在童年研究中，存在着不同的伦理框架，指导着人们的研究，它们各有利弊。

以哲学上的伦理探讨为基础，艾德森与莫洛归纳了三种不同伦理构架及其所关注的问题：

> 一是以责任或道义为基础的伦理框架。问题包括研究目的与方法是否是正确、公正合理的，研究的潜在好处与负担是否被公平地分配和承担，对主体是否尊重即研究者是否像对待他们自己一样尊重参与者，研究是否具有伤害或是无用的。
>
> 二是以权利为基础的伦理框架。问题涉及研究者是否尊重参与者的各项权利，包括接受保护以避免受到伤害、忽视与歧视的权利，自决的权利，互不干涉的权利，受到最佳的对待与照料的权利。
>
> 三是以利弊或功利主义为基础的伦理框架。问题包括研究者如何降低伤害，提升他们工作的益处；如何决定什么是最好的结果；优先考虑谁（儿童、父母、研究者、社会等）的利益。[③]

---

① N. Mandell, "The Least-Adult Role in Studying Children", in F. C. Waksler(ed.), *Studying the Social Worlds of Children*(London: Falmer Press, 1991) , pp. 38 – 59.

② 参见 Alasdair MacIntyre, *After Virture: A Study in Moral Theory*(London: Duckworth, 1985) （中译本：《追寻美德：伦理理论研究》，宋继杰译，译林出版社，2003）。

③ Priscilla Alderson and Virginia Morrow, *The Ethics of Research with Children and Young People* (London: Sage, 2011) , p. 17.

这三种伦理框架各有其局限与优势。需要注意的是，这些框架本身并不提供清晰、一致的伦理问题解决方案。事实上，在这些框架内部及之间存在分歧，对于究竟哪种框架最优，人们意见不一。权利与责任框架下所追求的所谓正确之事对某些群体可能是不公平的。利弊框架则更看重一项决定的可能结果，其目的是寻求最佳之行为，这种行为是为了大多数的利益，但可能会侵犯少数群体的利益。此外，有关伦理框架及观念的讨论常常是抽象的，忽视了真实的、复杂的细部伦理问题。

就儿童、童年研究的伦理来说，有必要发展新的思考方式，因为传统的伦理观念强调互不干涉的原则、避免故意的伤害，而很少考虑到过度保护儿童带来的伤害。不过尽管这些框架有诸多局限，它们对思考童年社会研究中潜在的伦理问题还是有帮助的。事实上儿童自身对这些问题也有所思考，戈登－史密斯（Gordon-Smith）便注意到，每个儿童都会热情地谈论公正、权利、公平的问题①，尽管不会直接使用权利等术语。

关于不同伦理构架的利弊，加拉格尔（Gallagher）亦归纳出一些类似的基本的伦理原则及其分歧。② 在利弊或功利主义伦理框架中，维护"绝大多数人的最大利益"是一个基本原则，这也是功利主义最有影响的一个原则。根据该原则，行为的正确或错误完全取决于行为的后果，这是一种结果主义伦理学的观点。这一原则允许为多数人的利益而牺牲少数人的快乐、愉悦，例如，在焦点团体中排除搞破坏的儿童是正当的，因为这可能有利于该项指向一般性儿童的研究，然而，这样做可能伤害被排除的儿童。

在权利论框架中，人被视为目的，而不是实现某一目的的途径。这意味着尊重个人，视个人为自主的存在。这种伦理框架基于这样一种认识即认为存在普遍性的责任而不论它们的结果如何，这是一种义务论伦理学观点。但是权利、义务的履行常涉及各种冲突，例如在对酗酒父母的研究中，尊重儿童主体的知情权可能与尊重父母的隐私权相冲突。哪一个群体应该享有更大的尊重，难以定夺。承担某种责任，或许会导致某种非道德

---

① P. Gordon-Smith, "The Morality of Young Children in Their Early Years Setting", *Childhoods Today*, 21 June 2009.

② Michael Gallagher, "Ethics", in E. Kay M. Tisdall, John M. Davis and Michael Gallagher, *Researching with Children and Young People*(London: Sage, 2009), pp. 11 – 34.

的结果。如果一个透露自己遭受虐待的儿童想保守这一秘密，尊重他的自主权，可能会导致虐待一直持续。

在美德论伦理框架中，好人往往具有优良的品质，坏人则具有坏的品质或邪恶的心灵。这种美德论伦理学关注的是究竟是什么决定一个人是好人，而不是什么导致一个正确的行为。但是关于美德的构成并没有共识，不同社会在不同时期以不同方式界定美德，即使在相同的社会中，对美德的理解也不一致。有些人可能认为一个好的研究者应尽量客观、没有偏见，其他人则可能宣称一个好的研究者应富有同情心、关爱与怜悯。美德伦理学无法判定什么样的美德是更好的。

上述这些伦理构架主要是一种对伦理的哲学探讨，然而伦理原则在社会科学中的实际运用则是另外一回事。社会科学的伦理实践涉及伦理委员会的指导、监管与规范。伦理委员会或监管委员会制定的伦理守则假定伦理可化约为一些基本原则，如果遵守这些原则，研究将是合理的。这种假设可能会存在问题。艾伦（Allen）认为，对许多人而言，"符合伦理"已经被简化为一些程序，不过意味着填写伦理委员会的一些表格，得到伦理委员会的同意，而不是一个在研究进程中反思伦理问题的过程。①

目前，伦理委员会已经由医学领域扩展到一般性社会科学中。英国教育研究协会制定的《教育研究伦理指南》认为，所有的教育研究都应当符合这样一种伦理，即尊重个体、尊重民主价值、尊重学术自由、尊重知识、尊重教育研究质量。② 为了让研究符合这一框架，该协会强调四种基本责任：参与者的责任，研究赞助者的责任，社区的责任，教育专家、政策制定者和公众的责任。这份指南认为，教育研究者应当尊重与研究相关的所有人。每个个体应被公平地、有尊严地对待，免于基于年龄、性别、性取向、民族、人种、阶层、国籍、文化、身份、残障、政治信仰等方面重要差异的歧视。"尊重"的伦理，不仅适用于研究者自身，而且适用于直接或间接参与研究的个体。指南特别就与儿童有关的研究强调研究者应该遵守《儿童权利公约》第三、第十二条。鉴于参与者的年龄、智力水平

① Gary Allen, "Research Ethics in a Culture of Risk", in Ann Farrell(ed.), *Ethical Research with Children*(Milton Keynes: Open University Press, 2005) , pp. 15 – 26.

② British Educational Research Association, *Ethical Guidelines for Educational Research*(London: BE-RA, 2011) .

等可能会限制他们理解自己在研究中的角色，研究必须运用他们能够理解的替代性方法使他们做出真实的反馈。在这种情况下，研究需要取得监护人或其他权利人的同意或理解。

此外，英国的国家儿童局亦有专门的针对儿童研究的指南，其对儿童与青少年研究的伦理进行了详细的规定。[①] 该指南的主要指导思想是视儿童、青少年为研究参与者。总体上看，该指南主要基于一种权利框架的伦理观。

这些伦理指导规范，或许如斯莫尔（Small）所认为的，并不能帮助我们理解在具体的情形下如何做出一个符合伦理的决定[②]，然而它们对相关儿童研究项目的设计、组织与实施，无疑是有帮助的，特别是在当前越来越多的儿童研究者参与研究的背景下，其中一些特殊的问题必须经过专门的伦理委员会的审视。

童年研究的风险与收益

一项研究涉及发现、提出、解答问题，这些问题并没有现成的、确切的答案，童年研究的伦理，就像研究本身一样存在不确定性，特别是在试图从儿童的视角探索问题时。研究究竟应如何介入儿童生活？某项有关儿童的研究是否真的有效？研究者如何知道哪一种方法更适合儿童研究？研究者不断提出一些令人困扰的问题，是否令儿童或成人倍受折磨？伦理问题如何影响研究者的自信？

大多数童年研究旨在改善儿童的状况。科比（Kirby）提出了一个假设性的研究儿童的理由，其中心思想是认为，特定的组织如青年俱乐部、当地官方部门、志愿者组织等希望获得儿童的信息以提升服务儿童的质量。[③]她在功利主义与专业学者的方法之间做出区分，后者介入的主要目的是利用儿童推进研究，使研究更严密、更合理。

珀西－史密斯（Percy-Smith）与托马斯（Thomas）注意到，一些研究报告也非常有助于增进人们对儿童观念与经验的理解，进而改变世界各国

[①] 参见 NCB, *Guidelines for Research*(London: NCB, 2003)。

[②] R. Small, "Codes Are Not Enough: What Philosophy Can Contribute to the Ethics of Educational Research", *Journal of Philosophy of Education*, Vol. 35, No. 3(2001): 387 – 406.

[③] Perpetua Kirby, *Involving Young Researchers*: *How to Enable Young People to Design snd Conduct Research*(York: Joseph Rowntree Foundation, 1999), p. 12.

的政策、公众与专业认知。① 遗憾的是，很多基于儿童视野的研究常受到忽视。如果不花时间努力宣传的话，研究和发现几乎很少发挥效益。

从更广泛的层面上看，为什么童年（儿童）研究是值得的，实际上是一个有关童年研究收益的问题。首先，研究本身会带来更多的可能性，无论是对儿童还是对社会而言。它可能会发现一些此前未被思考的问题，并提供可能的建议。研究可能会促进人们以不同的方式去分析问题。例如，研究者的儿童观念可能会影响研究，通过反思研究者自己的观念，研究者可能会设计出更好的研究计划。其次，童年研究能够使儿童的声音与观点被其他群体听到。这是现代童年研究的贡献之一。在西方，强调儿童参与的现代童年研究，在某种程度上是民主进程的表现之一，实际上，类似于女性研究，现代童年研究本身就是民主化浪潮的一部分。

在有些研究者看来，童年研究本身就是一种改革性实践，是一种赋权的、政治的、意识觉醒的过程②，或者是一种经验学习的形式，同时也可以被看成一种情感过程。有些研究者认为，在质性研究中倾听人们谈论他们的生活与关心的事，与心理治疗具有类似性，是一种照料实践。③ 如果是这样，这就意味着童年研究本身对儿童就是有价值、有意义的。

在文献梳理的基础上，戴维斯（Davis）认为，儿童会从关于他们的研究中获得诸多益处：研究有助于儿童同一性、个体与社会发展；帮助儿童树立责任意识，使他们感到有权力；增强儿童的自信、自尊与独立；发展儿童的合作、分享、讨论、辩论、倾听、计划、协商、问题解决能力；促进不同年龄、性别、种族、地方或身份的儿童的互动；增加儿童的工作经验；推动儿童形成较强的民主、多样性、社会公正、平等、人权意识；通过搭建儿童与成人之间的对话通道，促进儿童保护，避免虐待与忽视；推动对儿童自己社区的保护，促进其发展；使针对儿童的服务更容易被接

① B. Percy-Smith and N. Thomas, "Introduction", in B. Percy-Smith and N. Thomas(eds.), *A Handbook of Children and Young People's Participation*(London: Joseph Routledge Foundation, 2010) , pp. 1 – 7.

② L. Carirns, "Participation with Purpose", in E. K. M. Tisdall, J. M. Davis, M. Hill and A. Prout (eds.) , *Children, Young People and Social Inclusion: Participation for What?*(Bristol: Policy Press, 2006) , pp. 217 – 234.

③ B. Vicvat, "Situated Ethics and Feminist Ethnography in a West of Scotland Hospice ", in S. M. Lilly et al. (eds.) , *Subjectives, Knowledges and Feminist Geographies: The Subjects and Ethics of Social Research* (Lanham, MD and Oxford: Rowan and Littlefield, 2002) , pp. 236 – 252.

纳、更有效；开阔儿童未来工作的视野，帮助他们实现抱负。[①] 当然，这些收益并不必然同时获得，有时它们相互冲突或排斥。戴维斯指出五种可能的童年研究的收益模式：

　　一是研究的教育收益模式（儿童从研究经验中学到什么）；

　　二是研究的政治收益模式（对儿童而言，某项研究拥有改变社会政策及实现儿童权利的潜能）；

　　三是研究的认识论收益模式（研究增进理解并引发更好的研究）；

　　四是研究的消费模式（研究产生有价值的可应用成果，或设计出更好的服务）；

　　五是研究的保护主义模式（儿童与成人的对话经验有助于促进儿童保护）。[②]

在不同的收益模式下，不同领域的研究者可能会提出不同的问题，例如，政策制定者可能希望研究能提升关于儿童的政策的针对性与有效性，而教师则可能希望研究能增强儿童的合作、分享能力。不过，这些的前提均是确保儿童能够基于他们自己的理由积极参与研究。有些研究者仅视儿童为信息提供者，为其研究提供方便，但这不能带来童年研究的应有收益。有些儿童参与的研究，的确能在一定程度上影响政策实践。譬如潘迪亚（Pandya）聚焦于伊朗、阿富汗、阿尔巴尼亚的年轻难民与寻求避难者，他们遇到语言与文化上的很多障碍。这些年轻的难民常常感到不安全、焦虑、被社会排斥、知识欠缺等。[③] 该项研究对他们产生了直接影响，由于该研究，当地议会、政策制定者对支持年轻人的方法做出调整，并提供更多的资源以及制定更多的预防性措施来避免上述问题的产生。

　　许多社会科学研究者认为他们的研究工作是良性的，或者至少是无害的。他们未能意识到研究本身会打乱人们的生活，导致不便与尴尬，具有

---

①　John Davis, "Involving Children", in E. Kay M. Tisdall, John M. Davis and Michael Gallagher, *Researching with Children and Young People*(London: Sage, 2009), pp. 154 – 193.

②　John Davis, "Involving Children", in E. Kay M. Tisdall, John M. Davis and Michael Gallagher, *Researching with Children and Young People*(London: Sage, 2009), pp. 154 – 193.

③　Raksha Pandya, "Working with Young Refugees and Asylum Seekers Through Participatory Action Research in Health Promotion", in M. Sallah and C. Howson(eds.), *Working with Black Young People*(Lyme Regis: Russell House Publishing, 2007), pp. 123 – 135.

带来伤害的风险，而很多伤害往往是无形的、难以表述的。典型例子是"过度研究"（over-research）或"研究不足"（under-research）所带来的问题。前者过度地打扰儿童的生活或者太深地介入儿童生活，后者则忽视了一些重要的问题如研究仓促、预算低下、忽视儿童的态度、儿童样本不够等。这类研究的结果可能是无法验证、无效的，甚至有伤害的。在对残障儿童的照顾方式的研究中，此类问题表现为有些研究者仅仅关注成人的观点，忽视儿童的不同观点。① 研究的效度值得怀疑。

对儿童的伤害可能是短期或长期的。针对儿童的医学研究可能造成的伤害常是直接、严重的，因此显而易见需要伦理委员会的监管，而社会科学的研究，其伤害则不那么明显，例如对儿童心理或情感上的伤害如焦虑、尴尬、耻辱。如果研究者欲避免这些问题，就需要事先倾听儿童的观点，了解儿童们最担心什么。有些伤害在研究者看来可能很轻微例如精神不适、时间损失、不方便，但是对当事人来讲也许很严重。此外，如果研究者推荐的措施无效的话，一些研究报告所提出的政策可能对儿童产生重大的、长期的负面影响。

如何平衡童年研究的风险与收益，需要结合具体的研究议题来确定。埃文斯（Evans）与贝克尔（Becker）研究津巴布韦、坦桑尼亚、英国的HIV/AIDS 儿童以及孤残儿童。他们问及一些有关父母疾病、亲人死亡、照料责任的问题，这些问题使儿童心烦意乱、伤心流泪。② 研究者试图通过基于图片、绘画、故事书的交流方式来转移儿童对令人沮丧的主题的注意，以此平衡潜在的负面情绪、哭泣等伤害与可能的好处，包括分享情感、获得自信、推进研究从而改善儿童状况。因此，研究者需提供给儿童一个安静的私人访谈环境，并考虑在某些情况下儿童是否希望得到他人的情感支持。

为了避免开展不充分的或无益的研究，艾德森与莫洛建议从三个层面来评估研究的风险与收益：研究者的层面，伦理、资助及科学评估委员或顾问的层面，潜在的参与者与看护者的层面。③ 所有这些群体都需思考这

---

① Priscilla Alderson and Virginia Morrow, *The Ethics of Research with Children and Young People* (London: Sage, 2011), p. 23.

② Ruth Evans and Saul Becker, *Children Caring for Parents with HIV and AIDS: Global Issues and Policy Responses* (Bristol: Policy Press, 2009), p. 63.

③ Priscilla Alderson and Virginia Morrow, *The Ethics of Research with Children and Young People* (London: Sage, 2011), pp. 25 – 26.

些问题：为什么这一研究很重要？参与者被要求做什么？直接风险是什么？如果儿童想询问或抱怨，他们如何联系研究者？研究会带来什么样的可能变化？如何减少风险？研究会占用多长时间？研究会支付报酬吗？预期结果是什么？研究发现如何被运用？它们有什么样的影响？研究的发现是否是有益的？……

尽管针对这些问题的评估不是简单的，不仅涉及直接的、短期的影响，还涉及间接或长期的影响，然而在童年研究的准备阶段，思考这些问题是十分有益的，它可能会降低研究的风险，使研究更顺利、结果更公正。

童年研究中的伦理问题

童年研究过程中会遇到很多实际的伦理问题。针对儿童的研究或者儿童参与的研究，是否遵循一般性研究的程序与责任？如果儿童参与研究，那么儿童承担多大的责任才是合理的？成人在研究中在多大程度上支持儿童或控制研究？成人研究者怎样才能避免剥削或操控儿童，出现儿童参与阶梯模型中低级阶梯所描述的那种情况？除了占用学校、家庭、课外时间之外，儿童花费多长时间参与研究才是合适的？如果儿童参与研究，应被支付报酬吗？如果是，那么该付多少，如何支付？此外还有很多问题，例如：儿童是否需要在监护者陪同下参与会议讨论？当研究在学校里展开时，教师可能需要参加，这会导致儿童与成人之间新的不平衡关系。当儿童研究者质疑官方数据时，成人应当鼓励他们去批评吗？谁最终对研究结果负责，儿童、成人还是共同负责？对于关于儿童的一些研究成果，新闻记者常常乐意报道，但可能导致误解，其责任由谁承担？

一般而言，儿童被广泛地认为更脆弱、更容易被剥削与虐待。兰斯当（Lansdown）认为儿童的脆弱体现在两个方面：一是他们天生是脆弱的，他们身体上的弱小、知识与经验的缺乏，使得他们不得不依赖成人；二是他们在社会结构上很脆弱，因为他们缺乏政治与经济权力，没有公民权利。[1] 我们很少关注儿童公民身份的缺乏在何种程度上建构了儿童的脆

---

① G. Lansdown, "Children's Rights", in B. Mayall(ed.), *Children's Childhoods: Observed and Experienced*(London: The Falmer Press, 1994) , pp. 33 – 44.

弱性。

尽管这可能并不符合新童年社会学的观点，然而在很多童年研究中，人们一般默认儿童处于不利的地位，因为他们在社会、文化、法律结构中附属于成人。[1] 这带来有关童年的伦理话语的争论，而童年的伦理话语又常常引起围绕理想的平等主义以及公正、包容、参与、民主、慈善等的争论。

这里的关键问题是儿童与成人的权力（支配与从属）关系。马修斯（Matthews）认为，重构这种权力的平衡是研究伦理面对的一个重要挑战。[2] 许多童年研究者认为参与方法非常有用，能促使成人与儿童分享权力、捍卫儿童的权利以及承认他们的能力。克里斯滕森（Christensen）与普劳特提出一种所谓的"伦理对称性"（ethical symmetry）原则。该原则意指不论研究对象是成人还是儿童，研究者与信息提供者之间的伦理关系都应是对等的，研究者应以此为出发点。[3] 应用该原则，意味着当研究涉及儿童议题时，研究者不需要运用特定的研究方法或遵守特殊的伦理标准，相反研究本身必须充分考虑到儿童的经验、利益、价值与日常生活。

在凯利特（Kellett）看来，童年研究中最关键的伦理主题有三个：一是知情同意，二是保密性，三是保护研究参与者以避免其受到伤害。[4] 这三个主题均涉及儿童与成人的权力关系。这些问题也正是《儿童和青少年研究指南》[5] 所关注的。关于此，我们后文再述。普里西拉·艾德森则主张童年研究中至少涵盖十个伦理主题：

1. 研究的目的。涉及为谁而进行研究、研究服务于谁的利益、研究试图回答什么问题、为什么这些问题值得研究、如何选择最适合研究目的的方法。

2. 成本与预估益处。涉及儿童被要求对研究做出什么样的贡献；

---

① V. Morrow, "Ethical Issues in Collaborative Research with Children", in A. Farrell(ed.), *Ethical Research with Children*(Milton Keynes: Open University Press, 2005), pp. 150 – 165.

② H. Matthews, "Power Games and Moral Territories: Ethical Dilemmas When Working with Children and Young People", *Ethics, Place and Environment*, Vol. 4, No. 2(2001) : 117 – 118.

③ P. Christensen and A. Prout, "Working with Ethical Symmetry in Social Research with Children", *Childhood*, Vol. 9, No. 4(2002) : 477 – 497.

④ Mary Kellett, *Rethinking Children and Research*(London: Continuum, 2010) , p. 23.

⑤ 参见 Catherine Shaw, Louca-Mai Brady and Ciara Davey, *Guidelines for Research with Children and Young People*(London: NCB, 2011) 。

研究对儿童有什么样的好处；如果研究不进行，是否有风险与代价。

3. 隐私与保密。涉及如何获得儿童的姓名，他们是否会被告知姓名信息的来源；儿童与父母是否可以选择参加或退出研究；研究是否在安静的、能保障隐私的地方进行；如果儿童愿意，父母是否可以在场；如果儿童希望公开姓名，研究者如何应对；谁可以查看研究记录；在研究开始之前，是否需要查看儿童的犯罪记录；当研究报告完成后，研究记录是否需要保留。

4. 研究参与者的选择。涉及为什么相关儿童被选择参与一项研究，被选择参与的儿童是否为不利处境群体，这种（对部分儿童的）排除是否公正，研究发现是否仅仅代表某一儿童群体，研究是否有足够多的儿童参加，是否考虑到儿童退出。

5. 资金提供问题。涉及研究的资金是否应该来自那些对儿童友好的机构，资金是否有效地用于收集、分析数据，儿童、父母的损失是否应得到补偿，儿童是否应被支付报酬。

6. 研究目标与方法的评估。涉及儿童是否对研究有帮助，研究设计对儿童是否友好，委员会是否特别评估有关儿童的伦理问题，研究者是否有解释义务。

7. 信息。涉及儿童、成人是否关心研究的细节如研究的本质与目的、方法与时间、可能的结果，研究的概念是否得到清晰解释，研究是否鼓励儿童提问或合作，儿童如何联系研究者，如何做到公正。

8. 知情同意。涉及在儿童能够理解的情况下，儿童是否被告知他们能随时决定参与或退出研究；儿童是否知道他们能够提问；如果儿童退出研究，儿童是否知道他不会受到责怪；研究者如何帮助儿童了解研究事项，而不会令儿童感到压力；父母或监护者是否知情；如果儿童要求参与研究而父母拒绝，研究者怎么做；知情同意书是书面、口头还是默认的；研究者如何确保每个儿童的观点能够被呈现与尊重；如果没有签署知情同意书，研究如何确保公正。

9. 传播。涉及研究设计是否留出了足够的时间来报告和宣传研究结果，如何平衡各方证据，儿童是否能获得研究发现的简报，研究是否会被学术杂志刊载，是否会安排会议报道研究发现，研究者如何运用研究结果。

10. 对儿童的影响。涉及研究发现如何影响广大的儿童；在研究中，假定的童年模式是什么；这些模式如何影响资料的收集与分析；如果研究是反思性的，那么研究者如何讨论自己的偏见；在报告中，是否倾向使用正面的图片，而避免使用歧视性的术语；研究者如何在公正的研究与尊重儿童之间取得平衡。①

对于如何处理童年研究中的这些伦理主题，莫洛（Morrow）与理查兹（Richards）提供了一些非常有用的建议，包括方法层面的与实践层面的。② 就方法而言，研究者需要仔细考虑他们研究儿童的立场及该立场的伦理意涵。本质上，这涉及是否尊重儿童的能力。尊重意味着研究者需要搁置对待儿童的"自然"的成人倾向。当儿童不赞同成人的观点时，认为儿童天生是"错误的"，这种认识是一个需要克服的障碍。③ 同时，研究者需要意识到他们具有完全的责任去确保在研究的任何阶段儿童都不会遭到任何伤害。研究者还应该注意到儿童不是一个同质的群体。儿童的观点会受到很多因素如性别、年龄、种族、个体特征、儿童意愿或其他群体的影响。

从实践层面看，鉴于儿童相对无权的社会位置，过度依赖某一类型的数据收集方法可能会导致偏见，应该运用多种研究策略。如上一章所述，参与研究的方法或许是一种有用的补充方法。使用儿童作为研究助手或数据收集者，有助于避免不适当地侵入儿童生活，降低儿童与成人的权力不平衡程度。在研究结果的宣传方面，研究者应该意识到记者、政治人物可能对敏感性问题更感兴趣，他们希望将有关儿童的道德恐慌与研究发现联系起来，因此研究者需要对媒体在报道中呈现儿童的方式负责，意识到可能存在的误解，毕竟儿童并不能挑战研究报告中他们被呈现的方式。④ 这些都是童年研究伦理所应关注之处。

---

① P. Alderson, *Listening to Children: Children, Ethics and Social Research* (London: Barnardo's, 1995) , pp. 2 – 6.

② Virgima Morrow and Martin Richards, "The Ethics of Social Research with Children: An Overview", *Children & Society*, Vol. 10, No. 2(1996) : 90 – 105.

③ G. A. Fine and K. L. Sandstrom, *Knowing Children: Participant Observation with Minors* (Newbury Park: Sage, 1988) , pp. 75 – 76.

④ Virgima Morrow and Martin Richards, "The Ethics of Social Research with Children: An Overview", *Children & Society*, Vol. 10, No. 2(1996) : 90 – 105.

第二节　童年研究中的尊重与保护

如前指出，新童年社会学研究范式的主要立场之一是认为"儿童""童年"本身值得研究，主张将儿童视为有行动能力的、积极的、值得尊重的主体。这种立场不仅蕴含了对传统儿童、童年观念的批判，而且也涉及对儿童、童年研究伦理的反思，其中最重要的伦理议题是研究过程中儿童的知情同意以及隐私与保密。

儿童的知情同意

知情同意是当代社会科学研究在伦理上最重要的原则之一，然而在很多儿童研究中，研究者常首先会寻求父母、学校教师、管理者、当地官员的同意，却不情愿征询儿童的意见，儿童往往最后才获知相关研究信息，或者根本没有被告知。在这里，"同意"通常意味着父母或监护人的同意，儿童不过被看作他们父母或监护人的财产，被剥夺了对参与研究说"不"的权利。

有关儿童是否同意，一些研究者特别强调儿童与成人之间的差异。艾德森注意到，区分成人与儿童很明显是必要的。[1] 因此，这就需要在"consent"（知情同意）与"assent"（准许）之间做进一步的区分。

"consent"意味着基于相关信息的完全披露，愿意参与某个研究项目，而"assent"则指父母或监护人允许被监护者参与研究项目，同时儿童不反对或同意成为研究对象。[2] 有些论者认为，"consent"可以被定义为，对象与研究者之间涉及信息披露、讨论、完全理解项目及个体自由表达参与意愿的互动过程。[3] 而"assent"则是一个通常用于有关未成年人事务的术语。从法律上看，未成年人不被允许签订协议。"assent"是在儿童理解能

① P. Alderson, *Listening to Children: Children, Ethics and Social Research* (London: Barnardo's, 1995), p. 69.

② A. J. Tymchuk, "Assent Processes", in B. Stanley and J. E. Sieber(eds.), *Social Research on Children and Adolescents: Ethical Issues*(London: Sage, 1992), pp. 128 – 142.

③ Sølvi Helseth and Ashild Slettebø, "Research Involving Children: Some Ethical Issues", *Nursing Ethics*, Vol. 11, No. 3(2004):298 – 308.

力内最接近同意的道德前提①，这体现出自由表达需要满足一定的条件。

艾德森与莫洛不主张使用"assent"这一概念。理由在于，首先，"assent"是指没有权利达成同意的未成年人的赞同，然而在实际情况中儿童能够做出明智的决定。其次，"assent"是指儿童理解部分议题而做出的准许，他们并没有完全理解所有的问题。基于部分理解的决定，不是一个充分的决定。最后，"assent"意味着"至少不拒绝"，但这可能与实际情况不符，例如当儿童由于困惑、担忧、被忽视而不能拒绝时，"assent"会被误用而遮蔽儿童的反对。②

无论是"consent"还是"assent"，均要求个体拥有相应的能力。能力意味着个体能够理解所做之事的目的及可能的后果。③很明显，儿童在这方面存在一定的局限性，很难满足这些标准，而在对能力的判断中，人们则常常以年龄为依据。然而在讨论知情同意时，只关注能力或年龄，可能会产生一些令人困扰的矛盾：一方面，这强调了"同意"是一个个体的、理性的行动，忽略了社会背景、同辈压力、规范标准、权力及照料关系的影响；另一方面，这预设了一种能力的既定标准，凸显出儿童不能做什么而不是儿童能够做什么。

这些困扰亦体现在有关"吉利克能力"（Gillick competence）的讨论中。该术语源自英国，用于在医疗法律领域中指儿童确定是否同意对她/他的医学治疗，而无须得到父母的许可的能力。一个有能力的儿童，是这样一个儿童：具有充分的理解力并具有相应的智力完全理解什么是恰当的，并具有足够的判断力以使其能够做出符合其自身利益的明智的选择。"吉利克能力"突出儿童的能力并不由年龄决定。汤普森（Thompson）认为，寻找儿童知情同意的最低年龄门槛，是一个错误的问题。④根据背景及判断的情境，大多数儿童都能够做出有关他们想做什么的决定。因此

① Sølvi Helseth and Ashild Slettebø, "Research Involving Children: Some Ethical Issues", *Nursing Ethics*, Vol. 11, No. 3(2004): 298 – 308.

② Priscilla Alderson and Virginia Morrow, *The Ethics of Research with Children and Young People* (London: Sage, 2011), p. 103.

③ Sølvi Helseth and Ashild Slettebø, "Research Involving Children: Some Ethical Issues", *Nursing Ethics*, Vol. 11, No. 1(2004): 298 – 308.

④ R. A. Thompson, "Developmental Changes in Research Risk and Benefit: A Changing Calculus of Concerns", in B. Stanley and J. E. Sieber(eds.), *Social Research on Children and Adolescents: Ethical Issues* (London: Sage, 1992), pp. 31 – 64.

儿童同意参与研究的能力，不应被认为是由儿童年龄限定的，而是取决于儿童、背景、决定的性质之间的互动。只要以恰当的方式提供给他们相关的信息，即使是很小的儿童，也能理解研究过程的基本要素以及他们的角色。儿童知情同意的能力部分取决于背景，部分取决于需要他们同意什么。

在现代语境下，儿童的"知情同意"问题，不仅是一个伦理问题，还是一个儿童权利问题。征求儿童的同意或拒绝，其实质是尊重《儿童权利公约》所规定要保障的儿童的思想自由以及按照这一公约的规定重视儿童的意见。即使是父母，在试图为儿童做出决定，履行父母的责任与权利时，也必须基于儿童的最大利益，并以一种符合儿童能力的方法为他们提供帮助。对儿童知情权利的尊重，能够减少虐待与忽视儿童的风险，防止歧视、非法侵犯儿童隐私、败坏儿童声誉等。在英国，卫生部（后改名为"卫生和社会保健部"）提出，知情同意是合伦理研究的核心。[①]

此外，尽管"知情同意"作为儿童的一项权利是普遍性的法律规定，但在实践中存在一些难以解决的问题，如究竟多大的儿童能够做出明确的行动、赞同某项研究。按照蒂斯德尔（Tisdall）等人的归纳，"知情同意"一般包含四个核心原则：第一，知情同意涉及明确的行动如口头的同意、书面的签字，不同于"准许"（assent），准许是指参与者含蓄的或明显的参与意愿；第二，参与者只有被告知并理解研究的目的、可能的后果之后，才能同意；第三，知情同意必须是自愿的，是非强制的；第四，知情同意必须是可协商的，因此，在研究的任何阶段，儿童均能够收回同意的决定。[②] 在实践中应用这些原则，可能会遇到挑战。有些儿童会认为知情同意并不是自愿的，尤其是那些处于不平等关系中的儿童。他们的观点无不受到同辈及成人监护者如父母、教师、社会工作者的影响。如果是在熟悉的环境中，儿童或许会依赖于其所信赖的成人提供的信息来做决定。在这种情况下，信息的充分与否是十分重要的。

获得充分的信息是儿童自主决定的一个必要前提。儿童的想法与具体

---

① Department of Health, *Research Governance Framework for Health and Social Care*(London: DH, 2005) , p. 7.

② E. Kay M. Tisdall, John M. Davis and Michael Gallagher, *Researching with Children and Young People*(London: Sage, 2009) , p. 16.

的现实经验有关，儿童必须有一些经验才能理解研究项目。奥德鲁塞克（Ondrusek）等人发现理解能力与参与者年龄之间关系有两个有趣的特点：一是对研究的某些方面如研究目的、潜在的伤害、退出的权利、可能的益处等的理解明显与年龄相关，而对研究程序等信息的理解则与年龄无关；二是当理解与年龄相关时，9 岁似乎是一个重要的时间节点。① 如果我们认同皮亚杰的发展理论，即较小儿童的思维方式更多是具体运算而非抽象的，那么奥德鲁塞克的这一发现是可以理解的，因此研究者需要将研究过程的解释与相应发展阶段的儿童能够正常理解的事件联系起来，以儿童熟悉的词语向他们提供信息，这样儿童接受和理解研究的可能性将会上升。

为此，凯利特提出一种知情同意的阶梯或层级（见图 9 - 1）。

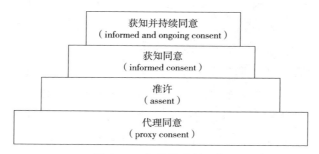

图 9 - 1　知情同意的层级

资料来源：Mary Kellett, *Rethinking Children and Research* (London: Continuum, 2010), pp. 25 - 26。

"获知并持续同意"指儿童完全赞成并理解研究，同时在研究过程中给予持续的同意。"获知同意"指儿童完全理解研究的内容并给予同意。"准许"是指儿童默许研究的进行但并没有理解研究的内容。"代理同意"指第三方如教师、健康护理人员代替儿童表示同意。这种分级有助于研究者在实际研究中思考如何才能让儿童特别是不利处境下的儿童理解研究项目。

在目前的研究中，为了让儿童了解更完整的信息，信息往往以书面形式被告知。来自挪威研究伦理委员会的指南认为 7 岁儿童就能形成观点，其建议为 12 岁及以上儿童提供书面信息，而对于小于 12 岁的儿童也可为

---

① N. Ondrusek, R. Abramovitch, P. Pencharz and G. Koren, "Empirical Examination of the Ability of Children to Consent to Clinical Research", *Journal of Medical Ethics*, Vol. 24, No. 3(1998): 158 - 165.

他们提供书面信息，如果他们能恰当理解的话。① 英国的《儿童和青少年研究指南》粗略地列出了一个应提供给儿童的相关信息的清单，包括：研究试图发现什么、研究的目的、谁资助了这项研究、谁主持这项研究、参与者需要做什么（如问卷回答、一对一访谈、团体讨论）、提供的信息如何被记录（如书面、录音、视频）、数据会被用于干什么、信息保密的程度、信息如何被分析（结果是否被宣传、个人论述如何被应用）、谁将查看研究结果、结果如何呈现、研究对参与者有何益处等。②

除了儿童本人的知情同意外，作为监护人的父母的意见也是十分重要的。取得父母的同意对儿童来说是一个重要的保护，但是可能会出现斯凯尔顿（Skelton）所注意到的两个问题：一是父母可能会拒绝允许他们的小孩参与研究，尽管小孩希望参与；二是儿童可能不得不拒绝参与研究，因为他们不想父母知道他们参与临床诊断或心理辅导服务，尤其是在研究涉及与药品、性健康、酒精等有关的问题时。③

不过，对研究者而言，告诉父母无论如何不要对儿童施加压力是非常重要的。尽管父母可能在研究现场，因为与父母一起面对研究者，儿童会觉得更自在，但是应当鼓励父母不要介入儿童的决定过程，而是尊重儿童的权利。可以通过签订协议征求儿童书面的同意，这一形式常使儿童感受到自己的重要性以及一种被赋权的感觉。儿童的知情同意对参与是至关重要的，他们的同意在程序上应优先于父母的同意，但是如上所述，由于较小的幼儿在法律上是未成年人，父母不得不代为做出是否同意的决定。需要取得父母的同意这一点背后的假设是父母的行动符合儿童的最大利益。④在这里，儿童保护主义与参与主义的矛盾体现出来。这是儿童权利领域中一个人们长期争论不休的问题，反映出一种"认为儿童依赖于成人保护、不能做出负责任的决定的观点与认为儿童具有基本的人权包括参与影响他

---

① The Norwegian National Research Ethics Committees, *Guidelines for Research Ethics in the Social Sciences, Humanities, Law and Theology*(Oktan Oslo AS, 2016), p. 21.

② Catherine Shaw, Louca-Mai Brady and Ciara Davey, *Guidelines for Research with Children and Young People*(London: NCB, 2011), p. 30.

③ Tracey Skelton, "Research with Children and Young People: Exploring the Tensions Between Ethics, Competence and Participation", *Children's Geographies*, Vol. 6, No. 1(2008): 21 – 36.

④ Sølvi Helseth and Ashild Slettebø, "Research Involving Children: Some Ethical Issues", *Nursing Ethics*, Vol. 11, No. 3(2004): 298 – 308.

们事务的完全的决定的权利的观点之间的固有的张力"。①

　　知情同意是否有国际标准是另一个值得关注的问题。从跨文化的层面看，不同文化对知情同意有不同的理解。英国经济和社会研究理事会（ESRC）的《研究伦理构架》认为，在发展中国家，知情同意的传统意义可能是有问题的，因为同意的传统模式基于"个体至上"。② 个体被视为权利的所有者和与他人权利互惠责任的承担者。这种对个体的强调，在有些文化背景下似乎是不恰当的或无意义的。相比个体，有些文化更优先考虑亲属或社区的概念。

　　例如，特乌姆－丹索（Twum-Danso）的报告显示，在加纳儿童的团体讨论中，他们极少挑战成人的权威，而宁愿被告知怎么做。不这样的话，他们会被看作离经叛道者、被惩罚和侮辱，同时会给父母带来耻辱。③ 相比表达权，儿童们更看重那些有助于他们生存的权利。在有些非西方低收入地区，研究者与社区之间的个人关系会极大影响参与者是否同意研究，这就需要寻求社区成员的允许与支持。在这里，实现知情同意远不是运用问卷来评估参与者理解程度的过程，而是一个培养信任与情感的过程。

　　对儿童而言，知情同意是一种成人介入，对非西方文化而言，这未尝不是另一种伦理观念的介入。知情同意是一种有关契约与法律的、白人的、中产阶级的、西方的、男性气质的概念。④ 当然，这并不是说知情同意这一原则在非西方文化中没有应用价值，而是说在应用这一原则时我们需要思考儿童、童年被当地文化理解的方式。

　　隐私与保密

　　隐私是社会科学研究中另一个重要的伦理议题。作为研究者，其有责任保护参与者免于受到公众压力。只要有可能，研究者们就需要向参与者

---

① G. Lansdown, "Children's Rights", in B. Mayall(ed.), *Children's Childhoods: Observed and Experienced*(London: Falmer Press, 1994) , pp. 33 – 44.

② ESRC, *Research Ethics Framework*(Swindon: ESRC, 2005) , p. 24.

③ Afua Twum-Danso, "Situating Participatory Methodologies in Context: The Impact of Culture on Adult-Child Interactions in Research and Other Projects", *Children's Geographies*, Vol. 7, No. 4 (2009): 379 – 389.

④ Michael Gallagher, "Ethics", in E. Kay M. Tisdall, John M. Davis and Michael Gallagher, *Researching with Children and Young People*(London: Sage, 2009) , pp. 11 – 64.

保证其所收集的数据会保密，同时隐去他们的详细个人信息诸如姓名、地址、职业等。在对隐私的保护上，儿童与成人享有同样的权利。有些儿童总是担忧他们访谈的内容可能被反馈给老师或父母，有些儿童不希望将他们自己的情况透露给其他人。

　　无论是对成人参与者还是对儿童参与者来说，隐私与保密的问题都需要在研究之前及研究过程中向他们明确地解释清楚。在艾德森与莫洛看来，需要解释的问题包括为何与如何选择他们参与研究；研究中相关影像、图画、日记、图片的版权属于谁；谁将有权查看研究记录或笔记；如何尊重每一个年龄群体，而不轻视其他群体；调查问卷是否忽略了参与者认为重要的问题；照片的使用如何取得参与者或监护者的同意；研究参与者是否有权复制相关访谈记录；在研究过程中，团体讨论如何保密；参与者是否可以选定访谈的场所；数据的再次运用是否会征求参与者的意见；参与者希望数据如何被使用或不使用；研究结果如何保证隐私不被泄露；如果结果被披露，是否对参与者有伤害；等等。[1]

　　在研究中，可能会出现两难的困境，由于儿童对隐私概念的理解可能与研究者并不一样，有些儿童反而会要求在研究报告、结果中具名。一般情况下，研究者会建议儿童以中性假名代替真名，但这可能给研究结果的性别分析带来不利影响，导致无法对样本进行性别研究。此外，关于如何告知儿童研究者所指的可能伤害是什么，威廉姆森（Williamson）等人注意到，那些没有受到伤害如虐待的儿童对伤害的认识不同于成人。[2]

　　从实践层面看，儿童隐私权利的保护存在悖论。一方面，保护儿童隐私权能够让儿童避免受到可能伤害他们的研究的影响，但这却会使儿童丧失发声的机会，让他们无法影响那些与他们切身利益相关的报告、政策与实践。这就否定了他们在研究过程中的自主权。另一方面，隐私权源于17世纪早期成人免受干涉、自主决定的权利[3]，而目前大多数儿童、童年研

---

①　Priscilla Alderson and Virginia Morrow, *The Ethics of Research with Children and Young People* (London: Sage, 2011), p. 35.

②　E. Williamson, T. Goodenough, J. Kent and R. Ashcroft, "Conducting Research with Children: The Limits of Confidentiality and Child Protection Protocols", *Children & Society*, Vol. 19, No. 5 (2005): 397 – 409.

③　Priscilla Alderson and Virginia Morrow, *The Ethics of Research with Children and Young People* (London: Sage, 2011), pp. 35 – 36.

究的伦理原则侧重强调保护而不是对隐私的尊重，这种意涵已经延伸到对儿童教育、健康资源的提供，以及保护他们避免受到伤害中。由此，"权利"最初的"非介入"的意义转变为"积极介入"儿童的利益。尽管保护是重要的，但过度的保护却导致儿童越来越被视为被动的对象而不是积极的道德主体，这可能使儿童面临被研究者剥削或虐待的更大风险。

这样看来，有关儿童隐私与保密的主要问题似乎在于儿童的自决权利与法定的父母有关儿童的知情权利、保护权利之间的冲突。人们可能会认为没有父母在场，儿童更容易讨论他们自己的情感、家庭情况等，然而一些父母认为他们有权知道儿童在访谈中的情况。实际上，如果研究发生在家庭环境下，研究者很难有一个独立的空间来访谈儿童，因为父母会自然在场。有些儿童宁愿与父母一起接受访谈。在有些国家例如挪威，法律规定父母有权了解 16 岁以下儿童的所有信息，这是落实父母责任的必要条件。① 在这种情况下，研究者需要与儿童、父母协商，达成可接受的协议。

出于对儿童及研究者的保护，凯瑟琳·肖（Catherine Shaw）等人建议，不要单独与儿童在某个房间或建筑物里相处，也不应该在儿童的卧室里访谈儿童。② 理想的研究情况是，父母或监护者就在儿童附近，但又不太靠近访谈现场，不会听到谈话的内容，但是在某些情况下，如果儿童要求他们的父母或监护者在场的话，研究者应该考虑儿童的这一要求，特别是对低幼儿童或残障儿童来说，父母能够提供必要的交流帮助。

在有些社会中，社会等级及文化习俗使研究者很难避开成人的影响来研究儿童。阿贝贝（Abebe）在埃塞俄比亚的田野研究中发现，要想找到一个单独访谈的空间很困难，部分原因是没有恰当的场所，部分原因是当地童年的概念——人们认为儿童处于家庭中的附属位置。③ 在很多情况下，即使是对儿童进行正式的访谈，成人、父母、其他儿童也可能会随时加入或打断。研究者感到如果要求提供一个"隐私"的空间，可能有悖于当地文化，威胁家庭主人的权威，使当地人尴尬，特别是家庭成员的生活空间

---

① *The Patients' Rights Act*, Act of 2 July 1999, no. 63 relating to Patients' Rights.

② Catherine Shaw, Louca-Mai Brady and Ciara Davey, *Guidelines for Research with Children and Young People*(London: NCB, 2011) , p. 35.

③ Tatek Abebe, "Multiple Methods, Complex Dilemmas: Negotiating Socio-Ethical Spaces in Participatory Research with Disadvantaged Children", *Children's Geographies*, Vol. 7, No. 4(2009) : 451 – 465.

本来就很小。阿贝贝所提及的这一情形，在学校或家庭环境下的童年研究中常常会遇到。

对于一些敏感的问题诸如酗酒、药品滥用、性行为等，研究者需要考虑运用参与者可以接受的方法，例如运用电子问卷而非纸质问卷来调查、在访谈中使用卡片或图画等形式。庞奇运用一种叫作"秘密盒子"的创造性方法来确保儿童的解释不会被泄露。根据研究目的，要求参与的儿童将他们关于某一问题的看法或观点写在一张白纸上而不署名，然后投入一个事先准备好的盒子里，以便事后研究。同时向儿童保证，不会根据笔迹来核实究竟是谁所写的。① 这样既可确保研究结果的有效性，又充分尊重儿童的秘密或隐私权利。这种方法与选举中的匿名投票计数有异曲同工之处。

但是在有些问题如虐待的研究中，研究者很难保障儿童的隐私权，因为其可能会面临潜在的法律责任。在研究者保证不告诉父母之前，一些儿童不会向研究者披露父母的虐待行为。这给研究者带来一个两难的问题：一方面，由于需要得到真实的信息，必须向儿童做出承诺，不会向父母或其他机构"告密"；另一方面，出于保护儿童的义务，研究者有责任向监管机构陈述、披露、反映这些问题，以便改变儿童的不利现状。马森（Masson）曾提及研究者有限的法律义务。② 在他看来，当研究者发现儿童在披露有关剥削或虐待的信息时，研究者有义务向相应的机构揭示儿童的这些状况。最低限度是，研究者不能向儿童参与者确保绝对的保密性，因为其有责任保护儿童。

伦理问题贯穿童年研究的整个过程，例如，在访谈中，研究者可能希望迅速与儿童建立彼此信任的亲密关系，以便获取个人的、秘密的、独一无二的信息。这就带来如何在发展亲密关系与为研究利用该关系之间保持平衡的问题。在有些情况下，研究者试图坐在儿童身边进行访谈，拉近与儿童的关系，但可能使儿童尴尬、羞怯、不安，尽管儿童同意参与访谈。访谈期间所形成的这种研究者试图构建的"亲密"关系与成人的权威复杂

---

① Samantha Punch, "Interviewing Strategies with Young People: The 'Secret Box', Stimulus Material and Task-Based Activities", *Children & Society*, Vol. 16, No. 1(2002): 45 - 56.

② J. Masson, "Researching Children's Perspectives: Legal Issues", in A. Lewis and G. Lindsay(eds.), *Researching Children's Perspectives*(Buckingham: Open University Press, 2000), pp. 34 - 45.

地交织在一起。霍姆斯提及在学校做田野调查时，与儿童的亲密接触可能带来受性骚扰指控的风险。在她所访问的每一所学校里，她均被校长或是其他教师告诫，不要和儿童有任何形式的身体接触，也不要让自己与儿童独处一个房间，或者给予儿童任何不必要的帮助。她意识到与孩子互动时身体上的紧密接触可能带来的法律问题，但她坦陈，要做到不温柔亲切地对待儿童是相当困难的事，当儿童寻求安慰时，她不可避免地会弄乱他们的头发或者把手臂放在他们的肩膀上。[①]

当前，随着网络的发展，在线研究的隐私与安全问题越来越受到关注。然而在线研究的伦理标准却很不充分，一些法律如美国《儿童互联网保护法案》主要侧重保护儿童避免受到在线不良信息的伤害，并不涉及研究伦理。[②] 在线研究如何签署同意书、评估公共与私人之间的界限、实现协议条款的在线协商、确保数据传送的安全等都带来了新的伦理议题。在具体研究中，在线研究者可能会遇到特别的隐私与保密问题，如如何与网民建立联系、邀请他们参与研究，是否允许研究网民的在线日记与消息，在线聊天室的研究应遵循什么样的伦理要求，等等。这些问题不同于线下研究的伦理问题。

网络是一个高强度互动的环境，儿童是网络平台积极的参与者。有些论者建议在线研究可遵循"非介入"原则[③]，但是这一原则争议很大，可能会引起如放任网络骚扰与网络欺凌等问题。而且，很多时候网络欺凌并不能归入现行法律条文所指的某种犯罪行为。该现象已经引起很多学者的关注。当研究者面对这些问题时会产生伦理上的困境：是继续"客观"的研究，还是保护性介入？此外，如果研究参与者在线表示其自杀意图，恐怕研究者很难提供及时的紧急帮助，也很难找到可行的方法去追踪了解参与者的情况，进而保证能够合理地介入。在这种情况下，研究者可能会遇到在研究道德、法律义务之间做出取舍的难题。

因而，有些研究者认为研究伦理不只是指研究者有告知相关机构的法律义务。[④] 尽管研究者不能保证研究的保密、参与者的隐私，但是在研究

---

① Robyn M. Holmes, *Fieldwork with Children* (Thousand Oaks, California: Sage, 1998), p. 26.

② *Children's Internet Protection Act*, Pub. L. No. 106 – 554. Washington, D. C., 2000.

③ Priscilla Alderson and Virginia Morrow, *The Ethics of Research with Children and Young People* (London: Sage, 2011), p. 42.

④ P. Alderson, *Listening to Children, Children, Ethics and Social Research* (London: Barnardo's, 1995), p. 26.

之前，研究者有义务告知儿童参与者这一点，这是他们应当知道的信息。[①]
实际上在研究之前与儿童协商，反而能够鼓励儿童在遇到困难时自己主动
寻求他人或机构的帮助，这符合"尊重及保护儿童"的研究宗旨。

然而，在马森看来，研究中对儿童保护的强调，恰恰凸显了或忽视了
伦理要求、法律义务、专业帮助之间的不同。[②] 其中的冲突常常令人迷惑。
法律提供给人们清晰的关于究竟什么是合法的的条文规定，但伦理要求却
常常是不明晰的。例如在北欧国家，有关童工的法律一般禁止支付酬金给
参与研究的特定年龄段的儿童，但研究者却常常给这些儿童以某种回馈，
或提供点心，或送小礼物，或带他们远足等。[③] 对于究竟给予何种报酬才
是合适的，童年研究者并没有一致的伦理共识。对某些研究者来说，支付
报酬仅仅是为了激励更多的人参与研究而已；对其他研究者来说，这则可
能意味着强化令人生厌的消费至上的资本主义。

此外，关于前述的知情同意，儿童组织或机构在对儿童进行研究之
前，一般会力求获得儿童父母的同意。童年研究者们往往默认将该要求扩
展到一般性研究项目（有些可能并不需要父母同意），然而这一要求并无
法律基础。关于儿童的保护法规仅仅规定了研究者的法律义务，没有提供
明确的指导条文。这使得人们对童年研究的伦理实践越发困惑。

第三节　童年研究的影响与反思

除了关注研究过程中的伦理议题外，研究本身、研究报告及后续出版
物对被研究儿童或儿童群体的影响，在当代也越来越受到重视。

有些研究经媒体报道后，可能影响巨大，超出受研究儿童个体的范围。
例如，关于流动与留守儿童的个案研究可能影响某一地区的儿童政策，但这
是会真的改善儿童生活状况还是反而增强人们对他们的偏见？传统的童年研

---

① Michael Wyness, *Childhood and Society*(Hampshire and New York: Palgrave Macmillan, 2006),
　p. 198.
② J. Masson, "The Legal Context", in S. Fraser, V. Lewis, S. Ding, M. Kellett and C. Robinson(eds.),
　Doing Research with Children and Young People(London: Sage, 2004), pp. 43 – 58.
③ Michael Gallagher, "Ethics", in E. Kay M. Tisdall, John M. Davis and Michael Gallagher, *Resear-
　ching with Children and Young People*(London: Sage, 2009), pp. 11 – 64.

究常常认为研究本身是客观的、中性的，对儿童本身并无不利的影响，然而这种认识忽略了研究中不可避免的权力关系及其背后的观念因素。

童年研究对儿童的影响

童年研究伦理的底线是避免伤害儿童。自 20 世纪 60 年代以来，儿童参与实验研究可能对儿童造成的伤害便引起关注。1961 年班杜拉进行了一项 Bobo doll 实验，其试图研究侵犯的行为模式，欲发现如果有其他人作为榜样的话，青少年是否会模仿侵犯行为。[①] 班杜拉的这一实验，后来有很多不同的版本，但基本程序一样：儿童被带进一个满是玩具的房间里，其中一个玩具是 Bobo doll。随后成人进入这个房间，攻击那个 Bobo doll，用大锤击打并虐待它。接着成人离开房间，研究者等待观察儿童是会模仿成人的暴力行为还是会继续以非暴力的方式玩其他玩具。实验结果证实了人们的假设：儿童侵犯行为的形成并不一定要以亲身获得奖励或惩罚为前提，儿童可以通过观察他人从事此类行为之后受到奖励或惩罚而学会这类行为。尽管这一发现增进了对儿童行为的理解，但围绕为此而付出的成本却存在争议，因为这类实验对儿童有潜在伤害。

从性质上看，童年研究对儿童产生的影响，既有可能是正面的、积极的，也有可能是负面的；从影响程度上看，研究过程本身可能会对参与研究的儿童产生短期的、直接的影响，而研究的发现以及带来的政策改变则可能会对某些儿童群体产生长期的影响。

艾德森与莫洛认为当一项研究对儿童产生长期影响时，儿童可能受到影响的方式有三种：一是立刻影响儿童，二是也许在未来会影响某一代儿童，三是对儿童的影响会超过三代。[②]

总体而言，目前对儿童影响范围最广的研究成果来自联合国儿童基金会组织的各类研究。这些研究涵盖卫生与营养、教育、儿童保护、社会政策、水与环境卫生、突发事件等各个领域与方面，它们对全球或部分地区的儿童生活产生重要的影响。

---

① A. Bandura, D. Ross and S. Ross, "Transmission of Aggression Through Imitation of Aggressive Models", *Journal of Abnormal & Social Psychology*, Vol. 63, No. 3(1961): 575 – 582.

② Priscilla Alderson and Virginia Morrow, *The Ethics of Research with Children and Young People* (London: Sage, 2011), p. 136.

　　但是，有些研究成果所带来的政策的全球推行可能会产生一些问题。例如童工政策，在联合国《儿童权利公约》的框架下，童工被认为是对儿童的剥削，并且很多研究结果强化了人们的这一认识，即"童工是一种全球性的罪恶，该现象显示了对儿童的虐待或剥削"。在这种研究结果下自然会得出应取缔童工的结论。然而如果在"视儿童为积极的社会行动者"的观念下思考并考虑到童年的文化多样性，或许会发现儿童参与某些工作如家庭内部工作并非完全为了生计，而是儿童发展中的一种成长需要。因此有些学者对完全取缔童工表示怀疑。

　　伍德黑德指出，研究介入童工的首要目的是保护那些贫困的、脆弱的儿童，改善他们的生活，但对这些儿童而言，为生存而工作（从事这类工作不只是为了报酬或出于个人认同）却是十分必要的。[1] 在最糟糕的情形下，这种介入可能有降低他们安全性的风险，除非后续提供的全面措施能够得到儿童的认可，可以真正维护他们长期的最佳利益。

　　针对不利处境下儿童的研究，尤其要考虑到对儿童的影响。例如，对HIV 感染者的行为介入研究。一般而言，行为介入研究往往涉及那些被认为脆弱的个体如患有精神疾病的儿童。在一定程度上，行为介入研究的伦理与认知缺陷研究或临床实验研究的伦理有交叉性，因此有些伦理标准是类似的，有些则是特殊的。一般的研究要求研究参与者有能力签署知情同意书，但行为介入研究招募研究参与者会遇到一些伦理问题，例如，海洛因成瘾者可能没有能力决定是否参与研究，因为他们缺乏稳定的价值观，并且由于毒瘾的影响，他们无法对任何决定负责。[2] 类似的是，在这种背景下，感染 HIV 的儿童一般被认为是脆弱的个体，他们"没有力量、勇敢、智力、资源、力量或其他需要的属性，来保护他们自己的利益"[3]。因此通过行为介入研究很容易影响儿童，特别是为了检验行为介入的效果，研究可能设置实验组与对照组。这就带来一些问题，例如，对照组应如何引入？如果引入失败，会不会导致其感染 HIV 风险增大？很明

---

[1]　M. Woodhead, "Combating Child Labour: Listen to What the Children Say", *Childhood*, Vol. 6, No. 1(1999) : 27 – 50.

[2]　L. C. Charland, "Cynthia's Dilemma: Consenting to Heroin Prescription", *American Journal of Bioethics*, Vol. 2, No. 2(2002) : 37 – 47.

[3]　Sana Loue and Earl C. Pike, *Case Studies in Ethics and HIV Research*(New York: Springer, 2007) , p. 161.

显，这种研究总体上可能会减少一些感染 HIV 的危险行为以及降低感染的比例，但是对参与研究的儿童而言，可能会违背造福与无害的基本伦理原则。

医学领域的研究对儿童的影响更是巨大。在过去，儿童常常是有害医学实验的受害者。例如，德国纳粹统治时期，儿童往往被用于非人的临床试验。研究者故意让儿童感染病菌，以研究某些疾病的传播方式。根据艾德（Eder）的叙述，2001 年美国一家制药公司试图研究一种新的用于治疗早产儿呼吸窘迫综合征的表面活性剂药物。由于这类试验在美国不被允许，因此公司拟在拉美国家进行试验。卢里（Lurie）等人批评在发展中国家进行这些在美国不被批准的研究，实质上是对脆弱群体的一种剥削。① 这里涉及一些基本的有关德行、尊重个体、公正的伦理原则的争议。发展中国家的儿童及他们的家庭本身在社会经济上就处于不利地位，因此如何降低他们被富裕国家剥削的风险成为一个引人关注的问题。这次药物试验最终导致 17 名婴儿死亡。② 毫无疑问，这种研究使儿童遭受更大的风险，特别是鉴于这一群体本身就具有相对高的患病率与死亡率。有些经济状况很差的父母绝望地参与其中，视此为他们孩子接受治疗的一次机会，因为他们无法接触到其他治疗途径。

有些童年研究会涉及研究补偿或报酬支付的问题，例如，街道儿童的研究者会支付儿童一定的报酬或给予他们食物，但这可能会给当地人带来困惑。莫洛主持了一项名为"Young Lives"的有关童年贫困的跨国纵向研究，其涉及补偿问题。③ 一般而言，报酬用于补偿时间占用、研究带来的不方便、可能的烦恼，表达对参与者帮助的感谢等，但是报酬可能会扭曲参与者的动机。温德勒（Wendler）等人建议，应提供各种措施以避免报酬降低父母、儿童决定参与研究的可能性，这些措施包括告知支付报酬的

---

① Michelle Eder, "Testing Drugs in Developing Countries: Pediatric Research in an International Text", in Eric Kodish(ed.), *Ethics and Research with Children: A Case Based Approach*(New York: Oxford University Press, 2005), pp. 241 – 251.

② Michelle Eder, "Testing Drugs in Developing Countries: Pediatric Research in an International Text", in Eric Kodish(ed.), *Ethics and Research with Children: A Case Based Approach*(New York: Oxford University Press, 2005), pp. 241 – 251.

③ Virginia Morrow, "Practical Ethics in Social Research with Children and Families in Young Lives: A Longitudinal Study of Childhood Poverty in Ethiopia, Andhra Pradesh(India), Peru and Vietnam", *Methodological Innovations Online*, Vol. 8, No. 2(2013):21 – 35.

明确理由；确保报酬被付给每一个人；在签署知情同意书时，清楚地说明报酬；等等。[1]"Young Lives"团队在埃塞俄比亚的研究中发现一些问题。在埃塞俄比亚，儿童被鼓励用钱购买学习资料，但是由于那里人们的生活很贫困，钱被视为一种支助，而不是对占用时间的一种补偿。[2] 这就给研究带来困扰。研究团体不得不花费更多的努力向当地人解释，这是一个研究项目而不是一次慈善的帮助行动。在某些情况下，贫困可能会导致儿童、成人不情愿地参与一些研究。由于这种压力，有些研究者认为不应该因帮助研究而支付儿童报酬，因为这可能使儿童与研究者形成一种契约关系，进而削弱儿童退出研究的自由。[3]

此外，童年研究成果的宣传与出版等对儿童亦有不小的影响。新闻媒体对研究成果的报道侧重于叙述私人故事。这会遇到保密的问题。研究者必须注意儿童是否愿意出现在公众视野或报告中，有些儿童可能对他们被描述成的形象感到尴尬或生气，他们担心被朋友取笑、失去朋友，或者引起公众对他们这个群体或学校的关注，担心一些陌生人可能联系、威胁或伤害他们。不过有些儿童可能很享受公众的关注，他们对他们的表现很高兴，在媒体的支持下，他们的参与可能会导致政策变化。这种积极的儿童新闻故事，无疑有助于挑战负面的儿童图像。

威洛（Willow）与巴恩斯（Barnes）的报告《另一种视角》探索记者在尊重儿童的前提下如何能够促进儿童权利和平等。[4] 新闻类记者常常关注儿童的负面形象，甚至诋毁儿童。这个报告显示出，不像新闻类记者那样讲述表面的故事，调查类记者往往能基于那些有关儿童的调查做出深度报道，揭示出不公正现象，并以儿童感兴趣的方式来叙述。

在有些媒体中，关于青少年避难者的报道常常是充满敌意的，很少对

---

[1] D. Wendler, J. Rackoff, E. Emanuel and C. Grady, "Commentary: The Ethics of Paying for Children's Participation in Research", *Journal of Pediatrics*, Vol. 141, No. 2(2002): 166 – 171.

[2] Virginia Morrow, "Practical Ethics in Social Research with Children and Families in Young Lives: A Longitudinal Study of Childhood Poverty in Ethiopia, Andhra Pradesh(India), Peru and Vietnam", *Methodological Innovations Online*, Vol. 8, No. 2(2013): 21 – 35.

[3] Priscilla Alderson and Virginia Morrow, *The Ethics of Research with Children and Young People* (London: Sage, 2011), p. 70.

[4] Carolyne Willow and Amanda Barnes, *Another Perspective: How Journalists Can Promote Children's Human Rights and Equality*(London: Children's Rights Alliance for England, 2009), pp. 5 – 7.

他们的困境及在滞留中心的遭遇表示怜悯。① 那些试图扭转公众认识的研究者们希望能广泛宣传积极的青少年避难者的形象，但他们面临很多偏见，罕有记者深度探讨这些问题与社会政策、社会态度的关系。因此许多研究者担心他们的研究被片面理解，进而可能会导致不公正的结果。究竟是保持沉默，还是冒着被歪曲报道而伤害青少年的风险宣传研究成果，是研究者需要权衡的问题。

不过，新闻媒体对增进儿童福祉仍然发挥着重要的作用。为此，国际新闻工作者协会专门编制了一本指导用书《儿童们的权利——记者准则》，指出媒体在塑造公众儿童观念中扮演重要角色，媒体所呈现的儿童图像，不仅会影响一个社会对待儿童、童年的态度，也会影响成人的行为方式。② 因此记者们需要意识到他们的报道可能产生的潜在影响，这种影响对儿童而言或许是一种风险。对童年研究者来说，同样需要意识到这一点。

童年研究伦理反思

童年研究如何影响儿童，不仅与具体的研究实践有关，还与童年研究者的理论预设有关。艾德森就认为应考虑研究影响和研究者有关儿童、童年的理论预设之间的关系。在传统的认识中，一般假设儿童为成人世界的附属，因此在许多方面儿童常常受到忽视，一些关于儿童的研究往往不调查儿童自身，而仅依赖于来自成人的二手资料。这些研究反而强化了对儿童的刻板认识。艾德森鼓励研究者去反思自己的理论模式，反思这些模式是如何验证和支持自己在特定社会下形成的童年概念的。③ 因此研究不应只是聚焦于对个体儿童所产生的短期影响，而是应在儿童的结构位置层面上思考研究所带来的更广泛影响。

在这种意义上，童年研究伦理要求研究者反思自己看待儿童的方式，反思自己对童年的特定的感知与建构——它们不仅深刻地影响研究项目的

---

① Priscilla Alderson and Virginia Morrow, *The Ethics of Research with Children and Young People* (London: Sage, 2011), p. 135.

② Peter McIntyre, *Putting Children in the Right—Guidelines for Journalists* (Belgium: International Federation of Journalists, 2002), p. 4.

③ P. Alderson, *Listening to Children: Children, Ethics and Social Research* (London: Barnardo's, 1995), p. 79.

计划与实施，而且影响研究报道的解释方式。因此，确认儿童介入的不同可能层面——特别是他们的伦理位置或地位——是非常重要的。

在亨德里克（Hendrick）看来，"儿童"在研究中以三种典型的形式被感知：

一是作为对象的儿童：那些被认为是依赖性的、无能的、不能处理信息的存在的儿童。因此，不会向他们寻求知情同意，他们甚至根本没有意识到自己已经介入了研究。

二是作为主体的儿童：那些在研究过程中更多占据中心位置的儿童，但他们的介入程度受制于成人对他们成熟程度与认知能力的认识。

三是作为自主的或积极的参与者的儿童：那些被视为自主个体的儿童，他们享有与成人一样的伦理地位，是真正的积极的参与者，他们不仅被告知、咨询意见并且被看作共同研究者。①

尽管在研究中研究者可能会努力尊重作为主体的儿童、视儿童为积极参与者，然而这并不意味着会提升儿童在社会结构中的伦理地位，人们关于"儿童""童年"的观念根深蒂固。有关童年研究的伦理争议，最终都会回到一个无法避开的关键性问题即在何种程度上儿童与成人不同。

当前，关于此问题的分歧，体现在对儿童脆弱性的不同认识中。实际上童年研究伦理的众多问题均与成人的"脆弱儿童"观念模式②有关。

"脆弱儿童"观念一直存在于有关儿童医学的研究与试验中。在大多数社会科学研究范畴中，儿童也被视为"脆弱群体"，尤其是那些有学习障碍、精神健康问题的儿童群体。由于这些脆弱群体在签署知情同意书、参与研究等方面有困难，伦理指南要求研究者要给他们特别对待。为了保护这些群体的利益，需要制定更复杂的研究程序。但是有些研究者强烈反对将他们界定为"脆弱的""无能的"，理由在于这可能使研究者更加排斥

---

① Judith Hendrick, *Law and Ethics in Children's Nursing* (West Sussex: Wiley-Blackwell, 2010), p. 169.

② 按照 Michael Wyness 的认识，这种模式亦可被称为"童年的缺陷模式"。参见 Michael Wyness, *Childhood*(Cambridge：Polity, 2015）。

这些群体，剥夺这些群体的研究收益。① 这些研究者坚持认为这样做恰恰是不符合伦理的。

这就提醒我们，对儿童的过度保护立场可能会产生负面的影响，侵犯儿童的权益。格罗丁（Grodin）与格兰特兹（Glantz）指出，儿童研究牵涉两个有时相互冲突的社会目标：既要保护儿童，避免其受到伤害，同时又要增加我们有关儿童的知识，以在医学、心理、社会层面更好地介入儿童发展。②

通常，人们关注"脆弱儿童"的方式是将他们视为"问题儿童"（problem children）或聚焦于"儿童的问题"（children's problems）。③ 在这种框架中，主导"儿童"概念的特定内核是弱小的、被动的、容易受虐待的。当研究聚焦受到伤害的儿童时，这不可避免带来一些伦理问题。矛盾的是，这些儿童本就需要保护，以避免那些总是不断要求儿童描述受害经验的粗心的研究者的进一步伤害。

诚然，"儿童是脆弱的"这种认识的产生有着复杂的原因。从生物、心理层面上看，儿童的脆弱似乎是天生的，他们最初缺乏必要的生活技能与经验，不得不依赖成人才能生存下去。然而人们却悄悄把儿童的这一发展阶段中暂时性的脆弱转换为儿童在社会、文化结构上的脆弱，这使得他们在政治、经济上处于边缘地位。这遮蔽了社会与文化在何种程度上建构了"脆弱儿童"的图像，如兰斯当指出的，我们并没有倾听儿童的声音的文化传统④，其结果是我们很少从儿童的视角去看他们的"脆弱"标签。

儿童被认为脆弱，意味着研究者在有儿童参与的研究中所应承担的义务、责任、职责不同于在仅有成人参与的研究中的义务、责任、职责。这样，如果一个儿童透露他有受到伤害的风险，那么研究者有义务将此信息告诉那些能保护儿童避免此风险的专业人士或机构。研究者需要履行他们的道德义务，即使这样做可能会失去儿童的信任。基于此，一个有用的解

---

① Julius A. Mollet, *Ethical Issues in Social Science Research in Developing Countries: Useful or Symbolic*(Canberra: Australian National University, 2011) , p. 5.

② M. A. Grodin and L. H. Glantz(eds.) , *Children as Research Subjects: Science, Ethics, and Law*(Oxford: Oxford University Press, 1994) , p. vi.

③ J. Qvortrup, "Introduction", *International Journal of Sociology*, Vol. 17, No. 3(1987) : 3 – 37.

④ G. Lansdown, "Children's Rights", in B. Mayall(ed.) , *Children's Childhoods: Observed and Experienced*(London: Falmer Press, 1994) , pp. 33 – 44.

决方法可能是与儿童展开讨论，了解他们的真实想法。

另一种有关儿童与成人差异的关键假设是儿童缺乏能力。人们认为他们没有能力来决定是否参与研究，没有能力提供有效的信息。在一次有关儿童参与观察的讨论中，法恩（Fine）与桑德斯罗姆（Sandstrom）深深感到儿童与成人是截然不同的，他们表示，要想发现儿童"真正"在想什么，几乎像想了解宠物猫在想什么一样困难，我们完全不了解他们的声音。① 主流的发展心理学常常认为儿童的能力有缺陷。有时研究者会将基于这些观点的方法运用到所收集的儿童数据的分析中，而很少向他们的研究对象确认这些数据的真实意涵。以此，他们向年轻的父母或教师兜售一种所谓的"儿童是什么或应该怎么样"的标准模式。

这种模式反映出一种文化偏见：儿童的观点不值得严肃对待。考虑到在任何宏观社会层面，成人总是将轻视、贬低儿童的行动视为理所当然，这毫不奇怪。如瓦克斯勒（Waksler）所说，成人通常视自己为儿童行为的理解者、解释者、转译者。他建议，不如将儿童的能力视为"不同的"而不是"更次的"，这可能更明智。②

从以权利为基础的伦理框架看，关于童年研究伦理的争论的核心就是一个权力配置的问题。根据莫洛与理查兹的观点，对那些与儿童一起工作的童年研究者而言，最大的伦理挑战是成人与儿童之间权力、地位的不平等。③ 梅奥尔注意到，有关从儿童那里收集的数据的讨论，主要集中在以下几个问题上：儿童不能区分真实与虚构；儿童会编造事实，奉承访谈者；儿童没有足够的经验或知识来评论或有效地报告他们自己的经验；儿童的表述是社会建构的，他们在对话中告诉你的是其他成人告诉他们的东西。④ 当然，她注意到，所有这些缺陷在收集成人数据时同样也是存在的。研究过程中儿童与成人间权力、地位的不同，主要表现在数据解释的层面，

---

① G. A. Fine and K. L. Sandstrom, *Knowing Children: Participant Observation with Minors* (Newbury Park: Sage, 1988) , p. 47.

② Frances Chaput Waksler(ed.), *Studying the Social Worlds of Children: Sociological Readings* (London: Falmer, 1991) , p. 62.

③ Virginia Morrow and Martin Richards, "The Ethics of Social Research with Children: An Overview", *Children & Society*, Vol. 10, No. 2(1996) : 90 – 105.

④ B. Mayall(ed.), *Children's Childhoods: Observed and Experienced* (London: The Falmer Press, 1994) , p. 11.

而不是数据收集的层面。无论数据以何种方法收集，无论人们在收集数据时在多大程度上会涉及儿童，数据的呈现都需要分析与解释，这就必须考虑到儿童的观点、看法，尽管考虑的"角度"或"方式"是由成人决定的。

在童年研究中，一般研究者倾向于视"权力"为像资源、能力那样的一种成人比儿童拥有更多的东西。这体现在儿童与成人的不平等关系中，其特征是支配与从属。成人是权力关系中的支配方，儿童是从属方。这种权力结构对儿童的观点如何被评估有巨大影响，进而决定研究如何进行，在这种情形下，有关童年的研究，可能没有解放儿童，而是强化了儿童在社会结构中的附属位置。

当然，权力不仅关乎能力、行动，按福柯的理论，权力与知识（知识的占有、创造、传播、运用）密切相关。[①] 在知识的创造方面，儿童通常是被贬低的，人们对儿童能否创造可靠的知识心存疑虑，这成为儿童深度参与研究的障碍之一。[②] 诡异的是，大量的儿童创造的知识，却被研究者们用来作为政策咨询的依据。退而言之，即使儿童被认为拥有知识，他们的知识也被认为不如成人的知识。

事实上，就"童年"而言，对于成为儿童意味着什么，儿童拥有更多知识。如梅奥尔所述，"我想从儿童那里获得他们自己的独一无二的知识，并评估成为一个儿童意味着什么。尽管我能依稀记得成为一个儿童的意味，但大多数都已忘记了。从我不再是小孩时起，童年已经发生变化，并且这种变化可能已持续多年了"[③]。

针对儿童-成人之间的权力不平衡，一些童年研究者认为参与研究方法有助于儿童与成人分享权力。艾德森曾进行一项有关儿童与专业照料者关系的小规模研究，其方法是让16岁左右的儿童直接访谈其他儿童。[④] 她所使用的这种同伴式的、非侵入的方法有助于避免成人不适当的介入以及消

---

① 参见〔法〕福柯《规训与惩罚：监狱的诞生》，刘北成、杨远婴译，生活·读书·新知三联书店，2007。

② Michael Gallagher, "Ethics", in E. Kay M. Tisdall, John M. Davis and Michael Gallagher, *Researching with Children and Young People*(London: Sage, 2009), pp. 11 – 64.

③ B. Mayall, "Conversation with Children: Working with Generational Issues", in P. Christensen and A. James(eds.), *Research with Children: Perspectives and Practices*(London and New York: Routledge, 2008), pp. 109 – 122.

④ P. Alderson, *Listening to Children: Children, Ethics and Social Research* (London: Bamardo's, 1995), p. 12.

除儿童与成人之间的权力不平衡。这种方法实际上可以归入前述"儿童－儿童"的研究方法中。

对童年研究伦理的反思，显示出我们"看待"儿童、童年的方式会对我们如何研究产生深刻的影响，虽然具体选择何种立场或方法研究儿童主要在于研究者。很明显，在一定程度上正是研究者及社会对"儿童""童年"的潜在预设，导致了童年研究的一系列伦理问题。

小　结

有关童年研究伦理的讨论，虽然很难彻底更新以往的"童年"知识，但在一定程度上反映出在当代"儿童""童年"在社会结构中地位的提升。

不过，伦理是一个相当复杂的议题。一般性的伦理理论试图提供普遍性的解决方案，然而在被应用到童年研究中时却未必合适，因为童年研究需要考虑到不同社会文化背景的影响。

目前，社会科学的研究伦理（特别是儿童研究）越来越受关注。不同学者的主张往往基于不同的伦理构架，其中权利论的构架为大多数研究者在实践中所采纳。基于这个角度，希尔（Hill）归纳了童年研究中研究者需要关切的四项儿童权利：第一，发展与福利的权利；第二，受到保护、免于伤害的权利；第三，享有恰当服务的权利（provision rights）；第四，表达意见的权利（选择或参与权）。[1]

童年研究的伦理考量常常基于这些权利。近年来，很多童年研究机构越来越意识到研究者的责任以及研究参与者的权利。[2] 这反映在《伦理、地方与环境》（*Ethics, Place and Environment*）等期刊的一些论文[3]中。

总的看来，有关童年研究伦理的讨论往往与儿童和成人的差异有关。虽然那些适用于成人研究参与者的伦理规范，也可以运用到儿童研究中，

---

① Malcolm Hill, "Ethical Considerations in Researching Children's Experiences", in Sheila Greene and Diane Hogan (eds.), *Researching Children's Experience: Methods and Approaches* (London: SAGE Publications, 2005) , pp. 61 – 86.

② ESRC, *Research Ethics Framework*(Swindon: ESRC, 2005) .

③ 例如 H. Matthews, "Power Games and Moral Territories: Ethical Dilemmas When Working with Children and Young People", *Ethics, Place and Environment*, Vol. 4, No. 2(2001) : 117 – 178。

但必然有所不同。首先，儿童的认知、能力、阅历等均与成人不同，因而需要思考特定的伦理问题。其次，鉴于儿童处于"弱势"不利地位，在研究中更容易受到利用或剥削，研究者需对儿童承担特定的责任。最后，成人研究者与儿童参与者的权力差异很容易引起伦理问题的争论。平衡双方权力是一个不小的挑战。

童年研究伦理最重要的议题有儿童参与者的知情同意、隐私保护以及童年研究（过程、发现、研究报告等）对儿童的影响等。尽管当前有很多儿童、童年研究的伦理指导手册，但在实际应用中，很多问题很难找到清晰的答案。以"知情同意"为例，对于究竟多大的儿童可以完全自主决定参与一项研究而不需监护人的同意，很多研究者的关注点常常与儿童的年龄有关，但这可能是一个错误的方向。

就当前来看，有关童年研究伦理的探索没有限于实际应用层面，而是进入了研究者自我反思的层面。后者非常重要，因为大多数成人很难做到"儿童优先"。研究者需要不断地反思自己的一般性或特定的对"儿童"的预设，以便不将它们带到研究中。实际上，理论、方法、研究伦理总是交织在一起的，伦理问题的思考贯穿于整个研究历程。

结语　童年社会学的未来

　　本书主要论述了当代童年社会学研究的一些观点、立场。在童年社会学研究中，本质论与建构论的争论一直是关注的焦点，这导致两种不同的童年观念：一种强调童年的生物基础或生物因素，一种强调童年的文化基础或文化因素。童年的生物因素凸显出童年的普遍性、一致性，童年的文化因素则显示出童年的文化建构本质以及童年的多样性、丰富性。然而过分强调前者，会忽视塑造童年的不同的、后天的社会文化信息，同样，过分强调后者，会迈向一种无解的童年相对论立场。

　　事实上，除了文化－自然的二元对立外，其他对立诸如结构与行动、依赖与独立、存在与生成的对立，都可在当前的童年社会学研究中发现。如何应对这些相互排斥的立场是童年社会学研究未来需要继续探讨的问题。

　　普劳特试图以跨学科的视野来回应这些问题，他引入德勒兹、拉图尔、哈拉维（Haraway）的理论来克服二元论带来的缺陷。在他看来，童年研究必然属于跨学科领域，然而他也清醒地意识到，迄今为止的跨学科交流普遍局限于社会科学，并且在某种程度上局限于人文科学，而将自然科学与人文社会科学联系起来确实是道难题。[①] 早在 20 世纪 90 年代《童年：全球儿童研究杂志》创刊时，首任编辑弗洛恩斯（Frønes）就希望该

---

　　① Alan Prout, *The Future of Childhood: Toward the Interdisciplinary Study of Children*(London: Rout-ledge Falmer, 2005) , pp. 1 – 5.

刊物成为不同学科探讨童年、儿童问题的论坛，从而使人们借此交流各种研究结果，带来新的发现，开拓新的视野。[①] 他注意到，除了社会学、人类学、童年史之外，有关童年与儿童的一些思考已经出现在其他一些学科诸如经济学、政治学中。

尽管童年研究常常被描述为一个跨学科研究领域，然而这种主张究竟包含什么意涵？跨学科是一种思路、一套方法还是一种观念体系？跨学科在某些情况下似乎会妨碍问题的深入探讨，其中的缘由何在？在儿童、童年研究中，跨学科对话与合作的依据是什么？这些问题常常出现在来自不同学科学者的合作研究中。对某一问题的共同兴趣可能是引发跨学科研究的一个一般性理由。例如，与童工相关的问题便相对容易引起不同学科包括法律、经济、政治、文化、社会学领域学者及儿童福利工作者、非政府组织工作者之间的对话。

新童年社会学的理论家们将童年视为历史的、文化的、社会的建构产物，这种童年观显然扩展了童年研究的范围。新的童年研究不仅包括特定历史与文化所界定的某一年龄范畴中的个体与群体，而且还包括儿童的生活、儿童被界定以及被他人对待的方式。同时，童年的概念往往是具体化的。当代西方的福利理想被注入了童年这一概念之中，童年成为一个特别的、受保护的空间，成为一个统一的实体，一个可以被给予、剥夺或取走的东西，成为一项值得享有、被保障的权利。如何去理解这些西方假设的思想基础及其历史与文化背景？

事实上，以往心理学或教育学的"童年研究"太狭隘、太局限了。2006 年在罗格斯大学召开的探讨美国童年研究未来的会议上，索恩（Thorne）提出一个萦绕在她心头的问题："童年的新社会研究"的方法如何与业已确立的、主导性的发展心理学的方法之间开展更富有成效的对话？[②] 现在，在那些强调"童年的社会建构"的社会学家、历史学家、人类学家、文化地理学家之间，已有不少对话，这些学科的学者均反对"发展""社会化"的主导话语框架。他们批评传统发展心理学普遍化的、本质论的、线性的假设，这些假设建立在成长的生物图像基础之上。

[①] I. Frønes, "Editorial: Changing Childhood", *Childhood*, Vol. 1, No. 1(1993): 1 – 2.

[②] Barrie Thorne, "Crafting the Interdisciplinary Field of Childhood Studies", *Childhood*, Vol. 14, No. 2(2007): 1 – 6.

　　索恩以"沉默之墙"（wall of silence）来描述"童年的新社会研究"与儿童发展领域的隔阂。在她看来，不同类型（历史的、世代的、现象的、发展的、生物的）的儿童、童年研究之间的复杂联系，应当是我们当前关注的中心。显然，儿童发展领域中有关个体发展和儿童成长的探讨能够丰富童年人类学、童年社会学、童年地理学、童年史的研究，不过只有在充分尊重历史、关注文化与社会结构、密切关注儿童社会互动与参与方式的前提下，这才有可能。①

　　这实际上指出童年研究的跨学科对话、交流的必要性，然而无论是从概念上还是方法上超越这堵"沉默之墙"，都是一个艰巨的任务。

　　当前，在童年研究的跨学科大伞下，由于日益增长和增加的多元兴趣和议题②，童年研究已经走到了一个十字路口。对童年研究的多元兴趣，不仅显示在全球儿童权利的研究（这反映出儿童权利运动的巨大影响）中，而且体现在关注作为社会行动者的儿童的众多论文中。然而这些研究究竟能否增进我们对童年的理解，却未引起重视。在挪威儿童研究中心成立25周年纪念会议上，恩纽（Ennew）强调了这一问题。她探讨了东南亚无家可归的、无人管理的儿童，凸显出她与那些研究西方童年的学者的关注点之间的明显不同。③ 在东南亚，儿童权利运动基本是失败的。与南方国家儿童所面临问题的严重性相比，欧洲学者对童年的担忧简直微不足道。这一明显区别，不仅是研究者关注点的不同，同时也是价值（儿童的价值）观念的不同，因此尽管儿童一样成长，但他们在童年研究中的位置却截然不同。这显示出当前的童年研究出现一种深深的断层。

　　这种断层早在对童年本质的探讨中就有所体现。一方面，艾莉森·詹姆斯、艾德里安·詹姆斯倡导一种强调童年的社会建构本质的观点，以此作为童年研究新范式的特征。④ 他们通过对童年的结构与行动关系以及社

---

① Barrie Thorne, "Crafting the Interdisciplinary Field of Childhood Studies", *Childhood*, Vol. 14, No. 2(2007): 1 – 6.

② 参见 Daniel Thomas Cook (eds.), *The SAGE Encyclopedia of Children and Childhood Studies* (Thousand Oaks, California: SAGE Publications, Inc. , 2020)。

③ J. Ennew, Children's Rights in the Global South: Progress, Imposition and Misunderstandings(paper presented at "Childhood: Yesterday, Today, Tomorrow", NOSEB Anniversary Conference on Child Research, Trondheim, Norway, 22 – 23 April, 2008).

④ A. James and A. L. James, *Constructing Childhood: Theory, Policy and Social Practice* (Hampshire and New York: Palgrave Macmillan, 2004).

会变迁、社会连续性机制的分析，发展出童年的文化政治学的概念。国家、文化背景、社会实践、政治过程，这些因素在不同的时空中交织起来，建构了不同的童年，其中法律作为社会实践的制度体现是童年建构与管理的关键性的因素。以此他们不仅试图在结构与行动间的鸿沟之上架起桥梁，而且提供了一种理解与分析童年多元性的理论模型，以实现一定程度上的理论统一。

另一方面，库沃特普对此观点做出回应，认为童年多元性的研究忽视了童年作为社会范畴的普遍性，对前者的过分强调弱化了童年作为社会范畴的重要性以及童年在世代、跨代关系中的结构重要性。[①] 童年多元性的提倡者，通常属于社会建构主义者或后现代主义者阵营，他们反对所谓的宏大叙事和普遍化，反对单一的甚至决定论的解释；他们对社会复杂性有强烈的感知，故而避免简单的解释，简单的解释通常会导致对特殊性的偏好；在他们看来，每个人的童年都是独一无二的，不能与他人的童年通约。

这些不同的观点，深刻折射出童年研究范式、价值观、认识论之间的差异，甚至是冲突与矛盾。

那么，童年研究的焦点究竟是什么？应该关注童年的共性即所有儿童的共同性（他们的结构位置与世代关系的本质）还是童年的多样性（儿童的生活经验）？如果说任何一个社会中儿童们的童年都存在差异，那么聚焦这种差异的小写的童年研究，其意义何在？

这些争论前已述及，并非新见，类似的争论也出现在早期女性主义研究与妇女运动中。为了确立女性的本体论位置，男性与女性之间的性别二元论被无以复加地强调，并由此奠定妇女运动的政治议程的合法性基础。由此女性主义发展出更有针对性的分析方法去探讨母职的多样性。

童年的共性与多元性的二元对立，就像结构与行动的张力一样，要想在童年研究大伞下融合双方，就算不是不可能，也是很成问题的。童年研究怎样才能成为一致性的研究领域？童年研究并不是一个学科，童年的新社会研究或新童年社会学研究，是作为一个跨学科研究领域才发展起来

---

① J. Qvortrup, The Little ' s' and the Prospects for Generational Childhood Studies(paper presented at the international conference, "Childhoods 2005", *Oslo*, 29 *June* – 3 *July*, 2005).

的，由于对儿童、童年议题的共同兴趣，其将不同传统、学科、认识论的研究聚拢起来。普法尔（Pufall）与恩斯沃斯（Unsworth）描述了童年研究作为一个跨学科研究领域在发展新的研究范式时所面临的挑战：只有涵盖、超越这些不同学科的独特概念，这一领域的研究才可能实现。新范式的发展需要一种智识上自我超越的努力，对从事童年研究的人而言，这是一个基本原则。我们的宗教、哲学、科学、教育、历史、法律等必须被视为一种跨学科的沟通工具，因为单独任何一个领域都不可能完全捕捉儿童的生活。①

如何融合不同学科、范式相互冲突的观点、理论、立场，发展出一种包容性的研究框架？应对这一挑战不仅需要深刻理解童年的复杂意涵，更要理解童年研究的意涵。

鉴于此，艾德里安·詹姆斯（Adrian L. James）提出童年研究的整合（integration）或再整合（reintegration）模式，其以"织物"一词来描述其所构想的作为一个整体的"童年研究的织物"。②"织物"有不同的线头，但又是一个整体。在编织时，织物的经线在织布机上纵向伸展，比纬线更紧密。它们提供一个基础，其数量与长度决定了布料编织的尺寸规格。类似于织物，童年的共性如同经线一样，其提供基本的分析与概念工具，是童年织物赖以成形的根基。纬线则提供具有更多细节的描述童年多样性的各种模式。童年研究应像织物一样，把不同的研究立场编织在一起，成为一块完整的布。具体而言，童年的结构共性为童年织物提供基本的经线，它们从结构上将童年界定为一种不同于成人的、独特的世代空间。虽然结构并不必然塑造具体的童年面貌，但它们是童年分析的基础，因为任何童年都建立在社会文化的结构与制度所生成的社会空间之上；任何童年都位于社会分层的系统中；任何童年都围绕着特定社会的性别认知而产生；任何童年都是与老年群体相关的世代关系的一部分；所有儿童都有父母或其他抚养者并以某种方式被社会化——儿童在这一方面都是类似的，尽管其细节可能不一样；所有的童年都受到政治、法律、经济的影响。这样一种

① P. Pufall and R. Unsworth, "Introduction", in P. Pufall and R. Unsworth(eds.), *Rethinking Childhood* (New Brunswick, NJ: Rutgers University Press, 2004) , pp. 1 – 21.
② Adrian L. James, "Competition or Integration? The Next Step in Childhood Studies? ", *Childhood*, Vol. 17, No. 4(2010) : 485 – 499.

社会－结构维度为童年研究提供经线。然后通过纬线——布料的图案是由纬线创造的——来展示童年的复杂性，涉及特定年龄的儿童经验如何受到其他因素如性别、劳动分工的影响，儿童的日常生活如何被塑造。以此，可以在一般性的童年研究的框架下探索作为社会变迁过程一部分的童年，以及全球化对不同年龄儿童的影响。因而，纬线所展现的细部能揭示童年的多样性、儿童生活的模式以及各种因素如何影响儿童的行动能力诸如儿童如何与成人互动、他们如何看待并理解自己的遭遇。

艾德里安·詹姆斯所提出的这一模式，可以说综合了库沃特普、普劳特等人的观点，较之伍德黑德所提出的童年跨学科研究的三种可能模式更具有适切性。这三种模式分别是：第一，清算模式（clearinghouse model），该模式涵盖有关儿童、童年的所有研究，以及所有的研究问题、方法论和具体方法；第二，自选混合模式（pick "n" mix model），该模式有更强的选择性，广泛涵盖了各种研究方法，选择标准根据具体的研究主题或领域方向而定；第三，重塑模式（rebranding model），该模式可能呈现出跨学科的愿景，但主要是在仍然坚持传统学科边界的条件下，重新定义传统的研究领域。①

童年的宏观与微观层面，在艾德里安·詹姆斯的模式中得到兼顾。这对分析儿童、童年的社会政策、社会实践有重要的意义。不是简单地在宏观层面上分析儿童或儿童群体的经验、关系、行动能力，而是在探讨儿童行动以及其他塑造童年多样性的社会、文化、宗教、政治、经济因素之前，首先聚焦于那些将儿童与成人区别开来的童年的共性（社会分层、世代关系、性别等）是如何结构化儿童的经验的。这种模式使我们不仅能理解儿童的行动能力被限制的方式，而且能够理解结构及其他因素赋予儿童行动能力的方式。

这样一种理解童年研究本质的方法，既能够包容不同的立场，又能进行细部的分析，探寻特定童年模式的具体因素；既能将西方工业化国家的童年研究与南方国家儿童所面临的不同问题统一起来考虑，而不认为它们是对立的，又能倾听儿童的声音，探索他们如何受到结构性的限

---

① Martin Woodhead, "Childhood Studies: Past, Present and Future", in Mary Jane Kehily(ed.), *An Introduction to Childhood Studies*(Maidenhead: Open University Press, 2009) , pp. 17 – 31.

制，他们如何运用他们的能动性适应它们，从而展现出多样的童年。这种方式下的童年研究的概念化，将目前存在潜在冲突甚至矛盾的立场整合起来，形成一股建设性力量，这为未来的童年研究提供了一条可行之路。

泰勒（Taylor）提供了一个跨学科重新概念化童年的思考方向。他借鉴人文地理学的研究成果对童年与自然的关系进行了新的思考。[①] 人文地理学对自然与社会的关系有着特定的兴趣，很多人文地理学家试图在自然 - 社会之间架起桥梁，挑战传统的二元划分。比起探讨社会对自然的作为或自然如何塑造社会，人文地理学家更关注谁建构了何种自然并产生什么样的社会与生态影响。在人文地理学家看来，自然如果不是社会的，那就什么也不是。自然不能和社会分开，不能外在于人类经验而存在。他们倡导对自然、文化的关系性（非二元论）的理解，重铸社会与自然作为混合的"社会自然"（socionature）的本体论范畴，在自然的政治学中重新看待自然。他们认为人类与超人类世界是相互依赖的，由此自然被视为一种所有生命与惰性事物包括人、非人生物、客体、散漫实践的集合——一种网络、一种组合或缠结。

这种关系性视角，为思考童年提供了新的基础。在此基础上，通过将"纯粹自然"（pure nature）去自然化，泰勒将童年重新概念化为一种自然与文化混杂的政治学意义上的存在。他以解构主义的方法直接挑战了自然、童年的真理价值，揭示出童年保护主义概念特别是"童年纯真"背后的一种道德与审美自然主义的怀旧魅力。

此前普劳特业已提出一种类似的童年本体论，将童年重新概念化为既非自然又非文化的一个文化 - 自然的多重复合体，一个各种异质材料的复杂的混合体。[②] 正是基于其他学科包括哲学、信息与交流技术学、精神药物学等的成果，其才得出这一新的结论。这显示童年研究的进一步发展需要跨学科对话。

进入 21 世纪以来，童年研究似乎已经成为一个真正的跨学科研究领

---

① Affrica Taylor, "Reconceptualizing the 'Nature' of Childhood", *Childhood*, Vol. 11, No. 4 (2011) : 420 – 433.

② Alan Prout, *The Future of Childhood: Toward the Interdisciplinary Study of Children* (London: Routledge Falmer, 2005) , pp. 1 – 5.

域，除了心理学家、社会学家、人类学家、历史学家，哲学家、伦理学家、经济学家也涉猎该领域。童年是一种复杂的现象，完整理解它需要不同学科对话与合作，需要将其他不同学科有关儿童、童年的思考与童年的社会研究整合起来，形成一种集成的、跨学科的童年研究的总体框架。

就目前来看，真正的跨学科性的形成还有很多困难。不同的学科之间存在结构性障碍如学科组织机制、压力与评估机制，每个学科均专注于自己的研究领域，很少有动力、机会去整合其他领域的知识。不同学科的学者由于对其他学科缺乏了解而可能产生误解，甚至无法交流。在这种情形下，学科的有效联系无从谈起。此外不同学科的研究方法、语言、论证风格、价值观等因素亦会对跨学科交流构成障碍。

不过，如阿兰宁认为，童年研究的跨学科追求仍然是富有价值的。在理解"跨学科性"方面，她建议借鉴法学理论家克伦肖（Crenshaw）提出的"交叉性"（intersectionality）概念。[①] 当前"交叉性"这一概念在女性主义、性别研究中已被广泛运用，成为女性主义理论的基本范式之一，同时也是女性研究对社会理论的重要贡献之一。[②] "交叉化"（intersectionalization）被认为是后现代性的一个构成维度：在后现代世界，社会现实是交叉性建构的。对女性主义者而言，女性不仅是女性，而且是黑人女性、白人女性、富有的女性、贫穷的女性等，由此女性被不同的相互作用的附属与特权模式所定位。在这样一种视角下，女性身份并不是独立的，而是与其他身份交织在一起，共同塑造人们的生活经验与认同。

交叉性就是当代社会现实，儿童的生活是交叉性地构织的，儿童不单单是儿童，他们（她们）是男孩/女孩、健康/残障的儿童、某一阶层或种族的儿童。在阿兰宁看来，无论是受到童年社会学研究新范式还是后现代理论或日常观察的启发，童年新社会研究的主要任务都是系统地、分析性地描述儿童日常世界的多样性，但她同时提醒我们多样性诱惑的危险之

---

① 参见 K. W. Crenshaw, *Demarginalizing the Intersection of Race and Sex: A Black Feminist Critique of Antidiscrimination Doctrine, Feminist Theory and Antiracist Politics*(Chicago: University of Chicago Legal Forum, 1989), pp. 139 – 157。

② 关于这方面介绍可参见苏熠慧《"交叉性"流派的观点、方法及其对中国性别社会学的启发》，《社会学研究》2016 年第 4 期，第 218～241 页。

处，有必要意识到童年作为单一的形式及社会范畴，不会消逝在多元性的童年经验存在中，且需要意识到童年亦远不是一个独立的范畴，它只有在与其他范畴的相互关系中，才是一个可以理解的范畴。[①] 这是交叉性理论带来的一个洞见，也应是童年社会学今后拓展的方向。

---

① Leena Alanen, "Intersectionality and Other Challenges to Theorizing Childhood", *Childhood*, Vol. 23, No. 2(2016): 157 – 161.

主要参考文献

一　著作

〔美〕彼得·伯格、托马斯·卢克曼：《现实的社会构建》，汪涌译，北京大学出版社，2009。

〔德〕卡尔·曼海姆：《卡尔·曼海姆精粹》，徐彬译，南京大学出版社，2002。

〔德〕乌尔里希·贝克、伊丽莎白·贝克－格恩斯海姆：《个体化》，李荣山等译，北京大学出版社，2011。

〔德〕乌尔里希·贝克：《风险社会》，何博闻译，译林出版社，2004。

〔法〕菲力浦·阿利埃斯：《儿童的世纪：旧制度下的儿童和家庭生活》，沈坚、朱晓罕译，北京大学出版社，2013。

〔法〕福柯：《规训与惩罚：监狱的诞生》，刘北成、杨远婴译，生活·读书·新知三联书店，2007。

〔法〕让·雅克·卢梭：《爱弥儿》，彭正梅译，上海人民出版社，2007。

〔法〕弗朗索瓦·德·桑格利：《当代家庭社会学》，房萱译，天津人民出版社，2012。

〔加〕大卫·切尔：《家庭生活的社会学》，彭铟旎译，中华书局，2005。

〔新〕克莱尔·弗里曼、〔澳〕保罗·特伦特：《儿童和他们的城市环境——变化的世界》，萧明译，东南大学出版社，2015。

〔美〕Dvaid Elkind：《还孩子幸福童年——揠苗助长的危机》，陈会昌等译校，中国轻工业出版社，2009。

〔美〕G. H. 埃尔德：《大萧条的孩子们》，田禾、马春华译，译林出版社，2002。

〔美〕阿尔伯特·班杜拉：《社会学习理论》，陈欣银、李伯黍译，中国人民大学出版社，2015。

〔美〕埃里克松：《童年与社会》，罗一静等译，学林出版社，1992。

〔美〕安妮特·拉鲁：《不平等的童年》，张旭译，北京大学出版社，2010。

〔美〕大卫·M. 费特曼：《民族志：步步深入》，龚建华译，重庆大学出版社，2013。

〔美〕玛格丽特·米德：《代沟》，曾胡译，光明日报出版社，1988。

〔美〕玛格丽特·米德：《萨摩亚人的成年》，周晓虹、李姚军、刘婧译，商务印书馆，2008。

〔美〕玛格丽特·米德：《三个原始部落的性别与气质》，宋践等译，浙江人民出版社，1988。

〔美〕尼尔·波兹曼：《童年的消逝》，吴燕莛译，广西师范大学出版社，2004。

〔美〕尼古拉·尼葛洛庞帝：《数字化生存》，胡泳、范海燕译，海南出版社，1996。

〔美〕威廉·A. 科萨罗：《童年社会学》，程福财等译，上海社会科学院出版社，2014。

〔美〕威廉·A. 科萨罗：《童年社会学》，张蓝予译，黑龙江教育出版社，2016。

〔美〕薇薇安娜·泽利泽：《给无价的孩子定价：变迁中的儿童社会价值》，王水雄等译，格致出版社，2008。

〔美〕约翰·克莱佛雷、丹尼斯·菲利浦斯：《西方社会对儿童期的洞见》，陈正乾译，台北：文景书局，2006。

〔英〕H. Rudolph Schaffer：《发展心理学的关键概念》，胡清芬等译，华东师范大学出版社，2008。

〔美〕阿拉斯戴尔·麦金太尔：《追寻美德：伦理理论研究》，宋继杰译，译林出版社，2003。

〔英〕艾莉森·詹姆斯、克里斯·简克斯、艾伦·普劳特：《童年论》，何芳译，上海社会科学院出版社，2014。

〔英〕艾伦·普劳特：《童年的未来——对儿童的跨学科研究》，华桦译，上海社会科学院出版社，2014。

〔英〕安东尼·吉登斯：《社会理论与现代社会学》，文军、赵勇译，社会科学文献出版社，2003。

〔英〕安东尼·吉登斯：《社会学》（第4版），赵旭东等译，北京大学出版社，2003。

〔英〕安东尼·吉登斯：《现代性与自我认同》，赵旭东、方文译，生活·读书·新知三联书店，1998。

〔英〕安东尼·吉登斯：《社会理论的核心问题：社会分析中的行动、结构与矛盾》，郭忠华、徐法寅译，上海译文出版社，2015。

〔英〕大卫·帕金翰：《童年之死》，张建中译，华夏出版社，2005。

〔英〕奈杰尔·拉波特、乔安娜·奥弗林：《社会文化人类学的关键概念》，鲍雯妍等译，华夏出版社，2005。

〔英〕索尼亚·利文斯通：《儿童与互联网：现实与期望的角力》，郭巧丽译，电子工业出版社，2013。

〔英〕Michael Wyness：《童年与社会：儿童社会学导论》，王瑞贤、张盈堃、王慧兰译，台北：心理出版社，2009。

〔美〕Newman、Newman：《发展心理学》（第八版），白学军等译，陕西师范大学出版社，2005。

〔美〕特里萨·M. 麦克德维特、珍妮·埃利斯·奥姆罗德：《儿童发展与教育》，李琪、闻莉、罗良、潘洁译，教育科学出版社，2007。

〔英〕Tess Ridge：《童年贫穷与社会排除：儿童的观点》，孙健忠、傅玉琴、吴俊辉译，台北：心理出版社，2007。

方建移、胡芸、程昉：《社会教育与儿童社会性发展》，浙江教育出版社，2005。

景军主编《喂养中国小皇帝：食物、儿童和社会变迁》，钱霖亮等译，华东师范大学出版社，2017。

苗雪红：《童年社会建构论》，山东教育出版社，2016。

苏国勋、刘小枫主编《社会理论的诸理论》，上海三联书店，2005。

许雅惠等：《幼儿社会学》，台北：五南图书出版股份有限公司，2006。

张盈堃主编《儿童/童年研究的理论与实务》，台北：学富文化事业有限公司，2009。

A. Farrell(ed.), *Ethical Research with Children* (Milton Keynes: Open University Press, 2005).

A. James and A. L. James(eds.), *European Childhood: Cultures, Politics and Childhoods in Europe*(Basingstoke: Palgrave Macmillan, 2008).

A. Lewis and G. Lindsay(eds.), *Researching Children's Perspectives*(Buckingham: Open University Press, 2000).

A. M. Platt, *The Child Savers: The Invention of Delinquency*(New Brunswick, NJ: Rutgers University Press, 2009).

A. -M. Ambert(ed.), *Theory and Linkages Between Theory and Research on Children/Childhood* (Greenwich, Connecticut: JAI Press, 1995).

Adrienne Rich, *Of Woman Born: Motherhood as Experience and Institution* (New York: Bantam Books, 1976).

Alan Prout, *The Future of Childhood: Toward the Interdisciplinary Study of Children*(London: Routledge Falmer, 2005).

Alexander J. McKelway, *Declaration of Dependence by the Children of America in Mines and Factories and Workshops Assembled*, 1910.

Alison Clark, *Transforming Children's Spaces: Children's and Adults' Participation in Designing Learning Environments*(London: Routledge, 2010).

Allison James and Adrian James, *Key Concepts in Childhood Studies* (London: Sage, 2012).

Allison James and Adrian L. James, *Constructing Childhood: Theory, Policy and Social Practice*(Hampshire and New York: Palgrave Macmillan, 2004).

Allison James and Alan Prout(eds.), *Constructing and Reconstructing Childhood: Contemporary Issues in the Sociological Study of Childhood*(London: Falmer

Press, 1997).

Allison James, Chris Jenks and Alan Prout, *Theorizing Childhood* (Cambridge: Polity Press, 1998).

Andrea O'Reilly(ed.), *Feminist Mothering* (Albany, NY: State University of New York Press, 2008).

Ann Farrell(ed.), *Ethical Research with Children* (Milton Keynes: Open University Press, 2005).

Anne Trine Kjøholt, *Childhood as a Social and Symbolic Space: Discourses on Children as Social Participants in Society* (Trondheim: Norwegian Centre for Child Research, 2004).

Anthony Giddens, *Central Problems in Social Theory: Action, Structure, and Contradiction in Social Analysis* (London: Macmillan, 1979).

Arlene Skolnick(ed.), *Rethinking Childhood* (Boston: Little Brow, 1976).

Arnlaug Leira and Chiara Saraceno (eds.), *Childhood: Changing Contexts* (Bingley: JAI Press, 2008).

Asher Ben-Arieh, Ferran Casas, Ivar Frønes and Jill E. Korbin(eds.), *Handbook of Child Well-Being: Theories, Methods and Policies in Global Perspective* (London: Springer, 2014).

B. Latour, *We Have Never Been Modern* (Hemel Hempstead: Harvester/ Wheatsheaf, 1993).

B. Percy-Smith and N. Thomas(eds.), *A Handbook of Children and Young People's Participation* (London: Joseph Routledge Foundation, 2010).

B. Rogoff, *Apprenticeship in Thinking: Cognitive Development in Social Context* (New York: Oxford University Press, 1990).

B. Stanley and J. E. Sieber(eds.), *Social Research on Children and Adolescents: Ethical Issues* (London: Sage, 1992).

B. Whiting and J. Whiting, *Children of Six Cultures: A Psychocultural Analysis* (Cambridge, MA: Harvard University Press, 1975).

B. Thorne and M. Yalom (eds.), *Rethinking the Family: Some Feminist Questions* (Boston: Northeastern University Press, 1992).

B. Thorne, *Gender Play: Girls and Boys in School* (New Brunswick, NJ: Rutgers University Press, 1993).

Barry Goldson, Michael Labelette and Jim Mckechnie(eds.), *Children, Welfare and the State* (London: Sage, 2002).

Beatrice B. Whiting(ed.), *Six Cultures: Studies of Child Rearing*(New York: Wiley, 1963).

E. Beck-Gernsheim, *Reinventing the Family* (Cambrigde: Polity, 2002).

Berry Mayall(ed.), *Children's Childhoods: Observed and Experienced*(London: The Falmer Press, 1994).

Berry Mayall, *Towards a Sociology for Childhood: Thinking from Children's Lives*(Buckingham: Open University Press, 2002).

British Educational Research Association, *Ethical Guidelines for Educational Research*(London: BERA, 2011).

C. Barter and D. Berridge(eds.), *Children Behaving Badly: Peer Violence Between Children and Young People*(London: Wiley, 2011).

C. Pearce, *Communities of Play: Emergent Cultures in Multiple Games and Virtual Worlds*(Cambridge, MA: MIT Press, 2009).

C. Spencer and M. Blades (eds.), *Children and Their Environments* (Cambridge: Cambridge University Press, 2006).

C. Wang and J. Holton, *Total Estimated Cost of Child Abuse and Neglect in the United States*(Chicago: Prevent Child Abuse, 2007).

C. Willow, *Participation in Practice: Children and Young People as Partners in Change*(London: Save the Children, 2002).

C. Thomans and P. Wilkin(eds.), *Globalization and the South*(London: Macmillan Press, 1997).

Catherine Shaw, Louca-Mai Brady and Ciara Davey, *Guidelines for Research with Children and Young People*(London: NCB, 2011).

Cedric Cullingford, *Children and Society: Children's Attitude to Politics and Power*(London: Cassell, 1992).

Child Death Overview Panels, *Child Death Reviews—Year Ending 31 March 2015*(London: Department for Education, 2015).

Children and Young People's Unit, *Tomorrow's Future*(London: Children and

Young People's Unit, 2000).

Chris Barker, *Cultural Studies: Theory and Practice*(London: Sage, 2005).

Chris Jenks(ed.), *The Sociology of Childhood: Essential Readings*(London: Batsford Academic and Educational Ltd. , 1982).

Chris Jenks, *Childhood*(London and New York: Routledge, 1996).

Christina Clark and Kate Rumbold, *Reading for Pleasure*(London: National Literacy Trust, 2006).

Christine Hallett and Alan Prout(eds.), *Hearing the Voices of Children: Social Policy for a New Century* (London and New York: Routledge, 2003).

Claire Freeman and Paul Tranter, *Children and Their Urban Environment: Changing Worlds*(London: Earthscan, 2011).

Close, Paul and Cllins, Rosemary(eds.), *Family and Economy in Modern Society*(London: Macmillan Press, 1985).

Colin Ward, *The Child in the City*(New York: Pantheon Books, 1978).

D. G. Singer and J. L. Singer(eds.), *Handbook of Children and the Media* (Thousand Oaks, CA: Sage, 2001).

D. Gauntlett, *Making is Connecting: The Social Meaning of Creativity, from DIY and Knitting to YouTube and Web 2. 0*(Cambridge, UK: Polity Press, 2011).

D. L. Sills (ed.), *International Encyclopedia of the Social Sciences* (New York: Free Press, 1968 – 1979), p. 390.

D. M. Rose, *Armies of the Young: Child Soldiers in War and Terrorism* (New Brunswich, NJ: Rutgers University Press, 2005).

D. Mackenzie and J. Wajcman (eds.), *The Social Shaping of Technology* (Buckingham: Open University Press, 1995).

D. Morgan, *Family Connections: An Introduction to Family Studies* (Cambridge: Polity, 1996).

D. Oswell, *The Agency of Children: From Family to Global Human Rights* (Cambridge: Cambridge University Press, 2013).

D. Saleebey(ed.), *Strengths Perspective in Social Work Practice*(Boston, MA: Allyn and Bacon, 2006).

Dagna Lemish(ed.), *The Routledge International Handbook of Children, Ad-*

olescents and Media (London: Routledge, 2022).

Daniel Thomas Cook(eds.), *The SAGE Encyclopedia of Children and Child-hood Studies*(Thousand Oaks, California: SAGE Publications, Inc. , 2020).

Daniel Thomas Cook, *The Commodification of Childhood*(Durham, NC: Duke University Press, 2004).

David Archard, *Children: Rights and Childhood* (London and New York: Routledge, 2004).

David Buckingham and Vebjørg Tingstad(eds.), *Childhood and Consumer Culture*(Hampshire and New York: Palgrave Macmillan, 2010).

David Buckingham, *After the Death of Childhood: Growing Up in the Age of Electronic Media*(Cambridge: Polity Press, 2000).

David Buckingham, *Beyond Technology: Children's Learning in the Age of Digital Culture* (Cambridge: Polity Press, 2007).

David Elkind, *The Hurried Child: Growing Up Too Fast Too Soon*(New York: Perseus Publishing, 2001).

David Keen, *The Economic Functions of Civil Wars*(London: International Institute for Strategic Studies, 1998).

Debra Van Ausdale and Joe R. Feagin, *The First R: How Children Learn Race and Racism*(Lanham, Md. : Rowman & Littlefield Publishers, 2001).

Don Tapscott, *Growing Up Digital: The Rise of the Net Generation*(New York: McGraw Hill, 1998).

Dorothy Singer and Jerome Singer(eds.), *Handbook of Children and the Media*(Thousand Oaks, CA: Sage Publications, 2001).

Dudley Kidd, *Savage Childhood: A Study of Kafir Children* (London: Adam and Charles Black, 1906).

E. G. Krug, L. L. Dahlberg, J. A. Mercy, A. B. Zwi and R. L. Lozano(eds.), *World Report on Violence and Health*(Geneva: World Health Organization, 2002).

E. H. Donahue, *Using the Media to Promote Adolescent Well-Being*(Princeton and Brookings: The Future of Children, 2008).

E. H. Erikson, *The Challenge of Youth* (New York: Anchor Books, 1961).

E. K. M. Tisdall, J. M. Davis, M. Hill and A. Prout (eds.), *Children, Young*

People and Social Inclusion: Participation for What?(Bristol: Policy Press, 2006).

E. Kay M. Tisdall, John M. Davis and Michael Gallagher, *Researching with Children and Young People*(London: Sage, 2009).

E. R. Dickinson, *The Politics of Child Welfare from the Empire to the Federal Republic*(Cambridge, MA: Harvard University Press, 1996).

E. V. Edmonds and N. Pavcnik, *Child Labor* (Cambridge, MA: National Burearu of Economic Research, 2007).

E. Z. Friedenberg, *Coming of Age in America: Growth and Acquiescence*(New York: Vintage Books, 1963).

Edward Shorter, *The Making of the Modern Family*(London: Collins, 1976).

Ellen Key, *The Century of Child* (New York and London: G. P. Putnam's Sons, 1909).

Eric Kodish(ed.), *Ethics and Research with Children: A Case Based Approach*(New York: Oxford University Press, 2005).

ESRC, *Research Ethics Framework*(Swindon: ESRC, 2005).

F. Britton, *Active Citizenship: A Teaching Tool Kit* (London: Hodder and Staughton, 2000).

F. C. Waksler(ed.), *Studying the Social Worlds of Children*(London: Falmer Press, 1991).

F. Furedi, *Paranoid Parenting: Why Ignoring the Experts May Be Best for Your Child*(Atlanta, GA: A Cappella Books, 2002).

Flemming Mouritsen and Jens Qvortrup (eds.), *Childhood and Children's Culture*(Odense: University Press of Southern Denmark, 2002).

Frederick Elkin, *The Child in Society: The Process of Socialization* (New York: Random House, 1960).

G. A. Fine and K L. Sandstrom, *Knowing Children: Participant Observation with Minors*(Newbury Park: Sage, 1988)

G. Esping-Anderen, G. Duncan, A. Hemerijck and J. Myles(eds.), *Why We Need a New Welfare State*(Oxford: Oxford University Press, 2002).

G. Fine and S. Sandstrom, *Knowing Children: Participant Observation with Minors* (Newbury Park, CA: Sage, 1988).

G. Lansdown, *Promoting Children's Participation in Democratic Decision-Making* (*Florence: UNICEF*, 2001).

G. Scarre(ed.), *Children, Parents and Politics* (Cambridge: Cambridge University Press, 1989).

Geoffrey Pearson, *Hooligan: A History of Respectable Fears* (Basingstoke: Macmillan, 1983).

George Ritzer and J. Michael Ryan(eds.), *The Concise Encyclopedia of Sociology* (West Sussex: Blackwell Publishing Ltd. , 2011).

Glen Creeber and Royston Martin (eds.), *Digital Cultures: Understanding New Media* (Maidenhead: Open University Press, 2009).

Glen Elder, *Children of the Great Depression: Social Change in Life Experience* (Chicago: University of Chicago Press, 1974).

H. B. Schwartzman, *Transformations: The Anthropology of Children's Play* (New York: Plenum Press, 1978).

H. Cunningham, *Children and Childhood in Western Society Since 1500* (London: Longman, 1995).

H. James Birx (ed.), *Encyclopedia of Anthropology* (Thousand Oaks, CA: SAGE Publications, Inc, 2006).

H. Jenkins, *Confronting the Challenges of Participatory Culture: Media Education for the 21st Century* (Chicago, IL: John D. and Catherine T. MacArthur Foundation, 2006).

H. Jenkins, *Convergence Culture: Where Old and New Media Collide* (New York: New York University Press, 2006).

H. Montgomery, *An Introduction to Childhood: Anthropological Perspectives on children's life* (West Sussex: Wiley Blackwell, 2009).

H. R. Schaffer, *Social Development* (Oxford: Blackwell, 1996).

H. Robertson and D. Sarchev(eds.), *Young People's Social Attitudes: Having Their Say—The Views of 12 – 19 Year Olds* (Essex: Barnardo's, 1996).

H. Zeiher, D. Devine, A. T. Kjørholt and H. Strandell(eds.), *Flexible Childhood? Exploring Children's Welfare in Time and Space* (Odense: University Press of Southern Denmark, 2007).

Heather Montgomery, *An Introduction to Childhood: Anthropological Perspectives on Children's Lives*(Oxford: Wiley-Blackwell, 2009).

Heather Montgomery, *Childhood Studies: Critical Concepts in the Social Sciences*(London and New York: Routledge, 2017).

Heather Montgomery, Rachel Burr and Martin Woodhead(eds.), *Changing Childhoods: Local and Global*(Milton Keynes: The Open University, 2003).

Hedy Fry, *Interim Report on Media Study: The Impact of Digital Technology*(Report of the Standing Committee on Canadian Heritage, 2016).

Helen A. Finken, *Child Soliders*(The University of Iowa Center for Human Rights, 2004).

Helen B. Schwartzman(ed.), *Children and Anthropology: Perspectives for the 21st Century*(Westport, CT: Bergin & Garvey, 2001).

Henri A. Junod, The *Life in a South African Tribe*(London: Macmillan, 1927).

Hugh Matthews, *Children and Community Regeneration: Creating Better Neighbourhoods*(London: Save the Children, 2001).

I. Buler, M. Robinson and L. Scanlan, *Children and Decision-Making*(London: National Children's Bureau, 2005).

I. Opie and P. Opie, *Children's Games in Street and Playground*(Oxford: Oxford University Press, 1969).

ICU, *Measuring Digital Development: Facts and Figures 2022*(Geneva: ICU, 2022)

ILO, *The End of Child Labour: Within Reach*(Geneva: International Labour Office, 2006).

J. Brunner, A. Jolly and K. Sylva(eds.), *Play: Its Role in Development and Evolution*(New York: Basic Books, 1976).

J. Cassell and H. Jenkins, *From Barbie to Mortal Kombat: Gender and Computer Games* (Cambridge, MA: MIT Press, 1998).

J. Clark, A. Dyson, N. Meagher, E. Robson and M. Wootten(eds.), Y*oung People as Researchers: Possibilities, Problems and Politics*(Leicester: Youth Work Press, 2001).

J. Danky and W. A. Wiegand (eds.), *Print Culture in a Diverse America*

(Champaign: University of Illinois Press, 1998).

J. Dunn and K. Deater-Deakard, *Children's Voice of Their Changing Families* (York: York Publishing Services, 2001).

J. Dunn, *The Beginnings of Social Understanding* (Oxford: Blackwell, 1998).

J. Fionda(ed.), *Legal Concepts of Childhood* (Oxford: Hart, 2001).

J. Goddard, A. James and S. McNamee(eds.), *The Politics of Childhood: International Perspective, Contemporary Development* (Hampshire and New York: Palgrave Macmillan, 2004).

J. Goodman, *Elementary Schooling for Critical Democracy* (Albany: State University of New York Press, 1992).

J. Hockey and A. James, *Growing Up and Growing Old* (London: Sage, 1993).

J. Holt, *Escape from Childhood* (Medford: Holt GWS, 2013).

J. Maybin and M. Woodhead(eds.), *Childhoods in Context* (Bristol: The Policy Press, 2003).

J. Miller, *Never Too Young: How Young People Can Take Responsibility and Make Decisions* (London: National Early Years Network and Save the Children Fund, 1997).

J. N. Pretty, I. Guijt, I. Scooner and J. Thompson, *Participatory Learning and Action: A Trainer's Guide* (London: International Institute for Environment and Development, 1995).

J. Piaget, *The Psychology of Intelligence* (London: Routledge, 1950).

J. Pilcher and S. Wagg(eds.), *Thatcher's Children?* (London: Falmer, 1996).

J. R. Gillis, *A World of Their Own Making* (Oxford: Oxford University Press, 1997).

J. Rajbhandari, R. Hart and C. Khatiwada, *The Children's Clubs of Nepal: A Democratic Experiment* (Kathmandu: Save the Children US, 1999).

J. S. La Fontaine(ed.), *Sex, and Age as Principles of Social Differentiation* (London: Academic Press, 1978).

J. Urry, *Consuming Places* (London: Routledge, 1995).

Jennifer Helgren, Colleen A. Vasconcellos(eds.), *Girlhood: A Global History* (New Brunswick, NJ: Rutguers University Press, 2012).

Jens Qvortrup(ed.) , *Structural Historical, and Comparative Perspective*(Bingley: Emerald Group Publishing Limited, 2009).

Jens Qvortrup(ed.) , *Studies in Modern Childhood: Society, Agency, Culture* (Hampshire and New York: Palgrave Macmillan, 2005).

Jens Qvortrup, *Childhood as a Social Phenomenon: An Introduction to a Series of National Reports*(Vienna: European Centre for Social Welfare Policy and Research, 1991).

Jens Qvortrup, *Childhood as a Social Phenomenon: Lessons from an International Project*(Vienna: European Centre, 1993).

Jens Qvortrup, Marjatta Bardy, Giovanni Sgritta and Helmut Wintersberger (eds.) , *Childhood Matters: Social Theory, Practice and Politics* (Aldershot: Avebury, 1994).

Jens Qvortrup, William A. Corsaro and Michael-Sebastian Honig(eds.) , *The Plagrave Handbook of Childhood Studies* (Hampshire and New York: Palgrave Macmillan, 2009).

Jerome Kagan, *The Nature of the Child*(New York: Basic Books, 1984).

John C. Holt, *Escape from Childhood: The Needs and Rights of Children*(Boston: E. P. Dutton, 1974).

John Tomlinson, *Globalization and Culture*(Cambridge: Polity Press, 1999).

Joshua Meyrowitz, *No Sense of Place: The Impact of Electronic Media on Social Behavior*(New York: Oxford University Press, 1985).

Judith Ennew, *The Sexual Exploitation of Children*(Cambridge: Polity Press, 1986).

Judith Hendrick, *Law and Ethics in Children's Nursing* (West Sussex: Wiley-Blackwell, 2010).

Julia Brannen and Margaret O' Brien(eds.) , *Children in Families: Research and Policy* (London: Falmer Press, 1996).

Juliet B. Schor, *Born to Buy: The Commercialized Child and the New Consumer Culture*(New York: Scribner, 2004).

Julius A. Mollet, *Ethical Issues in Social Science Research in Developing Countries: Useful or Symbolic*(Canberra: Australian National University, 2011).

K. Danziger(ed.) , *Reading in Child Socialization*(London: Pergamon Press, 1970).

K. Drotner and S. Livingstone (eds.) , *International Handbook of Children, Media and Culture* (London: Sage, 2008).

K. Durkin, *Developmental Social Psychology*(Oxford: Blackwell, 1995).

K. Lynch, *Growing Up in Cities* (Cambridge, MA: MIT Press, 1977).

K. Mannheim, *Essays in The Sociology of Knowledge* (London: Routledge, 1952).

K. Tisdall, J. Davis, M. Hill and A. Prout(eds.) , *Children, Young People and Social Inclusion: Participation for What?*(Bristol: Policy Press, 2006).

Karen Wells, *Childhood Studies*(Cambridge: Polity, 2018).

Kathryn C. Montgomery, *Generation Digital: Politics, Commerce, and Childhood in the Age of the Internet*(Cambridge, MA: MIT Press, 2007).

Kathryn M. Borman(ed.) , *The Social Life of Children in a Changing Society* (N. J. : Lawrence Erlbaum, 1982).

Kum-Kum Bhavnani, *Talking Politics* (Cambridge: Cambridge University Press, 1991).

L. Alanen and B. Mayall(eds.) , *Conceptualizing Child-Adult Relations*(London: Falmer, 2001).

L. Chrisholm, P. Büchner, H. -H. Krüger and M. du Bois-Reymond(eds.) , *Growing Up in Europe: Contemporary Horizons in Childhood and Youth Studies* (Berlin: Walter de Gruyter, 1995).

L. J. Smith and C. A. Cook, *Gender Stereotypes: An Analysis of Popular Films and TV*(Los Angeles, CA: The Geena Davis Institute for Gender and Media, 2008).

L. Murdoch, *Imaged Orphans: Poor Families, Child Welfare, and Contested Citizenship in London*(New Brunswick, NJ: Rutgers University Press. 2006).

L. Nakamura, *Digitizing Race: Visual Cultures on the Internet* (Minneapolis: University of Minnesota Press, 2008).

L. S. Clark, *The Parent App: Understanding Families in the Digital Age*(Oxford: Oxford University Press, 2013).

Lawrence Stone, *The Family, Sex and Marriage in Marriage in England*

1500 – 1800(Harmondsworth: Penguin Books Ltd. , 1977).

Leena Alanen, *Modern Childhood? Exploring the "Child Question" in Sociology*(Jyväskylä: Kasvatustieteiden Tutkimuslaitos, 1992).

Linda Pollock, *Forgotten Children: Parent-Child Relations from 1500 to 1900* (Cambridge: Cambridge University Press, 1983).

S. Livingstone et al. , *Risks and Safety on the Internet*(London: The London School of Economics and Political Science, 2011).

Lloyd deMause (ed.), *The History of Childhood* (New York: Psychohistory Press, 1974).

Lorraine Radford, *Rethinking Children, Violence and Safeguarding*(London: Continuum, 2012).

Lydia Sergeant(ed.), *Women and Revolution: A Discussion of the Unhappy Marriage of Marxism and Feminism*(London: Pluto Press, 1981).

Lynne Chisholm et al. (eds.), *Childhood, Youth and Social Change: A Comparative Perspective*(London: Falmer Press, 1990).

M. A. Grodin and L. H. Glantz(eds.), *Children as Research Subjects: Science, Ethics, and Law*(Oxford: Oxford University Press, 1994).

M. Bach, *Social Inclusion as Solidarity: Rethinking the Child Rights Agenda* (Toronto: The Laidlaw Foundation, 2002).

M. Bluebond-Langner, *The Private Worlds of Dying Children*(Princeton, NJ: Princeton University Press, 1978).

M. Cole and S. Cole, *The Development of Children*(New York: W. H. Freeman and Company, 1996).

M. David(ed.), *The Fragmented Family: Does It Matter?*(London: Insiture For Economic Affairs, 1998).

M. du Bois-Raymond, H. Sunker and H. Krueger(eds.), *Childhood in Europe: Approaches-Trends-Findings*(New York: Peter Lang, 2001).

M. E. Goodman, *Race Awareness in Young Children* (New York: Collier Books, 1952).

M. Fleer, M. Hedegaard and J. Tudge(eds.), *Childhood Studies and the Impact of Globalization*(London: Routledge, 2009).

M. Freeman, *The Rights and Wrongs of Children* (London: Frances Pinter, 1983).

M. Götz and D. Lemish(eds.), *Sexy Girls, Heroes and Funny Losers: Gender Representations in Children's TV around the World*(New York: Peter Lang, 2012).

M. Ignatieff, *Human Rights as Politics and Idolatry* (Princeton, NJ: Princeton University Press, 2003).

M. Marmot and R. G. Wilkinson(eds.), *Social Determinants of Health*(Oxford: Oxford University Press, 2006).

M. Mead and M. Wolfenstein, *Childhood in Contemporary Cultures*(Chicago: Chicago University Press, 1954).

M. Richards and P. Light(eds.), *Children of Social Worlds* (Cambridge: Policy Press, 1986).

M. Sallah and C. Howson(eds.), *Working with Black Young People*(Lyme Regis: Russell House Publishing, 2007).

M. Winn, *Children Without Childhood*(New York: Random House, 1983).

M. Woodhead and H. Montgomery(eds.), *Understanding Childhood: An interdiscipline approach*(Milton Keynes: The Open University, 2003).

M. Archer, R. Bhaskar, A. Collier, T. Lawson and A. Norrie (eds.), *Critical Realism: Essential Readings*(London: Routledge, 1998).

Manfred Liebel et al. (eds.), *Children's Rights from Below: Cross-Cultural Perspective*(Hampshire and New York: Palgrave Macmillan, 2012).

Marjorie Faulstich Orellana, *Translating Childhoods: Immigrant Youth, Language, and Culture*(New Brunswick, NJ: Rutgers University Press, 2009).

Mark Hansen, *Bodies in Code: Interfaces with Digital Media*(New York: Routledge, 2006), p. 1.

Mary Kellett, *Rethinking Children and Research*(London: Continuum, 2010).

Marshall McLuhan, *Understanding Media: The Extensions of Man* (Cambridge, MA: Mentor Bools, 1964).

Marshall Sahlins, *Stone Age Economics*(London: Routledge, 2017).

Mary Jane Kehily(ed.), *An Introduction to Childhood Studies*(Maidenhead: Open University Press, 2009).

Mary Kellett, *How to Develop Children as Researchers: A Step by Step Guide to Teaching the Research Process*(London: PCP, 2005).

Michael Anderson, *Approaches to the History of the Western Family 1500 – 1914*(Basingstoke: MacMillan, 1986).

Michael F. Jacobson and Laurie Ann Mazur, *Marketing Madness: A Survival Guide for a Consumer Society*(Boulder, CO: Weatview Press, 1995).

Michael Skovmand and Kim Christian Schroeder(eds.), *Media Cultures: Reappraising Transnational Media*(London: Routledge, 1992).

Michael Wyness, *Childhood*(Cambridge: Polity, 2015).

Michael Wyness, *Childhood and Society*(Hampshire and New York: Palgrave Macmillan, 2006).

Michael Wyness, *Contesting Childhood* (London and New York: Falmer, 2000).

Mizuko Ito et al. , *Hanging Out, Messing Around, and Geeking Out: Kids Living and Learning with New Media*(Cambridge, MA: MIT Press, 2013).

N. Daniels, *Am I My Parents' Keeper? An Essay on Justice Between the Young and the Old*(Oxford: Oxford University Press, 1988).

N. Denzin, *Childhood Socialization* (San Francisco, CA: Jossey – Bass, 1977).

N. Frost, S. Mills and M. Stein, *Understanding Residential Care* (Aldershot: Ashgate, 1999).

N. Parton, *Safeguarding Children: Early Intervention and Surveillance in a Late Modern Society*(Hampshire and New York: Palgrave Macmillan, 2006).

N. Rapport and J. Overing, *Social and Cultural Anthropology: The Key Concepts*(London: Routledge, 2000).

Nancy Scheper-Hughes and Carolyn Sargent(eds.), *Small Wars: The Cultural Politics of Childhood*(Berkeley: University of California Press) , 1999.

Nathanael Lauster and Graham Allan, *The End of Children: Changing Trends in Childbearing and Childhood*(Vancouver: UBC Press, 2012).

Nicholas Abercrombie, Stephen Hill and Bryan S. Turner, *The Penguin Dictionary of Sociology* (Harmondsworth: Penguin Books Ltd. , 2006).

Nicholas Negroponte, *Being Digital*(London: Hodder & Stoughton, 1995)

Nick Frost, *Rethinking Children and Families*: *The Relationship Between Childhood, Families and the State*(London: Continuum, 2011).

Nick Lee, *Childhood and Society: Growing Up in an Age of Uncertainty* (Buckingham: Open University Press, 2001).

Nick Watson, Tom Shakespeare, Sarah Cunningham-Burley and Colin Barnes, *Life as a Disabled Child*: *A Qualitative Study of Young People's Experiences and Perspectives* (ESRC Research Programme, 2015).

Ofcom, *The Future of Children's Television Programming: Research Report* (London: Office Of Communications, 2007).

Oscar W. Ritchie and Marvin R. Koller, *Sociology of Childhood*(New York: ACC, 1964).

Owens & Hofferth(eds.), *Children at the Millennium: Where Have We Come From, Where Are We Going?* New York: Elsevier, 2001).

P. C. Schmitter, *How to Democratize the European Union—And Why Bother?* (Lanham, MD: Rowman & Littlefield, 2000).

P. A. Adler and P. Adler(eds.), *Sociological Studies of Child Development* (Greenwich, Conn. : JAI Press, 1986).

P. Alderson and G. Morrow, *Ethics, Social Research and Consulting with Children and Young People*(Iiford: Barnado's, 2004).

P. Alderson and V. Morrow, *The Ethics of Research with Children and Young People*(London: Sage, 2011).

P. Alderson, *Children's Consent to Surgery* (Buckingham: Open University Press, 1993).

P. Alderson, *Listening to Children: Children, Ethics and Social Research* (Barkingside: Barnardo's, 1995).

P. Christensen and A. James(eds.), *Research with Children: Perspectives and Practices*(London and New York: Routledge, 2008).

P. Connolly, *Racism, Gender Identities and Young Children* (London: Rotledge, 1998).

P. J. Martin and A. Dennis, *Human Agents and Social Structure*(Manchester:

Manchester University Press, 2010).

P. Moss and A. Pence(eds.), *Valuing Quality in Early Childhood Services* (London: Paul Chapman, 1994).

P. Moss and P. Petrie, *From Children's Services to Children's Spaces*(London: Routlege Falmer, 2002).

P. Pufall and R. Unsworth(eds.), *Rethinking Childhood* (New Brunswick, NJ: Rutgers University Press, 2004).

P. Singer, *Children at War*(Berkeley: University of California Press, 2006).

P. A. Adler and P. Adler(eds.), *Sociological Studies of Child Development* (Greenwich, Conn. : JAI Press, 1986).

Patricia A. Adler and Peter Adler, *Peer Power: Preadolescent Culture and Identity* (New Brunswick, NJ: Rutgers University Press, 1998).

Patricia Holland, *What Is child? Popular Images of Childhood* (London: Virago, 1992).

Paul Close and Rosemary Collins(eds.), *Family and Economy in Modern Society*(Hampshire and New York: Palgrave Macmillan, 1985).

Paula S. Fass, *Children of a New World: Society, Culture, and Globalization* (New York: NYU Press, 2007).

Perpetua Kirby, Gillian Mann, Bridget Pettitt and Martin Woodhead, *Child-to-Child in South London: Evaluation Report* (London: Child-to-Child project, 2002).

Perpetua Kirby, *Involving Young Researchers*: *How to Enable Young People to Design and Conduct Research*(York: Joseph Rowntree Foundation, 1999).

Peter McIntyre, *Putting Children in the Right—Guidelines for Journalists* (Belgium: International Federation of Journalists, 2002).

Peter N. Stearns, *Childhood in World History*(New York: Routledge, 2006).

Phil Jones and Susan Welch, *Rethinking Children's Rights: Attitudes in Contemporary Society*(London: Continuum, 2010).

Phil Scraton(ed.), *"Childhood" in "Crisis"?* (London: UCL Press, 1997).

Philippe Ariès, *Centuries of Childhood: A Social History of Family Life*(New York: Alfred A. Knopf, 1962).

R. Lister, S. Middleton and N. Smith, *Young People's Voice: Citizenship Education (Leicester: Youth Work Press*, 2001).

R. Panelli, S. Punch and E. Robson (eds.), *Global Perspectives on Rural Childhood and Youth: Young Rural Lives,* (London: Routledge, 2007).

R. Ranjani(ed.), *The Political Participation of Children* (Cambridge, MA: Harvard Centre for Population and Development Studies, 2000).

R. W. Bennet, *Talking It Through: Puzzles of American Democracy* (Ithaca, NY: Cornell University Press, 2003).

Rakesh R. Rajani, *Discussion Paper for Partners on Promoting Strategic Adolescent Participation*(New York: UNICEF, 2000).

Richard Sennett, *The Fall of Public Man*(Knopf: New York, 1977).

Richard T. Gates and Frederic Stout(eds.), *The City Reader* (London: Routledge Press, 1996).

Robyn M. Holmes, *Fieldwork with Children* (Thousand Oaks, California: Sage, 1998).

Roger A. Hart, *Children's Participation: From Tokenism to Citizenship* (Florence: UNICEF International Child Development Centre, 1992).

Roger Hart, *Children's Experience of Place* (New York: lrvington, 1979).

Ruth Evans and Saul Becker, *Children Caring for Parents with HIV and AIDS: Global Issues and Policy Responses*(Bristol: Policy Press, 2009).

S. A. Hewlett, *When the Bough Breaks: the Costs of Neglecting Our Children* (New York: Basic Books, 1991).

S. Fraser, V. Lewis, S. Ding, M. Kellett and C. Robinson (eds.), *Doing Research with Children and Young People*(London: Sage, 2004).

S. Greene and D. Hogan (eds.), *Researching Children's Experience: Approaches and Methods*(London: Sage, 2005).

S. Livingston and M. Bovill(eds.), *Children and Their Changing Media Environment: A European Comparative Study*(Mahwah, NJ: Lawrence Erlbaum, 2001).

S. M. Lilly et al. (eds), *Subjectives, Knowledges and Feminist Geographies: The Subjects and Ethics of Social Research* (Lanham, MD and Oxford: Rowan and Littlefield, 2002).

S. R. Mazzarella(ed.) , *Girl Wide Web* 2. 0: *Revisiting Girls, the Internet, and the Negotiation of Identity*(New York: Peter Lang, 2010).

S. Stephens(ed.) , *Children and the Politics of Culture* (Princeton, NJ: Princeton University Press, 1995).

Sana Loue and Earl C. Pike, *Case Studies in Ethics and HIV Research*(New York: Springer, 2007).

Sarane Spence Boocock and Kimberly Ann Scott, *Kids in Context: The Sociological Study of Children and Childhoods*(Lanham, Md. : Rowman & Littlefield Publishers, 2005).

Save the Children, *Towards a Children's Agenda*: New Challenges for Social Development(London: Save the Children, 1995).

Seymour Papert, *The Children's Machine: Rethinking School in the Age of the Computer*(New York: Basic Books, 1993).

Sheila Greene and Diane Hogan(eds.) , *Researching Children's Experience: Methods and Approaches*(London: SAGE Publications, 2005).

Shulamith Firestone (ed.) , *Regulated Children, Liberated Children* (New York: Psychohistory Press, 1979).

Shulamith Shahar, *Childhood in the Middle Age*s(London: Routledge, 1990).

Sonia Livingstone and Moira Bovill, *Young People, New Media*(London: Department of Media and Communications, London School of Economics and Political Science, 1999).

Sonia Livingstone, Giovanna Mascheroni, Kjartan Ólafsson and Leslie Haddon, *Children's Online Risks and Opportunities: Comparative Findings from EU Kids Online and Net Children Go Mobile*(London: London School of Economics and Political Science, 2014).

Spyros Spyrou, *Disclosing Childhood*(London: Palgrave Macmillan, 2018).

Stephen Kline, *Out of the Garden: Toys and Children's Culture in the Age of TV Marketing*(London: Verso, 1993).

Susan B. Neuman, *Literacy in the Television Age: The Myth of the Television Effect*(Norwood, NJ: Ablex, 1995).

Susan Gregory Thomas, *Buy, Buy Baby: How Consumer Culture Manipulates*

Parents and Harms Young Minds(New York: Houghton Mifflin Company, 2007).

T. H. Marshall and T. Bottomore, *Citizenship and Social Class*(London: Pluto, 1992).

T. M. Williams(ed.), *The Impact of Television: A Natural Experiment in Three Communities*(New York: Academic Press, 1986).

T. Parsons and R. F. Bales, *Family, Socialization and Interaction Process* (NY: Free Press, 1955).

T. Ridge, *Childhood poverty and Social Exclusion: From a Child's Perspective* (Bristol: The Policy Press, 2002).

The Norwegian National Research Ethics Committees, *Guidelines for Research Ethics in the Social Sciences, Humanities, Law and Theology* (Oktan Oslo AS, 2016).

Timothy J. Owens, Sandra L. Hofferth(eds.), *Children at the Millennium: Where Have We Come from, Where Are We Going?*(London and New York: Elsevier Science Ltd. , 2001).

Tobias Hecht, *At Home in the Street: Street Children of Northeast Brazil*(Cambridge: Cambridge University Press, 1998).

Tom Cockburn, *Rethinking Children's Citizenship*(Hampshire and New York: Palgrave Macmillan, 2013).

V. Amit-Talai and H. Wulff(eds.), *Youth Cultures: A Cross-Cultural Perspective* (London: Routledge, 1995).

V. Rideout and E. Hamel, *The Media Family: Electronic Media in the Lives of Infants, Toddlers, Preschools and Their Parents* (Menlo Park, CA: Kaiser Family Foundation, 2006).

V. Rideout, U. Foehr and D. Roberts, *Generation M2: Media in the Lives of 8-to 18-Year-Olds*(Menlo Park, CA: Kaiser Family Foundation, 2010).

W. Aiken and H. LaFollette(eds.), *Whose Child? Parental Rights, Parental Authority and State Power*(Totowa, NJ: Rowman & Littlefield, 1980).

W. F. Pickering(ed.), *Durkheim: Essays on Morals and Education*(London: Routledge, 1979).

W. I. Thomas, *The Unadjusted Girl: With Cases and Standpoints for Behavior Analysis* (New York: Harper TorchBooks Harper and Row, 1923) .

W. L. Bennett(ed.) , *Civic Life Online: Learning How Digital Media Can Engage Youth*(Cambridge, MA: MIT Press, 2008) .

W. Stainton-Rogers and R. Stainton-Rogers, *Stories of Childhood* (London: Harvester Whwatsheaf, 1992) .

William A. Corsaro, *The Sociology of Childhood*(Thousand Oaks, CA: Pine Forge Press, 2005) .

William A. Corsaro, *We're Friend, Right?: Inside Kid's Culture*(Washington, D. C. : Joseph Henry Press, 2003) .

William Leiss, Stephen Kline and Sut Jhally, *Social Communication in Advertising: Persons, Products and Images of Well-Being*(London: Routledge, 1990) .

World Health Organization, *Closing the Gap in a Generation: Health Equity through Action on the Social Determinants of Health*(Geneva: World Health Organization, 2008) .

Wouter Vandenhole et al. (eds.) , *Routledge International Handbook of Children's Rights Studies*(London: Routledge, 2015) .

Y. B. Kafai, C. Hetter, J. Denner and J. Y. Sun, *Beyond Barbie and Mortal Kombat: New Perspectives on Gender and Gaming* (Cambrige, MA: MIT Press, 2008) .

二 论文

卜卫:《捍卫童年》,《读书》2000 年第 3 期。

康永久:《作为知识与意向状态的童年》,《教育研究》2019 年第 5 期。

刘宇:《儿童如何成为研究参与者:"马赛克方法"及其理论意蕴》,《全球教育展望》2014 年第 9 期。

苗雪红:《西方新童年社会学研究综述》,《贵州师范大学学报》(社会科学版) 2015 年第 4 期。

苏熠慧:《"交叉性"流派的观点、方法及其对中国性别社会学的启发》，《社会学研究》2016 年第 4 期。

王友缘、魏聪、林兰、陈小蓓：《全球视野下新童年社会学研究的当代进展》，《教育发展研究》2020 年第 8 期。

王友缘：《童年研究的新范式——新童年社会学的理论特征、研究取向及其问题》，《全球教育展望》2014 年第 1 期。

席小莉、袁爱玲：《对象、参与和领导——论儿童在研究中的角色演变》，《华南师范大学学报》（社会科学版）2013 年第 2 期。

辛旭：《由误解发现"童年"："阿利埃斯典范"与儿童史研究的兴起》，《四川大学大学报》（哲学社会科学版）2014 年第 192 卷第 3 期。

俞金尧：《儿童史研究及其方法》，《国外社会科学》2001 年第 5 期。

张允若：《对"第四媒介说"的再质疑》，《当代传播》2005 年第 6 期。

郑素华：《"童年的社会学再发现"：国外童年社会学的当代进展》，《学术论坛》2013 年第 10 期。

A. A. H. Gola and S. L. Calvert, "Infants' Visual Attention to Baby DVDs as a Function of Program Pacing", *Infancy*, Vol. 16, No. 3(2011): 295 – 305.

A. Bandura, D. Ross and S. Ross, "Transmission of Aggression Through Imitation of Aggressive Models", *Journal of Abnormal & Social Psychology*, Vol. 63, No. 3(1961): 575 – 582.

A. Clarke-Stewart, "Infant Day Care: Maligned or Malignant?", *American Psychologist*, Vol. 44, No. 2(1989): 266 – 273.

A. Hedlička, "Head deformation among the Klamath", *American Anthropology*, Vol. 7, No. 2(1905): 360 – 361.

A. J. Weiss and B. J. Wilson, "Emotional Portrayals in Family Television Series that are Popular among Children", *Journal of Broadcasting & Electronic Media*, Vol. 40, No. 1(1996): 1 – 29.

A. L. Kroeber, "The Speech of a Zuni Child", *American Anthropologist*, Vol. 18, No. 4(1916): 529 – 534.

A. Nairn, "'It Does My Head in… Buy It, Buy It, Buy It!' The Commercialization of UK Children's Wbe Sites", *Young Consumers*, Vol. 9, No. 4 (2008): 239 – 253.

Adrian L. James, "Competition or Integration? The Next Step in Childhood Studies?", *Childhood*, Vol. 17, No. 4(2010): 485 – 499.

Affrica Taylor, "Reconceptualizing the 'Nature' of Childhood", *Childhood*, Vol. 18, No. 4(2011): 420 – 433.

Afua Twum-Danso, "Situating Participatory Methodologies in Context: The Impact of Culture on Adult-Child Interactions in Research and Other Projects", *Children's Geographies*, Vol. 7, No. 4(2009): 379 – 389.

American Academy of Pediatrics, "Media Use by Children Younger than 2 Years", *Pediatris*, Vol. 128, No. 5(2011): 1 – 6.

Anli Ataöv and Jawaid Haider, "From Participation to Empowerment: Critical Reflections on a Participatory Action Research Project with Street Children in Turkey", *Children Youth & Environments*, Vol. 16, No. 2(2006): 127 – 152.

Anna-Liisa Närvänen, Elisabet Näsman, "Childhood as Generation or Life Phase?", *Young: Nordic Journal of Youth Research*, Vol. 12, No. 1(2004): 71 – 91.

Arlene Skolnick, "The Limits of Childhood: Conceptions of Child Development and Social Context", *Law and Contemporary Problems*, Vol. 39, No. 3 (1975): 38 – 77.

B. M. Lester, J. Hoffman and T. B. Brazelton, "The Rhythmic Structure of Mother-Infant Interaction in Term and Preterm Infants", *Child Development*, Vol. 56, No. 1(1985): 15 – 27.

Barrie Thorne, "Crafting the Interdisciplinary Field of Childhood Studies", *Childhood*, Vol. 14, No. 2(2007): 1 – 6.

Barrie Thorne, "Re-Visioning Women and Social Change: Where Are the Children?", *Gender & Society*, Vol. 1, No. 1(1987): 85 – 109.

Brannen & O'Brien, "Childhood and the Sociological Gaze: Paradigms and Paradoxes", *Sociology*, Vol. 29, No. 4(1995): 729 – 737.

C. Philo, "The Corner-Stones of My World: Editorial Introduction to Special Issue on Spaces of Childhood", *Childhood*, Vol. 7, No. 3(2000): 243 – 256.

C. Toren, "Making History: The Significance of Childhood Cognition for Comparative Anthropology of Mind", *Man*, Vol. 28, No. 3(1993): 461 – 478.

Charles Darwin, "A Biographical Sketch of an Infant", *Developmental Medicine & Child Neurology, Volume 13, Issue s24(1971): 3 – 8.

Charlotte Hardman, "Can There Be an Anthropology of Children? ", *Journal of the Anthropological Society of Oxford*, Vol. Ⅳ, No. 2(1973): 85 – 99, Reprinted in *Childhood*, Vol. 8, No. 4(2001): 501 – 517.

Council on Communications and Media, "Children Adolescents Obesity and the Media", *Pediatrics*, Vol. 128, No. 1(2011): 201 – 208.

Craig A. Anderson, Brad J. Bushman, Edward Donnerstein, Tom A. Hummer and Wayne Warburton, "SPSSI Research Summary on Media Violence", *Analyses of Social Issues and Public Policy*, Vol. 15, No. 1(2015): 4 – 19.

C. -S. Chang, C. -Y. Lin and P. -M. Hu, "Development of Children's Creativity and Manual Skills Within Digital Game-based Learning Environment", *Journal of Computer Assisted Learning*, Vol. 30, No. 4(2014): 377 – 395.

Cynthia Price Cohen, "The Role of the United States in the Drafting of the Convention on the Rights of the Child", *Emory International Law Review*, Vol. 20, No. 1(2006): 185 – 192.

D. A. Gentile, "Pathological Video-Game Use among Youth Ages 8 to 18, A National Survey", *Psychological Science*, Vol. 20, No. 5(2009): 594 – 602.

D. Baumrind, "The Influence of Parenting Style on Adolescent Competence and Substance Use", *Journal of Early Adolescence*, Vol. 11, No. 1(1991): 56 – 95.

D. Gentile and D. Walsh, "A Mormative Study of Family Media Habits", *Applied Developmental Psychology*, Vol. 23, No. 2(2002): 157 – 178.

D. L. Croooks, "Biocultural Factors in School Achievement for Mopan Children in Belize", *American Anthropologist*, Vol. 99, No. 3(1997): 586 – 601.

D. Leonard, "Live in Your World, Play in Ours: Race, Video Games and Consuming the Other", *Studies in Media and Information Literacy Education*, Vol. 3, No. 3(2003): 1 – 9.

D. M. Kelly, S. Pomerantz and D. H. Currie, "No Boundaries? Girls' Interactive, Online Learning about Femininities", *Youth & Society*, Vol. 38, No. 1(2006): 3 – 28.

D. Oswell, "Television, Childhood and the Home: A History of the Making of the Child Television Audience in Britain", *British Journal of Sociology*, Vol. 26,

No. 3(2002): 463 – 464.

D. Wendler, J. Rackoff, E. Emanuel and C. Grady, "Commentary: The Ethics of Paying for Children's Participation in Research", *Journal of Pediatrics*, Vol. 141, No. 2(2002): 166 – 171.

D. Wong, "The Oversocialized Conception of Man in Modern Sociology", *American Sociological Review*, Vol. 26, No. 2(1961): 184 – 193.

Daniel Thomas Cook, "The Other Child Study: Figuring Children as Consumers in Market Research, 1910s – 1990s", *The Socilgogical Quarterly*, Vol. 41, No. 3(2000): 487 – 507.

David J. Leonard J. Leonard, "Not a Hater, Just Keeping It Real: The Importance of Race-and Gender-Based Game Studies", *Games and Culture*, Vol. 1, No. 1(2006): 83 – 88.

E. E. Wood, "Notes on Oriental Babies", *American Anthropologist*, Vol. 5, No. 4(1902): 659 – 666.

E. Tonkin, "Rethinking Socialization", *Journal of the Anthropological Society of Oxford*, Vol. 13, No. 3(1982): 243 – 256.

E. Williamson, T. Goodenough, J. Kent and R. Ashcroft, "Conducting Research with Children: The Limits of Confidentiality and Child Protection Protocols", *Children & Society*, Vol. 19, No. 5(2005): 397 – 409.

Elena Bertozzi, "Killing for Girls: Predation Play and Female Empowerment, *Bulletin of Science*", *Technology & Society*, Vol. 32, No. 6(2012): 447 – 454.

Emma Bond, "Managing Mobile Relationships: Children's Perceptions of the Impact of the Mobile Phone on Relationships in Their Everyday Lives", *Childhood*, Vol. 17, No. 4(2010): 514 – 529.

Emma Bond, "The Mobile Phone = Bike Shed? Children, Sex and Mobile Phones", *New Media & Society*, Vol. 13, No. 4(2010): 587 – 604.

F. Boas, "Changes in Bodily Form in the Descendants of Immigrants", *American Anthropologist*, Vol. 14, No. 3(1912): 530 – 562.

F. J. Zimmerman, D. A. Christakis and A. N. Meltzoff, "Televison and DVD/Video Viewing in Children Younger than 2 Years", *Archives of Pediatric and Adolescent Medicien*, Vol. 161, No. 5(2007): 473 – 479.

F. Koss, "Children Falling into the Digital Divide", *Journal of International Affairs, Vol.* 55, No. 1(2001): 75 - 90.

G. Simcock, K. Garrity and R. Barr, "The Effects of Narrative Cues on Infants' Imitation from Television and Picture Book", *Child Development,* Vol. 82, No. 5(2011): 1607 - 1619.

H. Barry, I. L. Child and M. K. Bancon, "Relation of Child Training to Subsistence Economy", *American Anthropologist*, Vol. 61, No. 1(1959): 51 - 63.

H. Matthews, "Power Games and Moral Territories: Ethical Dilemmas When Working with Children and Young People", *Ethics, Place and Environment*, Vol. 4, No. 2(2001): 117 - 118.

H. Ten Kate, "The Primitive ' Baby-Machine'", *American Anthropology*, Vol. 4, No. 4(1902): 794 - 795.

Harry Hendrick, "Children and Childhood", *Recent Findings of Research in Economic and Social History*, Autumn 15(1992): pp. 1 - 4.

Hilary Levey, "Which One Is Yours?: Children and Ethnography", *Qualitative Sociology*, Vol. 32, No. 3(2009): 311 - 331.

Hugh Matthews, "Coming of Age for Children's Geographies", *Children's Geographies*, Vol. 1, No. 1(2003): 3 - 5.

I. Frønes, "Editorial: Changing Childhood", *Childhood*, Vol. 1, No. 1(1993): 1 - 2.

J. A. Lee, "Three Paradigms of Childhood", *Canadian Review of Sociology and Anthropology*, Vol. 19, No. 4(1982): 591 - 608.

J. Benthall, "Child-Focused Research", *Anthropology Today*, Vol. 8, No. 2 (1992): 23 - 35.

J. Canto, S. Byrne, E. Moyer-Guse and K. Riddle, "Descriptions of Media-Induced Fright Reactions in a Sample of US Elementary School Children", *Journal of Children and Media*, Vol. 4, No. 1(2010): 1 - 17.

J. Frederick and C. Goddard, "Exploring the Relationship Between Poverty, Childhood Adversity and Child Abuse from the Perspective of Adulthood", *Child Abuse Review*, Vol. 16, No. 5(2007): 323 - 341.

J. Freyd, F. Putnam and T. Lyon, "The Science of Child Sexual Abuse",

Science, Vol. 308, No. 5721(2005): 501.

J. Frost, "Play Environments for Young Children in the USA: 1800 – 1900", *Children's Environments Quarterly*, Vol. 6, No. 4(1989): 17 – 24.

J. Greenstock and M. Pipe, "Interviewing Children about Past Events: The Influence of Peer Support and Misleading Questions", *Child Abuse and Neglect*, Vol. 20, No. 1(1996): 69 – 80.

J. Hart, "Children's Participation and International Development: Attending to the Political", *International Journal of Children's Rights*, Vol. 16, No. 3(2008): 407 – 418.

J. J. Honigmann and R. N. Carrera, "Cross-Cultural Use of Machover's Figure Drawing Test", *American Anthropologist*, Vol. 59, No. 4(1957): 650 – 654.

J. S. Aubrey and K. Harrison, "The Gender-Role Content of Children's Favorite Television Programs and Its Links to Their Gender-Related Perceptions", *Media Psychology*, Vol. 6, No. 2(2004): 111 – 146.

James McNeal, "The Child Consumer: A New Market", *Journal of Retailing*, Vol. 45, No. 2(1969): 15 – 22.

Jens Qvortrup, "Editorial: A Reminder", *Childhood*, Vol. 14, No. 4(2007): 395 – 400.

Jens Qvortrup, "Introduction", *International Journal of Sociology*, Vol. 17, No. 3(1987): 3 – 37.

Jens Qvortrup, "Societal Position of Childhood: The International Project Childhood as a Social Phenomenon", *Childhood*, Vol. 1, No. 1(1993): 119 – 124.

K. Faller and M. Everson, "Introduction to Child Interviewing", *Child Maltreatment*, Vol. 1, No. 3(1996): 187 – 189.

K. Harrison and B. J. Bond, "Gaming Magazines and the Drive for Muscularity in Preadolescent Boys: A Longitudinal Examination", *Body Image: An International Journal of Research*, Vol. 4, No. 3(2007): 269 – 277.

K. Lucas and J. L. Sherry, "Sex Differences in Video Game Play: A Communication-Based Explanation", *Communication Research*, Vol. 31, No. 5 (2004): 499 – 523.

K. Rasmussen, "Places for Children: Children's places", *Childhood*, Vol. 11,

No. 2(2004) : 155 – 173.

Kingsley Davis, "The Child and the Social Structure", *The Journal of Educational Sociology*, Vol. 14, No. 4(1940) : 217 – 229.

L. Alanen, "Critical Childhood Studies?", *Childhood*, Vol. 18, No. 2(2011) : 147 – 150.

L. Alanen, "Intersectionality and Other Challenges to Theorizing Childhood", *Childhood*, Vol. 23, No. 2(2016) : 157 – 161.

L. Beardsall and J. Dunn, "Adversities in Childhood: Siblings' Experiences and Their Relations to Self-Esteem", *Journal of Child Psychology and Psychiatry*, Vol. 33, No. 2(1992) : 349 – 359.

L. C. Charland, "Cynthia's Dilemma: Consenting to Heroin Prescription", *American Journal of Bioethics*, Vol. 2, No. 2(2002) : 37 – 47.

L. Chawla and A. T. Kjorholt, "Children as Special Citizens", *PLA Notes*, No. 25(1996) : 43 – 46.

L. J. Akinbami, X. Liu, P. N. Pastor and C. A. Reuben, "*Data from the National Health Interview Survey*, 1998 – 2009", *NCHS Data Brief*, No. 70(2011) : 1 – 8.

L. M. Alvy and S. L. Calvert, "Food Marketing on Popular Children's Web Sites: A Content Analysis", *Journal of the American Dietetic Association*, Vol. 108, No. 4(2008) : 710 – 713.

L. M. Powell, G. Szcypke and F. J. Chaloupka, "Exposure to Food Advertising on Television Among US Children", *Archives of Pediatric & Adolescent Medicine*, Vol. 161, No. 5(2007) : 553 – 560.

L. Rosa, E. Rosa, L. Sarner and S. Barrett, "A Close Look at Therapeutic Touch", *Journal of the American Medical Association*, Vol. 279, No. 13 (1998) : 1005 – 1010.

L. Spigel, "Make Room for TV: Television and the Family Ideal in Postwar America", *American Journal of Sociology*, Vol. 98, No. 6(1993) : 1462 – 1463.

Lawrence A. Hirschfeld, "Why Don' t Anthropologists Like Children?", *American Anthropologist*, Vol. 104, No. 2(2002) : 611 – 627.

Leanne Johnny, "Reconceptualising Childhood: Children's Rights and Youth Participation in Schools", *International Education Journal*, Vol. 7, No. 1(2006) :

17 − 25.

Louise Raymond, "Student Involvement in School Improvement: From Data Source to Significant Voice", *Forum*, Vol. 43, No. 2(2001): 58 − 61.

M. A. Peterson, "The Jinn and the Computer: Consumption and Identity in Arab Children's Magazines", *Childhood*, Vol. 27, No. 2(2005): 361 − 390.

M. Bluebond-Langner and J. Korbin, "Challenges and Opportunities in the Anthropology of Childhoods: An Introduction to ' Children, Childhoods, and Childhood Studies' ", *American Anthropologist*, Vol. 109, No. 2(2007): 241 − 246.

M. Bury, "Social Construction and Medical Sociology", *Sociology of Health and Illness*, Vol. 8, No. 2(1986): 137 − 169.

M. C. Stephenson, " Zuni Games ", *American Anthropologist*, Vol. 5, No. 3 (1903): 468 − 497.

M. E. Goodman, "Values, Attitudes, and Social Concepts of Japanese and American Children", *American Anthropologist*, Vol. 59, No. 6(1952): 979 − 999.

M. Freeman, "The Future of Children's Rights", *Children & Society*, Vol. 14, No. 4(2000): 277 − 293.

M. Freeman, "The Next Children's Act?", *Family Law*, Vol. 28 (1998): 341 − 348.

M. H. Lystad, "Traditional Values of Ghanaian Children", *American Anthropologist*, Vol. 62, No. 3(1960): 454 − 464.

M. Krcmar, "Can Social Meaningfulness and Repeat Exposure Help Infants and Toddlers Overcome the Video Deficit? ", *Media Psychology*, Vol. 13, No. 1 (2010): 32 − 53.

M. Rutter, "Resilience, Competence and Coping", *Child Abuse and Neglect*, Vol. 31, No. 3(2007): 205 − 209.

M. Sainsbury and I. Schagen, "Attitudes to Reading at Ages Nine and Eleven", *Journal of Research in Reading*", Vol. 27, No. 4(2004): 373 − 386.

M. Steward, K. Bussey, G. Goodman and K. Saywitz, "Implications of Development Research for Interviewing Child", *Child Abuse and Neglect*, Vol. 17, No. 1 (1993): 25 − 37.

M. Woodhead, "Combating Child Labour: Listen to What the Children Say",

Childhood, Vol. 6, No. 1(1999): 27 – 50.

Margaret Mead, "Samoan Children at Work and Play", *Natural History*, Vol. 28, No. 3(1928): 626 – 636.

Michael Wyness, Children, Citizenship and Political Participation: English Case Studies of Young People's Councils(paper presented at "Children in Their Places" Conference, Brunel University, 2001), pp. 3 – 4.

Mike Shields, "Forecast 2006: Interactive Media", *Mediaweek*, January 2, 2006.

N. Ondrusek, R. Abramovitch, P. Pencharz and G. Koren, "Empirical Examination of the Ability of Children to Consent to Clinical Research", *Journal of Medical Ethics*, Vol. 24, No. 3(1998): 158 – 165.

Nick Lee and Johanna Motzkau, "Navigating the Bio-Politics of Childhood", *Childhood*, Vol. 18, No. 1(2011): 7 – 19.

Olga N. Nikitina-den Besten, "What's New in the New Social Studies of Childhood? The Changing Meaning of ' Childhood' in Social Sciences", *Social Science Electronic Publishing*, October(2008): 25 – 39.

P. Aarsand, "Parenting and Digital Games: On Children's Game Play in US Families", *Journal of Children and Media*, Vol. 3, No. 3(2011): 318 – 333.

P. Alderson, "School Students' Views on School Councils and Daily Life at School", *Children & Society*, Vol. 14, No. 2(2000): 121 – 134.

P. Alderson, "Ethics Review of Social Research: Ten Topics for Social Researches to Consider", *Education-Line*, August 15, 2000.

P. Christensen and A. Prout, "Working with Ethical Symmetry in Social Research with Children", *Childhood*, Vol. 9, No. 4(2002): 477 – 497.

P. Fleuret and A. Fleuret, "Social Organization, Resource Management, and Child Nutrition in the Taita Hills, Kenya", *American Anthropologist*, Vol. 93, No. 1 (1991): 91 – 114.

P. Gordon-Smith, "The Morality of Young Children in Their Early Years Setting", *Childhoods Today*, June 21, 2009.

P. Hamill and B. Boyd, "Equality, Fairness and Rights: The Young Person's Voice", *British Journal of Special Education*, Vol. 29, No. 3(2002): 111 – 117.

P. Mizen and Y. Ofusu-Kusi, "Agency as Vulnerability: Accounting for Children's Movement to the Streets of Accra", *The Sociological Review*, Vol. 61, No. 2(2013) : 363 – 382.

Patrick J. Ryan, "How New Is the ' New' Social Study of Childhood? The Myth of a Paradigm Shift", *Journal of Interdisciplinary History*, Vol. 38, No. 4 (2008) : 553 – 576.

Peter Kraft, "Beyond ' Voice' , Beyond ' Agency' , Beyond ' Politics' ? Hybrid Childhoods and Some Critical Reflections on Children's Emotional Geographies", *Emotion, Space and Society*, Vol. 9, No. 1(2013) : 13 – 23.

R. Barr, "Transfer of Learning Between 2D and 3D Sources During Infancy: Informing Theory and Practice", *Child Development*, Vol. 70, No. 5(1999) : 1067 – 1081.

R. Feldman and A. I. Eidelman, "Parent-Infant Synchrony and the Social-Emotional Development of Triplets", *Developmental Psychology*, Vol. 40, No. 6 (2004) : 1133 – 1147.

R. Houle and R. S. Feldman, "Emotional Displays in Children's Television Programming, *Journal of Nonverbal Behavior*", Vol. 15, No. 4(1991) : 261 – 271.

R. Ling, "The Mobile Connection: The Cell Phone's Impact on Society", *American Family Physician*, Vol. 59, No. 9(2004) : 1455 – 1463.

R. M. Viner and T. J. Cole, "Television Viewing in Early Childhood Predicts Adult Body Mass Index", *The Journal of Pediatrics*, Vol. 147, No. 4(2005) : 429 – 435.

R. Morgan, "Finding What Children Say They Want: Messages from Children", *Representing Childhood*, Vol. 17, No. 3(2005) : 80 – 189.

R. Small, "Codes Are Not Enough: What Philosophy Can Contribute to the Ethics of Educational Research", *Journal of Philosophy of Education*, Vol. 35, No. 3(2001) : 387 – 406.

R. Vanderbeck, "Reaching Critical Mass? Theory, Politics, and the Culture of Debate in Children's Geographies", *Area*, Vol. 40, No. 3(2008) : 393 – 400.

Rebekah J. Willett, "The Discursive Construction of ' Good Parenting' and Digital Media—The Case of Children's Virtual World Games", *Media, Culture & Society*, Vol. 37, No. 7(2015) : 1060 – 1075.

Robert A. LeVine, "Ethnographic Studies of Childhood: A Historical Overview", *American Anthropologist*, Vol. 109, No. 2(2007): 247 – 260.

Robert Kaplan, "The Coming Anarchy", *The Atlantic Monthly*, Vol. 273, No. 2(1994): 44 – 76.

Robert Lawy and Gery Biesta, "Citizenship-as-Practice: The Educational Implications of an Inclusive and Relational Understanding of Citizenship", *British Journal of Educational Studies*, Vol. 54, No. 1(2006): 34 – 50.

Ruth Benedict, "Continuities and Discontinuities in Cultural Conditioning", *Psychiatry*, Vol. 1, No. 2(1938): 161 – 167.

Ruth H. Bloch, "American Feminine Ideals in Transition: The Rise of the Moral Mother, 1785 – 1815", *Feminist Studies*, Vol. 4, No. 2(1978): 101 – 126.

Ruth Lister, "Children and Citizenship", *Childright – A Journal of Law and Policy Affecting Children and Young People*, Vol. 223, No. 2(2006): 22 – 25.

S. Herbozo, S. Tantleff-Dunn, J. Gokee-Larose and J. K. Thompson, "Beauty and Thinness Messages in Children's Media: A Content Analysis", *Eating Disorders: The Journal of Treatment and Prevention*, Vol. 12, No. 1(2004): 21 – 34.

S. Hofferth, "Caring for Children at the Poverty Line", *Children & Youth Services Review*, Vol. 17, No. 1 – 2(1995): 61 – 90.

S. Mandell, "The Least Adult Role in Studying Children", *Journal of Contemporary Ethnography*, Vol. 16, No. 4(1988): 433 – 467.

S. Polgar, "Biculturation and Mesquakie Teenage Boys", *American Anthropologis*, Vol. 62, No. 2(1960): 217 – 235.

S. Scott, S. Jackson and K. Backett-Milburn, "Swings and Roundabouts: Risk Anxiety and the Everyday Worlds of Children", *Sociology*, Vol. 32, No. 4(1998): 689 – 705.

S. Zipfel, B. Lowe, H. C. Deter and W. Herzog, "Long-Term Prognosis in Anorexia Nervosa: Lessons form a 21-Year Follow-Up Study", *Lancet*, Vol. 355, No. 9205(2000): 21 – 722.

Samantha Punch, "Interviewing Strategies with Young People: The ' Secret Box', Stimulus Material and Task-Based Activities", *Children & Society*, Vol. 16, No. 1(2002): 45 – 56.

Sandra L. Calvert, "Children as Consumers Advertising and Marketing", *The Future of Children,* Vol. 18, No. 1(2008) : 205 – 234.

Sarah H. Matthews, "A Window on the ' New' Sociology of Childhood", *Sociology Compass*, Vol. 1, No. 1(2007) : 322 – 334.

Sherry R. Arnstein, "A Ladder of Citizen Participation", *Journal of the American Planning Association*, Vol. 35, No. 4(1969) : 216 – 224.

Sølvi Helseth and Ashild Slettebø, "Research Involving Children: Some Ethical Issues", *Nursing Ethics*, Vol. 11, No. 3(2004) : 298 – 308.

Sylvia Walby, "Gender Politics and Social theory", *Sociology*, Vol. 22, No. 2 (1988) : 215 – 232.

T. Hartmann and C. Klimmt, "Gender and Computer Games: Exploring Females' Dislikes", *Journal of Computer-Mediated Communication*, Vol. 11, No. 4 (2006) : 910 – 931.

T. Parson, "Age and Sex in The Social Structure of The United States", *American Sociological Review*, Vol. 7, No. 5(1942) : 604 – 616.

Tatek Abebe, "Multiple Methods, Complex Dilemmas: Negotiating Socio – Ethical Spaces in Participatory Research with Disadvantaged Children ", *Children's Geographies*, Vol. 7, No. 4(2009) : 451 – 465.

Tisdall and Punch, "Not So ' New' ? Looking Critically at Childhood Studies", *Children's Geographies*, Vol. 10, No. 3(2012) : 249 – 264.

Tom Cockburn, "Children and Citizenship in Britain", *Childhood*, Vol. 5, No. 1(1998) : 99 – 117.

Tracey Skelton, "Research With Children and Young People: Exploring the Tensions Between Ethics, Competence and Participation", *Children's Geographies*, Vol. 6, No. 1(2008) : 21 – 36.

U. Hasebrink and J. Popp, "Media Repertoires as a Result of Selective Media Use. A Conceptual Approach to the Analysis of Patterns of Exposure", *Communications*, Vol. 31, No. 3(2006) : 369 – 387.

V. E. Cree, H. Kay, E. K. Tisdall and J. Wallace, "Listening to Children and Young People Affected by Parental HIV: Findings from a Scottish Study", *AIDS Care*, Vol. 18, No. 1(2006) : 73 – 76.

V. Pupavac, "Misanthropy Without Borders: The International Children's Rights Regime", *Disasters*, Vol. 25, No. 2(2001): 95 – 112.

Virgima Morrow and Martin Richards, "Ethics of Social Research with Children: An Overview", *Children & Society*, Vol. 10, No. 2(1996): 90 – 105.

Virginia Morrow, "Practical Ethics in Social Research with Children and Families in Young Lives: A Longitudinal Study of Childhood Poverty in Ethiopia, Andhra Pradesh(India), Peru and Vietnam", *Methodological Innovations Online*, Vol. 8, No. 2(2013): 21 – 35.

Viviana Zelizer, "Kids and Commerce", *Childhood*, Vol. 9, No. 4(2002): 375 – 396.

W. Fewkes, "Clay Figurines made by Navaho Children", *American Anthropology*, Vol. 25, No. 4(1923): 559 – 563.

W. G. Kronenberger, V. P. Mathews, D. W. Dunn, Y. Wang, E. A. Wood, A. L. Giauque and T. Q. Li, "Media Violence Exposure and Executive Functioning in Aggressive and Control Adolescents", *Journal of Clinical Psychology*, Vol. 61, No. 6(2005): 725 – 737.

W. Reckless, "As Sociologists Enter Child-Development Study", *Journal for Educational Sociology*, Vol. 9, No. 2, (1935): 111 – 118.

W. S. Monroe, "Counting-Out rhymes of children", *American Anthropologist*, Vol. 6, No. 1(1904): 46 – 50.

W. Silverman, A. La Greca and S. Wasserstein, "What Do Children Worry about? Worries and Their Relation to Anxiety", *Child Development*, Vol. 66, No. 3 (1995): 671 – 686.

Willard W. Hartup, "Social Relationships and Their Developmental Significance", *American Psychologist*, Vol. 44, No. 2(1989): 120 – 126.

William Kessen, "The American Child and Other Cultural Inventions", *American Psychologist*, Vol. 34, No. 10(1979): 815 – 820.

Y. B. Kafai, M. S. Cook and D. A. Fields, "'Blacks Deserve Bodies Too!' Discussion and Design about Diversity and Race in a Tween Virtual World", *Games and Culture*, Vol. 5, No. 1(2010): 43 – 63.

Y. Bradshaw, "New Directions in International Development Research: A Focus on Children", *Childhood*, Vol. 1, No. 3(1993) : 134 – 142.

三 其他

Center for Media Literacy, https: //www. medialit. org/.

"Child Labor Statistics", https: //data. unicef. org/topic/child – protection/child – labour/.

Child to Child, https: //www. child to child. org. uk.

Department of Geography, National University of Singapore, https: //fass. nus. edu. sg/geog/.

Fairplay, https: //fairplayforkids. org/.

Global Security, https: //www. globalsecurity. org/.

Kaiser Family Foundation, https: //kff. org/.

Institute for Social and Economic Research, University of Essex, https: //www. iser. essex. ac. uk/.

International Labour Organization, https: //www. ilo. org/.

Pew Research Center, https: //www. pewresearch. org/.

Power to Decide, https: //powertodecide. org/.

Statista, https: //www. statista. com.

The Open University, https: //www. open. ac. uk.

UNAIDS, https: //www. unaids. org/en.

"What Is the UN Convention on Child Rights?", https: //www. unicef. org. uk/what – we – do/un – convention – child – rights/.

UNESCO, https: //www. unesco. org/en.

UNHCR, https: //www. unhcr. org/.

UNICEF, https: //www. unicef. org/.

The Cambridge Group for the History of Population and Social Structure, https: //www. campop. geog. cam. ac. uk/.

WHO, https: //www. who. int.

附录　国外相关童年研究机构/期刊

　　挪威儿童研究中心（Norwegian Centre for Child Research）是一个国家级的、跨学科的研究中心，始建于 1982 年。2017 年 1 月并入挪威科技大学社会与教育科学学院教育与终身学习系。主办期刊有《谷仓》（*Barn*）和《童年：全球儿童研究杂志》（*Childhood：A Journal of Global Child Research*）。

　　罗格斯大学童年研究系（Department of Childhood Studies），隶属于卡姆登校区艺术与科学学院。该系建立在本校儿童与童年研究中心（Center for Children and Childhood Studies）的基础上，此中心始于 1998 年。2007 年设立童年研究系，其是美国首个具有博士学位授予权的童年研究系。

　　谢菲尔德大学童年与青年研究中心（Centre for the Study of Childhood and Youth），成立于 2002 年，隶属于该校社会科学系。《今日童年》（*Childhood Today*）是中心的电子期刊，创刊于 2007 年，每年发行 2 期。遗憾的是该中心网站自 2016 年已停止更新，情况不明。

　　俄亥俄州立大学非洲儿童研究所（Institute for the African Child），成立于 1999 年，隶属于该校国际研究中心，此中心是美国 10 家最重要的对非研究机构之一。《非洲童年》（*Childhood in Africa：An Interdisciplinary Journal*）是该所主办的一份在线电子期刊，2009 年创刊，每年发行 2 期。

　　纽约市立大学布鲁克林学院儿童研究、政策与公共服务中心（Children's Studies Center for Research, Policy and Public Service），成立于 1997 年。早在 1991 年布鲁克林学院就涉猎儿童跨学科研究领域，被《纽约时报》誉为儿童研究的先锋。

普林斯顿大学本德海姆－托曼儿童与家庭福利研究中心（Bendheim-Thoman Center for Research on Child and Family Wellbeing），隶属于伍德罗·威尔逊公共与国际事务学院。中心主要围绕脆弱家庭与儿童福利、移民儿童与家庭、青年风险、健康等领域进行研究。中心拥有期刊《儿童的未来》，每年发行 1～2 期。

牛津大学历史系童年史中心（Centre for the History of Childhood），2003 年成立。它是英国第一个童年（儿童）史研究中心。中心每年组织一次跨学科座谈会，讨论与过去的儿童、青年和童年有关的新研究。

英国开放大学儿童研究中心（Children's Research Centre）成立于 2004 年，是第一个支持儿童和年轻人进行自己研究的大学中心。中心核心价值是相信儿童和青少年是他们自己生活的专家，任何合作关系都应把儿童和青少年放在核心位置，从而赋予他们权力。

此外，还有内布拉斯加大学林肯分校儿童、家庭与法律中心（Center for Children, Families, and the Law），芝加哥大学查平厅儿童中心（Chapin Hall Center for Children），英国贝尔法斯特女王大学儿童权利中心（Centre for Children's Rights），英国纽卡斯尔大学儿童与青年中心（Centre for Children and Youth），新西兰奥塔哥大学儿童问题中心（Children's Issues Centre），加州大学伯克利分校儿童与青年政策中心（Center for Child and Youth Policy），美国佛罗里达大学儿童文学与文化中心（Center for Children's Literature and Culture），加拿大卡尔顿大学兰登·皮尔森儿童权利与童年研究资源中心（Landon Pearson Resource Centre for the Study of Childhood and Children's Rights），国际非政府组织童年与青春期研究中心（Center for the Study of Childhood and Adolescence），等等。

相关其他期刊有《儿童、青年与环境》（Children, Youth and Environments），1984 年创刊；《儿童与社会》（Children & Society），1987 年创刊；《儿童地理学》（Children's Geographies），2003 年创刊；《儿童应用研究杂志》（Journal of Applied Research on Children），2010 年创刊；《全球童年研究》（Global Studies of Childhood），2011 年创刊；等等。

后记　作为社会文化之网的童年

　　童年是什么或者童年如何存在，是一个异常迷人的问题，这个问题在关于儿童的心理学、教育学等学科中已经得到很多的关注，然而仍然不足以完整呈现童年的面貌。如果我们赞同童年是文艺复兴以来一项最具有人性的伟大发明的话，那么童年在很大程度上是一种社会文化现象，它需要被放到社会文化的网络中予以理解，同时这也意味着童年研究本身是一场穿越社会文化之网的全球旅程，而童年社会学是该旅程中最重要的景观之一，这正是本书所试图展现的。

　　与童年社会学的初次邂逅，是在 2008 年于浙江师范大学召开的"媒介与儿童文化国际高峰论坛"上。在该次会议上，我第一次见到了英国新童年社会学的领军人物之一艾伦·普劳特（Alan Prout）教授。其时我从复旦大学毕业后刚入职新成立的全国首家儿童文化研究院不久，对童年社会学懵懵懂懂，主要精力放在一个儿童文化研究项目上，尚未充分意识到童年的社会学意蕴。直至 3 年之后，我才开始逐渐转向童年社会学研究，尝试写了一篇论文《童年研究的域外视野：艾伦·普劳特的新童年社会学思想》，该文在《外国教育研究》（2012 年第 6 期）的发表，给了我很大的鼓励。

　　踏入童年社会学领域后，我对国内的童年社会学研究颇为留意。通过检索文献，赫然发现早在 1983 年便有学者译介了德国童年社会学的流派[①]，包

[①] 〔西德〕瓦尔纳：《童年社会学及其流派》，孙汇琪译，《现代外国哲学社会科学文摘》1983 年第 6 期。

括心理分析理论、结构功能理论、新马克思主义、文化人类学、行为理论社会学等。不过该文与"新"童年社会学研究并无多大关联。国内首次出现"新"童年社会学方面的探索是 2010 年王友缘在南京师范大学青年博士论坛上的发言。之后，国内的童年社会学研究逐渐兴起，程福财、苗雪红、李平、袁爱玲、李旭、韩波、袁丽娟、龚祥荣、严仲连、杨晓萍、陈林、宋家林、冷田甜、杨雄、杨晓萍等学者先后介入童年社会学领域，或运用童年社会学理论探究儿童与童年问题。国内童年社会学发展的重要标志之一是 2014 年杨雄主编的"青少年研究经典译丛"（五本），该译丛包括科萨罗的《童年社会学》、艾伦·普劳特的《童年的未来——对儿童的跨学科研究》以及艾莉森·詹姆斯、克里斯·简克斯、艾伦·普劳特三位合著的《童年论》等。

为了全盘了解国外童年社会学的发展状况，2012 年我以"国外童年社会学的当代进展研究"为题，申报了国家社科基金，试图系统地探究新童年社会学的基本观点与立场、理论流派、关注焦点、研究伦理与方法等。本书即是该项课题的最终成果。虽然该课题结项被评为优秀，但这不过是对我的鞭策而已，我深知童年的社会文化研究之路才刚刚展开，童年的秘密仍然等待着我们去探索、揭示、展开。

2019 年我曾赴英师从斯特灵大学（University of Stirling）的 Samantha Punch 教授。Samantha Punch 教授早年赴南美玻利维亚从事童年民族志调查，其童年研究的社会、文化与地理视角令我受益匪浅（引发了我后来对儿童地理学的兴趣）。利用该次访问机会，我还拜访了华威大学的 Michael Wyness、谢菲尔德大学的 Afua Twum-Danso Imoh（目前在布里斯托大学工作）、爱丁堡大学的 Kay Tisdall、伦敦大学学院的 Berry Mayall（2021 年 10 月 25 日因病去世），这些学者更新了我对童年社会学以及童年研究的认识。在此，对他们表示感谢。

成书过程中，诸多学者给我了关心、支持和鼓励。除了前述提及的学者外，南京师范大学的边霞、黄进、王海英三位老师，华东师范大学的刘晓东老师，苏州科技大学的金生鈜老师，浙江师范大学的方卫平老师，浙江外国语学院的赵霞老师，山东师范大学的杜传坤老师，杭州师范大学的高振宇老师，宁波大学的林兰老师，湖南师范大学的罗瑶老师，台湾政治大学的张盈堃老师，台东大学的杜明城老师等以不同形式激励我探索童年的社会文化之网，在此表示感谢。此外，感谢《比较教育研究》、《全球教育展望》、《学术论坛》、《学前教育研究》、《高等学校文科学术文摘》、中国人民大学《复印报刊资料》等对童年社会学成果发表/转载的支持。对社会科学文献出版社黄金平、陈彩伊两位编辑的细致校勘，表示由衷的谢意。

童年社会学在中国是一个仍有待发展的领域。期待本书的出版能推动人们进一步探讨童年的社会文化的历史源流、多样形态、生态愿景，共同致力于呵护、读懂、理解儿童，以儿童立场捍卫童年，为儿童构建一个更美好的当下及未来童年世界。

郑素华

2024 年 3 月 西子湖畔

图书在版编目（CIP）数据

童年的社会学视野：国外童年社会学研究／郑素华
著 . -- 北京：社会科学文献出版社，2024.7. -- ISBN
978-7-5228-3910-3

Ⅰ . C913.5

中国国家版本馆 CIP 数据核字第 2024L8X554 号

童年的社会学视野：国外童年社会学研究

著　　者／郑素华

出 版 人／冀祥德
责任编辑／黄金平
文稿编辑／陈彩伊
责任印制／王京美

出　　版／社会科学文献出版社·文化传媒分社（010）59367004
　　　　　地址：北京市北三环中路甲 29 号院华龙大厦　邮编：100029
　　　　　网址：www.ssap.com.cn
发　　行／社会科学文献出版社（010）59367028
印　　装／三河市龙林印务有限公司

规　　格／开 本：787mm×1092mm　1/16
　　　　　印 张：25.75　字 数：420 千字
版　　次／2024 年 7 月第 1 版　2024 年 7 月第 1 次印刷
书　　号／ISBN 978-7-5228-3910-3
定　　价／148.00 元

读者服务电话：4008918866